U0505621

| 中 外 财 经 史 研 究 |

中国工业化中的
大国因素研究
（1949-2019）

A STUDY ON THE FACTORS OF
LARGE COUNTRIES IN CHINA'S
INDUSTRIALIZATION (1949—2019)

肖翔 董香书 著

中国财经出版传媒集团

经济科学出版社
Economic Science Press

·北 京·

图书在版编目（CIP）数据

中国工业化中的大国因素研究：1949～2019/肖翔，
董香书著．－－北京：经济科学出版社，2025.3
（中外财经史研究）
ISBN 978－7－5218－3176－4

Ⅰ.①中… Ⅱ.①肖…②董… Ⅲ.①工业化－研究
－中国－1949－2019 Ⅳ.①F424

中国版本图书馆 CIP 数据核字（2021）第 250681 号

责任编辑：王 娟 李艳红
责任校对：齐 杰
责任印制：张佳裕

中国工业化中的大国因素研究（1949～2019）

ZHONGGUO GONGYEHUA ZHONG DE DAGUO YINSU YANJIU（1949～2019）

肖翔 董香书 著

经济科学出版社出版、发行 新华书店经销
社址：北京市海淀区阜成路甲 28 号 邮编：100142
总编部电话：010－88191217 发行部电话：010－88191522
网址：www. esp. com. cn
电子邮箱：esp@ esp. com. cn
天猫网店：经济科学出版社旗舰店
网址：http：//jjkxcbs. tmall. com
北京季蜂印刷有限公司印装
710×1000 16 开 24.5 印张 380000 字
2025 年 3 月第 1 版 2025 年 3 月第 1 次印刷
ISBN 978－7－5218－3176－4 定价：88.00 元
（图书出现印装问题，本社负责调换。电话：010－88191545）
（版权所有 侵权必究 打击盗版 举报热线：010－88191661
QQ：2242791300 营销中心电话：010－88191537
电子邮箱：dbts@ esp. com. cn）

目　　录

导　论

一、引言

工业化是现代化的核心内容，尤其对于大国来说，工业化水平的高低不仅直接影响其经济发展水平，而且还事关大国的国际地位与国家安全。正如习近平同志所指出的："工业革命发生后，我们就开始落伍了"。[①] 中国虽然作为农业大国曾达到了农业文明的高峰，但是由于错过工业革命的历史契机，在大国竞争中处于不利境地。鸦片战争打碎了中国"天朝大国"的美梦，自洋务运动开始，中国开启了工业化的征程。历经近百年的探索，虽然也取得一些成就，但是总体而言，中国工业化水平与世界工业大国相比仍有较大差距。中华人民共和国成立前夕，落后的工业水平不仅制约大国经济发展，也对国家安全带来了不利影响。

中华人民共和国成立之后，在中国共产党的领导下，中国工业化进入了新的历史发展阶段。经过 70 年的工业化，中国已经从农业大国转变为世界第一工业大国，成为"世界工厂"。工业化的高速推进也为中国成为世界第二大经济体奠定了重要的基础。2020 年中国已经基本实现工业化，第三产业也于 2012 年超过了第二产业，2017 年第三产业占国民经济比例达到 54.5%。[②] 但是作为大国来说，工业的地位在新的历史阶段不能被削弱。习近平同志强

---

① 《习近平谈治国理政》第 2 卷，外文出版社 2017 年版，第 246 页。
② 国家统计局：《中国统计年鉴 2021》，中国统计出版社 2021 年版，第 80 页。

调"必须把发展经济的着力点放在实体经济上"[1]，工业构成了中国实体经济的核心。中国要实现社会主义现代化强国的目标离不开强大工业提供的物质保障。一方面，从世界历史发展的角度来看，当前世界发达国家，在完成工业化之后，仍旧保持了较高的工业发展水平。尤其是在2008年金融危机之后，曾一度"去工业化"的美国，明确提出了"再工业化"，德国也提出了"工业4.0版"。日本、英国与法国也纷纷提出重振制造业的发展战略。我国未来工业的转型升级将面临更为激烈的挑战。另一方面，随着中国工业化进入中后期，工业发展成本不断攀升，在中低端工业与印度等发展中国家的竞争也在不断加剧。在激烈的大国竞争中，如何保持工业的竞争力，是中国未来经济发展面临的重要问题。

中国社会主义大国特征又与英、美、德、日等发达国家，俄罗斯等转轨国家以及印度、巴西等发展中大国不同，具有自身的特点。从社会主义大国的视角，解读中华人民共和国成立以来70年工业化独特的演进逻辑，并将大国特点与工业化的关系进行较为深入的研究，对深化认识中国工业化的特征与规律，为中国工业的转型升级提供历史借鉴，有着重要意义。

二、研究目的与意义

本书拟从发展中的社会主义大国国情出发，整合当前对中国工业化与工业史的研究，重新梳理中国工业化运行的轨迹。进一步将大国特征对工业化的影响及机制进行实证分析，以期推动对工业化的理论研究。进一步提炼大国工业化的发展逻辑，为未来工业的转型升级提供"历史智慧"。本书的研究具有理论与实践双重意义。

从发展中的社会主义大国的视角来讨论中华人民共和国工业化的历程，展现其特有的演进轨迹，挖掘其独特的大国因素，无疑有助于加深我们对中华人民共和国工业史以及中华人民共和国经济史的认识。

中国作为最大的发展中国家，成功实现了从农业国向工业国的转变，为

---

① 习近平：《决胜全面建成小康社会 夺取新时代中国特色社会主义伟大胜利》，人民出版社2017年版，第30页。

世界发展中国家实现工业化与现代化提供了"中国经验"。立足中国社会主义大国的特征，对其工业化道路进行解读，有助于丰富发展经济学对工业化理论的认识。

中华人民共和国的工业化道路是在中国共产党领导下进行的，将零散的工业化历史事实上升为系统化的理论学说，将丰富与发展中国特色社会主义政治经济学，为中国共产党提升经济领域的治国理政能力提供理论借鉴。

虽然中国在 2020 年基本完成工业化，但中国作为工业大国，其转型升级仍然面临着世界高端与低端工业的双重挤压。如何发挥中国特有的大国优势，实现工业的高质量发展，仍然有待学术界的进一步研究。本书拟对中国工业化中的大国因素进行较为系统的讨论，挖掘其大国的特点与优势，为未来中国工业的转型升级提供"历史智慧"。

三、中国工业化的大国特征

新中国成立七十年来，经历了从农业大国向工业大国的转变；从经济体制的角度完成了新民主主义经济体制向计划经济再向社会主义市场经济的转变。但中国始终是社会主义大国，对工业化产生了深远的影响。中国的大国国情，既有一般性大国特点，又有自身的特点，这也使中国工业化既有世界大国工业化的共性，又有其自身特点。大国工业化中的中国特征，可以从以下几个方面来考察。

（一）人口众多与多民族

人口是衡量一国是否是大国的重要指标。依据库兹涅茨（1989）在《各国的经济增长》中的定义，人口 1000 万以上就可以定义为大国，钱纳里（1989）在《发展的格局：1950—1970》则将人口在 2000 万以上的国家作为大国。欧阳峣在《大国经济发展理论》中综合人口、国土与国内总产值，将 4000 万人口作为大国的标准。2017 年，世界上大于 4000 万人口，包括中国在内的有 35 个国家，其中超过 1 亿人口的为 13 个。而中国是世界人口第一大国，2017 年总人口为 13.9 亿人，14 个省份大于 4000 万人口，其中广东、山东两个省份人口超过 1 亿人。① 从数量上来看，中国人口之众远大于学者对于大国的界定标准，世界排名第二的印度 2017 年人口是 13.4 亿人，接近中国人口，但第三位的美国仅为 3.3 亿人、第四位的印度尼西亚为 2.6 亿人、第五位的巴西为 2.1 亿人均与中国有较大的差距。② 中国人口众多并由此带来的规模经济，巨大市场潜力，丰富的劳动力，构成了我国工业化的基础条件。

与世界大多数人口大国类似，中国人口众多，同时具有多民族的特征。阿莱西纳（Alesina，2005）认为人口大国往往民族众多，民族之间存在较大差异。中国多民族又表现出"大杂居、小聚居"，分布较广的特征。按照 2010 年人口普查的数据，我国人口超过 1000 万的少数民族有壮族、回族、满族与维吾尔族。③ 少数民族又主要集中在西部及边疆地区。如何实现大国工业中的区域协调，不仅关系到经济发展，还关系到民族团结。

（二）国土面积大，资源分布不均衡

参照欧阳峣（2014）给大国的定义，面积超过 100 万平方千米的国家定义为大国，中国陆地总面积为 960 万平方千米，位居世界第三。而作为世界人口第二大国的印度，面积为 328.8 万平方千米，仅为中国的 34.3%。中国国土面积大，但是资源分布不均衡。东南地区地狭人稠，而西北地区地广人稀，以胡焕庸线作为参考，按照 2000 年第五次全国人口普查资料，该线以南占全国土地面积 43.8%，总人口则为 94.1%。而且我国 83% 的水资源集中在占全国耕地 38% 的长江流域及以南地区，而黄河、淮河、海河、辽河等流域，水资源占全国的 9%，但耕地则占全国的 42%。中国 80% 的矿产资源分布在西北地区，石油与煤炭的 75% 以上则分布在长江以北。④ 区域之间不同的自然特征、要素禀赋以及历史形成的生产力差异使得中国工业化过程中面

---

① 根据《中国统计年鉴 2018》相关数据整理。
② 根据世界银行数据库相关数据整理。
③ 王朋岗：《我国少数民族人口发展分析：来自"六普"数据的初步分析》，载《广西民族研究》2023 年第 1 期。
④ 梁进社等：《中国经济社会发展的资源瓶颈与环境约束》，载《经济研究参考》2011 年第 1 期。

临着区域发展不协调的问题。

（三）资源总量丰富，但人均资源不足

与大多数大国类似，中国资源、能源丰富，中国已经发现矿产达 171 种，许多金属矿、非金属矿的储量位居世界前列。[①] 这为中国建立完备的工业体系，奠定了重要的物资保障。但由于人口众多，中国人均资源不足。中国人均矿产储量潜在价值为 1.51 万美元，仅达世界平均水平的 58%；石油、铁矿、铝土矿等重要矿产人均占有量分别只有世界人均水平的 11%、44%、10%[②]。中国由于人口众多，人均资源与世界其他主要大国相比有较大的差距，使得中国工业化需要克服人均资源不足的制约。

（四）发展中大国

由于错失了工业革命的契机，中国在工业化起步阶段就落后于英、美等先发工业国家。中国辽阔的国土、丰富的矿产资源、充足的劳动力以及潜在的市场潜力，则对先发工业国家具有较强的吸引力。中国由于工业化的落后，在大国竞争中处于弱势地位，鸦片战争之后的国家安全受到严重挑战。中国一度沦为半殖民地半封建社会，成为先发工业国争夺的产品市场与原料产地。而同为发展中大国的印度，则在历史上一度沦为殖民地。历史证明，工业化对于发展中大国来说，不仅关系到经济的现代化，也与大国的独立、安全密切相关。中国作为发展中大国，实现工业化一方面要加快速度，实现工业化的"弯道超车"；另一方面要持续完善工业体系与国防工业的建设，为大国独立自主的发展奠定重要的物质基础。我国作为一个发展中的社会主义大国，有着十分特殊的国情，对中国工业化的路径选择产生了深远的影响。

（五）社会主义大国

与印度、巴西等发展中大国不同，中国是一个社会主义大国，中华人民

---

① 袁红辉、吕昭河：《中国环境利益的现状与成因阐释》，载《云南民族大学学报（哲学社会科学版）》2014 年第 5 期。
② 肖翔、武力：《大国视角下中国产业结构与经济发展方式演变研究》，载《教学与研究》2015 年第 1 期。

共和国成立以来工业化是在社会主义制度下进行的。在中国共产党领导下的中国可以有效集中大国有限资源，在人均收入较低、技术水平薄弱的条件下，在工业化的关键领域与环节取得重要突破。中国共产党长期的执政地位，使得其可以总揽全局，从长期发展的角度规划工业化战略。中国共产党还结束了近代以来地方政府的"半自治"状态，对地方政府进行有效的领导。这不仅使中央政府可以较好调动全国资源进行工业化，还可以更好地协调地方政府的发展目标，发挥中央与地方的双重积极性，推动工业化。

（六）大国国际地位

中国是一个大国，在国际舞台上扮演着重要角色。中华人民共和国成立之初，中国政府选择加入社会主义阵营，成为社会主义阵营中的重要力量。20世纪70年代以后，中华人民共和国作为联合国五大常任理事国之一，在国际舞台中扮演着越来越重要的角色，这也要求中国需要承担更多的国际责任。要巩固大国的国际地位离不开强大的工业化，尤其是强大的国防工业的支撑；而独特的大国地位也影响着世界格局，对工业化道路的选择产生了深远的影响。

本书认为中国的这些大国特征，形成了中国工业化独特的逻辑与轨迹，而且也使得影响中国工业化的因素既有经济因素又有非经济因素。这要求对中国工业化的讨论，需要发挥经济学、历史学、政治学、国际关系等多学科的优势进行研究。

四、相关文献综述

虽然当前从社会主义大国的角度对中国工业化研究的讨论还有待进一步深入，但是工业化一直是经济史和发展经济学的研究热点。大国经济的研究也是近年来经济研究的热点。学术界对这些问题的讨论为本书的研究奠定了较好的基础。

（一）中国工业化与工业史的相关研究

1. 中华人民共和国工业化与工业史的整体研究。

汪海波（1986，2001，2017）陆续出版的一批中华人民共和国工业化史对工业经济发展的历史演变进行了较为详尽的描绘，祝慈寿（1990）对新中国工业史进行了较为系统的梳理。金碚（2015）回顾了新中国工业化65年的进程，从创造资源、保护环境、以人为本、重视民生、倡导工业文明的角度探讨了工业化进程中的重大理论和实践问题。严鹏（2018）对1815～2015年中国200年工业化进程进行了梳理。高伯文（2010）则讨论了中国共产党在中国不同的历史条件下探索工业化道路的理论与实践，对中国社会主义工业化发展规律进行总结。杨宏伟（2013）、宋正（2013）也对中国特色工业化理论与实践进行了讨论。武力（2005）、董志凯（2009）分别从工业化路径选择、工业化的建树对新中国60年工业化历程进行研究。武力（2016）对新中国65年的大国产业结构双重升级进行了讨论。赵晓雷（2010）认为工业化是20世纪中国主流经济思想。唐浩（2012）对新中国工业化思想进行了梳理。肖翔（2014）重点对中国工业化中的政府作用进行了讨论。张进铭（2018）则将政府在中国工业化道路中的作用与英国、美国、日本进行比较研究，认为长期稳定、强有力的政府是工业化的制度前提。这些研究为我们认识中华人民共和国工业化奠定了较好的基础。

2. 计划经济时期工业化的研究。

学者们对于新中国前三十年优先重工业发展战略的研究一直有着较大争论。刘国光（1984）、姚洋（2008）论证了计划经济时期优先重工业发展的必要性。张占斌（2007）从国际环境的角度讨论了优先重工业的重要性。马泉山（2016）对1949～1978年工业化进行回顾，认为重工业的推进是中华民族的历史性跨越。林毅夫等（1994，2003，2006，2008）、徐朝阳（2009，2010）则认为偏离要素禀赋，优先发展重工业将带来经济低效。孙圣才（2009）强调优先重工业发展对农业的不利影响。陈斌开（2010）则认为优先重工业发展战略将会带来较大的城乡收入差距。邓宏图（2018）通过构建资本密集型与劳动密集型产业模型对优先重工业发展战略进行讨论，认为重工业资本存量比重与全社会的总产出表现为倒"U"型的关系。

3. 改革开放以来工业化的研究。

改革开放以来，我国进入了全面推进工业化的阶段。刘伟（1995）将产业结构升级纳入市场经济的背景下进行讨论，讨论了制度变革在产业结构升级中的作用。杨云龙（2008）将经济结构发生根本变化的中国经济发展过程归结为工业化进程，并且首次从经济的角度讨论了经济结构变化中的国家安全问题。该研究对改革开放以来三大产业的就业、产出与比较劳动率的演变进行了较为系统的讨论，凸显了中国经济结构变迁的特征。冯飞（2008）认为改革开放形成了中国特色的工业化道路，强调了超大规模市场优势、劳动力资源丰富、低成本是中国工业化的重要优势。张军（2009）讨论了工业内部结构变动对工业经济效率与工业增长的影响，中国工业发展战略由重工业优先发展转向轻工业提高了整体经济效率。马晓河（2009）对改革开放30年以来我国产业结构的变动特征、产业政策演变进行了讨论。张平（2007）、中国经济增长与稳定课题组（2008）则对中国特色的"低价工业化"进行了比较深入的研究。魏枫（2012）从模仿陷阱与经济赶超的角度对中国作为后发国家通过低价工业化实现赶超进行了理论分析。中国国际经济交流中心课题组（2014）对2020年基本实现工业化的战略选择进行了分析。黄群慧（2017）对1995～2015年中国工业化的进程进行测算，对各地区工业化进行了讨论。

4. 新型工业化与迈向工业强国的相关研究。

赵国鸿（2005）较早研究了新型工业化问题，对新型工业化的主要特征进行了分析。陈晓红（2012）对中部崛起与新型工业化关系进行了讨论。罗文（2012，2015）、吴澄（2013）、金江军（2012）对全国工业化与信息化发展水平进行研究。王洪庆（2016）构建地区新型工业化发展水平指标评价体系，从工业化与信息化深度融合、新型工业化与新型城镇化互动发展、提升环境规制水平和提升技术创新能力等角度对中部地区新型工业化的发展问题进行了讨论。徐斌（2015）、王建国（2013）对中部地区新型工业化与城镇化的互动进行了研究。林琳（2017）、傅志寰（2017）从生态文明观出发对中国工业化与城镇化协调发展、新型工业化等问题进行了讨论。吕政

（2015）较为系统地对新型工业化道路与推进工业结构优化升级进行研究，进一步厘清了新型工业化的内涵，中国工业化进程中面临的各种重大问题，揭示了工业化过程中的重要规律，如资源和能源的消费变化规律、产业结构转变规律、投资与消费比例变化规律以及工业的不同产业领域的发展特征。杜传忠（2013）重点对后国际金融危机时期的背景，结合国家的"十二五"发展规划，对中国特色新型工业化的发展进行研究。张建华（2012）从新型工业化战略导向、企业组织和产业组织演变、协调发展战略等视角对新型工业化道路对我国工业结构优化升级进行了研究。杨龙（2011）则对新型工业化中的政府作用进行了讨论。胡长顺（2015）则对工业化与国家安全问题进行了研究。

重化工业重启与新型工业化的发展近年来成为研究热点。吴敬琏（2008）认为重化工业不是工业化的必经之路。刘世锦（2006）强调当前重化工业发展的必然性。简新华（2012）认为虽然重工业发展将面临自然资源、环境等方面的约束，但是在消费升级、装备制造业加强、基础设施完善等方面的作用下，中国重化工业应当稳步发展。但重化工业的发展应当走新型工业化道路。金碚（2009）则研究了资源约束下中国工业化转型升级的路径。

陈佳贵（2012）认为我国应当加快实现从工业大国向工业强国的转变。黄群慧（2018）则对工业化后期化解产能过剩、推进产业结构转型升级、迎接新工业革命挑战和机遇、促进中国工业从大到强转变等重大命题与任务进行研究。田原（2018）也对新形势下创新驱动、信息引领、绿色低碳、包容发展的新型工业化道路进行探讨。付保宗（2015）对工业化中后期的工业政策进行了分析。

还有一些研究对各地的工业进行了讨论。例如，苏树军（2013）对广东省欠发达地区的工业化进行了研究。高梦滔（2011）以云南省为例对西部工业化与工业园区发展进行研究。谭崇台（2008）、厉以宁（2010）、王金照（2010）从国际比较的视野讨论了工业化问题，给我们提供了更宽阔的视野。

上述研究给我们研究中国工业史提供了良好的基础，但是从社会主义大国的视角，将工业史进行梳理还有较大空间。

（二）工业化理论的相关研究

1. 对于工业化定义与特征的讨论。

克拉克（Clark，1940），库兹涅茨（Kuznets，1957）等早期发展经济学家对经济结构演变与工业化进行研究。著名发展经济学先驱张培刚将工业化定义为"国民经济中一系列基要的生产函数（或生产要素组合方式）连续发生由低级到高级的突发性变化（或变革）的过程"[1]，在他的著作《农业与工业化》中，明确强调了工业化与农业的相互影响关系，为后人研究提供了重要的理论基础。钱纳里（1995）在其《工业化和经济增长的比较研究》中借助多国模型总结了工业化的特征和极端。提出了工业化过程中结构变迁的三个特点，即随着人均收入的不断增长，需求结构中对食品需求份额显著下降。由于对投资和消费品需求的增加，生产品、机械和社会基础设施的需求份额上升引致了国家经济结构的变化。西蒙·库兹涅茨（1989）在《现代经济增长》中总结了现代经济增长的六大特征，并将工业化定义为"产品的来源和资源的去处从农业活动转向非农业生产活动"[2]。

2. 影响工业化的相关因素研究。

对于推动工业化的力量，是学术研究讨论的热点。许多学者对此问题进行了研究。

（1）人口因素与工业化。琼斯（Jones，1999）认为工业革命之后，人口会持续剧烈地增长，而人口的增长将导致新思想、新技术的增多，推动工业化的发展。戈登（Gordon，2000）分析了美国劳动力成本的变迁，认为美国在第一次世界大战前后的移民政策与市场机制推动了工人成本的降低，促成了美国工业化的低成本。卡塞利和科尔曼（Caselli and Coleman，2001）强调了有技术的工人和无技术的工人作为两种投入，非农业的部门更多需要技术密集的工人。随着教育的成本下降，技术工人的供给在增多，非农产品的价格下降，各种资源也向非农产业集中。奥洛克（K. H. O'Rourke，2007）等则认为工业化初期，劳动力市场对非技术型劳动力的需求量较大，孩子是增加

---

① 张培刚：《发展经济学通论》第 1 卷，湖南出版社 1991 年版，第 191－192 页。
② 库兹涅茨：《现代经济增长》中译本，北京经济学院出版社 1989 年版，第 1 页。

家庭收入的重要资产。工业革命初期人口会迅速增加，非技能型劳动者收入增加也在客观上限制了人力资本的投资。随着工业化的推进，技术变革逐步由劳动密集型向技术密集型升级，无技能的童工无法胜任新的工作，而对人力资本的要求逐步提高。生育的动力的下降将提高家庭对于孩子人力资本的投资。随着工业化的发展，人口开始出现下降的趋势。

（2）资本深化、技术进步与工业化。罗斯托在《经济成长的阶段》中提出了"起飞阶段"一说，认为起飞是指在工业化初期较短时期（20～30年）内实现基本经济结构和生产方法的剧烈转变。大量新技术也将广泛应用于工业化之中。内盖（Naigai，2007）讨论了工业内部各部门之间的全要素生产率（TFP）的变化，将带来的工业结构的变迁。阿西莫格鲁和格雷里（Acemoglu and Guerrieri，2008）构建理论模型讨论了经济结构的变动。他们基于不同的要素比重，讨论了资本深化将提高资本密集型部门的产出，同时将引致资本和劳动的再分配。赫伦多夫（Herrendorf，2013）等也论证了不同的资本份额与替代弹性将导致结构的变迁。在资本深化过程中，不同的资本份额将带来农业向工业的转变。农业更容易带来资本与人力要素的替代。劳动增进型的技术进步成为美国在第二次世界大战后结构转化最重要的方面。

（3）需求变迁。许多学者认为，需求结构升级对工业化产生引致作用。墨菲（Murphy，1989）认为工业化的积累主要来自农业与出口，而农业与出口的所得应当分配公平，让居民消费主要集在大众产品，这才能有利于带动工业化，而如果居民需求集中于奢侈品则对工业化不利。康斯穆特（Konsmut，2001）是从需求层面讨论结构变迁的重要性，但它更多讨论的是第三产业的上升与第一产业的下降，工业在GDP中的比例是固定不变的，其难以对工业化进行解释。莱特纳（Laitner，2000）认为在经济发展的早期，人均收入较低，农业的消费是重要的，土地价值较高。如果外生的技术进步，提高了收入，恩格尔法则将把需求从农业品向工业品转移，土地相对于资本的价值下降，国家的积累将不断上升，经济结构也将发生变化。福尔米和茨威穆勒（Foellmi and Zweimuller，2008）讨论了消费品非线性的恩格尔曲线引起了连续的产业结构变动，并模拟了工业化进程中工业占GDP比重出现的先上升再下降的趋势。松山（Matsuyama，2019）认为消费的恩格尔法则是经济结构变动的重要原因，强调恩格尔法则将影响各部门之间的生产效率。

（4）全球化与国际贸易。全球化对于工业化的影响体现出不均衡的特征。高卢和蒙特福德（Galor and Mountford, 2003）研究了国际贸易对于工业国与非工业国的不同的影响。他们认为19世纪的国际贸易在工业化中扮演了重要的角色。工业国在国际贸易中的所得直接投资于教育，提高了人均产出；而非工业国则将相当大的部分作用于人口的增长。尤其是进入工业化的第二阶段以后，国际贸易强化了工业国的专业化，集中于生产技术密集的产品，进一步引致其加强提高人力资本投资，加速技术进步。鲍德温（Baldwin, 2001）认为第一阶段，贸易成本较高的条件下，工业出现分流，经济增长较低；第二阶段，当贸易成本适中的条件下，北边（富裕）国家工业化加速，南北经济差异拉大；第三阶段，在贸易成本较低的条件下，整体经济进入高速增长，世界经济差距自我维持；进入第四个阶段，南方经济将迅速推进工业化，赶超北方。

（5）政府与工业化。罗森斯坦（Rosenstein, 1943）提出了"大推进"战略，其核心思想是发展中国家市场是不完备的，需要政府通过对关键部门进行投资，各部门间将相互形成需求，推动经济整体增长。墨菲（1989）进一步拓展了罗森斯坦（1943）"大推进"战略，强调了欠发达国家工业联合推进的外部效应，强调一个部门的投资将拓展其他部门的需求，政府将加速这一进程，使得欠发达国家摆脱非工业化的陷阱。格申克龙（2009）回顾苏联工业化，认为政府是工业化的推动者，它将帮助工业化解决所需资本。松山（1991）讨论了工业化中的外部性可能带来的多重均衡点，积极的政府干预可以推动工业化在不同的均衡点发生变化，有助于打破贫困性的恶性循环。罗德里克（Rodrik, 2014）通过比较亚洲和拉美的增长，也认为成功的经济体并不是最小政府干预的国家。这些文献大多以资本主义国家市场经济运行为蓝本，而如何结合社会主义发展中大国国情，推进工业化研究还有待加强。

（三）大国特征与经济发展的相关研究

虽然从大国角度系统讨论工业化的文献相对较少，但国家规模与经济发展之间关系的研究已经有许多，为我们的进一步研究提供了较好的理论借鉴。

1. 关于大国与经济发展的研究。

张培刚（1992）在其《新发展经济学》中强调了"注重对发展中大国的研究"，并将其作为改造和革新发展经济学的重要途径。其发展中大国的重要界定是人口众多、幅员广阔、资源丰富、历史悠久等特征。王永钦（2007）从大国分权改革的角度讨论了中国的大国发展道路。陆铭（2008）也认为政治集权与经济分权是适宜于大国治理的政治结构，推动了中国改革开放三十年的发展。但中国的政治和社会的治理结构也为中国当前发展的"内外失衡"埋下隐患。欧阳峣（2014）对大国经济发展理论进行了较为深入的分析，形成了较为完整的大国经济发展理论体系。在其研究过程中对规模经济、工业化、资源约束、城市化等问题进行了较为深入的分析。欧阳峣（2018）则更多从发展道路的角度，结合经验研究，对发展中大国的发展优势、发展形式、经济转型等问题进行了较深入的探讨。欧阳峣（2017）还用市场规模解释了大国创新优势的形成。李君华（2016）认为若一国人口规模适度偏大，该国人均收入将会高于小国；但是，若该国人口规模超出一定限度，该大国会因拥挤而丧失其优势。这些立足中国作为大国的研究为我们进一步讨论工业化中的大国因素提供了较好的基础。

2. 国家规模与经济发展的理论分析。

（1）对于国家规模促进经济发展的研究。一些文献认为国家规模对经济发展有着有利的作用。阿迪斯和格拉泽（Ades and Glaeser，1999）、阿莱西娜（Alesina，2005）、斯波拉奥尔和瓦齐亚尔（Spolaore and Wacziarg，2000，2005），从实证的角度验证了国家规模对经济增长的促进作用。

许多研究表明，大国公共品的提供相对成本较低。阿莱西娜和瓦齐亚尔（1998）认为对于大国而言，人均分摊的公共物品费用更低。政府支出占GDP 的份额随着人口的增加更低。阿莱西娜（2005）还认为大国安全作为一种公共品随着国家规模的提高而增加，所以大国将更容易抵御外国的侵略。克鲁西尼（Crucini，1997）认为大国有更少的投资、消费与外贸平衡的波动，经济更为稳定。朱利安·迪乔瓦尼（Julian DiGiovanni，2012）进一步讨论了国家规模与宏观经济波动的关系，认为经济不稳定与国家规模之间存在递减的关系。小国由于工厂数量较少，工厂的同质化更强，将会导致经济的不稳定。阿莱西娜和朱拉夫斯卡亚（Alesina and Zhuravskaya，2011）认为政治体的融合不仅将降低公共产品的供给成本，还将创造规模经济。同时，政治融合还将产生国际的外溢效益。

大国对落后地区经济是有利的。阿莱西娜和瓦齐亚尔（1999）认为大国集中的政策更容易将跨区域的外部性内部化。阿莱西娜（2005）认为大国给较为脆弱的区域提供安全保障。博尔顿和罗兰（Bolton and Roland，1997）认为，大国可以在区域间进行收入的再分配，从而较穷的地区更倾向于建立一个包括富有区域的大国，而后者更倾向于独立。

大国带来的市场规模对经济的影响是经济学界关注的重点。斯密在巨著《国富论》就强调市场发育程度将促进生产的专业化，而专业化可以提高经济效率。罗默（Romer，1986）、卢卡斯（Lucas，1988）则讨论了规模在技术进步与人力资本积累中的外部性。阿基翁和豪威特（Aghion and Howitt，1998）和阿基翁等（Aghion et al.，2002）则讨论了市场规模将提高市场竞争程度。阿莱西娜（2005）认为一个国家的经济规模影响着它的经济绩效以及其国际经济活动中的偏好。大国国内市场存在较大的规模经济，与大国相比小国才更倾向于保持自由贸易。奥布斯特菲尔德和罗格夫（Obstfeld and Rogoff，2000）认为在显示世界中，即使没有贸易壁垒的条件下，跨国界的经济流动依旧是有成本的，大国内部的经济联系更容易紧密。阿尔贝托（Alberto，1999）通过检验20世纪欠发达国家和19世纪美国的数据，认为在封闭经济条件下，初始的财富与经济增长有着密切的关系。进一步证明了国内的市场化程度和国内需求在培育经济增长中的重要作用。弗朗西斯科（Francisco，2003）运用1960～1996年的数据实证检验了贸易与国内市场规模对经济增长的作用。拉蒂·拉姆（Rati Ram，2009）运用固定效益模型，否定了阿莱西娜和瓦齐亚尔认为的国家规模与政府、开放之间负相关的结论。汉德利（Handley，2012）将国家规模作为企业选址的重要原因，认为在高中间品贸易成本到中等贸易成本的阶段，市场与供给的可获得性吸引了大国中的制造业的聚集。

（2）国家规模对经济增长不利的影响。阿莱西娜（2005）也指出了限制国家规模扩张的重要原因就是个体偏好的异质性。一国的公共品与政策不能满足所有人的偏好。虽然通过分权可以部分的解决这一问题，但是有些政策必须是全国性的，如国防、货币政策、区域的再分配等。

许多学者认为国家规模大导致内部的种族差异将带来更多冲突，对经济发展呈现出不利的影响。伊斯特利和莱文（Easterly and Levine，1997）认为殖民者在非洲留下的国家边界，导致了国内民族的分裂，这是其经济衰败的重要原因之一。非洲国家边界的"错误"并不是因为国家数量的多少，而是因为殖民地任意留下的边界是无效率的。埃斯特班（Esteban，2012）利用新的指标，进一步论证了种族差异加剧社会冲突的影响。德斯梅特（Desmet，2012）实证研究发现，语言分割会带来更多、更剧烈的矛盾冲突。而且较深的语言差距（来源于数千年不同语言）会带来更糟糕的经济表现。

一些研究讨论了大国存在的地区差异性可能会带来政府治理、公共品等方面的影响。费德勒（Feidler，2012）讨论了对于地方公共品提供上中央与地方政府之间的替代，认为公共品提供将受到外溢效益和不同地区偏好的影响。阿尔贝托（2011）发现更多民族与语言的分裂将导致更差的政府治理质量；在民族、语言更分离的国家，信任越差。而宗教的分离与政府治理之间没有显著的相关性。德斯梅特（2011）认为公共品提供的规模收益递增与文化的异质性之间存在替代关系，这两者决定了国家的稳定性。这篇文章还以南斯拉夫为例，认为经济差异尽管很大但不足以导致国家分裂，而文化差异尽管很小却是这个国家分裂的重要原因。

（四）当前文献有待深化的方向

当前学术界对工业化、大国特征与经济增长等方面的研究为我们进一步讨论中国工业化中的大国因素提供了较好的基础，但当前研究仍有一些地方值得进一步深化。

第一，从当前中国工业化的相关研究来看，从大国视角讨论中国工业化的文献不多。当前虽然有许多学者对工业化道路进行了历史梳理，但是如何从中国这一发展中的社会主义大国角度出发，展现中国工业化的演变轨迹还有待进一步努力。

第二，当前对于大国经济的研究逐步兴起，在理论构建与实证研究等方面取得了较多的成果，但是这些研究主要讨论大国的经济增长，而专门讨论大国与工业化之间的关系还有待进一步深入。同时如何凸显中国社会主义大国的特征，考察工业化的演变逻辑还有待进一步深入。

第三，对于大国因素与经济增长的实证研究虽然也已有许多（如人口红利、分权等因素），但一方面这些研究大多考察其与经济增长的关系，即使考察其与产业结构升级的关系，也大多结合三次产业升级的情况，而对工业化的研究还有待深化，考察这些因素对工业化的影响机制及工业结构的变迁更有待深入研究。另一方面，中国的大国因素在不同的历史时期也会发生一些具体变化，其对工业化的影响也随时间不同而变化，这些问题有待进一步深化。

本书拟发挥经济学与历史学的优势，结合政治学、国际关系等多学科视角，从社会主义发展中大国的视角对工业化进行研究，以期在这些问题的研究上有所推进。

五、研究思路、主要内容与创新之处

（一）基本研究思路

本书以"中国工业化中的大国因素"为主要研究内容，将从上篇"大国视角下中国工业化的历史分析"与下篇"中国工业化中大国因素的实证分析"两大板块进行展开。上篇重点从历史维度，以社会主义大国视角梳理中国工业化的历史演进轨迹，考察在不同的历史时期，中国特定的大国因素如何影响工业化的进程。下篇重点围绕大国的重要因素与工业化的关系进行实证分析。立足于大国两个主要特征，一个是人口众多，一个是国土面积大，研究其与工业化的关系。人口众多延伸出来"大国人口红利"问题；国土面积大衍生出来"大国分权"与"区域协调发展战略"两个问题。将立足全国、各省的工业行业、企业微观数据，构建计量经济模型，就大国因素对工业的影响及路径等方面进行实证分析。

本书的逻辑框架如图1所示。

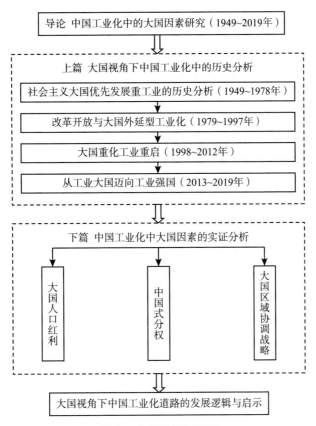

图1　本书的逻辑框架

（二）主要内容

上篇：大国视角下中国工业化的历史分析

本篇重点从发展中的社会主义大国的视角对中国工业化独特的历史轨迹进行梳理。主要内容如下。

第一章对1949～1978年中国大国的工业化进程进行研究。重点对社会主义大国为何选择优先发展重工业的发展战略，对中国政府如何克服人均资源不足、资本匮乏的劣势推进优先重工业发展战略、工业"大跃进"与工业经济调整以及"文化大革命"时期的工业化曲折发展进行讨论。最后对这一时期中国工业化的发展水平进行分析。

第二章对 1979～1997 年改革开放与大国外延型工业化进行研究。重点对改革开放时期大国工业化战略的转变，大国的经济改革与工业化、大国对外开放与工业化等问题进行讨论。最后对这一时期中国在国际工业发展中的地位进行评估。

第三章对 1998～2011 年大国重化工业重启进行研究。重点对大国内需不足的条件下政府如何调整工业结构、扩大内需、加入 WTO 以及对大国新型工业化道路的探索等问题进行讨论。最后从国际比较的视角对这一时期工业化的发展水平进行了分析。

第四章对 2012～2019 年中国从工业大国迈向工业强国进行研究。重点对经济新常态与工业转型升级的顶层设计、供给侧结构性改革与大国工业转型升级、全面对外开放与中国工业发展等问题进行讨论。

通过上篇的研究，本书希望能够从大国视角，对中国工业化演变的逻辑与线索进行梳理，深入对工业化规律的认识。

下篇：中国工业化中大国因素的实证分析

下篇重点对工业化中的大国因素从实证的角度进行讨论。对于大国因素选取，本书重点围绕大国的核心要素即人口多、国土面积大进行讨论。人口多则延伸出"人口红利"，国土面积大则延伸出"大国中央与地方分权"与"大国协调区域发展战略"。

第五章从人口红利与工业化的关系进行讨论。本书认为中国人口众多是不变的大国因素，但人口结构又受到不同时期人口政策的影响，随着时间的变化人口结构也将出现变迁。本章首先对人口红利的历史形成进行梳理，然后对人口红利影响工业化及影响机制进行分析。并且从不同区域与行业的角度讨论了人口红利与工业发展的关系。

第六章则重点讨论大国央地经济分权与工业化。由于中国国土面积大，各地区经济发展条件有较大差异，而地方政府则在处理地方经济事务中具有较大的信息优势。要推动中国大国工业化必须要调动地方政府积极性，同时又要避免"一收就死、一放就乱"。本章首先对中国央地经济关系的历史演变进行梳理，进一步对分权与工业化的关系及其影响机制进行实证研究，本章还就分权对工业内部结构、不同区域的工业化影响进行了实证分析。

第七章对大国区域协调发展战略与工业发展的关系进行了讨论。由于中国国土面积大，各地区经济发展存在较大的差异。本章首先对大国经济差异进行了讨论，进一步对大国区域协调发展，即"西部大开发""中部崛起战略""振兴东北老工业基地"的区域协调战略对工业的影响进行了实证分析，本章还就区域政策对工业内部的高耗能产业、装备制造业的影响进行了讨论。

在上篇历史分析与下篇实证分析的基础上，本书提炼了中国作为发展中的社会主义大国工业化的基本逻辑，并且为中国下一步的工业转型升级提供了历史启示。

需要指出的是，对于大国因素还有许多方面值得进一步讨论，如大国的技术进步、大国资本积累、中国与世界经济互动、大国产业间关系等问题，由于能力与精力所限，这些讨论只能留给下一步的研究。

（三）主要创新之处

第一，从大国视角对中国工业化进行分析，深化了对中国工业化的研究。从现有研究来看，研究中华人民共和国工业史的著作已经比较多，但从大国的视角分析中国工业化的进程，相关研究还有待深化。本书立足中国是一个发展中的社会主义大国的国情，以时间为轴将工业化进程中的工业化战略选择、工业体制变革、工业对外开放、工业结构演变等问题置于不同的历史背景进行讨论与梳理。通过将中国的大国特征融入工业化历史的全过程，阐释了中国工业化发展的历史轨迹。

第二，结合历史与数据，较为系统地讨论了大国人口红利与工业化的关系。中国是一个人口大国，改革开放前后不同的人口政策对中国人口结构有较为显著的影响。本书通过实证研究支持了人口红利是中国工业化快速推进的重要力量这一结论。并且从实证的角度证明了人口红利通过提高人力资本积累、降低消费，促进资本积累、保持劳动的低工资推动了中国工业化，但人口红利对劳动生产率产生了不利的影响，而劳动生产率促进工业化。从总体而言人口红利将对工业产生显著的正影响。本书进一步讨论了人口红利对不同区域工业化以及对于装备制造业的影响。并结合人口红利未来的变化趋势，提出了相应的政策建议。

第三，较为系统地讨论大国中央与地方的经济分权与工业化的关系。与当前讨论分权与经济增长的文献不同，本书重点从分权的角度阐释其与工业化之间的关系。本书发现中国式分权促进了工业发展，分权通过提高固定资产投资、城市化、吸引外资与市场化这些路径影响工业化。从分权对工业内部结构变化影响的角度来看，我们发现分权对重工业及其中的高耗能产业发展起到了显著促进作用，但分权对装备制造业未能产生显著正影响。本书认为现有的分权模式是中国高速工业化的重要推动力，但也对中国粗放型工业增长模式的转变形成了阻碍。基于此笔者对未来工业转型升级提出了相应的政策建议。

第四，结合历史特征，较为系统地讨论大国区域协调政策与工业发展的关系。通过实证分析，我们发现20世纪末期以来为实现区域协调发展的三大区域政策从整体上来看促进了工业的规模扩张，但对于利润来说，影响存在差异。振兴东北老工业基地战略未能有效提高工业企业的利润，而中部崛起战略虽然对利润产生了正的影响，但是影响力度远小于产值；对于西部大开发战略来说，则对利润影响大于产值。本书的主要结论还为近年来东北地区经济"断崖式"下降提供了一种解释。由于振兴东北老工业基地战略有利于工业企业规模扩张，但不利于利润提高。结合东北地区工业化的历史特征，本书认为东北地区陷入了"企业经营困难—政府'输血'—企业进一步扩张—利润下降—企业经营困难"的怪圈。本书还就区域发展战略与高耗能产业、装备制造业的关系进行了实证研究，为未来区域政策精准发力提供了较好的实证基础。

第五，提炼出发展中社会主义大国工业化逻辑。本书提炼的大国工业化的基本逻辑是：大国国情要求中国建立完备的工业体系与强大的国防工业，这需要在中华人民共和国成立之后尽快建立以重工业为代表的基础工业；发展中大国特征使得中国工业化具有赶超的特点。所以中国工业化与西方国家工业化道路不同，在中国共产党领导下体现出了鲜明的政府主导特征，而在改革开放以后中国工业化道路又充分调动了市场作用，走出了与传统的苏联社会主义工业化不同的道路。中国作为发展中大国，区域之间工业化水平存在较大的差异，中国又是一个多民族的大国，区域经济差距拉大不仅不利于激活大国消费潜力，而且不利于民族团结与国家稳定。中国政府在大国工业的空间布局中面临着公平与效率的双重考量。在国际舞台上，中国是一个大国，影响着世界格局，中国独特的大国地位可以为中国工业化创造良好的外部环境。

大国视角下中国工业化的历史分析

第一章

社会主义大国优先发展重工业的
历史分析（1949～1978 年）

在第一次产业革命出现之前，世界经济增长是近乎停滞的"马尔萨斯"增长模式，而工业革命之后，世界经济进入了经济增长的新阶段。由于中国错过了第一、二次产业革命的历史契机，在世界农业文明向工业文明转型过程中落伍。中华人民共和国成立后，如何克服资本匮乏、技术落后、人均资源不足等不利因素的制约，推动中国工业化，成为中国政府所面临的重要任务。在严峻的国际环境、完备工业体系的迫切追求以及苏联经验的"示范效应"等多重因素影响下，中国选择了优先重工业发展道路。优先重工业发展战略与我国资本稀缺、劳动力丰富的要素禀赋不相符。为将有限的资源集中于重工业部门，中国选择了高度集中的计划经济体制，并于 1953 年开始进行大规模工业化。经过 20 多年的努力，中国重工业取得较快发展，建立了比较完备的工业体系，一些重要工业产品也缩小了与世界工业大国的差距。但是从整体来看，中国工业发展水平还比较低，与世界发达国家相比仍然有较大差距，工业发展速度甚至落后于巴西、印度等发展中大国。

第一节　社会主义大国工业化起点与战略选择

一、近代中国薄弱的工业基础

由于近代中国错过了第一次工业革命的历史契机，在世界大国的竞争中处于劣势。鸦片战争惨痛的教训，倒逼清政府开始推进工业化。自洋务运动开始，经过近百年的努力，虽然清政府、国民政府时期工业也取得了一些成就，但是中国仍然未能完成从农业大国向工业大国的转变。近代中国工业化发展水平不仅落后于英国、美国等欧美国家，而且与抓住第二次工业革命历史契机的日本相比差距也在逐渐拉大。

在国民经济形势较好的 1936 年，在我国工业中新式工业也仅为工业的 1/3 左右①。而在薄弱的产业结构中，1936 年帝国主义在华资本高达 61.4%，民族资本仅为 32.8%（参见表 1 - 1 - 1）。中国工业中效益较好的棉纺织工业，许多纱厂也被外国资本兼并（参见表 1 - 1 - 2）。1936 年华商纱厂的纱锭仅为全国的 51.8%，日本则控制全国纱锭的 44.8%。纺织工业机器设备几乎全部依靠外国供应，其依赖程度比原料还要严重。机械设备维修所需的零配件也大都仰赖外国。② 中国电力、煤矿等重要战略物资中外国资本也占据相当比重。1946 年虽然帝国主义资本下降到 32.8%，中国工业资本上升到 67.2%。但官僚资本则达到中国工业资本的 67% 以上。

表 1 - 1 - 1　　　　　　半殖民地半封建中国工业所有制结构　　　　单位：%

项目	1936 年	1946 年
全部工业资本总额	100.0	100.0
其中：帝国主义在华工业资本	61.4	32.8
中国工业资本	38.6	67.2
中国工业资本总额	100.0	100.0
其中：官僚资本主义工业资本	15.0	67.3
民族资本主义工业资本	85.0	32.7

注：不包括东北和台湾地区，按 1936 年不变价格计算。

资料来源：陈真：《中国近代工业史资料》第 4 辑，三联书店 1961 年版，第 53 页。

---

① 许涤新、吴承明：《中国资本主义发展史》第 3 卷，人民出版社 1993 年版，第 739 - 740 页。

② 《当代中国》丛书编辑部：《当代中国的纺织工业》，当代中国出版社 2009 年版，第 9 页。

表 1 - 1 - 2   中国纱厂被外国资本兼并

兼并时期	被兼并之纱厂	兼并机构	兼并方式
1901 年	上海协隆	道胜银行	因积欠道胜银行 38 万白银被迫拍卖
1902 年	上海兴泰	三井物产会社	成立之次年即为以三井物产会社上海支店长山本条太郎为中心之日商买去
1906 年	上海大纯	三井物产会社	亦为山东收买，与兴泰合并改称上海纺织第二厂
1908 年	上海九成	日本棉花会社	原为中日合资，开业不久即将归并，改名日信
1918 年	上海裕源	内外棉纺织会社	当时资产总值 104 万两白银，以 82 万两白银出卖
1921 年	上海公益	怡和洋行	先是厂主为利用怡和洋行推广销路，让一部分股份与怡和成为中英合资，1921 年后全归怡和
1923 年	郑州豫丰	美国慎昌洋行	因债务关系归慎昌洋行，名义上为"租办"
1923 年	天津宝成	美国慎昌洋行	成立至次年，因机价未能清偿归慎昌经理，1931 年始收回
1925 年	天津裕大	日本东洋拓殖会社	接受营业，清偿债务，订期 20 年
1925 年	上海宝成一、二	日本东亚兴业会社	抵押借款到期未还，被拍卖
1926 年	上海华丰	日本日华会社	1924 年归日华接管，1926 年收买
1927 年	上海统益一、二	英国庚兴洋行	委托管理
1929 年	汉口第一	英商安利洋行	由第一债权人沙逊洋行租与安利洋行接办
1931 年	上海三新	汇丰银行	收买其他基厂房，作价 450 万两白银，后为庚兴全部兼并
1932 年	上海崇信	英国庚兴银行	原为中英合资，英股占 1/3，后为庚兴全部兼并
1936 年	唐山华新	日本东洋纺织会社	由东纺投资 300 万元名为合办，1936 年为日厂接收
1936 年	上海振华	内外棉纺织会社	收买纱锭
1936 年	上海同昌	内外棉纺织会社	收买纱锭
1936 年	天津宝成第三	日本东洋拓殖会社及大阪伊藤忠商事会	因厂主无力清偿债务，由债权人拍卖，被东拓及伊藤合组之天津纺绩公司买去
1936 年	天津裕元	日本大仓洋行	因积欠大仓洋行 370 万元，被拍卖与日本钟纺，改称公大六厂
1936 年	天津华新	日本钟渊纺织会社	原资本 242.19 万元，以 120 万元出卖，改称公大七厂

资料来源：汪敬虞：《第二次国内革命战争时期的中国民族工业》，载《新建设》1953 年第 12 期。

由于我国工业具有殖民地的特征，工厂大多集中于上海、天津、广州、青岛等东部沿海地区，内地工业不发达。工业化呈现出区域不均衡发展的特点。以纺织工业为例，棉纺设备有48%在上海，毛纺设备有75%在上海，缫丝、丝绸设备有80%集中在上海、杭州、苏州、无锡的三角区。[①] 在东部沿海地区工业发展的同时，广大内地还停留在自然经济的水平。

中国不仅工业发展水平在数量上落后，工业技术水平也与世界主要工业强国有较大的差距。即使是中国工业形势较好的1936年，从工人人均净产值来看，美国、英国、德国分别是中国的19.29、8.52、9.48倍。[②] 而中国近代工业本身协调性较差，基本工业如铜、煤、电都互不衔接。原料产地、工厂选址与市场不配合。当时产铁只有30%能炼成钢，而轧钢能力仅不足产钢的50%。[③] 表面上我国也会造船造机车、造发动机，制电器机械，其实均系小型的，粗笨的机器。和他国同样的机器比较，技术水平相差很远，中国当时机器工厂的设备和技术，一般都以修配为主。即使工业基础较好的东北地区，也只限于粗笨机械，不曾做精密机器。[④]

由于受到外国资本的影响，中国工业的区域分布极不均衡，有限的工业集中在东部沿海地区，而广大内地工业普遍落后。内地丰富的能源、资源未能得到有效开发，其经济潜力远未发挥出来。在落后于西方列强的背景下，中国近代工业化在起步阶段就选择了发展军事工业、重工业，具有较为鲜明的赶超特征。但是由于体制制约、政府能力不足，外部环境严峻等因素的影响，近代中国经过近百年的努力仍然未能建立独立完备的工业体系与强大的国防工业。

二、中华人民共和国成立前夕工业破坏严重

中华人民共和国成立前夕，在多年战争的冲击下，中国的工业更是雪上

---

① 《当代中国》丛书编辑部：《当代中国的纺织工业》，当代中国出版社2009年版，第9页。

② 汪敬虞：《中国资本主义的发展和不发展》，经济管理出版社2007年版，第325页。

③ 中国社会科学院、中央档案馆：《1949—1952中华人民共和国经济档案资料选编（工业卷）》，中国物资出版社1996年版，第3页。

④ 中国社会科学院、中央档案馆：《1949—1952中华人民共和国经济档案资料选编（工业卷）》，中国物资出版社1996年版，第12页。

加霜。1949 年在工业比重中，资本、技术密集的重工业仅占工农业总产值比重的 4.5%（参见表 1 - 1 - 3）。中华人民共和国成立前落后的重工业无法为国民经济各部门提供充足的生产资料，也无法支撑大国强大的国防体系。虽然经过近百年工业化的发展，我国的主要产品规模仍然较小。钢铁、原油等重要工业产品的数量不仅远远落后于美国，即使与印度相比也相距很大（参见表 1 - 1 - 4）。作为各国工业化基础与支柱的钢铁工业，虽然早在 1890 年张之洞兴建汉阳铁厂之时就开始发展。但在战火的破坏下，1949 年中国仅生产钢铁 15.8 万吨，同期美国生产 7074 万吨，印度生产 137 万吨。即使新中国成立前产钢最多的 1943 年，产量也仅为 92.3 万吨[1]，仍然远低于其他大国。

表 1 - 1 - 3　　　　　　　　**1949 年中国的工农业结构**

项目	农业	工业		
		总额	轻工业	重工业
产值（亿元）	245	45	32	13
比重（%）	84.5	15.5	11	4.5

资料来源：马洪、孙尚清：《中国经济结构问题研究》，人民出版社 1981 年版，第 103 页。

表 1 - 1 - 4　　　　**1949 年中国主要工业产品产量与美国和印度之比较**

产品名称	单位	中国	美国		印度	
		产量	产量	为中国倍数	产量	为中国倍数
原煤	亿吨	0.32	4.36	13.63	0.32	1.00
原油	万吨	12	24892	2074.33	25	2.08
发电量	亿度	43	3451	80.26	49	1.14
钢	万吨	15.8	7074	447.72	137	8.67
生铁	万吨	25	4982	199.28	64	2.56
水泥	万吨	66	3594	54.45	186	2.82

资料来源：国家经济贸易委员会：《中国工业五十年》第一卷，中国经济出版社 2000 年版，第 9 页。

---

[1]　周传典、张仁弟：《当代中国的钢铁工业》，当代中国出版社 2009 年版，第 13 页。

以当时全国经济发展水平最高的上海为例，在战争的破坏下，1949 年全市 2 万多个工业企业中，大中型企业只有 46 个。70% 的企业职工人数不满 10人。据解放时对 136 万多个工厂的调查，开工的仅有 1/4，而且大多是半开工，设备利用率高的不过 40%~50%，低的只有 20%~30%；大批工人处于失业和半失业状态。上海解放后，尽管人民政府采取多种措施帮助工厂恢复生产，1949 年工业总产值也只有历史最高年份的 50%。① 当时最大的钢铁企业，曾经年产钢 100 万吨的鞍山钢铁公司，在国民党接收、统治的 22 个月中，也仅仅生产了 9500 吨钢。②

近代中国不仅工业落后，农业也与世界强国存在较大差距。1949 年，中国亩产仅为 137 斤③，不仅低于美国的 218 斤，即使与世界平均水平的 154 斤相比也存在较大差距。④ 1949 年棉花年产量比抗日战争以前最高产量减少近一半；大豆、花生、油菜籽和黄红麻减少 1/2~2/3。⑤ 落后的农业水平无法为工业化提供有效的积累，而工业化的不发达又无法为农业生产率的提高提供化肥、拖拉机等物质支撑，落后的工业与农业形成相互制约的恶性循环。

三、新民主主义经济体制下的工业经济恢复发展

落后的工业化不仅无法支撑中国的现代化，也与中国的大国地位严重不匹配。中华人民共和国成立后，中国共产党开始领导中国进行工业化的征程。早在 1949 年 3 月的党的七届二中全会上，中国共产党就确定了革命胜利后使中国稳步地由农业国转变为工业国，把中国建设成为一个伟大的社会主义国家的战略任务。在内战的影响下，工业生产濒临崩溃。新中国成立之后，当务之急就是要恢复工业生产，为整个国民经济恢复创造良好的条件。为尽快恢复国民经济，1949~1952 年，中国选择了新民主主义经济政策，中国政府

---

① 陈沂：《当代中国的上海》，当代中国出版社 2009 年版，第 307 页。
② 周传典：《当代中国的钢铁工业》，当代中国出版社 2009 年版，第 28 页。
③ 中国农业年鉴编辑委员会：《中国农业年鉴 1980》，农业出版社 1980 年版，第 35 页。
④ 中国农业年鉴编辑委员会：《中国农业年鉴 1981》，农业出版社 1981 年版，第 218 页。
⑤ 朱荣等：《当代中国的农业》，当代中国出版社 2009 年版，第 27 页。

直接没收官僚资本建立了控制国民经济命脉的国营经济，并且在社会主义性质的国营经济领导下，多种所有制经济共同推动了工业恢复。当时提出"农业是基础，工业是主导"，强调农轻重协调发展。最终经历三年努力，中国工业基本恢复到新中国成立前最好水平，为日后开始大规模推进工业化创造了良好的条件。

（一）新民主主义工业化道路的构想

中华人民共和国成立后，在落后农业大国基础上，如何推动工业化的赶超成为中国共产党所面临的艰巨任务。在新中国成立前夕，中国共产党提出的《中国人民政治协商会议共同纲领》指出："应以有计划有步骤地恢复和发展重工业为重点……同时，应恢复和增加纺织业及其他有利于国计民生的轻工业的生产"。[1] 当时设想的新民主主义工业化应当是以重工业为中心，但同时注重纺织业为代表的轻工业发展。重工业内部也应当注重保持协调发展。周恩来同志指出："重工业中，钢铁业是占第一位的，但它也不是重工业的全部。"[2]

《共同纲领》的"总纲"部分还指出："保护工人、农民、小资产阶级和民族资产阶级的经济利益及其私有财产……稳步地变农业国为工业国。"[3] 依据《共同纲领》的设想，中国工业化的微观主体应当是在国营经济领导下，多种经济成分共同发展。尤其在新中国成立初期，在国民经济破坏非常严重的基础上，调动民族资产阶级的积极性，对工业的恢复有着积极作用。

（二）1949～1952年工业发展的政策与措施

1. 没收官僚资本，控制国民经济命脉。

新中国成立之后，中国政府对官僚资本予以没收，在较短的时间内控制了国民经济的命脉。据统计，到1949年底，仅没收的官僚资本主义工业企

---

① 汪海波：《新中国工业经济史（1949.10—1957）》，经济管理出版社1994年版，第96页。
② 中共中央文献研究室：《周恩来经济文选》，中央文献出版社1993年版，第32页。
③ 中共中央文献研究室：《建国以来重要文献选编》第一册，中央文献出版社1992年版，第2页。

业，就有 2858 个，这些企业拥有生产工人 75 万人。在中华人民共和国成立的 1949 年，从全国范围来看，社会主义国营工业所占大型工业的产值的比重达到 40%。国营工业拥有全国发电量的 58%，原煤产量的 68%，生铁产量的 92%，钢产量的 97%，水泥产量的 68%，棉纱产量的 53%。同时，国家还掌握了全国的铁路和大部分现代交通运输业。① 通过没收官僚资本，中国政府在较短时间内控制了国民经济的命脉。

以钢铁工业为例，随着全国相继解放，人民政府及时接管了官僚资本的钢铁企业和冶金矿山。大连大华矿业株式会社（大连炼钢工厂）、辽宁鞍山钢铁有限公司、山东模范窑业厂（山东耐火材料厂前身）、辽宁本溪煤铁有限公司等钢铁厂被先后接管。对于官僚资本企业，由人民政府派军代表接管，组织工人和技术人员协助接管人员管理。②

又以技术密集型电子行业为例，新中国成立后，国家对国民党政府官僚资本电信企业实行没收和接管，先后接管了国民党政府资源委员会、国防部、交通部、联合勤务总部以及国民党中央广播事业管理处等所属的电信企业 12 个，其中收音机、广播机、通信机厂 4 个，电话机、交换机厂 2 个，电线、电池、电灯泡厂 5 个，雷达修理厂 1 个。③

当时工业较为发达的辽宁，在人民政权建立后，就集中力量没收了日伪和国民党官僚资本在辽宁的一切工厂、矿山、铁路、银行和其他企业，使之变为社会主义性质的国营经济。经过 1949 年一年的努力，在全省共接收了 448 个工业企业，其中包括四大钢厂（鞍钢、本钢、抚钢、大钢）、四大煤矿（抚顺、阜新、本溪、北票）、五大石油厂、四大化工厂、四大机床厂、四大重型机器制造厂、两大机车车辆厂、五大水泥厂、两大玻璃厂、两大油漆厂等一批大中型骨干企业，并迅速组织恢复了生产。1949 年全省国营工业总产值为 773 亿元，占全省工业总产值的 63.2%，其中国营工业在主要行业总产值所占比例分别为：钢铁工业占 99.7%，燃料工业占 99.2%，机械制造业占

---

① 祝慈寿：《中国现代工业史》，重庆出版社 1990 年版，第 95 页。
② 周传典：《当代中国的钢铁工业》，当代中国出版社 2009 年版，第 29 页。
③ 刘寅：《当代中国的电子工业》，当代中国出版社 2009 年版，第 21－22 页。

93%，纺织工业占 92.3%，为国民经济的恢复和社会主义改造奠定了物质基础。①

2. 多种所有制经济共同发展。

中国要在较短时期内恢复经济，应当提高生产者的积极性。中国共产党在新民主主义经济体制下保护民族资本，调动民族资本家的积极性。由于资本主义工商业本身力量较为薄弱，而且受到战争破坏严重。在中华人民共和国成立之初，为解决民族资本主义生产困难，国家采取加工订货、统购包销等方式扶持其发展。从全国范围来看，资本主义工业产值 1949～1952 年三年时间增长了 48.3%。资本主义工业中属于社会主义性质的加工订货统购包销部分 1949 年仅为 11.9%，1952 年上升为 58.2%（参见表 1－1－5）。一些工厂在这一阶段已经进行了公私合营。资本主义工业在公私合营后即改变为由资本主义到社会主义的过渡性质的生产关系，其生产直接受国家领导。生产关系的转变使企业劳动生产率迅速提高。如以 1952 年的劳动生产率比较，机器工业中公私合营企业较私营企业高 58.8%，纺织工业高 19%，化学加工业高 56.6%。②

表 1－1－5　资本主义工业与公私合营工业历年总产值的增长情况　单位：百万元

项目	1949 年	1950 年	1951 年	1952 年	定比（%）（1949 年为 100）		
					1950 年	1951 年	1952 年
资本主义工业	6828	7278	10118	10126	106.6	148.2	148.3
1. 加工订货统购包销部分	811	2098	4321	5898	258.7	532.8	727.3
2. 自产自销部分	6017	5180	5797	4628	86.1	96.3	76.9
公私合营工业	220	414	806	1367	188.2	366.4	621.4

资料来源：中国社会科学院、中央档案馆：《1949－1952 中华人民共和国经济档案资料选编（工业卷）》，中国物资出版社 1996 年版，第 809 页。

① 朱川、沈显惠：《当代中国的辽宁》，当代中国出版社 2009 年版，第 27－28 页。
② 中国社会科学、中央档案馆：《1949—1952 中华人民共和国经济档案资料选编（工业卷）》，中国物资出版社 1996 年版，第 810 页。

在新民主主义经济体制下，一些民族企业得到了较快发展。1951年人民政府与永利公司签订了包销纯碱、烧碱和统购硫酸铵的合约，将永利公司的生产纳入了国家计划。同时，在企业内部，通过劳资协商，改进了经营管理，降低了成本。在人民政府的扶持下，该公司不断创造生产新纪录，碱和硫酸铵的产量超过了战前最高生产水平。1951年硫酸铵产量为1948年的1.6倍。1952年，永利公司实现了公私合营。合营后一年，生产的纯碱增长了28.5%，烧碱增长了29.9%，硫酸铵增长了23.7%。利润大大增加，1953年的股息约为1951年的5倍。资本家过去多年筹划扩建的愿望，在合营后得到了逐步实现。①

3. 企业的民主改革与节约增产运动。

如何较快提高劳动者的积极性，提高工业生产的效率是新民主主义经济时期推动大国工业恢复的又一工作重点。一方面人民政府在新接管的企业中开展了民主改革，破除了官僚资本中不适于提高工人积极性的制度；另一方面通过节约增产运动、劳动竞赛提高广大工人的工作热情。

（1）企业的民主改革。接受官僚资本之后，如何提高企业生产效率是中国政府所面临的难题。1950年，在国营企业开展了民主改革。民主改革的推进粉碎了束缚工人的封建枷锁，有效地把工人从机器的附庸变成管理机器的自觉劳动者。纺织工业是新中国成立前的重要工业部门，但是纺织工业普遍实行侮辱工人人格的搜身制。新中国成立以后，废除搜身制，人民政府将其作为一条法令予以公布。1949年12月，在陈少敏同志主持下，中国纺织工会代表会议通过了废除搜身制的决议。全国各国营纺织企业在1950年春天，先后废除了搜身制。当时，许多工厂专门召开大会，由军代表郑重宣布废除搜身。工人们自己动手，拆掉了常年受气的"抄纱弄堂"，搭起了"光荣门"，张灯结彩，热烈祝贺。②旧中国的煤矿，实行雇佣把头管理制度。把头之上有大把头，也叫包工大柜。新中国成立初期，各地煤矿把头依仗残余势力，仍然把持矿山，压抑了广大煤矿工人建设新中国的积极性③。1950年燃

---

① 杨光启、陶涛：《当代中国的化学工业》，当代中国出版社2009年版，第14页。
② 《当代中国》丛书编辑部：《当代中国的纺织工业》，当代中国出版社2009年版，第64页。
③ 张明理：《当代中国的煤炭工业》，当代中国出版社2009年版，第21页。

料工业部号召普遍开展反把头运动，彻底废除大大小小的把头。据不完全统计，东北和华北两个地区在民主改革中，共清除把头 1661 人，提拔 6876 名有觉悟的优秀工人担任了矿长、队长、区长、班长等基层领导职务。在废除把头制度的同时，燃料工业部和中国煤矿工会筹备委员会还要求在国营、合营煤矿企业中认真实行管理民主化，建立由煤矿职工民主选举的煤矿管理委员会和职工代表会议，参加煤矿的管理，以铲除官僚资本主义和封建主义管理的残余，真正体现煤矿工人是煤矿的主人。① 企业的民主改革，提高了广大劳动者的积极性，有利于工业的恢复。

（2）节约增产运动。新中国成立初期发起节约增产运动，提高生产效率成为我国当时经济政策的重要选择。陈云在 1949 年 12 月 2 日召开的中央人民政府委员会第四次会议上指出："现在，政府正努力整理税收，增加收入，并且决定在政府机关和部队中厉行节约，增加生产。"② 随着抗美援朝战争的爆发，节约增产被提上议事日程。

组织生产竞赛，提高生产效率成为"节约增产运动"的重要组成部分。1951 年 1 月，在抗美援朝中，东北第 15 机械厂（后改为齐齐哈尔第二机床厂）马恒昌小组，向全国提出开展爱国主义劳动竞赛的倡议，得到全国广泛的响应。③ 煤矿的增产节约在东北整个地区已经于 1951 年下半年全面开展，华北、华东地区以及其他地区也陆续开展。如东北煤矿管理局所属各局布置的增产节约任务，经过群众讨论后比 1951 年原计划提高了 32%，华北、华东各矿也同样表现了这种情况。煤炭工业生产，出现了大同的马六孩快速掘进循环作业法，山东洪山打眼上出现了深孔爆破，以及华北焦作出现了空心爆破，这样加速了由过去的月进 150 公尺左右到现在有不少超过了 500 公尺，一般的在 300 公尺上下，比过去提高了一倍。④ 纺织工业则推广了郝建秀细纱工作法和 1951 织布工作法。促使工人主动地掌握机器，有计划有规律地使用劳动力，提高产品数量与质量。郝建秀工作法推广后，降低了细纱断头率，

---

① 张明理：《当代中国的煤炭工业》，当代中国出版社 2009 年版，第 22 页。
② 《陈云文选》第二卷，人民出版社 1995 年版，第 35－36 页。
③ 《当代中国》丛书编辑部：《当代中国的机械工业》，当代中国出版社 2009 年版，第 11 页。
④ 中国社会科学、中央档案馆：《1949—1952 中华人民共和国经济档案资料选编（工业卷）》，中国物资出版社 1996 年版，第 619 页。

减少了皮辊花，就全国范围讲，皮辊花从推广前的 1.85%，降低至 0.9%，棉纱产量提高 3%~5%，1951 织布工作法推广后，大大地减少了次布率，许多工人消灭了次布，棉布产量提高约 4%。①

4. 全国行业会议协调工业发展。

1949～1952 年我国在新民主主义经济时期，为尽快实现国民经济恢复，人民政府通过召开行业会议，协调各产业以及与相关产业的产、供、销关系，协调产业内部的公私关系，推动了大国工业的恢复。

最早通过召开全国性专业会议来协调安排生产和建设的是中央重工业部。1949 年 12 月，中央重工业部召开全国钢铁会议，会议讨论了钢铁工业的状况，研究了 1950 年钢铁工业恢复和建设的方针、任务、投资以及技术人员的调配问题。钢铁会议上提出 "1950 年钢铁建设方针任务及投资，确定东北为目前建设中心，其次为华北，在生产任务及兴建投资亦以东北为最大。1950 年生产任务，生铁东北 689000 吨，关内各地 186000 吨。钢锭东北生产 534700 吨（大连在内），关内各区为 123000 吨。钢材东北生产 360000 吨（大连在内），关内各区 134500 吨。"② 随后，重工业部在 1950 年上半年陆续召开了有色金属、电机、化工、机器四个专业会议。

轻工业部则召开了首次全国纸张会议。在纸张大会上，大会认为要使国内造纸工业顺利发展，必须首先解决纸浆的供应问题，由于当前国家财政的艰困，暂时还不可能提出大规模的建设计划，普遍建立纸浆厂来彻底解决纸浆问题。因此决定重点投资及整理扩充原有浆厂的计划，同意先扩充四川宜宾木浆厂，华东筹设草浆厂，同时恢复和发展东北的木浆厂。另外为了解决当前纸张增产的迫切需要，大会同意暂时请政府进口一部分木浆，以协助完成 1950 年的生产计划。③

在此期间燃料工业部还召开了全国电业会议、全国煤矿会议和全国石油

---

① 中国社会科学、中央档案馆：《1949—1952 中华人民共和国经济档案资料选编（工业卷）》，中国物资出版社 1996 年版，第 562 页。

② 中国社会科学、中央档案馆：《1949—1952 中华人民共和国经济档案资料选编（工业卷）》，中国物资出版社 1996 年版，第 203 页。

③ 中国社会科学、中央档案馆：《1949—1952 中华人民共和国经济档案资料选编（工业卷）》，中国物资出版社 1996 年版，第 216 页。

工业会议，食品工业部与贸易部联合召开全国粮食加工会议；轻工业部与卫生部联合召开全国制药会议；燃料工业部与贸易部联合召开全国煤炭产销会议。此外，有关各部还召开了全国橡胶工业会议、全国卷烟工业会议、全国水力发电工程会议、全国汽车工业会议、全国电信工业会议、全国棉纺织工业会议、第二次全国造纸工业会议、全国钢铁标准工作会议等。①

通过全国性工业会议的召开，中央政府经济管理部门迅速掌握各产业全局情况，较好地制定正确的方针政策和措施，较为有效地避免了工业恢复过程中的盲目性，对工业较快恢复起到了重要作用。

（三）1949～1952年工业经济的恢复

在中国政府的努力下，1950年中国工业生产有所恢复。1950年全国重工业生产完成情况，根据21种主要产品统计：1950年计划总值为70651亿元，1950年实际生产总值为72566亿元。完成计划率为103%，其中钢铁工业完成101%，有色金属工业完成112%，化学工业完成102%，电器工业完成99.5%，机器工业完成100%。上述21种产品在1949年生产总值为22362亿元，1950年的生产总值相当于1949年的325%即3.25倍。其中：钢铁工业为394%，有色金属工业为290%，化学工业为194%，电器工业为389%，机器工业为341%②。许多工业产品的生产能力得到了恢复与发展（参见表1-1-6）。

表1-1-6　　　　　　国民经济恢复时期主要工业产品产量　　　　单位：%

产品	1949年	1950年	1951年	1952年
电	100	106	134	163
原煤	100	132	164	202
原油	100	164	245	358

---

① 吴承明、董志凯：《中华人民共和国经济史》第一卷，社会科学文献出版社2010年版，第407页。

② 中国社会科学、中央档案馆：《1949—1952中华人民共和国经济档案资料选编（工业卷）》，中国物资出版社1996年版，第448页。

续表

产品	1949 年	1950 年	1951 年	1952 年
生铁	100	394	574	764
钢	100	383	566	846
钢材	100	280	499	848
水泥	100	165	268	318
棉纱	100	134	149	203
棉布	100	154	197	287
纸	100	130	223	331
面粉	100	93	143	220
糖	100	121	151	199
火柴	100	87	107	129
卷烟	100	116	116	151

资料来源：中国社会科学院、中央档案馆：《1949—1952 中华人民共和国经济档案资料选编（综合卷）》，中国物资出版社 1996 年版，第 849 - 850 页。

1950 年全国国营发电厂设备利用小时数比 1949 年增加了 13.5%，东北地区则增加了 22.4%。设备利用率也得到了显著的提高，全国设备利用率 1950 年为 29.7%，比 1949 年提高了 3.6 个百分点。华北地区设备利用率则由 1949 年的 28.8% 提高到 33.5%（参见表 1 - 1 - 7）。发电厂设备利用率的提高，发挥了设备效能，节省了增加发电设备的投资。

表 1 - 1 - 7　　全国国营电厂 1950 年与 1949 年设备利用率比较

地区	设备利用率（%）		设备利用率小时数（个）		设备利用率小时数的增减百分比（%）
	1949 年	1950 年	1949 年	1950 年	
全国	26.1	29.7	2290	2600	+13.5
东北	24.5	30.0	2148	2630	+22.4
华北	28.8	33.5	2530	2940	+16.2
华东	24.6	27.2	2155	2380	+10.4

续表

地区	设备利用率（%）		设备利用率小时数（个）		设备利用率小时数的增减百分比（%）
	1949 年	1950 年	1949 年	1950 年	
中南	26.3	22.5	2300	1940	-15.7
西南	43.5	35.6	3810	3120	-18.1
西北	36.5	38.2	3200	3350	+4.7

资料来源：中国社会科学院、中央档案馆：《1949—1952 中华人民共和国经济档案资料选编（工业卷）》，中国物资出版社 1996 年版，第 470 页。

　　经过三年努力，1952 年同 1949 年相比，工农业总产值增长了 73.8%，其中农业增长了 48.4%，工业取得了较快速度的恢复增长了 145.0%。其中重工业增长了 329.7%，轻工业增长了 214.6%。[①] 机械工业在国民经济中得到较快恢复（参见表 1-1-8）。机械工业制造技术，在这期间也有所提高。通过测绘仿制，整理图纸资料，三年中试制了上千种新产品。到 1952 年已经能够制造一些较大、较精密的设备。例如，300 马力柴油机、375 马力蒸汽机、1π63 全齿轮车床、直径 1 米和 2 米立车、3628 型刀具磨床、6H82 型万能铣床、75 毫米镗床、200 马力空气压缩机、1000 米地质钻机、3000 千瓦水轮发电机等。为国民经济各部门的重要厂矿以及淮河整治等，提供了许多关键配件和设备。[②]

表 1-1-8　　1949 年、1952 年主要机械产品产量与 1947 年产量对比

产品名称	单位	1947 年	1949 年	1952 年
金属切削机床	台	2616（1941 年）	1582	13734
工业锅炉	台	690	209	1000
发电机	千瓦	22700	10181	29678

①　笔者根据国家统计局：《中国统计年鉴 1981》，中国统计局出版社 1982 年版，第 17 页。相关数据计算。
②　《当代中国》丛书编辑部：《当代中国的机械工业》上，当代中国出版社 2009 年版，第 11 页。

产品名称	单位	1947 年	1949 年	1952 年
电动机	万千瓦	5.13	6.1	63
变压器	万千伏安	14.6	11.9	117.2
柴油机	马力	13800		17995
轴承	万套		13.8	117.9

资料来源：《当代中国》丛书编辑部：《当代中国的机械工业》上，当代中国出版社 2009 年版，第 12 页。

钢铁工业到 1952 年底，全国共恢复和扩建了高炉 34 座，平炉 26 座。1952 年钢产量超过历史最高年产量（1943 年）的 46.1%，生铁超过历史最高年产量（1943 年）的 7.1%，成品钢材超过历史最高年产量（1943 年）的 91.2%，只有铁矿石未超过历史最高年产量。[①] 钢、生铁、成品钢材与铁矿石产量都有较大程度的恢复（参见表 1-1-9）。鞍钢在国民经济恢复时期较快地恢复了生产。1949 年鞍钢钢材年产量为 9.97 万吨，1952 年达到 78.87 万吨，达到全国钢材产量的 58.4%，有力地支援了全国的工业建设（参见表 1-1-10）。

表 1-1-9　　　　恢复时期钢、生铁、成品钢材、铁矿石产量　　　　单位：万吨

年份	钢	生铁	成品钢材	铁矿石
1949	15.8	25.2	14.0	58.9
1950	60.6	97.8	40.9	235.0
1951	89.6	144.9	66.9	270.0
1952	134.9	192.9	112.9	428.7

资料来源：周传典、张仁弟：《当代中国的钢铁工业》，当代中国出版社 2009 年版，第 35 页。

---

① 周传典、张仁弟：《当代中国的钢铁工业》，当代中国出版社 2009 年版，第 35 页。

表 1 - 1 - 10　　　1942～1952 年鞍钢与全国生铁、钢、钢材产量的比较

年份	生铁			钢			钢材		
	全国（万吨）	鞍钢（万吨）	鞍钢占全国（%）	全国（万吨）	鞍钢（万吨）	鞍钢占全国（%）	全国（万吨）	鞍钢（万吨）	鞍钢占全国（%）
1949	25	10.16	40.6	15.8	9.97	63.1	14	7.76	55.4
1950	98	51.60	52.7	61	44.37	72.7	40.9	22.63	55.3
1951	145	67.63	46.6	90	58.69	65.2	66.9	32.54	48.6
1952	193	82.56	42.8	135	78.87	58.4	112.9	47.00	41.6
合计	461	211.95	46.0	301.8	191.90	63.6	234.7	109.93	46.8

数据来源：鞍钢史志编纂委员会：《鞍钢志》上卷，人民出版社 1991 年版，第 16 页。

在恢复和改建的同时，国营工业劳动生产率及原有设备利用率大为提高（参见表 1 - 1 - 11、表 1 - 1 - 12）。恢复时期国营工业劳动生产率的增长如下。

表 1 - 1 - 11　　　　　　　　劳动生产率的变化

项目	1949 年	1950 年	1951 年	1952 年
每工人全年平均产值（千元）	4.9	6.2	7.1	7.9
以 1949 年为 100	100	126	114	161
以前一年为 100	—	126	144	111

资料来源：中国社会科学院、中央档案馆：《1949—1952 中华人民共和国经济档案资料选编（工业卷)》，中国物资出版社 1996 年版，第 807 页。

表 1 - 1 - 12　　　　　　国民经济恢复时期设备利用率　　　　　单位：%

项目	1949 年	1952 年	1952 年较 1949 年增减的百分数
发电设备利用率	26.3	42.0	+60
炼铁设备能力利用率	31.6	84.4	+167
炼钢设备能力利用率	24.9	58.6	+135
棉纺机时间利用率	58.2	94.2	+62
织布机时间利用率	58.0	95.6	+65

资料来源：中国社会科学院、中央档案馆：《1949—1952 中华人民共和国经济档案资料选编（工业卷)》中国物资出版社 1996 年版，第 807 页。

国民经济恢复时期，农业也得到了较快的恢复。粮食、棉花等主要农产品生产获得了大幅度增长。1952 年全国农作物业产值达到 346.6 亿元，比1949 年增长 54.5%，平均每年递增 15.6%。[①] 在新民主主义经济体制下，中国国民经济有所恢复，为下一步大规模工业化创造了良好的条件。

第二节　大国优先重工业发展战略的选择与推进

经过 1949～1952 年三年的努力，国民经济逐步恢复。1953 年 7 月《朝鲜停战协定》签订，朝鲜战争结束，中国外部国际环境相对缓和。中国开始了以苏联援建的"156 项"为核心的"一五"建设。"156 项"在产业选择上重点集中于能源产业、机械工业、钢铁工业以及国防工业，弥补了中国工业化的短板，巩固了中国的国家安全。在技术水平、物质资本、人力资本多重匮乏的制约下，中国政府凭借大国优势，一方面在国际上获取了苏联的援助；另一方面凭借强大的政治动员能力，调动国内有限资源，集中力量在重工业领域取得关键突破。为确保优先重工业发展战略的推进，我国政府还加速了制度变革，建立了高度集中的计划经济体制。"一五"建设的成功完成奠定了大国工业化的基础。

一、大国视角下优先重工业发展道路的历史选择

国民经济恢复后，我国逐渐放弃了已经初具成效的新民主主义工业化道路，而选择了优先重工业发展道路。选择优先重工业发展战略，与我国劳动力丰富但资本、技术匮乏的要素禀赋不符。但为何我国在当时的历史条件下会选择这条工业化道路，而且在这条工业化道路上进行了 20 多年的探索？学术界对此问题已经有许多研究。笔者尝试从大国的视角，对此问题进行讨论。

---

① 郑重、张林池：《当代中国的农业》，当代中国出版社 1992 年版，第 59 页。

（一）后发大国落后挨打的历史教训

中国是一个大国，从总量上来看具有丰富的资源和潜在的巨大市场。由于近代以来工业化的落后，在大国竞争中中国处于下风。而中国丰富的资源与潜在市场，使得西方列强有强烈动力使中国成为其原料来源与工业品的市场。在工业革命中先发国家为追求原料产地与产品市场，许多国家对中国进行过侵略。正如毛泽东同志所指出："如果现在我们还不能建立重工业，帝国主义是一定还要来欺侮我们的。"① 中华人民共和国成立后，在国际环境紧张，祖国完全统一尚未完成的背景下，如果不能在较短时间内建立强大的国防工业，国家安全将受到严峻的挑战。国防工业的发展必须有包括机械、钢铁、能源在内的强大重工业基础支撑。所以从后发大国国家安全的角度来看，中国政府有强烈的动力选择重工业优先发展战略。

（二）薄弱的重工业基础制约了大国经济独立自主发展

中国作为大国，在经济发展过程中不能作其他国家的附庸，必须依靠自身力量为主建立完备、独立的工业体系。而当时薄弱的重工业成为工业化的瓶颈。毛泽东同志曾指出"现在我们能造什么？能造桌子椅子，能造茶碗茶壶，能种粮食，还能磨成面粉，还能造纸，但是，一辆汽车、一架飞机、一辆坦克、一辆拖拉机都不能造。"② 重工业发展的落后不仅使国家安全难以保障，而且也严重制约了重工业本身的发展，同时还导致我国农业、轻工业难以得到有效的提高。当时估算如果全国人民每人要多做一套衣服，就要多生产出 9000 万匹布，就得建设有 10 万锭子的大纺织厂 27 个，这 27 个纺织厂所需的纺纱机和织布机，要由 9 个年产 30 万纱锭的纺织机械制造厂来生产。③从大国经济长远发展的角度来看，不仅强国需要重工业的发展，提高人民生活水平也离不开重工业的较快发展。

---

① 中共中央文献研究室：《建国以来重要文献选编》第四册，中央文献出版社 1993 年版，第705 页。
② 《毛泽东文集》第六卷，人民出版社 1999 年版，第 329 页。
③ 中国社会科学、中央档案馆：《1953—1957 中华人民共和国经济档案资料选编（工业卷）》，中国物资出版社 1998 年版，第 12 页。

（三）冷战背景与中国的国际战略选择

中华人民共和国成立之日，正是东西方冷战升级，社会主义阵营和资本主义阵营尖锐对立之时，作为东方大国的中国显然不能置身事外，必须在两大阵营中作出抉择。在特定的历史环境下，中国选择了向苏联"一边倒"的外交战略，加入了社会主义阵营。1950 年朝鲜战争爆发之后，中国与美国等西方资本主义国家关系紧张。在严峻的国际局势下，中国难以发挥大国劳动力丰富的比较优势，更难以融入西方资本主义国家主导的世界市场。以苏联为首的社会主义阵营给了中国工业化许多帮助与支持。这些支持包括资本、技术也包括工业管理模式，这也让中国在工业化起步阶段就打下了较深的"苏联模式"烙印。

（四）苏联优先重工业发展道路的"示范效应"

中华人民共和国成立之初，世界历史上比较成功的工业化道路主要有三条。一条是英美为代表的工业化道路。这条工业化道路主要以市场经济为基础，从轻工业起步，逐步向重工业过渡。由于这些国家抓住了世界工业革命的先发优势，在国际竞争中处于优势地位，获取了大量的海外市场和原料产地。但这条工业化道路时间较长，而且当时的国际环境已经不允许中国进行尝试。第二条工业化道路则是德、日为代表的工业化道路。这些国家由于落后英国工业化发展水平，面对激烈的竞争选择了政府干预，并且抓住了第二次工业革命的契机，实现了工业的高速发展。这些国家在工业化过程中为寻求海外市场与原料产地，对外加紧扩张，最终走上了军国主义道路。这条工业化道路也是中国不能模仿的。第三条工业化道路是以苏联为代表的社会主义工业化道路。这条工业化道路的特点是在工业基础薄弱，外部环境严峻的条件下，发挥政府作用，立足国内积累，通过计划经济与国有企业推动重工业优先发展。这条工业化道路有显著的赶超特征。第二次世界大战前夕，苏联已经建成了较为强大的工业化国家，工业生产在欧洲居第一位，在世界居第二位。[1] 工业化为苏联在第二次世界大战中取得的胜利奠定了重要的物资

---

① 金挥、陆南泉：《后苏联经济》，时事出版社 1985 年版，第 6 页。

基础，战后苏联成为世界唯一能够与美国抗衡的世界强国。苏联又开始了战后经济恢复，到 1950 年，整个工业已超过战前 1940 年水平的 72%，其中重工业超过了 104%，轻工业超过了 22%，提前完成第四个五年计划。① 在"苏联模式"的弊端还未显现的条件下，苏联工业化道路在较短时间内凭借大国的国内积累，建立较为完备的工业体系与强大的国防工业，为中国提供了较强的"示范效应"。

在内外因的共同作用下，中国选择了优先重工业发展道路。随着国民经济的恢复，加速重工业发展也逐渐提上议事日程。1952 年 9 月，中央财政经济委员会提出编制第一个五年计划轮廓的方针，认为第一个五年计划建设应"以重工业为主，轻工业为辅"。② 1954 年周恩来在《政府工作报告》中指出，第一个五年计划要集中力量发展重工业，即冶金工业、燃料工业、化学工业、动力工业、机械制造工业。③ 中国开始在优先重工业发展道路上进行探索。

二、以"156 项"为中心的"一五"计划建设

重工业与轻工业不同，它建设周期长，资本投入大，而且还需要较高的技术水平。西方发达国家主要走的是"农业—轻工业—重工业"的发展道路，即使是苏联在推动大规模工业化之前也已具备一定的工业基础。而中华人民共和国成立之初，不仅工业发展水平较低，资本、技术匮乏，而且农业也不发达。向苏联进行大规模的技术引进成为新中国工业化起步的重要手段。苏联援建的"156 项"是"一五"计划的核心，奠定了中国工业化基础。

（一）苏联援助"156 项"

苏联经济的重要优势就是重工业发展水平较高，这与中国后发大国发展

---

① 樊亢：《苏联社会主义经济七十年》，北京出版社 1992 年版，第 198 页。
② 中国社会科学院、中央档案馆：《1953—1957 中华人民共和国经济档案资料选编（综合卷）》，中国物价出版社 1998 年版，第 390 页。
③ 《周恩来选集》下卷，人民出版社 1984 年版，第 135 页。

重工业，改变落后经济面貌与国际地位的需求相符合。向苏联进行大规模的引进，是我国推动本国工业发展的重要手段。第一个五年计划颁布的"156项"后来根据具体情况又进行了不断的调整，最终实际进行施工的有150项，其中在"一五"期间建设施工的有146项。"156项"又可以大致分为两种情况，一类是对现有企业的大规模改建、续建，提升技术能力；一类是新建了一批重点企业，其中一些企业填补了中国工业发展的空白。

为充分利用中国的工业基础，"156项"中一些项目对现有企业进行了改建、续建，较大地提升了这些企业的技术能力。例如，当时全国钢铁产量最大的工厂——鞍钢，虽然经过努力1949年开始生产，当年全面超额完成生产计划，产生铁10.16万吨，钢9.97万吨。[①] 但工业化离不开钢铁作为原材料的支撑，鞍钢现有的生产水平与大国加速工业化的需求有较大的差距。为尽快提升钢铁生产水平，中国政府将鞍钢作为"一五"建设的重中之重。1952年中苏双方开始交接，其中"三大工程"（大型轧钢厂、无缝钢管厂和7号炼铁高炉）设备来自苏联68个城市148个工厂总计162259吨，占"三大工程"设备总重的85%。[②] "三大工程"的推进，提升了鞍钢的生产能力与技术水平。"一五"计划期间，鞍钢共完成投资15.1亿元；新增生产能力铁矿石670万吨，烧结矿387.7万吨，生铁188.2万吨，钢172万吨，钢材141万吨；93%的投资形成了固定资产，取得了很好的效益。1957年鞍钢生产铁338.1万吨、钢291.2万吨、钢材191.8万吨。"一五"时期鞍钢5年共生产铁1090.8万吨、钢846.9万吨、钢材566.9万吨，占全国总产量的比重，铁为54.6%、钢为50.8%、钢材为42.9%。[③]

我国还新建了一批大型企业，奠定了我国工业化基础。新中国成立之初，汽车工业非常薄弱，几乎为空白。1950年中国与苏联商定，由苏联帮助中国建设一个汽车制造厂。1951年11月13日中华人民共和国重工业部与苏联汽车拖拉机工业部签订了《中苏关于一汽的设计合同》，合同规定了苏方负责一汽初步设计和技术设计完成时间及要求。苏联汽车拖拉机设计院组织数百

---

① 鞍钢史志编纂委员会：《鞍钢志》上，人民出版社1991年版，第15页。
② 鞍钢史志编纂委员会：《鞍钢志》上，人民出版社1991年版，第163页。
③ 周传典、张仁弟：《当代中国的钢铁工业》，当代中国出版社2009年版，第44页。

人投入工厂初步设计和技术设计。在进行这项工作中，斯大林汽车厂组成专门机构，抽调各车间技术科长担任项目负责人，该厂总工艺师为总负责人，有效地组织实施工艺施工设计和繁重的技术物资准备工作。① 在苏联的帮助下，1957 年 7 月中国第一批解放牌 CA10 型 4 吨载货汽车诞生。

（二）"一五"计划的产业选择

重工业是"一五"计划的重点，而"156 项"中（实际开工的 150 项），能源工业数目为 52 项、冶金工业为 20 项、机械工业为 24 项，军事工业为 44 项，化学工业为 7 项，轻工业和医药工业仅为 3 项。② 大规模的工业化离不开能源作为动力。能源是"156 项"的重点，能源中煤炭工业和电力工业又分别占了 25 项。煤炭是工业的食粮。蒸汽机发明是第一次工业革命的重要标志，而煤炭则是蒸汽机顺利运行的能源保证。第一个五年计划期间，重工业炼钢、炼铁、火力发电，以及交通运输等都离不开煤炭的供给。中国煤炭资源丰富，但新中国成立之初煤炭开采技术水平有限。煤炭的现代化生产又具有投资大、建设周期长的特点。"一五"建设时期煤炭工业成为重点投资的产业，在苏联的援助下，我国加大了对煤炭工业的投资力度。在"一五"建设时期，仅鹤岗煤矿就占了"156 项"中的 3 项：东山竖井、兴安台竖井和兴安台选煤厂（兴安台选煤厂于"二五"期间建成）。虽然我国煤炭开采历史较早，但现代工业对煤炭要求不断提高。这一时期我国还发展了洗选煤产业。从矿井或露天矿开采出来的原煤，经过洗选加工，即利用煤炭与矸石等杂质的物理及物理化学性质的差异，除去一部分杂质，降低原煤的灰分、硫分，有利于合理利用煤炭资源，节约能源，减少无效运输量，减少燃煤对环境的污染。③ "一五"期间，原有选煤厂不断扩大生产，苏联援建的双鸭山、兴安台动力煤选煤厂相继开工，推动了煤炭系统选煤生产的发展。

电力是以电能作为动力的能源。电力的发明和应用掀起了第二次工业革命的高潮。推动中国工业发展，电力必须要先行。水电不消耗燃料，不污染

---

① 吕福源：《一汽厂志》，吉林科学技术出版社 1991 年版，第 152 页。
② 张柏春：《苏联技术向中国的转移 1949—1966》，山东教育出版社 2004 年版，第 75 页。
③ 张明理：《当代中国的煤炭工业》，当代中国出版社 2009 年版，第 171 页。

环境，建设完成后发电成本比火力发电要低得多，经济效益比火电更好。但是由于水电建设投资较多、工期较长，"一五"期间，我国以火力电站建设为主（包括热力和电力联合生产的热电站），但同时也开始进行水力电站的建设与准备。"一五"时期，电力工业限额以上的建设单位共 107 个，其中电站 92 个，输电工程和相应的变电工程 15 个。在 92 个电站中，属于苏联帮助设计的有 24 个。92 个电站的设计能力为 376 万千瓦，加上限额以下的建设单位，全部设计能力为 406 万千瓦，1957 年全国发电量为 1952 年底的 2 倍。在 92 个电站的建设单位中，有火力电站 76 个。[①]

现代化工业发展需要机器设备，中国的大国地位要求建设完备的工业体系，就需要机械工业快速发展。机械工业的水平是一个国家工业发展水平的综合反映之一。[②] "156 项"的重点产业中有 24 项是机械工业的项目。包括哈尔滨锅炉厂、第一重机厂等一批工厂的兴建，推动了我国完备工业体系的建立。机械工业的发展需要能源、材料的支撑，而机械工业发展又可以推动能源、冶金工业的发展。例如，第一重机厂建厂以后先后为太钢、石钢（现首都钢铁公司）、酒钢（酒泉钢铁公司）、武钢、包钢（包头钢铁公司）、攀钢、本钢（本溪钢铁公司）制造了有效容积为 1053 立方米、1513 立方米、1200 立方米高炉机械 13 套、炼铁年产总能力约为 1000 万吨。为武钢、包钢、马钢（马鞍山钢铁公司）、成都无缝钢管厂制造了容量为 500 吨平炉机械 12 套，70~200 吨平炉机械 7 套，炼钢年产总能力约为 460 万吨。此外，还为鞍钢、本钢、攀钢、包钢生产了容量为 1300 吨的混铁炉 6 台，为南京钢铁厂、柳州钢铁厂等十多家中小型钢铁厂生产 300 吨、600 吨混铁炉 28 台。[③]

钢铁工业是工业化的基础工业，无论是机器设备还是军事工业都离不开钢铁工业的支持。要建立大国完备的工业体系与强大的国防工业，钢铁工业必须得到较快发展。"一五"计划期间，苏联援助建设的 156 个项目中，有 7 个项目是钢铁工业项目。其中鞍山钢铁公司、武汉钢铁公司、包头钢铁公司

① 中共中央文献研究室：《建国以来重要文献选编》第六册，中央文献出版社 1993 年版，第 422 页。
② 《当代中国》丛书编辑部：《当代中国的机械工业》，当代中国出版社 2009 年版，第 2 页。
③ 第一重机厂志编辑部：《第一重机厂志》，内部出版 1986 年版，第 19 页。

三大钢铁公司改变了中国整个钢铁生产的面貌。鞍钢是在旧有工业基础上建立的钢铁工业基地，而武钢与包钢则是"一五"时期开始筹备兴建的钢铁基地。1960 年武钢第一期工程提前完成，成为当时中国第二大钢铁基地。钢铁工业的发展还对国防工业起到了重要的支撑作用。"156 项"之一的北满钢厂（即齐齐哈尔钢厂）经过建设，安装有 2 台水压机，1 台是 3000 吨，1 台是 1250 吨，并配有汽锤。这些设备可以锻造出大炮的炮身。①

　　大国不仅需要建立完备的工业体系，还需要建立强大的军事工业。"156 项"中军事工业占了 44 项，达到项目数的近 1/3。以航空工业为例，周恩来曾指出："我国是拥有九百六十万平方公里的国土和六亿人口的国家，靠买人家的飞机、搞搞修理是不行的。"② 位于湖南省株洲市的国营第三三一厂③是 1951 年 10 月 1 日，根据毛泽东主席批示"照办"的航空工业建设规划，首批兴建的 6 个骨干厂家之一。1954 年中国第 1 台航空发动机在国营第三三一厂试制成功，随后，中国第 1 台涡轮螺旋桨发动机、第 1 台航机改型的工业燃气轮机、第 1 台涡轮轴发动机、第 1 台新型农林飞机发动机、第 1 台航空模型发动机相继在该厂诞生，④ 填补了我国航空发动机的空白。在中华人民共和国国庆十周年的阅兵大典中，受阅的兵器都是中国自己制造的，其中大型武器装备，如 59 式中型坦克、59 式 130 毫米和 152 毫米加农炮、59 式100 毫米高射炮等，大多是这些新建企业生产的。⑤

（三）"一五"计划区域布局

　　由于中华人民共和国成立前，工业主要集中在东部沿海地区，内地丰富的资源、能源未能得到开发利用。苏联援建的"156 项"，遍布东北、中、西部地区。106 个民用工业企业中，东北拥有 50 项（占总项目的 47% 以上），中部与西部分别拥有 26 项与 24 项；在 44 个国防企业中，有 35 个布置在中、

---

① 《当代中国》丛书编辑部：《当代中国钢铁工业》，当代中国出版社 2009 年版，第 45 页。
② 中共中央文献研究室：《周恩来年谱一九四九——一九七六》上卷，中央文献出版社 1997 年版，第 109 页。
③ 1984 年 4 月易名南方航空动力机械公司（以下简称"南方公司"）。
④ 株洲市地方志编纂委员会：《株洲简志》，湖南人民出版社 2000 年版，第 142 页。
⑤ 《当代中国》丛书编辑部：《当代中国的兵器工业》，当代中国出版社 1993 年版，第 33 - 35 页。

西部地区，其中 17 个安排在陕西省。① 从 "一五" 时期完成的投资额来看，辽宁、黑龙江与吉林分别占全国投资额的 33.0%、13.2% 与 12.4%，三者之和达到 58.6%（参见表 1-2-1）。

表 1-2-1　　实际实施的 150 项在 17 省（区、市）的投资情况

省（区、市）	计划安排投资		实际完成投资		"一五" 时期完成投资	
	绝对数（万元）	相对数（%）	绝对数（万元）	相对数（%）	绝对数（万元）	相对数（%）
辽宁	459537	22.7	507521	25.9	354246	33.0
黑龙江	189161	9.4	216483	11.0	141344	13.2
陕西	182744	9.0	171403	8.7	112057	10.4
河南	261604	12.9	159704	8.1	46705	4.4
内蒙古	160897	8.0	159003	8.1	49332	4.6
湖北	170178	8.4	154805	7.9	39820	3.7
吉林	136558	6.8	145510	7.4	132772	12.4
甘肃	146614	7.3	139736	7.1	42718	4.0
山西	133531	6.6	131880	6.7	63073	5.9
云南	57681	2.9	55602	2.8	18175	1.7
河北	28077	1.4	28264	1.4	12732	1.2
北京	24356	1.2	25194	1.3	16339	1.5
江西	24697	1.2	25132	1.3	16196	1.5
四川	28556	1.4	22082	1.1	12751	1.2
湖南	13217	0.7	14255	0.7	12915	1.2
新疆	3270	0.2	3275	0.2	1981	0.2
安徽	1500	0.1	1486	0.1	472	0.0
合计	2022178	100.0	1961335	100.0	1073628	100.0

资料来源：董志凯：《新中国工业的奠基石：156 项建设研究》，广东经济出版社 2004 年版，第 414 页。

----

① 笔者根据董志凯：《新中国工业的奠基石》，广东经济出版社 2004 年版，第 415-416 页资料计算。

从"156 项"投资的地区来看，西北、华中等内地也是投资的重点。靠近原材料、能源是投资项目的重要考虑，兴建了株洲、大同、洛阳等一批工业城市。例如，株洲由于地理位置便利，周边矿产资源丰富，国家把株洲市列为全国 8 个重点工业建设城市之一，国家安排的 156 个重点项目中的中南硬质合金厂、三三一厂、株洲电厂和株洲洗煤厂 4 个项目安排在株洲市兴建。在全国 694 个限额以上的项目中，安排在株洲市建设的计有机车、车辆、轨枕、化工、玻璃、冶炼、麻纺 7 个项目。①

包头本是皮毛集散小城，几乎没有工业基础。1953 年，根据掌握的资源情况以及包头的战略地位，国家决定开发白云鄂博铁矿，着手选择厂址，筹建钢铁厂，并列为"一五"计划 156 项重点建设工程项目之一。包钢从 1953年着手准备，1957 年 7 月开始兴建，重点建设矿山基地和冶炼，轧制等各项工程。② 包钢的兴建充分利用了内蒙古白云鄂博地区丰富的铁矿、稀土矿资源，成为我国在少数民族地区兴建起来的一个大型钢铁联合企业。包钢的兴建不仅推动了我国钢铁工业的发展，而且促进了内蒙古地区机械、煤炭、电力等行业的发展，对开发内蒙古地区的资源优势起到了重要作用。

三、优先重工业发展战略的制度保障

为将资源有效汇聚到重工业领域，中国政府建立了高度集中的计划经济体系。随着市场力量逐步式微，价格从调节资源配置的作用转变为核算工具。为保证计划经济运行，逐步形成僵化的计划价格机制。通过公私合营、大规模新建国有企业，公有制经济成为工业化近乎唯一的微观主体。为给工业化提供原始积累，中国农村体制也进行了重要变革。

（一）物资的计划调拨体系

中国工业化是在落后的工业水平上起步，市场要求的逐利性，难以将资源集中在与我国资本稀缺、人口众多的比较优势相违背的重工业部门。为在

---

① 株洲市地方志编纂委员会：《株洲简志》，湖南人民出版社 2000 年版，第 127 页。
② 林蔚然、郑广智：《内蒙古自治区经济发展史》，内蒙古人民出版社 1990 年版，第 260 页。

短时期内建立完备的工业体系和强大的国防工业，我国政府建立了高度集中的物资调拨体系。其基本指导思想是：把全国视同一个大工厂，生产资料的流通，特别是国营企业之间的流通，不属于商品交换，而只是产品交换，是大工厂内部的调拨，价值规律对生产资料的生产和流通，都不起调节作用。[①] 1952 年召开的第一次全国物资分配会议将平衡与分配的物资分为三类，即国家统一分配物资、中央各主管部门统一分配物资和地方管理物资。

1. 国家统一分配物资。

国家统一分配物资，简称"统配物资"。这类物资属于关系国计民生最重要的通用物资，由国家计划委员会编制物资平衡计划和物资分配计划，报国务院批准后执行。1953 年国家统一分配物资为 112 种，[②] 主要品种有：黑色金属类，如生铁、钢材；有色金属类，如铜、铝、铅、锌、锡；燃料电力类，如原煤、汽油、电力；轻纺产品类，如棉纱、棉布、麻袋；化工产品类，如烧碱、纯碱、橡胶；森工产品类，如木材；建筑材料类，如水泥；机电产品类，如蒸汽锅炉、电动机、变压器、车床、磨床等。随着国民经济的发展，工业产品的增多，国家统一分配物资的品种也不断增加。1957 年增加为 231 种，比 1953 年增加 119 种，[③] 增加的品种主要有：煤油、重油、雷管、炸药、导火线、载重汽车、桥式起重机、鼓风机、锻压设备、石油钻机、地质钻机等。

2. 中央各主管部门统一分配物资。

中央各主管部门统一分配物资，简称"部管物资"。这类物资是在国民经济中比较重要的物资，多数是专用性较强的物资或中间产品。这类物资的平衡计划和分配计划，由主管部门编制，部长批准，并报国家计划委员会备案后执行。1953 年部管物资有 115 种，1957 年增为 301 种，较 1953 年增加186 种。

3. 地方管理物资。

地方管理物资。即统配、部管物资和商业部经营的一、二类商品以外的工业品生产资料，后来也称"三类物资"。这类物资品种繁多，生产分散，

---

① 李定：《当代中国的物资流通》，当代中国出版社 1993 年版，第 7 页。
②③ 李定：《当代中国的物资流通》，当代中国出版社 1993 年版，第 44 页。

一般不宜远程运输和地区间调拨，除少数品种由地方计划部门和物资部门平衡分配外，主要通过商业渠道和企业自销。主要品种有：砖、瓦、灰、沙、石料及其他地产地销产品。①

随着公私合营的推进，市场式微，国家对物资的计划配置力量不断扩大。例如，商业部门在市场上销售的钢材由1954年的30%，剧减到1955年的18.2%，而到1956年进一步降至8.2%，到1957年则实行单一的计划分配和供应。② 这个机制保证了"156项"的建设，例如"156项"重点建设省份黑龙江，缺少钢材，1954年国家为黑龙江调入钢材13381吨，1957年调入47000吨。确保了黑龙江重点项目建设。③ 物资计划调拨机制虽然在日后发展中有所调整，但是整体未能突破该框架。

（二）计划价格机制

随着资源配置方式转变，市场力量式微，价格机制从市场向计划进行了转变。1953年国家计委成立物价局，开始在苏联成本物价专家的帮助下，会同工业部门制定重工业产品出厂价格。1953年中央政府对国营煤炭出厂价格实行统一计划管理，并且通过对煤炭实行低价政策来推进工业化。1953年，在编制第一个五年计划过程中，中财委和第一机械工业部共同制定了国营企业的机械产品全国统一出厂价格，即调拨价格④。1953年第一个五年计划开始时，中财委与各工业部门共同制定了国营工业主要产品的全国统一出厂价格。实行统一出厂价格的重工业产品包括煤炭、钢铁、水泥、木材、汽油、轮胎、机床以及铁路运价等200多种。⑤ 1953年国家还对主要农产品陆续进行统购统销，对轻工业产品价格也进行了较为严格的控制。1953年以前，国务院有关部门只管理十几个大城市的几种主要商品价格；第一个五年计划末期，国务院掌握价格的商品达到322种，管理的市场也大大增加。⑥ 当时规

---

① 李定：《当代中国的物资流通》，当代中国出版社2009年版，第8页。
② 赵德馨：《中国经济通史（第十卷）》上册，湖南人民出版社2002年版，第667－668页。
③ 施盘星、屈金萍：《黑龙江省·物资志》，黑龙江人民出版社1994年版，第35页。
④ 张卓元：《中国生产资料价格改革》，经济科学出版社1992年版，第329页。
⑤ 胡邦定：《当代中国的物价》，中国社会科学出版社1989年版，第35－36页。
⑥ 胡邦定：《当代中国的物价》，中国社会科学出版社1989年版，第297－298页。

定属于国务院平衡和掌握的产品的出厂价格，由国务院审查批准；属于中央各部平衡和管理的产品的出厂价格，由中央各主管部门批准；属于各省市平衡和管理的产品的出厂价格，由各省市批准，报国务院备案。

（三）单一公有制企业——优先重工业发展的微观基础

由于我国劳动力丰富、资本技术稀缺，如果由市场自发力量，我国更多私营企业将会选择盈利水平较高的轻工业部门，如面粉、纺织部门。这与我国优先重工业发展战略的选择存在较大的矛盾。新中国成立后我国通过没收官僚资本迅速地控制了经济命脉。"一五"时期，我国通过公私合营，提高了公有制企业的比重，私营工业地位逐渐下降。1949 年私营工业提供了 36% 的电力、80% 的电动机、79% 的面粉、47% 的棉纱、81% 的火柴，到了 1955 年，私营工业提供的电力占全部工业品比重为 0、电动机为 6%、面粉为 7%、棉纱为 1%、火柴为 16%（参见表 1 - 2 - 2）。私营工业自产自销部分 1949 年为 85%，1955 年下降为 9%。而公私合营工业则在工业中的比重从 1949 年的 3% 上升到 1955 年的 50%（参见表 1 - 2 - 3）。

表 1 - 2 - 2　　私营工业主要产品产量占全部工业产品产量比重　　单位：%

产品	1949 年	1952 年	1955 年
电力	36	6	0
原煤	28	12	4
硫酸	27	4	0
烧碱	59	33	17
水泥	26	27	0
电动机	80	21	6
金属切削机床	—	53	21
胶鞋	70	53	25
棉纱	47	37	1
棉布	40	49	26
纸	63	35	5

产品	1949 年	1952 年	1955 年
火柴	81	45	16
食用油	—	48	17
面粉	79	46	7
卷烟	80	29	5

注：表中不包括个体手工业数字。

资料来源：中国社会科学院、中央档案馆：《1953—1957 中华人民共和国经济档案资料选编（工业卷）》，中国物资出版社 1998 年版，第 326 页。

表 1 - 2 - 3　　　　1949～1955 年国家资本主义成分的变化情况　　　单位：%

项目	1949 年	1950 年	1951 年	1952 年	1953 年	1954 年	1955 年
全部合计	100	100	100	100	100	100	100
公私合营工业	3	5	7	11	13	33	50
加工、订货、包销、收购部分	12	28	40	50	54	53	41
私营工业自产自销部分	85	67	53	39	33	14	9

资料来源：中国社会科学院、中央档案馆：《1953—1957 中华人民共和国经济档案资料选编（工业卷）》，中国物资出版社 1998 年版，第 337 页。

　　到 1956 年 3 月底，除西藏等少数民族地区外，全国基本上实现了全行业公私合营。到 1956 年底，全国私营工业户数的 99%，私营商业户数的 82.2%，分别纳入了公私合营或合作社。① 公私合营之后，不仅增强了公有制企业的力量，也压缩了私有经济发展的空间，公有制企业（包括国有、集体企业）成为推动工业化近乎唯一的微观主体。

　　由于新中国成立前建立的私营企业大多集中在轻工业部门，仅仅依靠公私合营还不能构建优先重工业发展的微观主体。这一时期，国家在重工业部门进行了大规模投资，兴建了一批大型国有企业。例如，"一五"时期集中

---

① 武力：《中华人民共和国经济史 1949—1999》上册，中国经济出版社 1999 年版，第 294 页。

力量新建富拉尔基第一重型机械机器厂、太原重机厂、洛阳矿山机器厂，填补了我国重型矿山机械工业方面的空白。电机电器工业方面在苏联援建下建设了哈尔滨三大动力设备厂（锅炉厂、汽轮机厂、发电厂）。这些工厂许多成为我国工业的骨干企业，为我国工业发展奠定了重要的基础。"一五"时期，不仅公有制力量不断增强，而且对工业企业的管理还呈现出中央直接管理的特征。中央直属企业不仅在工业总产值中占49%，而且在重要工业部门中占据相当比重。例如，钢铁部门中央直属企业的产值占钢铁部门产值的94%，有色金属占87%，电力部门占83.8%，煤炭部门占72%，化学部门占57%，机械部门占47.2%[1]。

（四）工业化中的粮食统购统销与农村的社会主义改造

工业化过程中，我国对农业发展的需求不断增大。第一，中国的工业化不能走对外扩张的道路，只能依靠国内农业的积累。在资金、技术短缺的条件下，农产品是重要的出口换汇产品，为工业化的起步提供重要的资金支持。第二，工业化要求新增劳动者和城市居民，而且产业工人体力消耗较大，对粮食消耗较多。工业化进程中对农产品消费需求也在不断增大，对于中国这样的大国，更加无法通过进口来彻底解决工业化中的粮食问题。第三，农产品是工业化的重要原材料。例如，在合成纤维不发达的条件下，纺织工业的主要原料就是棉花。粮食、棉花等农产品是当时关系到国计民生和社会安定的重要商品。

在工业化加速推进的同时，农村中的一些农户处于经济理性的考虑，不积极出售粮、棉、油等主要农产品，造成粮食和一些农产品供不应求，市场供应紧张。解决粮、棉、油等主要农产品的供需矛盾，从根本上说是要大力发展生产，但短期内难以实现，这就需要通过合理收购和合理供应来解决。为此，1953年、1954年，国家先后对粮食、棉花、食用植物油脂、油料等最主要的农产品实行计划收购和计划供应（以下简称"统购统销"）。其后，又分别对主要副食品、主要工业原料和出口农副产品实行派购。[2]"统购统销"

---

① 赵德馨：《中国经济通史》上，湖南人民出版社2003年版，第166页。
② 胡邦定：《当代中国的物价》，中国社会科学出版社1989年版，第91-92页。

在当时农产品供给紧张的客观条件下，保证了大国工业化的积累并且提供了人民最低的生活保障，维护了社会安定。但是从长远来看，"统购统销"不利于提高农民的生产积极性，不利于商品经济的发展，其弊端也在日后逐渐凸显。

1953 年我国开始了"三大改造"，农村也沿着合作化的方向进行改造。到 1956 年 3 月，全国就基本上实现了农业合作化，入社农户占全国农户总数的 90%，到年底，则达到 97%。[①] 农业合作化的加速推进，让政府的"统购统销"政策不再面对的是个体、分散的农户，而是有组织的合作社，极大地降低了"统购统销"政策的运行成本。合作社通过将农民组织起来，有效进行包括水利在内的公共品建设，并且维持了农民最低的生活保障。农村的社会主义改造成为中国工业化过程中的重要制度安排。

第三节　大国的工业 "大跃进" 与调整

"一五"计划建设初步奠定了中国工业化基础。但落后的工业仍然与中国的大国地位不相匹配。以毛泽东同志为核心的党的第一代中央领导集体有强烈实现大国经济赶超的动力，最终选择了工业"大跃进"，以期实现工业的跨越式发展。但是事与愿违，急于求成的工业"大跃进"使中国经济陷入泥潭，最终不得不进行国民经济调整。

一、工业 "大跃进"

（一）大国赶超与"大跃进"的战略选择

1956 年国际上发生了"波匈事件"，社会主义阵营出现动荡。在"波匈事件"中，毛泽东一方面指出了苏联在处理国际事务中所犯的错误，另一方

[①] 黄道霞：《建国以来农业合作化史料汇编》，中共党史出版社 1992 年版，第 256 页。

面又维护了苏联的领导地位，保证了社会主义阵营的稳定与团结，体现了高超的政治智慧与大国领袖的风范，毛泽东同志在社会主义阵营的威望空前高涨。正如科尔奈指出：社会主义革命者都是在贫困、落后的国家里夺取政权的。在所有落后的国家里，不管有没有建立社会主义体制，都有一种所谓"后来者"的急迫和压抑心态，深切感到严重落后于那些更为发达和富裕的国家。① 毛泽东同志也有强烈的愿望推动中国工业赶超，使中国屹立世界强国之林。他曾骄傲地说："中国人口多，地方大，现在又有了社会主义新制度，应该搞成世界上第一个文化、科学、技术、工业各方面更好的一个国家。"②

1957 年在庆祝苏联十月革命 40 周年的莫斯科会议上，赫鲁晓夫宣布苏联要在 15 年内赶上并超过美国。毛泽东同志提出，15 年后中国的钢铁产量可以超过英国。毛泽东在莫斯科会议上与法共、英共代表谈话时还算了一笔账。他说中国现在年钢产量是 520 万吨，两个五年计划之后将达到 1200 万吨，第三个五年计划之后将是 2000 万吨至 2500 万吨，第四个五年计划之后将是 4000 万吨到 4500 万吨，而英国到时顶多 3500 万吨。③ 毛泽东还说"中国从政治、人口上说是个大国，从经济上说现在还是个小国。他们想努力，他们非常热心工作。要把中国变成一个真正的大国"。④ 以毛泽东同志为核心的党的第一代中央领导集体，迫切要求中国工业化快速推进，使中国成为真正的世界大国。1958 年 5 月中共八大二次会议召开，"大跃进"正式发动。

（二）工业"大跃进"与"以钢为纲"

18 世纪英国产业革命以后，在世界范围内从手工业普遍转向大规模的近代技术和机器生产，钢铁工业逐步成为各国工业化的基础与支柱。英国曾是世界钢铁生产第一大国，1870 年曾经生产世界一半的生铁和 40% 以上的钢。19 世纪末期，美国也成为世界钢铁生产大国，为其成为"世界工厂"奠定了重要的基础。苏联钢铁工业在工业化中也扮演重要的角色，最终 1971 年第一

---

① ［匈］科尔奈：《社会主义体制》，张安译，中央编译出版社 2007 年版，第 153 页。
② 沈志华：《周恩来与 1956 年的反冒进》，载《史林》2009 年第 1 期。
③④ 沈志华：《毛泽东、赫鲁晓夫与一九五七年莫斯科会议》，载《历史研究》2007 年第 6 期。

次超过美国产量。① 中国要建立独立、完整的工业体系与强大的国防工业，就必须发展机器制造业，而钢铁工业是机器制造业的基础。中国是一个大国，要调动全国资源进行工业化建设，就必须要有发达的交通。建设一百公里铁路，就需要铁轨及多种钢材一万多吨。② 火车、轮船、汽车等交通工具也离不开钢铁生产。钢铁工业水平还影响一个国家国防工业水平的高低，涉及大国国家安全。虽然在"一五"时期，中国钢铁行业取得了较快的发展，但是中国与世界其他工业大国相比，仍然有较大差距。1957年美国钢铁产量是中国的19.1倍，苏联是中国的9.6倍，日本是中国的2.3倍。③ 随着国民经济大规模建设的展开，钢铁供求矛盾日益凸显，成为制约大国工业赶超的重要瓶颈。

在"大跃进"狂热的氛围下，1958年2月召开的第一届全国人民代表大会第五次会议把钢产量调高到624万吨，与1957年的535万吨相比已经提高了16.6%以上。在1958年3月召开的成都会议上，冶金部提出，苦战三年，到1962年达到1500万～1700万吨是有把握的，2000万吨是可以争取的。④ 报告得到了毛泽东同志的肯定。1958年6月，各大协作区⑤召开钢铁规划会议，以柯庆施为书记的华东区提出1959年钢产量要达到600万～700万吨。冶金部中共党组向中共中央提出，1959年全国钢产量可以超过3000万吨，1962年可以超过8000万～9000万吨。⑥ 地方政府和冶金部门提供的信息，更坚定了毛泽东同志推动钢铁快速发展的信心，最终1958年6月19日毛泽东同志将钢铁产量定为1070万吨。苏联方面赫鲁晓夫则对中国完成钢铁产量表示不相信，在华苏联专家总顾问的阿尔希波夫对中国钢铁目标也产生质疑，并且表示土法炼钢再多也没有用。⑦ 此时完成钢铁产量已经成为涉及中国国

---

① 孙宝瑾：《现代钢铁工业的回顾和展望》，上海人民出版社1982年版，第2页。
② 孙宝瑾：《现代钢铁工业的回顾和展望》，上海人民出版社1982年版，第3页。
③ 笔者根据《中国工业五十年》（第二部）相关数据计算。
④ 《当代中国》丛书编辑部：《当代中国钢铁工业》，当代中国出版社2009年版，第70页。
⑤ 1958年6月1日，中共中央发出《关于加强协作区工作的决定》，决定将全国划分为东北、华北、华东、华南、华中、西南、西北7个协作区，同时要求，各协作区应当根据各个区域的资源等条件，按照全国统一的规划，尽快地分别建立大型的工业骨干和经济中心，形成若干个具有比较完整的工业体系的经济区域。
⑥ 武力：《中华人民共和国经济史》上卷，中国经济出版社1999年版，第423页。
⑦ 薄一波：《若干重大决策与事件的回顾》，中共党校出版社1993年版，第704页。

际威望的重要任务。1958 年 8 月召开的北戴河会议，正式将 1958 年的钢铁指标提高到 1070 万吨。但 1958 年 1~8 月钢产量仅为 450 万吨，全年还有 600 万~700 万吨的任务。

钢铁工业的生产首先需要大量的原料和能源。生产铁不仅需要铁矿石，还需要焦炭、石灰石、耐火材料等原料。钢铁工业又是典型资本密集型工业，需要数量庞大且种类繁多的机械设备和电气设备。完成钢铁工业翻一番的任务，依靠当时已经建成钢铁厂的生产能力是很难完成的。在高指标的压力下，中国政府运用政治动员、群众运动的方式推动钢铁生产，"大炼钢铁"运动席卷全国。

（三）推动"大跃进"的主要手段

在"以钢为纲，全面跃进"思想的指导下，中国推动了以钢铁工业为中心的重工业高速发展。

1. 借助政治力量推动工业发展。

中华人民共和国成立之后，中国政府具有强大的政治动员能力。在中央政府的压力下，为确保钢铁高指标任务的完成，各地方政府纷纷利用政治力量推动工业的"大跃进"。例如，中共湖北省委专门召开省委常委会议，要求全省要立即动员百万大军办钢铁，而且规定各级党委第一书记必须切实挂帅，亲自搞钢铁"试验炉"。原本钢铁基础较差的中共河南省委，也决定从省委书记到每个省委常委委员，都要抓钢铁生产，要参加钢铁试验田。[1]

2. 群众运动，人海战术。

中国是一个劳动力资源丰富，但资本匮乏的大国。为推动钢铁为代表的重工业快速发展，这一时期我国尝试通过运用劳动对资本进行替代。在中共中央和毛泽东的号召下，各地政府纷纷组织"大兵团作战"，通过"人海战术"以完成钢铁生产任务。1958 年 8 月，全国参加钢铁生产的人数已有几百万人，而到了 9 月全国参加大炼钢铁的人数增到 5000 万人，建立了大小土高炉 60 多万座；到 10 月底，炼钢人数达到 6000 万人。工厂、公社、机关、学

---

① 《中南六省区增强工业战线 领导重心转向钢铁》，载《人民日报》1958 年 9 月 5 日。

校、部队都建起了土高炉，办起了炼铁厂，小土焦炉到处都有。① "有的炉子用耐火砖砌成，有的则在山坡或路旁挖洞成炉，有的地方竟就地挖坑，倒入矿石、煤炭，点火炼铁。"②

各地也都纷纷通过群众运动"大炼钢铁"。上海市工厂、商店、机关、学校、银行、医院乃至郊区农村，建立起大小土炉子6700多座。③ 湖北省仅沙市就约有90%以上的人投入到大炼钢铁运动中，有70多岁的老奶奶炼钢组，用蒲扇扇风炼钢，有四大"三八"炼铁炉，有五少年炼钢炼铁炉，十二少年炼焦炉，一派"户户炼钢、人人炼钢"的气势。到8月下旬，全区已建和在建的土炉2500个。④

为了完成炼铁任务，国务院发出《关于加强废钢铁、杂铜收购工作的指示》要求：进一步向广大群众宣传回收废钢铁和杂铜的政治和经济意义；收购工作要依靠群众，应当把一切可能组织起来的人员都组织起来，为国家进行废钢铁和杂铜的收购工作；各地收购起来的废钢铁和杂铜等工业原料，都应当交国家统一加工复制和统一分配利用。⑤ 许多地方不仅争先恐后地将废钢铁、杂铜交给国家，有的还将制成品拿去炼钢。

3. 现有工厂的超负荷运转。

经过"一五"建设，中国钢铁工业已经初具规模。为实现钢铁产量的"大跃进"，现有的钢铁厂也进入了超负荷运转。鞍钢1958年的钢产量要求由上一年的291万吨，跃进到450万吨。为此，全公司开展"夺钢大战"，采取了一系列保钢措施。首先是追加投资，增大冶炼设备能力，加快容积为1513立方米的10号高炉和炉容量为500吨的第三炼钢厂4号、5号平炉的建设施工速度，原定1958年竣工的39项重点工程都超前完工。其次是发动职工深挖原有生产设备的潜力，强化冶炼及轧钢操作强度，甚至不惜采用超负荷运转等各种违章作业措施，炼铁厂改变过去一直沿用的苏联高炉维持中等

---

① 武力：《中华人民共和国经济史》上卷，中国经济出版社1999年版，第427页。
② 周传典：《当代中国的钢铁工业》，当代中国出版社2009年版，第72页。
③ 陈沂：《当代中国的上海》，当代中国出版社2009年版，第165－166页。
④ 中央湖北省委党史研究室：《"大跃进"运动（湖北卷）》，中共党史出版社2004年版，第515页。
⑤ 《当代中国商业》编辑部：《中华人民共和国商业大事记（1958—1978）》，中国商业出版社1990年版，第34页。

冶炼强度的操作法，改行"精料、大风、高温"操作方针，以提高高炉的利用系数和冶炼强度；炼钢厂各平炉采取扩大熔池面积措施，实行超装熔炼；各成材厂则通过加大压下量，减少轧制道次，提高小时生产能力，不惜拼设备以夺高产。另外，为了完成跃进计划，鞍钢还在厂区内外加紧修建了141座小高炉、34座小转炉和各种土炉子。仅建设"小洋群"就从各厂矿抽调9000多人。[1] 虽然1958年的钢产量达392万吨，1960年的钢产量达到561万吨，但给生产带来严重的隐患和后果。1961年钢产量跌到295万吨，1962年回落到1957年的水平。而且这一时期生产的钢铁主要产品质量下降，设备损坏严重，原燃材料消耗增高，成本超支，积累减少。[2] 在"大跃进"狂热的气氛下，太钢在设计任务书计划外建起了12座6吨侧吹转炉。转炉车间（太钢原第二炼钢厂），于1958年第二季度破土动工，第四季度主要工程基本完成，11月进行试车投产，炼出了转炉钢水。但由于设备和工艺技术不过关。直到1959年下半年才能连续进行生产，正式形成有效生产能力。[3]

4. "大跃进"背景下的经济分权。

毛泽东同志在党的八大就曾设想通过分权，调动地方政府积极性，推动中国工业化。在1958年的南宁会议上，毛泽东再一次提出中央与地方进行经济分权。为了发挥地方政府积极性推进地方工业的发展，中央政府在"大跃进"气氛下向地方大规模放权。主要表现在以下几个方面。

（1）企业管理权限进行了下放。在"大跃进"狂热的气氛下，我国把相当一部分原来中央所属的企业下放给地方管理。当时要求各工业部门在1958年6月15日前完成下放企业的交接手续。[4] 1957年中央各部委所属的企事业单位是9300多个，而1958年则下降到1200多个，中央直属企业工业产值占工业比重也由1957年的39.7%降为1958年的13.8%。[5]

（2）计划管理权的下放。为了让地方能自成体系，中国政府扩大了地方管理权限。中央只统一分配少数主要的原材料和设备。保留下来的统配、部

---

① 鞍钢史志编纂委员会：《鞍钢志》上，人民出版社1991年版，第18页。
② 鞍钢史志编纂委员会：《鞍钢志》上，人民出版社1991年版，第237页。
③ 太原钢铁公司史志鉴编辑委员会：《太钢发展史》，中国科学技术出版社1994年版，第92页。
④ 《当代中国》丛书编辑部：《当代中国的机械工业》，当代中国出版社2009年版，第27页。
⑤ 武力：《毛泽东对新中国中央与地方经济关系的探索》，载《党的文献》2006年第5期。

管物资，由过去的"统筹统支"改为"地区平衡、差额调拨"。1959 年，国家计委管理的工业产品，由 1957 年的 300 多种减少到 215 种；中央统配、部管物资由 500 多种减为 132 种，减少了 75%。[①]

（3）基本建设项目审批权的下放。1958 年 7 月，中央又提出对地方基本建设投资实行包干制度。1958 年 9 月，进而明确规定，中央只审批年产钢100 万吨以上、年产煤 1000 万吨以上、火电站 20 万千瓦以上的建设项目，以及协作区工业体系规划和贯穿几个省、自治区的铁路干线和河流规划，除此以外的大部分大中型建设项目都由地方、各部自行审批决定后报国家计委、国家建委备案。同时，规定还简化了对设计任务书的要求。[②]

这一时期还对劳动管理权、财税权、金融等经济权力下放。以劳动管理权为例，1958 年 6 月，中央决定各地的招工计划经省（市）确定之后即可执行，不必经过中央批准。劳动管理权的下放为"大跃进"时期职工人数膨胀打开了大门。

（四）"继续跃进"

在"以钢为纲、全面跃进"的指导思想下，"大跃进"期间不仅全民"大炼钢铁"，电力、机械等工业也提出了不切实际的高指标。"大跃进"中暴露的工业结构不协调、生产指标过高等问题，也曾引起毛泽东等中央领导的察觉。1958 年 11 月召开的郑州会议、武昌会议进行了调低生产指标的努力。但是庐山会议改变了进程，纠"左"转变为反右倾。1959 年 12 月 30 日在"反右倾、鼓干劲"的精神下，国家计委提出《关于 1960 年的国民经济计划草案的报告》，对工农业生产提出了一系列高指标。要求 1960 年生产1840 万吨钢，原煤从 3.47 亿吨增加到 4.25 亿吨，铁路货运量从 5.4 亿吨增加到 7.2 亿吨，汽车货运量从 3.4 亿吨增加到 5.4 亿吨，基本建设投资由 267亿元增加到 325 亿元。[③] 1960 年 4 月还提出过去是"一季争（争投资）、二季

---

① 李定：《当代中国的物资流通》，当代中国出版社 1993 年版，第 15 页。
② 《当代中国》丛书编辑部：《当代中国的基本建设》，中国社会科学出版社 1989 年版，第65 页。
③ 赵德馨：《中国经济通史（10 卷）》上，湖南人民出版社 2002 年版，第 256－257 页。

叫（叫困难）、三季反（反右倾）、四季超（超计划）”，现在把 8 月（反右倾）提到 4 月，以后就不必反了。[①] 反右倾的政治高压，成为推动"继续跃进"的重要手段。1960 年在工业高指标的同时，基本建设方面也继续大上项目。1960 年 11 月国家计委和建委又确定 1959 年追加 13.63 亿元的基本建设投资，使基本建设投资又重新回到 1959 年初调整前确定的水平。

"继续跃进"虽然比 1958 年"大跃进"更加注重生产质量，但是它主要倚仗的"小洋群"和"五小成群"，还是以人海战术为基础，产品质量依旧无法保证，而且经济效益依旧不高。不顾客观条件的"大跃进"最终未能让中国经济实现赶超，国民经济陷入困境。

（五）"大跃进"运动对中国工业化的影响

1. 产业结构失衡。

在工业领域"大跃进"片面强调"以钢为纲"，导致了三次产业结构的失衡。第二产业占 GDP 的比重从 1957 的 27.3% 上升到 1960 年的 44.7% 以上。[②] 为了追求钢铁产量的增加，我国钢铁生产还挤占了农业生产。例如，中共孝感地委在 1958 年"大跃进"期间，抽调农村 80% 以上的精壮劳动力，组成炼钢专业队伍，秋收冬播为大办钢铁让路，当年农业收成因此而减产约 3 成。[③] 激增的职工人数更加剧了农业供求的紧张。工业企业职工人数（全民所有制，下同）1960 年达 2144 万人，比 1957 年增加了 1396 万人，增加幅度达 186.6%。重工业 1957 年职工人数是 450 万人，而 1958 年则达到了 1750 万人[④]。工业"大跃进"带来工业部门职工人数的激增，为日后粮食供应紧张埋下隐患。

2. 工业结构失衡。

（1）轻重工业的比例关系严重失调。"大跃进"时期，在"以钢为纲"

---

① 柳随年、吴群敢：《"大跃进"与调整时期的国民经济》，黑龙江人民出版社 1984 年版，第 65 页。
② 国家统计局固定资产投资统计司：《1950—1985 中国固定资产投资统计资料》，中国统计出版社 1987 年版，第 11 页。
③ 胡昌义、李卓汉：《湖北省志（经济综述）》，湖北人民出版社 1992 年版，第 147 页。
④ 国家统计局：《中国工业统计资料（1986）》，中国统计出版社 1987 年版，第 168 页。

思想的主导下，我国政府投资集中于钢铁以及钢铁生产所需的煤炭、电力、机械等重工业部门。重工业三年投资达545.7亿元，而轻工业投资仅65.7亿元。同时，为了保证钢铁等重工业生产，轻工业生产所需的燃料动力、原材料经常被挤占。轻工业市场产品消费的钢材占整个钢材生产消费量的比重，1957年为20.7%，1958年下降到13.8%，1959年、1960年又连续下降到11%和10.2%。1957年为轻重比例为55∶45，1960年则变为33.4∶66.6。[①]轻工业生产不足直接导致了市场供应的紧张。

（2）重工业内部加工工业和采掘工业的比例关系严重失调。"大跃进"期间，采取"抓中间带两头"的方针，钢铁冶炼工业一马当先。但是，铁矿石、辅助原料矿石的采选、烧结并未相应地被带动起来，赶不上冶炼的需要。煤矿的发展同样跟不上冶炼生产的需要。1957年原煤产量1.3亿吨，"大跃进"三年新增机械化、半机械化采煤能力只有1.1亿吨，而1960年实际采煤达3.97亿吨，其余近1.6亿吨原煤是依靠老矿强化开采和小矿简易投产突击增产的，以致煤矿的开采与掘进比例也严重失调，设备损坏严重。[②] 总之，当时整个采掘工业，包括煤矿、铁矿、有色金属矿、辅助原料矿、化学矿、石灰石矿等落后于冶炼加工能力。

（3）加工工业内部各环节之间的比例关系失调。由于在生产安排上重主机，轻配套，许多配套厂转产主机，导致许多设备在配套环节出现了问题，不能成套供应使用。冶金系统大中型项目中，轧机不配套的占30%，高炉占50%以上，平炉和铁矿山占80%以上。其他部门也存在同样的问题。三年内机械制造能力增长很快，而维修和配件生产能力却有减无增。在原材料分配上又挤占了维修用料，从而使大量因过度运转而损坏的设备无法修复。[③]

3. 工业经济效益低下。

在工业生产方面，首先是产品质量下降。例如，1960年生铁合格率由1957年的99.4%下降到74.9%，其中重点钢厂由99.4%下降到85.9%。中央直属煤矿所产煤炭的灰分由第一个五年计划平均21%增加到24%。[④] 其次，

---

①②③　汪海波、董志凯：《新中国工业经济史（1958—1965）》，经济管理出版社1995年版，第79～81页。

④　《当代中国》丛书编辑部：《当代中国的机械工业》，当代中国出版社2009年版，第28页。

劳动生产率降低。全国全民所有制工业企业全员劳动生产率，1957 年为 6362 元，1958 年后逐年下降，到 1960 年下降了 7.8%。[1] 再次，生产成本提高。以 1960 年与 1957 年相比，全国工业企业每百元产值的生产费用从 51.1 元增加到 56.4 元。[2] "大跃进"还造成设备严重损坏。以鞍钢为例，1960 年，第二钢铁厂 3 号、4 号高炉和第一钢铁厂 2 号高炉的炉缸先后烧穿。[3]

二、工业经济的调整

工业"大跃进"最终让我国国民经济难以维系。1960 年 6 月中共中央在上海举行扩大会议，中央领导开始对"大跃进"高指标带来的问题进行了反思。1962 年我国陆续召开了"七千人大会""西楼会议"和 5 月的北京会议，"调整、充实、巩固、提高"逐渐成为国民经济调整时期的指导思想。

（一）对于工业生产高指标的调整

以追求钢铁为代表的工业的高增长是"大跃进"时期经济混乱的重要原因。片面追求工业高指标与我国人口多底子薄、人均资源不足、资本技术水平较差的国情不符。在 1962 年的五月会议上，中国政府提出工业总产值由 950 亿元降到 880 亿元，原煤、钢分别由 2.51 亿吨、750 万吨降到 2.39 亿吨、600 万吨。[4] 以钢铁为代表的重工业指标的大规模压缩，为工业的调整创造了良好的条件。

（二）工业企业的"关、停、并、转"

随着工业生产指标大幅度降低，许多工业企业生产任务不足。要进一步

---

① 《中国统计年鉴 1984》，中国统计局出版社 1984 年版，第 270 页，引自汪海波、董志凯主编《新中国工业经济史（1958—1965）》，经济管理出版社 1995 年版，第 82 页。

② 《当代中国》丛书编辑委员会：《当代中国的经济体制改革》，当代中国出版社 2009 年版，第 79 页，引自汪海波、董志凯主编《新中国工业经济史（1958—1965）》，经济管理出版社 1995 年版，第 82 页。

③ 郝元初、赵剑、刘世桥：《本钢志（第一卷）》上，辽宁人民出版社 1989 年版，第 49 页。

④ 汪海波：《中华人民共和国工业经济史：1949.10—1998》，山西经济出版社 1998 年版，第 330 页。

精减职工，也必须要对企业进行"关、停、并、转"。1962 年内，全民所有制工业企业数就由上年底的 7.1 万个减少到 5.3 万个，减少 1.8 万个。① 1962 年企业裁并幅度大的冶金、化工、建材和机械工业，分别比原有企业数目减少了 70.5%、42.2%、50.7% 和 31.6%。而煤炭、石油、纯碱、化肥、聚氯乙烯等 14 种短线产品和拖拉机、内燃机、交通运输车辆的生产能力，则在"并转"中得到了充实和加强。②

（三）压缩工业基本建设，精减职工人数

这一时期我国政府在国民经济紧张的条件下，果断缩短工业战线的基本建设，精简工业企业职工。

1. 工业基本建设的压缩。

据统计，调整时期工业基本建设投资额从"大跃进"时期的 611.42 亿元下降到 327.06 亿元。③ 基本建设用的钢材消耗量占生产建设全部钢材消耗量的比重，从 1960 年为 30.2% 下降到 1962 年的 16.6%。④ 三年调整期间，国家给钢铁工业的投资只有 19 亿元，按年平均，比"一五"计划期间还低。鞍钢、武钢、包钢、酒钢等在建大项目都停了下来。⑤

2. 精简职工人数。

在工业企业的"关、停、并、转"与基本建设压缩的同时，我国工业部门职工人数也进行了大规模精简。1961 年我国国民经济各部门职工总人数为5171 万人，比 1960 年的 5969 万人减少了 798 万人，工业部门 1961 年人数为1994 万人，比 1960 年的 2482 万人减少了 488 万人，建筑业资源勘探则从1960 年的 723 万人下降为 1961 年的 432 万人，精简了 291 万人。工业与建筑业资源勘探精简人数之和为 779 万人⑥，有力推动了全国职工的精简。进一步从工业部门来看，冶金工业 1960 年为 416.5 万人，1961 年下降到 221.1 万

① 国家统计局：《中国统计年鉴 1984》，中国统计出版社 1984 年版，第 193 页。
② 武力：《中华人民共和国经济史》上卷，中国经济出版社 1999 年版，第 486 页。
③ 国家统计局：《中国统计年鉴 1984》，中国统计出版社 1984 年版，第 35 页。
④ 国家统计局：《中国统计年鉴 1984》，中国统计出版社 1984 年版，第 114 页。
⑤ 周传典：《当代中国的钢铁工业》，当代中国出版社 2009 年版，第 66 – 67 页。
⑥ 国家统计局：《中国劳动工资统计资料》，中国统计出版社 1986 年版，第 16 页。

人，下降幅度达 46.91%。机械工业 1960 年为 486.1 万人，1961 年下降为 391.3 万人，下降幅度达 19.5%。[1]

（四）加强了工业对农业的支持

新中国成立以来，在难以利用两种资源、两个市场的背景下，我国工业化的积累长期重点来源于本国农业积累。粮食完全关系人民生活水平的提高，以及大国的经济安全。"大跃进"时期一方面是工业对农业的挤压，另一方面人民公社制度破坏了农业生产力，最终导致了粮食供给紧张。在 3 年经济困难时期，为有效提高粮食产量，中国一方面推动了农业经济体制的调整，另一方面还加强了工业对农业的支持。1961 年的党的八届九中全会决定，强调重工业部门必须先安排好与农业生产直接有关的农业机械、农具、化肥、农药等行业的生产。我国加大了对支农工业的扶持力度。1963 年在 38 种支农产品中，比上年增长的有 20 种，占当年支农产品总数约 53%。其中，化肥产量 322 万吨，增长 39.5%；拖拉机产量 20398 台，增长 22.1%。[2] 1961～1962 年，精简职工 1700 多万人，返回农村 1300 万人左右，加强了农业劳动力。[3]

（五）加强轻工业的生产

1. 努力促进经济作物生产的恢复和发展，增加轻工业产品的农产品原料。

当时，在轻工业总产值中以农副产品为原料的比重占 75% 左右，而 1961 年许多重要的经济作物，如棉花、油料、黄麻、甘蔗、桑蚕、茶叶、烤烟等的产量低于甚至大大低于 1952 年的产量。因此，国家从多方面采取了措施来促进经济作物的增产。例如，为了鼓励农民种植经济作物的积极性，把经济作物的种植面积大体上稳定下来。在 1961 年到 1962 年，对收购棉花、油料、

---

[1] 国家统计局：《中国劳动工资统计资料》，中国统计出版社 1986 年版，第 37－38 页。
[2] 《中华人民共和国经济档案资料选编（农业卷）》，中国财政经济出版社 2011 年版，第 30 页。
[3] 《中华人民共和国经济档案资料选编（农业卷）》，中国财政经济出版社 2011 年版，第 517 页。

烤烟等重要经济作物，实行了奖励粮食政策。当时每收购 1 担棉花，奖励 35 斤粮食；每收购 1 担花生仁、芝麻或烤烟，奖励 20 斤粮食。经过努力，经济作物产量缓步上升。到 1965 年，已经接近或者超过新中国成立以来的最高水平，为轻工业的恢复和发展提供了物质基础。①

2. 合理分配原材料，特别是农产品原料。

把有限的资源优先安排给那些原材料消耗低、产品质量高的轻工业企业，以提高轻工业部门的供给，缓解市场紧张。例如，全国烟草工业，由轻工业部统一安排生产计划，统一分配原料（如收购上来的烟叶，一律由轻工业部分配）。全国肥皂工业和与肥皂有关的产品也全部交由轻工业部归口管理，其生产和基本建设统一由轻工业部规划和安排。原有的肥皂工厂，除保留 83 家外，其余一律关闭，从而保证了油料的合理使用。②

3. 迅速恢复和发展手工业传统产区和传统产品的生产。

为缓解了市场紧张，我国这一时期还生产了大量的锄、镰、镐、锹、锅等小农具和日用品。

（六）经济体制的调整

1. "工业七十条"与国营企业的整顿。

为整顿"大跃进"的经济管理混乱，1961 年 9 月 16 日，中共中央正式颁发的《国营工业企业工作条例（草案）》，又称"工业七十条"，提出了中国工业企业管理工作的一些基本指导原则。"工业七十条"明确规定了国家对企业实行"五定"③，企业对国家实行"五保"④。随着"工业七十条"的贯彻，越来越多的企业建立并健全了各项经济管理制度，使企业的整个技术

---

① 汪海波、董志凯：《新中国工业经济史（1958—1965）》，经济管理出版社 1995 年版，第 122 页。
② 汪海波、董志凯：《新中国工业经济史（1958—1965）》，经济管理出版社 1995 年版，第 123 页。
③ "五定"，即定产品方案和生产规模；定人员和机构；定主要的原料、材料、燃料、动力、工具的消耗定额和供应来源；定固定资产和流动资金；定协作关系。
④ "五保"，即保证产品的品种、质量、数量；保证不超过工资总额；保证完成成本计划，并且力求降低成本；保证完成上缴利润；保证主要设备的使用期限。

经济活动协调地有秩序地进行，克服了"大跃进"以来的混乱局面。①

2. 中央与地方关系的再调整。

"大跃进"时期向地方政府的放权，带来了地方政府争先恐后地推动地方"大跃进"，加速了经济的混乱。调整时期中共中央在总结"大跃进"经验教训的基础上做出了《关于调整管理体制的若干暂行规定》，强调了经济权力的集中。②对经济管理大权；人权、财权、商权和工权；重要物资；财权；劳动计划进行了集中。还强调所有生产、基建、收购、财务、文教，劳动等各项工作任务都必须执行"全国一盘棋、上下一本账"的方针，不得层层加码。

到1962年底，我国国民经济逐渐开始走出泥潭。农业、轻工业生产得到恢复，市场供应短缺的局面有所缓和。

三、国民经济继续调整

（一）工业生产的充实与提高

1963年9月中共中央召开工作会议，提出1963年到1965年继续贯彻"调整、巩固、充实、提高"的方针，并将这一时期作为从"二五"向"三五"的过渡期。③ 1963~1965年中国工业生产更加注重技术提升，提高供给水平。

第四机械工业部于1964年11月制定的《新产品研究、设计、试制工作条例》，标志着中国电子工业产品的发展进入了自行设计的新阶段。到20世纪60年代中期，不仅原有的通信技术有了新的发展，核电子技术、导弹制导技术、现代雷达、微波技术、计算技术和水声技术等技术也被突破。④ 1963年到1965年三年间共完成工程项目37项，成为电子工业历史上竣工验收项

---

① 《当代中国》丛书编辑委员会：《当代中国的经济体制改革》，当代中国出版社2009年版，第89页。
② 曹尔阶：《新中国投资史纲》，中国财政经济出版社1992年版，第169页。
③ 赵德馨：《中国经济通史（第10卷）》上，湖南人民出版社2002年版，第272页。
④ 《当代中国》丛书编辑部：《当代中国的机械工业》，当代中国出版社2009年版，第42页。

目最多的一个时期①。

继续调整过程中，各地工业逐步恢复，并进一步发展。上海市委在 1963 年 12 月的第三届市代会上提出"把上海建成我国第一个先进的工业和科学技术基地"，后又提出"依靠上海科学技术力量，向'高、精、尖'发展"，确立着重发展新型金属材料、精密机床和特种设备、电子器件和电子设备、精密仪器仪表、石油化工和高分子合成材料、新型硅酸盐 6 个重点新型工业。② 1965 年上海机床厂开始设计生产上机牌 MG1432A 型高精度万能外圆磨床，接近世界领先水平。③

经过继续调整，湖南省的工业也得到充实巩固，许多过去不能生产的电炉钢、薄钢板、无缝钢管及气轮发电机、水轮发电机、电动机、电动车等产品先后问世。机械工业产品品种由 1957 年的 105 个增加到 1964 年的 650 多个，化学工业品种由 1957 年的 40 个增加到 117 个，全省日用工业品自给率由 1957 年的 50% 左右提高到 1965 年的 70%。④ 黑龙江在继续调整时期，相继兴建并投产了哈尔滨化学纤维厂、伊春纸浆厂、哈尔滨毛纺厂、哈尔滨玻璃厂、哈尔滨绢纺厂等轻工业企业。⑤

（二）经济体制的再探索——托拉斯

在国民经济调整时期，为避免国家经济混乱，我国进行了经济权力的上升，但如何避免"一收就死"仍然是我国经济建设中面临的重要难题。这一时期我国探索通过托拉斯的体制，调动国内资源，提高经济管理效率，实现大国工业发展。1960 年春，在讨论"二五"计划后三年规划时，刘少奇等领导同志开始感到应从上层建筑和生产关系方面进行一些调整。在生产的组织方式和管理方式上进行改革，当时就议论过托拉斯问题。1964 年中国第一批试办了 12 个托拉斯，其中，全国性的有 9 个。12 个托拉斯中，烟草公司、

① 《当代中国》丛书编辑部：《当代中国的机械工业》，当代中国出版社 2009 年版，第 37 页。
② 上海通志编纂委员会：《上海通志（3）》，上海社会科学出版社 2005 年版，第 1699 页。
③ 上海通志编纂委员会：《上海通志（3）》，上海社会科学出版社 2005 年版，第 2092 页。
④ 湖南省地方志编纂委员会：《湖南省志·第七卷（综合经济志·国民经济计划）》，湖南人民出版社 1997 年版，第 80 页。
⑤ 黑龙江省地方志编纂委员会：《黑龙江省志》第一卷，黑龙江人民出版社 1999 年版，第 335 页。

盐业公司是 1963 年 7 月和 10 月先后成立的。烟草公司将全国卷烟厂集中管理以后，烟厂从 104 减少为 62 个，职工精简了 13800 多人。过去分散经营、盲目生产的现象有了很大改变，经济效果比较显著。1964 年卷烟产量比上年增产 29%，全员劳动生产率比成立前提高 35%，卷烟质量提高，资金周转加速，生产费用降低 21%，税收利润比上年增加 2.6 亿元，并协助农业部门建立了高级烟叶的原料基地。盐业公司陆续接管了 19 个省、市、自治区的运销机构和辽宁、河北、山东、江苏 4 省的 17 个大中型盐场，着重抓产运销的统一管理工作，成绩比较突出。由于采取了产销机构合一，销售网按经济区划设置，减少中转环节，扩大从盐场到销售点的直达运输量等措施，全年运销企业职工人数比 1957 年减少 20%，盐的流通费用比去年降低 10% 左右，运销利润可达 3600 万元以上，比上年增加 1400 万元。[①]

1964 年下半年开始，汽车工业系统试办托拉斯。汽车工业系统的兴办提高了汽车产业的生产效率，1965 年汽车行业生产总值、汽车产量、全员劳动生产率与 1964 年比较，分别提高 69%、64%、61%。而生产成本 1965 年则比 1964 年降低 18%，资金周转加快 24 天，上交利润 1200 万元。汽车托拉斯还将国防急需的越野车提前投入批量生产。[②] 国民经济继续调整让我国工业经济进一步得到了恢复和提高，这一时期我国还进行了"三线建设"重大战略部署，在下一节将进一步展开讨论。

第四节　"文化大革命" 时期的工业化

"文化大革命"打乱了中国工业化进程，在政治运动的冲击下，工业甚至一度出现了负增长。"文革"时期，在"抓革命，促生产"的工作方针下，中国政府推动了"三线建设"、"四三方案"、地方"五小工业"建设，以期推动工业发展。但在"文革"特殊的历史时期，这些建设项目不可避免地受

---

① 中国社会科学院、中央档案馆：《1958—1965 中华人民共和国经济档案资料选编（工业卷）》，中国财政经济出版社 2011 年版，第 253 页。

② 《当代中国》丛书编辑部：《当代中国的机械工业》，当代中国出版社 2009 年版，第 40 页。

到了干扰。

一、"文化大革命"时期的工业曲折发展

"文化大革命"初期，在动荡的政治环境下，我国工业出现大幅滑坡。第二产业 1966 年比上年增加了 22.4%，1967 年则下降了 14.3%，1968 年继续下降了 9.2%；工业 1966 年上涨了 23.8%，1967 年下降了 15.1%，1968年下降了 8.2%。国内生产总值 1966 年上涨了 10.7%，1967 年下降了5.7%，1968 年下降了 4.1%。[①] 受政治动荡的影响，许多重要的工业部门生产秩序遭到破坏。以鞍钢为例，1967 年 8 月，炼铁厂 10 座高炉，只有 1 座高炉生产。[②] 1969 年党的九大之后，政治局面初步稳定。在广大干部群众的努力下，国民经济扭转了 1967 年、1968 年连续倒退的趋势，工业出现了恢复性增长。但在"文化大革命"特殊的历史环境下，从 1970 年到 1971 年，国民经济再次出现了过热的情况，（表现为"三个突破"，即职工人数突破 5000万人，工资支出突破 300 亿元，粮食销量突破 800 亿斤）。[③]

1972 年开始在周恩来同志主持下，中国政府对国民经济进行调整。这一时期调整主要包括恢复制定经济管理规章制度，加强经济管理；加强对职工工资、职工人数的控制；压缩了"四五"计划的工业高指标，压缩基建规模，调整国民经济各部门投资比例等措施。经过两年的调整，1973 年国民经济计划完成较好。工农业总产值达 3967 亿元，完成计划 102.8%；经济效益也有了提高，全民工业劳动生产率在连续两年下降后，比上年提高 3.3%。[④]但 1974 年初的"批林批孔"运动再次打乱了经济秩序。"批林批孔"造成的经济混乱，引起了毛泽东同志的忧虑。1975 年第四届人大后，在邓小平同志的主持下，我国对国民经济进行治理整顿。钢铁工业是这一时期治理整顿的突破口。中国政府重点对位于包头、武汉、太原等地的大钢铁公司进行整顿

---

① 国家统计局：《中国统计年鉴 2002》，中国统计出版社 2002 年版，第 53 页。
② 周传典、张仁弟：《当代中国的钢铁工业》，当代中国出版社 2009 年版，第 80 页。
③ 马洪等：《当代中国经济》，当代中国出版社 2009 年版，第 139 – 140 页。
④ 谷牧：《谷牧回忆录》，中央文献出版社 2009 年版，第 253 – 254 页。

以此带动全国。经过1975年经济领域的整顿，经济有所恢复，1975年工农业总产值达4467亿元，比上年增长11.5%，其中工业总产值比上年增长15.1%，农业虽然部分地区遭受特大洪水仍增长4.6%。[①] 但1975年底，中国开始了"反击右倾翻案风"的运动，经济再次陷入混乱。1976全年工农业总产值比上年只增长1.7%，大大低于计划要求的7%～7.5%的速度。[②] "文化大革命"特殊的时期下，我国进行了"三线建设"、"四三方案"与发展地方"五小工业"，工业化曲折推进。

二、"三线建设"与大国工业布局

进入20世纪60年代之后，"越战升级"，中苏、中印关系紧张让中国周边环境日趋紧张。从当时布局来看，我国工业集中在大城市。当时"仅14个百万人口以上的大城市就集中了约60%的主要民用机械工业，50%的化学工业和52%的国防工业"[③]。毛泽东针对不断恶化的周边环境，提出"要研究斯大林的经验。斯大林一不做工事，二不搬厂，三不准备打游击战，只是仓促撤退。"[④] 中国广阔的腹地，是大国特有的优势。而如何防患于未然，让这个优势充分发挥？以毛泽东同志为核心的党的第一代中央领导集体在"备战"的压力下，1964年开始决心推动"三线建设"。"三五"计划原先的"先抓吃穿用，实现农轻重"设想开始向以"备战"为中心的"三线建设"转变。1964年开始，"三线建设"[⑤] 开始启动。"文化大革命"初期，"三线建设"受到冲击。但1969年3月"珍宝岛事件"后，以战备为核心的"三线建设"开始大规模推进。"三线建设"改变了中国工业结构与空间布局，对中国工业化产生了深远的影响。"三线建设"的几个特点值得注意。

---

① 国家统计局：《中国统计年鉴1983》，中国统计出版社1983年版，第19页。
② 马洪等：《当代中国经济》，当代中国出版社2009年版，第19页。
③ 中共中央文献研究室：《建国以来重要文献选编》第十九册，中央文献出版社1998年版，第131页。
④ 《建国以来毛泽东军事文稿》下卷，中央文献出版社2010年版，第276页。
⑤ 所谓三线，是由我国沿海、边疆地区向内地划分为三条线：一线指沿海和边疆地区；三线指四川、贵州、云南、陕西、甘肃、宁夏、青海及湖南、湖北、河南等内地地区，其中西南（云、贵、川）、西北地区（陕、甘、宁、青）俗称为"大三线"。二线指介于一线、三线之间的中间地区。一线、二线地区各自的腹地又俗称"小三线"。

（一）推动内地工业化与国防工业发展

中国广大的内地面积辽阔，资源丰富，但工业基础薄弱。虽然在"一五"时期我国加强了对这些地方的投资，但其工业化进程仍然有待进一步提升。"三线建设"是我国在"备战"背景下，对大国工业布局的一次新的探索。"三线建设"的重点是内地。"三线建设"时期，我国在内地进行了较大规模的投资，推动了内地工业化与国防工业的发展（参见表1-4-1）。

表1-4-1　　各个时期三线地区与全国基本建设新增固定资产比较　　单位：亿元

项目	1953~1965年合计（年均）	三线建设时期				"三线建设"时期比1953~1965年年均增长（%）
		"三五"计划时期	"四五"计划时期	"五五"计划时期	15年合计（年均）	
全国总计	1721.79（132.45）	580.13	1082.34	1747.31	3409.78（227.32）	71.62
三线地区合计	515.09（39.62）	211.62	383.72	549.66	1145.00（76.33）	92.66
三线地区占全国的比例（%）	29.92	36.48	35.45	31.46	33.58	
四川	74.14（5.70）	47.04	68.86	95.33	211.23（14.08）	147.05
贵州	26.10（2.01）	17.65	22.80	30.55	71.00（4.73）	135.49
云南	39.63（3.05）	16.35	27.11	42.95	86.41（5.76）	88.87
陕西	51.79（3.98）	17.82	49.84	46.07	113.73（7.58）	90.50
甘肃	53.93（4.15）	20.17	31.61	30.38	82.16（5.48）	31.98
宁夏	6.36（0.49）	4.20	7.43	10.95	22.58（1.51）	207.21
青海	15.91（1.22）	7.19	10.90	17.08	35.17（2.34）	92.19

续表

项目	1953~1965年合计（年均）	三线建设时期				"三线建设"时期比1953~1965年年均增长（%）
		"三五"计划时期	"四五"计划时期	"五五"计划时期	15年合计（年均）	
湖北	64.61（4.97）	22.47	56.27	116.07	194.81（12.99）	161.31
湖南	42.30（3.25）	20.05	37.21	44.78	102.04（6.80）	109.31
山西	63.74（4.90）	17.46	29.55	53.39	100.40（6.69）	36.60
河南	76.58（5.89）	21.22	42.14	62.11	125.47（8.36）	42.01

注：本表根据国家统计局固定资产投资统计司：《中国固定资产投资统计年鉴（1950—1995）》，中国统计出版社1997年版，第176页相关资料计算。参见陈东林：《三线建设：备战时期的西部开发》，中共中央党校出版社2003年版，第412-413页。

  四川是"三线建设"的重点，毛泽东曾说过攀枝花不搞起来，我就睡不着觉，一定要下决心搞，把我们的薪水都拿去搞。[1]。从1964年下半年起到1970年底，国家在四川安排进行的200多个"三线建设"项目中，仅重点项目即有150多个。1970年、1971年两年，国家对四川的基本建设投资总额达79.2亿元，比1964年至1966年三年的基本建设投资总额还多19.26亿元。[2]经过"三线建设"，四川工业生产能力有了很大增长。1964年钢产量占全国的4.7%，成品钢材产量占5.3%，原煤占4.7%，发电量占4.1%，到1979年分别上升为8.5%、7.6%、6%、5.5%[3]。形成了以攀枝花为中心的钢铁工业基地，以重庆为中心的常规兵器工业生产基地和以川南盐化工和天然气生产基地。经过"三线建设"，四川工业已能独立生产许多高、精、尖产品，逐步发展成为中国西南部的一个新兴的重要工业基地。[4]

  通过"三线建设"，四川的国防工业也得到了较快发展，开展"大三线

  ① 中共中央文献研究室：《毛泽东传（1940—1976）》下，中央文献出版社2003年版，第1362页。
  ② 杨超：《当代中国的四川》上，中国社会科学出版社2009年版，第123页。
  ③④ 杨超：《当代中国的四川》上，中国社会科学出版社2009年版，第125页。

建设"之前，四川只有 23 个国防科技工业企事业单位。从 1964 年下半年开始，至 1985 年，四川省（包括重庆市，笔者注）共建成国防科技工业企业、研究院所及配套单位 150 多个。其中大、中型企业占 97%，拥有固定资产原值占全国国防科技工业的 17%，占三线地区国防科技工业的 32%。① 豫西、鄂西、湘西等地区也是我国"三线建设"军事工业建设的重点区域，"三线建设"时期国防工业得到了较快的发展。

（二）政府主导的大国资源流动

要在较短时间推动内地工业跨越式发展，通过内地经济自发建设有较大难度，必须要借助政府强大的资源动员能力。从一线迁厂到三线，是加速"三线建设"的一项重要措施。② "三线建设"（包括"小三线"建设）在政府推动下，将东北、上海等工业基础较好地区的大批工厂内迁，推动了当地工业的发展。贵州是"三线建设"的重点之一。贵州六盘水的水城钢铁厂是1966 年由国家计委提出，经国务院批准兴建的中型炼铁基地。截至 1971 年，在建设水城钢铁厂的过程中，鞍钢先后派去施工队伍 6600 多人，生产骨干和生产准备人员 2000 多人。③ 第一机械工业部会同四川省机械厅选定江北机械厂专业生产离心机，决定由广州重型机器厂内迁职工 55 人，主要设备 30 台，投资 95.83 万元，加以扩建，设计能力年产离心机 100 台。列为全国八大离心机制造厂之一。设计能力年产离心机 100 台。当年移植成功从广州重型机器厂内迁带进的 wH—800 型卧式活塞推料离心机 2 台/7.7 吨，1966 年转入批量生产完成产量 16 台/62.1 吨。④

（三）"三线建设"与大国交通建设

内地资源、能源丰富，但落后的交通使得大批资源、能源未能充分利用。

---

① 杨超：《当代中国的四川》上，中国社会科学出版社 2009 年版，第 124 页。

② 中共中央文献研究室：《建国以来重要文献选编》第二十册，中央文献出版社 1998 年版，第 166 页。

③ 参见《冶金工业部文件（1971）冶计字第 92 号》，引自六盘水市地方志编纂委员会《六盘水市志（冶金工业志）》，贵州人民出版社 2003 年版，第 311－312 页。

④ 刘名忠、戴安全、高湘泽：《重庆市机械工业志》，成都科技大学出版社 1993 年版，第 60 页。

"三线建设"的一个重点就是加速交通建设。1964 年，中央决定开发建设攀枝花，修筑成（都）昆（明）铁路。1964 年 11 月中共中央主席毛泽东发出了"成昆铁路要快修"的号召。在强大的政治动员下共 30 多万人组成的筑路队伍参加成昆铁路施工。1971 年 1 月 1 日交付运营。成昆铁路的建成对西南边疆的政治、经济、国防具有重要意义。[①] 在"三线建设"的推动下，我国在西南还修筑了川黔、贵昆铁路，西南交通的改善为发挥大国优势，促进西南地区与全国的经济互动作出了突出的贡献。

（四）特殊政治环境下，"三线建设"存在的问题

"三线建设"是以战备为中心，其主体部分是在"文革"特殊时期完成的。由于我国对战争形势估计过于严重，"文革"动荡局势，"三线建设"在推进中也存在一些问题。

1. 重工业尤其是国防工业规模铺得过大，战线拉得过长。

1969 年至 1971 年，在中苏武装冲突事件影响下，当时中央军委办事组搞了一个庞大的军工建设计划，规模急剧膨胀，进度火速加快，新建和内迁的大中型项目达 1000 多个，大大超过了国家的承受能力。按照这个计划，"四五"计划时期三线地区国防科技工业的投资每年达 25 亿元，比"三五"计划时期又增加 48%；全国新建军工厂 700 多个，投资 210 亿元，相当于新中国成立 20 年来国防军工建设投资累计总数的 140%。新建、改建、扩建工程同时上马，造成一方面资金、物资极度紧张，另一方面质量低劣、浪费严重。[②] 据测算，1966～1978 年，基本建设中损失、浪费及不能及时发挥经济效益的资金达 300 多亿元，占同期国家用于"三线建设"投资的 18% 以上。[③]

2. 战备的压力下一些项目要求过快、过急，论证不够充分。

在"左"的思想指导下，以"抢在战争之前"为口号，一味追求建设速度，出现了长官意志决定一切、以经验代替基本建设规律等"瞎指挥""打

① 云南省地方志编纂委员会总纂：《云南省志（卷三十四 铁道志）》，云南人民出版社 1994 年版，第 68 页。
② 陈东林：《三线建设：备战时期的西部开发》，中共中央党校出版社 2003 年版，第 430 页。
③ 李曙新：《三线建设的均衡与效益问题辨析》，载《中国经济史研究》1999 年第 4 期。

滥伐"的现象，施工质量低劣，损失浪费严重。仅 1970 年、1971 年两年间，兵器工业就耗用建设投资 20 多亿元，严重地冲击了国民经济计划的综合平衡，也给兵器工业带来极大的困难和深远的后遗症。① 陕西运输机部件装配厂在未弄清地质条件的情况下，匆忙确定厂址。1974 年发生大规模滑坡，受威胁的建筑物有 5 万多平方米。有些厂房砖柱断裂，墙体倒塌，一时情况极为危急。后来深埋了成排的巨大抗滑桩，耗资 1000 多万元，才使滑坡趋于稳定。经过七年建设的大型飞机设计研究所，在山沟里既无机场，又无铁路，信息闭塞，生活不便，终于在 1975 年迁回城市重建，损失达 2000 万元。②

3. 过分强调战备需要，对经济效率有所忽视。

按照"山、散、洞"的原则进行布局，一些现代化的工业企业远离城市，不利于管理和长期生产。1965 年从"备战"出发建设"大三线"时提出的"靠山、分散、隐蔽"的方针，在"文化大革命"期间，被改为"靠山、分散、进洞"。当时在全国选了 32 个火力发电厂，容量 543.4 万千瓦，按进洞要求建设，结果造成了数亿元的损失。从兰州向关中的送电工程，原拟采用 330 千伏送电到降压变电所，然后用 110 千伏送电到用户。由于执行"山、散、洞"方针，将 330 千伏变电所放在离西安市 40 多公里靠山的汤峪，只得又增加 220 千伏一级电压，不仅增大了投资，还增加了线损。③ 贵州基地的飞机部件装配厂分散布置在 9 平方公里范围内，仅锅炉房就有 10 多个。起落架厂搞镶、嵌、埋、座、贴等许多"隐蔽"的花样。这不仅投资浪费很大，而且难于组织生产。生活设施过分强调因陋就简，搞"干打垒"、低标准，也给职工生活带来许多困难。④

三、"四三方案"与大国工业的技术引进

20 世纪 60 年代，随着中苏关系破裂，中国国际局势一度陷入"光荣孤

① 《当代中国》丛书编辑部：《当代中国的兵器工业》，当代中国出版社 1993 年版，第 53 页。
② 段子俊：《当代中国的航空工业》，中国社会科学出版社 1988 年版，第 397 页。
③ 张彬：《当代中国的电力工业》，当代中国出版社 1994 年版，第 46 页。
④ 段子俊：《当代中国的航空工业》，中国社会科学出版社 1988 年版，第 396 页。

立"的局面。20世纪60年代后期，苏联在国际舞台上加强了对外扩张的步伐，中国大国的国际地位，让美国迫切需要在国际舞台上联合中国抗衡苏联。20世纪70年代，西方发达国家陷入滞涨，西方国家经济萧条，有对外资本输出的强烈动力。中国也需要通过扩大国际交往，改善大国之间的关系，为经济发展创造良好的条件。尼克松访华后，不仅中美关系缓和，而且带动了中国与西方资本主义国家的交往。1972年中国与日本、联邦德国建交。中国政府抓住历史机遇，果断提出向资本主义国家大规模技术引进的"四三方案"（即引进43亿美元的成套设备）。

第一，与20世纪50年代"156项"引进的国家来源不同，"四三方案"引进项目主要面对日本、法国、联邦德国、美国等西方国家。引进项目总体上体现了20世纪60年代以来国际上技术的先进水平与技术方向。技术来源国别情况按照占合同总额82%的主要项目的情况进行分析，从日本引进的项目金额占总金额的35.5%，法国和联邦德国分别为21.4%、16.5%，位居前三位（参见表1-4-2）。

表1-4-2　　　　技术引进来源国或地区的引进项目金额比重　　　　单位：%

国家（地区）	比重
日本	35.5
法国	21.4
联邦德国	16.5
美国	8.4
英国	7.5
意大利	5.0
荷兰	2.8
加拿大	1.0
其余西欧6国	1.8

资料来源：陈慧琴：《技术引领与技术进步研究》，经济管理出版社1997年版，第57页。

例如，"四三方案"的重点项目——武钢的一米七轧机，体现了世界20

世纪 70 年代的先进技术水平。一米七轧机的轧制过程由 25 台电子计算机控制，产品质量好，品种多，成材率高。① 武钢一米七轧机的引进有效地提高了中国钢铁的技术水平，一米七轧机的全部产品可归纳为"六板一片"，即汽车板、自行车带钢板、镀锌板、镀锡板、船板、普通板和硅钢片。一米七轧机投产不但为国内轻工市场和各行各业提供了大量生产和建设急需的钢材，同时也大大提高了武钢的盈利水平。1980 年武钢实现利润 30343.6 万元，1981 年利润总额为 40492.6 万元。（1982 年达到 5 亿元以上）。② 乙烯是合成纤维、合成塑料、合成乙醇（酒精）的基本化工原料，乙烯工业是石油化工产业的核心。而乙烯的生产是我国当时的薄弱环节。"四三方案"中，燕山石化则引进了当时规模最大的 30 万吨乙烯项目。这套项目技术使用的是美国鲁姆斯公司轻柴油裂解原料工艺包，由日本东洋工程公司总包项目。③ 30 万吨乙烯项目成为我国未来几十年乙烯技术国产化的重要基础。

第二，与 20 世纪 50 年代"156 项"的技术引进不同，这次技术引进重点在于解决吃饭穿衣问题（参见表 1-4-3）。在优先重工业发展战略下，我国大国的消费需求长期被抑制，粮食与衣物等日用品长期处于短缺之中，通过这次大规模的技术引进，缓解了我国长期产业结构失衡的问题。这些引进项目在改革开放以后陆续投产，一定程度上缓解了大国消费领域的短缺。

表 1-4-3　　　　　"四三方案"引进项目行业结构　　　　单位：%

行业	按全部成交金额分析	按成套设备项目金额分析
石油化工	46.0	54.7
其中：化工系统	24.5	28.6
纺织、轻工系统	21.5	26.1
冶金工业	18.4	21.6
能源工业	19.4	14.1

---

① 《武钢志》编纂委员会：《武钢志》上，武汉出版社 1983 年版，第 40 页。
② 《武钢志》编纂委员会：《武钢志》上，武汉出版社 1983 年版，第 47 页。
③ 杨清雨、武魏楠：《"四三方案"之燕山石化 30 万吨乙烯项目建设始末》，载《能源》2014 年第 7 期。

行业	按全部成交金额分析	按成套设备项目金额分析
机械工业	11.6	8.7
其中：一机和农机系统	3.8	2.7
交通、通讯	0.7	0.4
农、林	0.8	0.1
其他	3.1	0.4

资料来源：陈慧琴：《技术引领与技术进步研究》，经济管理出版社1997年版，第51页。

以纺织工业为例，20世纪60年代末70年代初，当时全国棉花仅能满足全国纺织能力80%的需要。[1] 用石油为原料发展石油化纤工业被作为解决纺织原料短缺的重要战略部署。在"四三方案"中，上海石油化工总厂、辽阳石油化纤总厂、四川素尼纶厂、天津石油化纤厂和南京烷基厂5项解决穿衣问题。[2] 随着这些项目在20世纪70年代末80年代初陆续投产，有效缓解了我国20世纪80年代"穿衣"问题。以上海石油化工总厂为例，轻工业部组织考察团去日本考察，并确定引进年产11.5万吨乙烯等9套先进成熟的石油化工、化纤生产装置，国内配套年加工原油250万吨常压蒸馏等9套装置，在上海建厂。1977年6月，三条生产线18套主要生产装置打通全流程，投入试生产。6个生产厂、4个配套生产厂，一批储运设施，及一期工程生活区基本建成，形成了年加工原油250万吨、生产乙烯11.5万吨、合成纤维10.2万吨、合成纤维单体10.83万吨、塑料树脂6万吨、各种化工产品和油品280万吨的生产能力。一期工程投产后，每年向全国提供人均1米的化纤织物，为缓解"穿衣难"做出了重要贡献。[3]

"四三方案"还包括燃料化学工业部从国外引进的13套化肥和1套乙烯联合装置。这些工厂已成为中国石油化学工业的骨干企业。13套大型化肥装

---

① 上海石油化工总厂厂史编委会：《上海石油化工总厂志》，上海社会科学院出版社1995年版，第2页。

② 陈锦华：《国事忆述》，中央党史出版社2005年版，第94页。

③ 上海石油化工总厂厂史编委会：《上海石油化工总厂志》，上海社会科学院出版社1995年版，第2-3页。

置先后从美国、日本、法国、荷兰等国引进，设计能力为每套年产 30 万吨合成氨和 48 万吨或 52 万吨尿素。到 1979 年 13 套化肥装置陆续进入试车或投产。引进化肥装置的建成，使中国合成氨生产能力在几年内提高了 30%，成为化肥工业的一支骨干力量。[1]

第三，在"文革"特定的历史背景下"四三方案"引进也存在一些问题。例如，"四三方案"存在重机器设备（硬件）引入，而轻技术专利（软件）的引入的倾向。"四三方案"部分项目的论证也存在不够科学的问题，而且存在重复引进的现象。例如，从 1973 年 2 月到 1974 年 2 月，成批重复引进同样规模、同样产品的 13 套大型氮肥成套设备是比较典型的例子。[2]"四三方案"在建设过程中，还受到政治冲击，许多项目未能按期建成。24 个规定在 1979 年底以前交接验收的成套设备项目（以企业为单位）考察，只有 14 个在 1979 年底前完成了考核验收，其中有些项目长达 3 年之久。[3]

四、"五小工业"与"社队工业"的发展

发挥中央与地方两个积极性是毛泽东推动大国工业化的重要选择，但"大跃进"时期的分权导致了全国经济的混乱。为避免分散，调整时期进一步强化了工业经济的集中统一。但是"一收就死"的问题仍然未能解决。要推动中国工业化，单纯凭借中央政府的力量很难成功，为促进工业化的发展，发挥地方政府积极性，这一时期"五小工业"与"社队工业"取得长足发展。

（一）地方"五小工业"的兴起

1970 年 2 月，全国计划会议强调要大力发展地方"五小工业"[4]，要求各省、市、自治区都要形成为农业服务的地方工业体系。地方"五小工业"的发展主要目的是服务支援农业，加快实现农业机械化。在中央资金紧张的背

---

① 杨光启、陶涛:《当代中国的化学工业》，当代中国出版社 2009 年版，第 21 页。
② 陈慧琴:《技术引进与技术进步研究》，经济管理出版社 1997 年版，第 66 页。
③ 陈慧琴:《技术引进与技术进步研究》，经济管理出版社 1997 年版，第 58～59 页。
④ "五小"工业:"小钢铁、小机械、小化肥、小煤窑、小水泥"，以后发展为泛指地、县两级举办的小型工业。

景下，为扶植"五小工业"的发展从 1970 年起 5 年内，中央财政安排了 80 亿元专项资金，而且规定新建的县办"五小"企业，在两三年内所得的利润，60% 留给县级财政，继续用于发展"五小工业"。[①]

小煤窑是地方"五小工业"的重点之一。1971 年，全国地、县、社、队小煤矿的产量达到 9874 万吨，比 1965 年增长了 1.35 倍。为了实现安全、长寿、稳产的目标，一部分资源条件较好的小煤矿不断进行了技术改造，提高了小煤矿的装备水平和抗灾能力。1972 年，国家开始安排小煤矿改造专项材料，用以制造小型绞车、风机、水泵、刮板输送机、电机车等设备，供小煤矿使用；从 1974 年开始，国家每年拨给小煤矿技术改造专项扶持资金，在安排上尽量照顾江南和部分边远地区，促进了这些地区地方煤矿的巩固和发展[②]。1978 年，全国地方煤矿原煤产量达到 26982 万吨，生产了当时原煤产量的 43.7%。到 1978 年以"五小工业"为主体的小型工业生产了当时全国水泥的 65.2%，合成氨的 55.7%（参见表 1-4-4、表 1-4-5）。为缓解我国工业供给紧张做出了重要的贡献。

表 1-4-4　　　　　　　　小型工业企业生产情况

项目	单位	1973 年	1974 年	1975 年	1977 年	1978 年
工业总产值	亿元	1344.2	1375.6	1577.0	1875.7	2396.6
几种工业产品产量						
钢	万吨	210.9	154.7	163.7	180.9	307.5
生铁	万吨	219.3	194.1	244.4	301.2	501.9
原煤	万吨	15358.0	15103.0	17873.0	21034.0	26982.0
发电量	亿度	152.9	146.6	170.9	198.0	324.2
水泥	万吨	1964.0	2131.0	2720.0	3655.0	4253.0
合成氨	万吨	258.4	245.1	354.5	488.0	659.3

注：1976 年相关数据缺失。
资料来源：马泉山：《新中国工业经济史（1966—1978）》，经济管理出版社 1998 年版，第 327 页。

[①] 祝慈寿：《中国现代工业史》，重庆出版社 1990 年版，第 538 页。
[②] 张明理：《当代中国的煤炭工业》，当代中国出版社 2009 年版，第 60 页。

表1-4-5　　　小型工业企业产值、产量比重（以全部工业为100）

项目	单位	1973年	1974年	1975年	1977年	1978年
工业总产值	%	48.2	49.2	49.0	50.3	56.6
几种工业产品产量						
钢	%	8.4	7.3	6.8	7.6	9.7
生铁	%	8.8	9.4	10.0	12.0	14.4
原煤	%	36.8	36.6	37.1	38.2	43.7
发电量	%	9.2	8.7	8.7	8.9	12.6
水泥	%	52.6	57.5	58.8	65.7	65.2
合成氨	%	54.5	54.2	58.3	56.1	55.7

注：1976年相关数据缺失。

资料来源：马泉山：《新中国工业经济史（1966—1978）》，经济管理出版社1998年版，第327页。

但是这一时期的"五小工业"，在一哄而上的发展中，也出现了许多问题。最突出的是，生产建设缺乏合理规划和统一安排。在"小而全"的错误指导思想下，各地区强调本地区工业自成体系，不顾全局，各下一盘棋，因而盲目上马，盲目扩大生产规模和重复设厂的现象十分严重；浪费惊人，占用劳动力过多；有的上马后，原材料无来源，产品无销路。同时，由于片面强调土法上马，因陋就简，导致生产技术落后，企业管理水平低下，产品成本高，能耗大，质量差，产量低，亏损现象严重。以甘肃省小化肥的生产为例，1972年全省投产工厂5个，共生产化肥6.5万吨，仅为设计能力的40.5%，不仅消耗了大量煤、电，而且年底亏损高达906万元。[①]

（二）社队企业的兴起

1966年毛泽东同志发出"公社农民以农为主（包括林、牧、副、渔）。……在有条件的时候，也要由集体办些小工厂"（即"五七指示"）的

[①]　本书编辑委员会：《甘肃四十年经济简史》，甘肃人民出版社1992年版，第281页。

号召，许多社队又开始名正言顺地兴办起企业。[①] 1970 年 8 ~ 10 月，在周恩来总理主持下，国务院召开了北方地区农业会议。接着在 1971 年又专门召开了农业机械化会议，提出了实现农业机械化的十年计划，要求各地通过发展社队企业来扩大农业机械的供给，获取所需的农业建设资金，推动农业现代化的实现。为了加快实现农业机械化，各地人民公社、生产大队陆续办起了农机修理、修配厂（成为以后社队机械加工骨干企业），以及与农业现代化相关的小型炼铁厂、化肥厂。[②] 在特定的历史条件下，中国计划经济管理较为松散，一批社队企业乘势兴起。1980 年，社队工业的产值已占全国工业总产值的 10.6%，社队工业企业的职工总数达 1991 万人。[③] 社队企业产供销有 80% 靠市场调节，直接和间接纳入国家计划的只有 20%。[④]

通过调动地方政府的积极性，"五小工业"与社队企业得到了较快的发展，弥补国家工业生产的短缺。"五小工业"与社队企业还在一定程度上起到了工业支援农业的作用，推动了农业生产效率的提高。社队企业的发展长期处于计划经济的边缘地带，其发展孕育了市场的因素，改革开放后在此基础上发展起来的乡镇企业，成为 20 世纪 80 年代推动工业化的重要力量。

第五节　大国优先重工业发展战略的绩效分析
（1949~1978 年）

一、工业化的推进

通过努力，中国工业化从产值的角度来看取得较快发展，1952 年工业增

---

① 于驰前等：《当代中国的乡镇企业》，当代中国出版社 2009 年版，第 39 页。
② 汤鹏：《中国乡镇企业兴衰变迁（1978—2002）》，北京理工大学出版社 2013 年版，第 50 页。
③ 祝慈寿：《中国现代工业史》，重庆出版社 1990 年版，第 553 页。
④ 祝慈寿：《中国现代工业史》，重庆出版社 1990 年版，第 552 页。

加值为 119.8 亿元，仅为第一产业的 34.9%，其占 GDP 的比重为 17.6%；1970 年工业的产值超过农业；1978 年占 GDP 的比重为 44.3%，远高于农业的 28.1%，三产的 23.7%。从整体上来看，工业的发展又是在 GDP 以较快速度发展的过程中实现的。GDP1978 年比 1952 年上升了 433.7%，而工业则上升了 1241.4%（参见表 1 – 5 – 1、表 1 – 5 – 2、图 1 – 5 – 1）。

表 1 – 5 – 1　　　　　　三次产业增加值与人均 GDP

年份	GDP（亿元）	第一产业（亿元）	第二产业（亿元）	其中：工业（亿元）	第三产业（亿元）	人均 GDP（元）
1952	679.0	342.9	141.8	119.8	194.3	119
1957	1068.0	430.0	317.0	271.0	321.0	168
1962	1149.3	453.1	359.3	325.4	336.9	173
1965	1716.1	651.1	602.2	546.5	462.8	240
1970	2252.7	793.3	912.2	828.1	547.2	275
1975	2997.3	971.1	1370.5	1244.9	655.7	327
1978	3624.1	1018.4	1745.2	1607.0	860.5	379

资料来源：国家统计局：《中国统计年鉴 1998》，中国统计出版社 1998 年版，第 55 页。

表 1 – 5 – 2　　　　　　三次产业的比重　　　　　　单位：%

年份	第一产业	第二产业	其中：工业	第三产业
1952	50.5	20.9	17.6	28.6
1957	40.3	29.7	25.4	30.1
1962	39.4	31.3	28.3	29.3
1965	37.9	35.1	31.8	27.0
1970	35.2	40.5	36.8	24.3
1975	32.4	45.7	41.5	21.9
1978	28.1	48.2	44.3	23.7

资料来源：国家统计局：《中国统计年鉴 1998》，中国统计出版社 1998 年版，第 55 页。

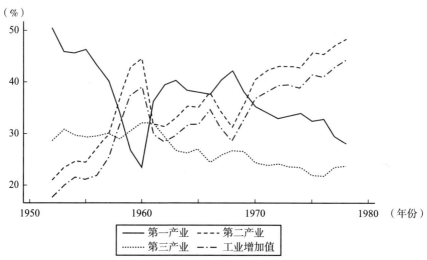

图 1 – 5 – 1　第一、二、三产业及工业增加值占 GDP 比重的演变（1952～1978 年）

资料来源：国家统计局：《中国统计年鉴1998》，中国统计出版社1998年版，第55页。

　　工业内部结构也发生了深刻的变化。1949 年重工业占工业比重为 26.4%，轻工业为 73.6%；1952 年轻重工业比重为 64.4∶35.6（按照 1952 年不变价格计算）；1957 年为 53.1∶46.9（按照 1957 年不变价格计算）；1965 年为 50.4∶49.6（按照 1957 年不变价格计算）；1978 年为 42.7∶57.3（按照 1970 年不变价格计算）。重工业落后的局面得到根本性改变。从轻工业的内部结构来看，以农产品为原料的轻工业产品 1952 年占轻工业产值的 87.5%，以工业品为原料的产值仅为 12.5%。1978 年轻工业产品中以农产品为原料的轻工业产品比重为 68.4%，以工业品为原料的产值为 31.6%，轻工业的原料对农产品的依赖度下降（参见表 1 – 5 – 3、图 1 – 5 – 2）。在重工业产品中制造工业的比重显著上升，1952 年其占重工业的比重为 41.9%，1978 年则为 52.5%（参见表 1 – 5 – 3）。进一步从工业各部门来看，机械工业占工业总产值比重则从 1952 年的 11.4% 上升到 1978 年的 27.3%。化学工业则从 1952 年的 4.8% 上升到 1978 年的 12.4%。这一时期石油工业也有长足进步，1952 年仅为 0.5%，1978 年上升为 5.5%（参见表 1 – 5 – 4）。①

————————————

①　本段 1952 年数据按照 1952 年不变价格计算，1978 年数据按照 1970 年不变价格计算。

表 1 - 5 - 3 轻重工业内部结构变化

年份	占工业总产值（%）		占轻工业总产值（%）		占重工业总产值（%）		
	轻工业	重工业	以农产品为原料	以工业品为原料	采掘工业	原料工业	制造工业
（按1952年不变价格计算）							
1952	64.4	35.6	87.5	12.5	15.3	42.8	41.9
1957	51.7	48.3	81.6	18.4	13.1	39.5	47.4
（按1957年不变价格计算）							
1957	53.1	46.9	83.2	16.8	14.6	39.7	45.7
1958	45.9	54.1	81.5	18.5	15	35.5	49.5
1962	46.5	53.5	73.2	26.8	14.2	41.3	44.5
1965	50.4	49.6	71.7	28.3	11.1	39.7	49.2
1970	43.4	56.6	70	30	8.5	38	53.5
1971	40.2	59.8	70	30	8.5	35.9	55.6
（按1970年不变价格计算）							
1971	42.8	57.2	70.7	29.3	11.8	39.2	49
1975	43.3	56.7	70.1	29.9	12.1	35.1	52.8
1978	42.7	57.3	68.4	31.6	12	35.5	52.5

资料来源：国家统计局工业交通物资统计司：《中国工业经济统计资料（1949—1984）》，中国统计出版社1985年版，第100－101页。

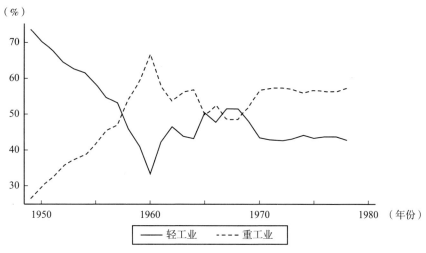

图 1 - 5 - 2 轻重工业比重（1949～1978年）

资料来源：国家统计局工业交通物资统计司：《中国工业经济统计资料（1949—1984）》，中国统计出版社1985年版，第100－101页。

表 1 - 5 - 4　　　　　　　　　　　工业各部门变化　　　　　　　　单位：%

年份	工业总产值	冶金工业	电力工业	煤炭工业	石油工业	化学工业	机械工业	建筑材料工业	森林工业	食品工业	纺织工业	造纸工业
（按 1952 年不变价格计算）												
1952	100	5.9	1.3	2.4	0.5	4.8	11.4	3.0	6.5	24.1	27.5	2.2
1957	100	9.3	1.4	2.3	0.9	8.2	18.2	3.3	5.4	19.6	18.2	2.3
（按 1957 年不变价格计算）												
1957	100	8.5	1.7	2.9	1.1	6.8	16.9	3.2	5.8	19.7	20.4	2.2
1962	100	10.1	3.5	4.2	2.6	11.1	20.2	2.1	3.7	14.9	14.4	2.0
1965	100	10.7	3.1	2.6	3.2	12.9	22.3	2.8	2.9	12.6	15.8	1.8
1970	100	9.4	3.1	2.3	4.3	16.5	26.8	2.6	1.5	8.2	13.4	1.2
1971	100	9.8	3.2	2.3	4.6	16.8	30.0	2.6	1.4	7.9	11.2	1.1
（按 1970 年不变价格计算）												
1971	100	11.1	3.7	3.3	4.6	10.9	25.3	2.8	1.9	11.9	13.0	1.3
1975	100	9.0	3.9	2.8	5.6	11.3	27.7	3.1	1.9	12.0	12.3	1.3
1978	100	8.7	3.8	2.8	5.5	12.4	27.3	3.6	1.8	11.1	12.5	1.3

资料来源：国家统计局工业交通物资统计司：《中国工业经济统计资料（1949—1984）》，中国统计出版社 1985 年版，第 102 - 103 页。

　　由于重工业对于就业的吸纳有限，我国工业化从产值的角度来说取得了较快进展，但从产业的就业人口角度来说，工业化的任务依旧较为严峻。从就业人数的角度来看，1952 年第二产业就业人数为总就业人数的 7.4%，第二产业产值占 GDP 的比重是 20.9%。第一产业就业人数占总人数比重为 83.5%，产值占 GDP 比重为 50.5%。1978 年第二产业就业人数占总就业人数的比重为 17.3%（参见表 1 - 5 - 2、表 1 - 5 - 5、图 1 - 5 - 3），而第二产业产值占 GDP 的比重是 48.2%。第一产业就业人数占总就业人数比重为 70.5%，第一产业产值占 GDP 的比重为 28.1%。而且我国从产值来衡量的工业化进程与城市化也存在较大的差距，工业占 GDP 的比重从 1952 年的 17.6% 上升到 1978 年的 44.3% 的同时，我国城市人口比重从 1952 年的 12.5% 仅上升为 17.9%（参见表 1 - 5 - 6）。城市化发展滞后，大量人口聚集在农村，大国的人

口优势未能充分发挥。而从工业内部结构来看，1952 年轻重工业产值比重为
64.4∶35.6，就业比重为 45.5∶54.5；1978 年产值轻重比重为 42.7∶57.3，就业
轻重比重为 26.6∶73.4（参见表 1－5－3、表 1－5－7）。轻工业从产值结构的
角度来说，1952 年到 1978 年下降了 21.7%，而就业下降了 18.9%。轻工业
发展的乏力，导致了优先重工业发展道路对就业吸纳是有限的。

表 1 - 5 - 5　　　　　　　　　三次产业就业人口及比重

年份	总人数（万人）	第一产业人数（万人）	第二产业人数（万人）	第三产业人数（万人）	第一产业就业人口比重（%）	第二产业就业人口比重（%）	第三产业就业人口比重（%）
1952	20729	17317	1531	1881	83.5	7.4	9.1
1957	23771	19309	2142	2320	81.2	9.0	9.8
1962	25910	21276	2059	2575	82.1	7.9	9.9
1965	28670	23396	2408	2866	81.6	8.4	10.0
1970	34432	27811	3518	3103	80.8	10.2	9.0
1975	38168	29456	5152	3560	77.2	13.5	9.3
1978	40152	28318	6945	4890	70.5	17.3	12.2

资料来源：根据《新中国六十年统计资料汇编》相关数据计算。

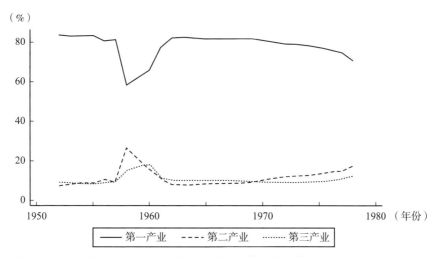

图 1 - 5 - 3　第一、二、三产业就业人数占总就业人口的比重（1952～1978 年）

资料来源：根据《新中国六十年统计资料汇编》相关数据计算。

表1-5-6 人口数及构成

年份	总人口（万人）	市镇总人口数（万人）	市镇人口比重（%）	乡村总人口数（万人）	乡村人口比重（%）
1949	54167	5765	10.6	48402	89.4
1952	57482	7163	12.5	50319	87.5
1957	64653	9949	15.4	54704	84.6
1962	67295	11659	17.3	55636	82.7
1965	72538	13045	18.0	59493	82.0
1970	82992	14424	17.4	68568	82.6
1975	92420	16030	17.3	76390	82.7
1978	96259	17245	17.9	79014	82.1

资料来源：中经网统计数据库。

表1-5-7 主要部门职工结构（全民所有制） 单位：%

项目	1952年	1957年	1962年	1965年	1975年	1978年
总计	100	100	100	100	100	100
轻工业	45.5	39.8	30.6	35.1	26.1	26.6
重工业	54.5	60.2	69.4	64.9	73.9	73.4
在总计中：						
冶金工业	6.8	8.5	10.3	8.6	10.4	10.2
电力工业	1.6	1.6	2.3	2.5	2.3	2.5
煤炭工业	9.6	9.9	14.7	12.4	12.3	12.4
石油工业	0.4	0.6	1.2	1.4	1.6	1.6
化学工业	3.5	4.6	6.2	6.3	9.0	9.5
机械工业	18.3	22.2	25.3	26.0	31.4	30.9
建材工业	7.8	6.6	4.3	5.3	5.9	6
森林工业	6.8	5.6	6.4	5.8	4.1	3.9
食品工业	11.0	10.9	9.2	8.3	6.7	6.7
纺织工业	19.9	17.7	10.8	12.3	9.0	8.9
造纸工业	1.6	1.6	1.5	1.3	1.3	1.3

资料来源：国家统计局工业交通物资统计司：《中国工业经济统计资料（1949—1984）》，中国统计出版社1985年版，第112页。

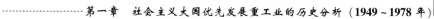

从工业企业全员劳动生产率来看，整体来说全员劳动生产率有所提高，但是在部分年份出现了负值（参见表 1－5－8）。

表 1－5－8　　　　　全民所有制工业企业全员劳动生产率

年份	全员劳动生产（元）	比上年增长（%）	时期	各时期增长（%）
1949	3016	—	一、增长速度	
1952	4184	9.0	1952 年比 1949 年	38.7
1953	4522	8.1	1957 年比 1952 年	52.1
1954	5088	12.5	1962 年比 1957 年	－24.3
1955	5592	9.9	1965 年比 1962 年	86.4
1956	6654	19.0	1970 年比 1965 年	13.2
1957	6362	－4.4	1975 年比 1970 年	－1.3
1958	5821	－8.5	二、年平均增长速度	
1959	5384	－7.5	恢复时期	11.5
1960	5868	9.0	"一五" 时期	8.7
1961	4178	－28.8	"二五" 时期	－5.4
1962	4817	15.3	1963～1965 年	23.1
1963	6103	26.7	"三五" 时期	2.5
1964	7330	20.1	"四五" 时期	－0.3
1965	8979	22.5		
1966	10156	13.1		
1967	8206	－19.2		
1968	7632	－7.0		
1969	9037	18.4		
1970	10166	12.5		
1971	10080	－0.8		

续表

年份	全员劳动生产（元）	比上年增长（%）	时期	各时期增长（%）
1972	9537	-5.4		
1973	9852	3.3		
1974	9346	-5.1		
1975	10035	7.4		
1976	9171	-8.6		
1977	9913	8.1		
1978	11130	12.3		

注：按1980年不变价格计算。

资料来源：国家统计局工业交通物资统计司：《中国工业经济统计资料（1949—1984）》，中国统计出版社1985年版，第123页。

二、中国工业发展的国际比较

就工业生产的增长速度来说，第一个五年计划年均增长速度为19.85%[1]。与苏联第一个五年计划大致持平，苏联全部工业平均每年递增19.3%，其中大型工业为23.2%。而其他社会主义国家以1950年为基数，到1955年每年平均增长速度为：波兰16.2%、捷克10.5%、匈牙利15%、民主德国13.6%、罗马尼亚16.6%、保加利亚13.8%[2]。

同资本主义国家比较，我国第一个五年计划工业生产的增长速度要快得多。钢铁工业，经过我国"一五"时期五年的努力，基本完成了美国工业中12年、英国23年、法国26年才完成的产量（参见表1-5-9）。由于工业生产的迅速增长，我国工业在世界上所处的地位也发生了较显著的提升（参见表1-5-10）。

---

[1] 根据《中国统计年鉴》相关数据计算。
[2] 资料来源：中国社会科学院、中央档案馆：《1953—1957中华人民共和国经济档案资料选编（工业卷）》，中国物资出版社1998年版，第1057页。

表1-5-9　　　　　中国与世界其他国家钢铁增长速度对比

国家	时期	所用时间	增长幅度
中国	1952～1957年	共5年	由135万吨增长到498.7万吨
美国	1880～1892年	共12年	由127万吨增长到500万吨
英国	1880～1903年	共23年	由129万吨增长到503万吨
法国	1897～1923年	共26年	由132万吨增长到530万吨

资料来源：中国社会科学院、中央档案馆：《1953—1957中华人民共和国经济档案资料选编（工业卷）》，中国物资出版社1998年版，第1057-1058页。

表1-5-10　　　　　　中国重要工业产品国际位次

工业产品	1952年	1955年	1957年
电力	18位	11位	12位
煤炭	6位	6位	5位
钢	15位	12位	9位
水泥	10位	9位	8位
棉织品	4位	3位	3位（或4位）

注：1952年和1955年我国为实际数，其他各国数据为统计出版社1957年出版的《1955年世界经济统计资料汇编》的统计数；1957年我国为年度计划数，其他各国数据为根据该国近五六年来该类产品的平均增长速度推算的数字。另1955年栏内棉织品的地位是按1954年产量计算比较的。

资料来源：中国社会科学院、中央档案馆：《1953—1957中华人民共和国经济档案资料选编（工业卷）》，中国物资出版社1998年版，第1058页。

但值得注意的是，第二次世界大战后资本主义国家特别是联邦德国、日本、意大利的工业增长速度也是不慢的，从他们恢复到战前水平的那年算起，日本1951～1955年年平均增长速度为12.1%；联邦德国1950～1955年年平均增长速度为12.4%。在同一时期内，意大利为8.3%、英国为3.7%、美国为4.4%、法国为6.6%。[①]

1958年我国工业"大跃进"导致了工业化出现较大波折，导致了整个

---

① 中国社会科学院、中央档案馆：《1953—1957中华人民共和国经济档案资料选编（工业卷）》，中国物资出版社1998年版，第1058页。

GDP 的波动。"文革"十年更对中国工业化进程产生了不利的影响。从 GDP 的总量上来看，1960 年中国的 GDP 为 597.16 亿美元，是美国的 10.99%，是日本的 134.78%，是印度的 163.44%，是巴西的 393.75%，而 1978 年中国的 GDP 上升为 1495.41 亿美元，是美国的 6.35%，是日本的 14.75%，是印度的 110.39%，是巴西的 74.47%（参见表 1-5-11）。从人均 GDP 来看，1960 年中国为 89.52 亿美元，是美国的 2.98%，是日本的 18.69%，是印度的 110.14%，是巴西的 42.62%，而 1978 年则上升为 156.4 亿美元，是美国的 1.48%，是日本的 1.77%，是印度的 76.83%，是巴西的 9%（参见表 1-5-12）。而从人均工业增加值的角度来看，1960 年印度是中国的 44.62%，巴西是中国的 168.07%，1978 年印度是中国的 72.04%，而巴西则为中国的 827.03%（参见表 1-5-13、图 1-5-4）。中国工业的发展速度落后于同为发展中大国的巴西。

表 1-5-11　　世界部分主要大国 GDP 比较（1960～1978 年）

年份	中国 （亿美元）	美国 （亿美元）	日本 （亿美元）	印度 （亿美元）	巴西 （亿美元）	中国/ 美国 （%）	中国/ 日本 （%）	中国/ 印度 （%）	中国/ 巴西 （%）
1960	597.16	5433.00	443.07	365.36	151.66	10.99	134.78	163.44	393.75
1965	704.36	7437.00	909.50	587.60	217.90	9.47	77.44	119.87	323.25
1970	926.03	10758.84	2126.09	615.90	423.28	8.61	43.56	150.35	218.77
1975	1634.32	16889.23	5215.42	971.59	1237.09	9.68	31.34	168.21	132.11
1978	1495.41	23565.71	10136.12	1354.69	2008.01	6.35	14.75	110.39	74.47

资料来源：根据世界银行相关数据计算。

表 1-5-12　　世界部分主要大国人均 GDP 比较（1960～1978 年）

年份	中国 （美元）	美国 （美元）	日本 （美元）	印度 （美元）	巴西 （美元）	中国/ 美国 （%）	中国/ 日本 （%）	中国/ 印度 （%）	中国/ 巴西 （%）
1960	89.52	3007.12	479.00	81.28	210.03	2.98	18.69	110.14	42.62
1965	98.49	3827.53	919.78	118.06	260.96	2.57	10.71	83.42	37.74
1970	113.16	5246.88	2037.56	111.26	444.03	2.16	5.55	101.71	25.48

续表

年份	中国 （美元）	美国 （美元）	日本 （美元）	印度 （美元）	巴西 （美元）	中国/ 美国 （%）	中国/ 日本 （%）	中国/ 印度 （%）	中国/ 巴西 （%）
1975	178.34	7820.07	4659.12	156.38	1149.59	2.28	3.83	114.04	15.51
1978	156.40	10587.29	8821.84	203.56	1737.37	1.48	1.77	76.83	9.00

资料来源：根据世界银行相关数据计算。

表 1 - 5 - 13　　　　　　中国、印度、巴西人均工业增加值的比较

年份	中国人均工业 增加值（美元）	印度人均工业 增加值（美元）	巴西人均工业 增加值（美元）	印度/中国 （%）	巴西/中国 （%）
1960	39.74	17.73	66.79	44.62	168.07
1965	34.56	26.75	78.10	77.39	225.97
1970	45.57	25.25	142.90	55.40	313.57
1975	80.89	37.89	407.77	46.84	504.08
1978	74.62	53.76	617.12	72.04	827.03

资料来源：根据世界银行相关数据计算。

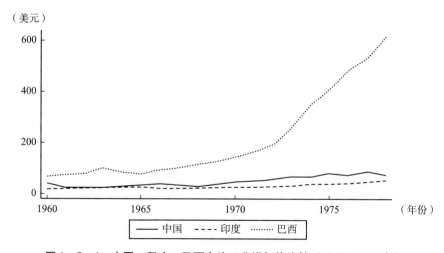

图 1 - 5 - 4　中国、印度、巴西人均工业增加值比较（1960～1978 年）

资料来源：世界银行数据库。

中国的一些重要工业品在国际上取得了重要的突破。以钢铁工业为例，1950年中国的钢产量仅为美国的1%，1955年为美国的3%，1965年为美国的10%，1978年则达到美国的26%。1950年中国的钢产量为日本的13%，1978年则达到了31%。1950年中国钢产量是印度的42%，1955年已超过印度，1978年中国是印度的3.17倍（参见表1-5-14）。中国的发电量也取得了长足的进步，1950年仅为美国的1%，为日本的10%，为印度的90%，1978年则上升到美国的11%，为日本的45%，为印度的233%（参见表1-5-15）。基础性工业产品的长足进步，奠定了中国工业进一步发展的基础。但是中国汽车行业与世界发达国家相比仍有较大差距。1955年仅为0.01万辆，1978年上升为14.91万辆，而美国1950年为800.3万辆，1978年为1287.6万辆；日本1950年为3.2万辆，1978年为924万辆，成为这一时期拉动日本经济发展的重要引擎。但与印度相比，中国汽车工业发展还是有一定优势，1955年印度为2.3万辆，1978年印度上升为9.4万辆，比中国少5.51万辆（参见表1-5-16）。电视机产量中国与世界其他工业强国相比也有较大差距，1978年中国电视机产量仅为51.73万台，同期美国为931万台，日本为1392万台，仅占美国的5.6%，日本的3.7%（参见表1-5-17）。这还仅仅是从产品的数量来看，如果从产品的质量和技术水平来看则差距更大。我国大宗消费品市场的潜力还未能得到充分挖掘。

表1-5-14　　　　　　　　　　世界部分主要大国钢产量比较

年份	中国（万吨）	中国/美国	中国/苏联	中国/日本	中国/联邦德国	中国/英国	中国/法国	中国/印度
1950	61	0.01	0.02	0.13	0.05	0.04	0.07	0.42
1955	285	0.03	0.06	0.30	0.13	0.14	0.23	1.65
1960	1866	0.21	0.29	0.84	0.55	0.76	1.08	5.67
1965	1223	0.10	0.13	0.30	0.33	0.45	0.62	1.89
1970	1779	0.15	0.15	0.19	0.39	0.63	0.75	2.83
1975	2390	0.23	0.17	0.23	0.59	1.19	1.11	3.01
1978	3178	0.26	0.21	0.31	0.77	1.57	1.39	3.17

　　资料来源：国家统计局工业交通物资统计司：《中国工业经济统计资料（1949—1984）》，中国统计出版社1985年版，第50、212页。

表1-5-15　　　　　　世界部分主要大国发电量比较

年份	中国（亿度）	中国/美国	中国/苏联	中国/日本	中国/联邦德国	中国/英国	中国/法国	中国/印度
1950	46	0.01	0.05	0.10	0.10	0.08	0.14	0.90
1955	123	0.02	0.07	0.19	0.16	0.13	0.25	1.13
1960	594	0.07	0.20	0.51	0.51	0.43	0.82	2.96
1965	676	0.06	0.13	0.36	0.39	0.34	0.67	1.84
1970	1159	0.07	0.16	0.32	0.48	0.47	0.79	1.89
1975	1958	0.10	0.19	0.41	0.65	0.72	1.06	2.28
1978	2566	0.11	0.21	0.45	0.73	0.89	1.13	2.33

资料来源：国家统计局工业交通物资统计司：《中国工业经济统计资料（1949—1984）》，中国统计出版社1985年版，第50、210页。

表1-5-16　　　　　　世界部分主要大国汽车产量比较　　　　　　单位：万辆

年份	中国	美国	苏联	日本	联邦德国	英国	法国	印度
1950	—	800.3	36.3	3.2	30.5	78.4	35.8	1.5
1955	0.01	916.9	44.5	6.9	90.9	123.7	72.5	2.3
1960	2.26	786.9	52.4	48.2	205.5	181	136.9	5.2
1965	4.05	1105.70	61.6	187.6	297.6	217.7	161.6	7.2
1970	8.72	780	87	524	383	206	274	8
1975	13.98	861	190	690	315	160	329	5
1978	14.91	1287.60	217.3	924	420	160.8	408	9.4

资料来源：国家统计局工业交通物资统计司：《中国工业经济统计资料（1949—1984）》，中国统计出版社1985年版，第56、223页。

表1-5-17　　　　　　世界部分主要大国电视机产量比较　　　　　　单位：万台

年份	中国	美国	苏联	日本	联邦德国	英国	法国
1950	—	746	1.2	—	—	54	0.5
1955	—	768	50	14	32	177	19
1960	0.79	561	173	358	216	214	66

续表

年份	中国	美国	苏联	日本	联邦德国	英国	法国
1965	0.44	989	366	419	278	159	125
1970	1.05	752	668	1378	293	221	151
1975	17.78	1064	696	1245	336	212	161
1978	51.73	931	717	1392	424	242	210

注：电视机产量包括黑白电视机和彩色电视机。

资料来源：国家统计局工业交通物资统计司：《中国工业经济统计资料（1949—1984）》，中国统计出版社1985年版，第47、231页。

改革开放前，我国选择了优先重工业发展战略，建立了高度集中的计划经济体制。工业化尤其是重工业发展具有较大的初始成本，一些发展中国家由于未能实现有效的资本积累，而长期未能突破"贫困性陷阱"。虽然从整体上来看，中国生产力薄弱，但中国是一个大国，工业化的初始成本从人均的角度来看，要远低于发展中小国。而中国政府强有力的资源动员能力，一方面有效地促进了资本的积累，另一方面将资源集中在具有较强外溢效应的重工业部门。中国政府还运用大国在国际上独特的政治优势，进行了"156项""四三方案"等技术引进，推动了国内的技术赶超。经过20多年的努力，我国初步建成了完备的工业体系与较为强大的国防工业，为大国的独立自主的发展奠定了基础。但是高度集中的计划经济体制随着经济发展的日益复杂，其弊端也逐步凸显。"大跃进""文革"的冲击，让中国工业发展波动剧烈，还使得中国与周边国家和地区经济发展的差距进一步拉大。经过20多年的发展，中国工业化水平仍然有待提高，工业内部结构失衡严重，中国落后的生产力不仅与大国地位相比仍存在较大的差距，而且广大人民的生活水平长期也未能得到有效改善。带着对传统社会主义工业化的反思，我国进入了新的历史阶段。

第二章

改革开放与大国外延型工业化
（1979 ~ 1997 年）

改革开放以后，我国工业化战略由优先重工业发展向产业均衡发展转变，开启了大国工业化的新阶段。在"发展才是硬道理"的指导下，我国加快了改革开放的步伐，大国的"人口红利""市场红利"等优势逐步释放，工业进入了快速增长阶段，带动了整个国民经济的发展。到 20 世纪 90 年代后期，我国告别了"短缺经济"。

第一节　改革开放时期大国工业化战略的转变

改革开放以后，我国放弃了优先重工业发展战略，逐步形成了产业均衡发展战略。工业化战略的调整对工业结构演变、经济体制变革以及工业经济布局等方面产生了较大影响。

一、传统赶超模式的延续与国民经济紧张

1976 年粉碎"四人帮"后，以华国锋为代表的国家领导人迫切希望能够推动中国的现代化，但是受到历史局限，他们仍选择在传统计划经济框架内，推动工业化。1977 年 11 月国家计委向中央政治局提出了《关于经济计划的汇报要点》（以下简称《汇报要点》）。按照《汇报要点》建议，从 1977 年

到 2000 年的 23 年中，将分三个阶段打几个大战役，推动中国工业赶超。具体安排是：第一阶段，1978～1980 年，重点抓农业和燃料、动力、原材料工业，使农业每年以 4%～5%、工业每年以 10% 以上的速度增长；第二阶段，1981～1985 年，工业方面要建成 120 个大项目，这一阶段，粮食生产要达到8000 亿斤，钢铁产量要达到 6000 万吨，原油要达到 2.5 亿吨；第三阶段，在2000 年以前全面实现四个现代化。①

由于中国当时工业的技术水平与世界发达国家具有较大的差距，粉碎"四人帮"后，中国政府再一次试图运用大规模技术引进的方式，推动工业化。按我国 1978 年签订引进合同的主体部分（即 64 亿美元的项目部分）进行计算，成交金额中化工与石油化工占 44%，冶金工业占 26%，能源工业占19%，机电工业占 6%，纺织工业占 4%，其他占 1%。1978 年签订的合同金额中用于成套设备和设备进口的占全部的 98.6%。其中有近 80%，即 60 亿美元左右，用于引进新的大型成套设备。② 1978 年的引进高潮，一年内签订了 50 多个引进技术设备的项目，协议金额 78 亿美元，比 1950～1977 年 28年间引进技术设备累计金额 65 亿美元还多 13 亿美元。而特大型项目的"22项"，全部用汇共需 130 亿美元，按当时汇率约合人民币 390 亿元，加上国内配套资金 200 多亿元，总投资 600 多亿元。③

在国民经济紧张的条件下，再进行大规模的技术引进，超出了国力承受的范围，形成了外资与内资的双重短缺，无疑将进一步加剧经济的紧张。在当时大干快上的热潮下，市场商品可供量与购买力差额，1978 年竟高达 100多亿元。重工业过快发展还导致了能源不足。但 1977 年和 1978 年，全国约有 1/4 的企业因缺能而开工不足。④ 1976～1978 年的工业资金利润率、资金利税率甚至还低于"文革"时期（参见表 2-1-1）。

① 武力：《中华人民共和国经济史 1949—1999》（上册），中国经济出版社 1999 年版，第 772-773 页。
② 陈慧琴：《技术引进与技术进步研究》，经济管理出版社 1997 年版，第 75-76 页。
③ 曹尔阶、李敏新、王国强：《新中国投资史纲》，中国财政经济出版社 1992 年版，第 267-268 页。
④ 祝慈寿：《中国现代工业经济史》，重庆出版社 1990 年版，第 147 页。

表 2 - 1 - 1　　　　　　　　1966～1978 年工业经济效益

时期	资金总额（亿元）	利润总额（亿元）	税金利润合计（亿元）	资金利润率（%）	资金利税率（%）
"三五" 时期（1966～1970 年）	6532.3	1095	1690.9	16.8	25.9
"四五" 时期（1971～1975 年）	10846.2	1740.1	2730.8	16.0	25.2
"五五" 时期（1976～1978 年）	9032.6	1210.4	1960.1	13.4	21.7

资料来源：马泉山：《新中国工业经济史（1966—1978）》，经济管理出版社 1998 年版，第 212 页。

二、新 "八字方针" 的提出与工业化战略的转型

1978 年 3 月 21 日，中央政治局开会讨论 1979 年计划和国民经济调整问题。陈云在会议上提出，现在的比例失调严重[①]。8 月，邓小平也强调了产业协调发展的问题。[②] 随着十一届三中全会的召开，党内逐步形成了进行国民经济调整的共识。1979 年 4 月中央工作会议，决定从 1979 年起用 3 年时间对国民经济实行 "调整、改革、整顿、提高"（即新 "八字方针"）并将调整作为国民经济全局的关键。

新 "八字方针" 的提出事实上已经宣告我国工业化战略进行了调整，我国逐渐放弃优先重工业发展战略。1981 年，全国五届人大四次会议提出了中国今后建设的十条方针，包括加快农业的发展；把消费品工业的发展放到重要位置，进一步调整重工业的服务方向；提高能源利用效率，加强能源工业和交通运输工业的建设等方面的内容；从一切为了人民的思想出发，统筹安排生产建设和人民生活[③]。我国工业化道路开始从优先重工业发展向农、轻、重协调发展的工业化道路转变。为解决工业结构的协调发展，在新 "八字方针" 的指导下，政府再次运用有形之手进行调整。

---

① 《陈云年谱》下卷，中央文献出版社 2000 年版，第 241 页。
② 《邓小平年谱（1975 - 1997）》上卷，中央文献出版社 2004 年版，第 351 页。
③ 刘国光：《中国十个五年计划研究报告》，人民出版社 2006 年版，第 456 页。

三、新“八字方针”的执行

在新“八字方针”的指导下，政府对工业的速度、结构等方面进行了重要调整。

（一）对工业增长速度进行了调整

为贯彻中央工作会议精神，在国务院主持下，国家计委对原拟订的1979年计划做了重大修改。工业总产值的增长速度从原计划增长10%~12%调整为8%，其中轻工业计划增长8.3%，重工业计划增长7.6%。对主要工业产品的产量指标也作了调整。实际上，1979年和1980年工业总产值分别达到4681.8亿元和5154.26亿元，分别比上年增长了8.8%和9.3%，分别比1978年回落了4.7个百分点和4.2个百分点。① 对于一些重要的工业指标也进行了调整。以钢铁工业为例，1979年3月在中共中央政治局会议上，陈云同志就提出，1985年搞6000万吨钢根本做不到。邓小平也指出：一个国家的工业水平，不光决定于钢，把钢的指标减下来，搞一些别的。在新“八字方针”的指引下，钢铁产量从1985年6000万吨的产量下降到4000万吨左右安排。②

（二）加强了轻工业的生产

中国是一个人口大国，广大人民有对轻工业产品较为旺盛的需求。但我国在改革开放前选择了优先重工业发展，投资、原材料、能源的分配均向重工业倾斜，与人民生活关系密切的轻工业产品供给短缺较为严重。1979年开始，国家加大了轻工业的投资。用于轻工业的投资占工业总投资的比例1978年为9.3%，1979年为10.8%，1980年进一步上升到14.9%。③

从1978年到1982年，还新建了一批纺织加工项目，棉纺锭由1562万锭

---

① 汪海波：《新中国工业经济史（1979—2000）》，经济管理出版社2001年版，第12页。
② 周传典、张仁弟：《当代中国的钢铁工业》，当代中国出版社1996年版，第98~99页。
③ 汪海波：《中国现代产业经济史》，陕西经济出版社2006年版，第325-326页。

增加到 2019 万锭，新增加了 457 万锭，平均每年新增 114 万锭；毛纺锭从 47.8 万锭增加到 88.9 万锭，新增 41.1 万锭，平均每年新增 10.3 万锭。精梳机、宽幅织机、热溶染色机、热定型机、丝织机等短线设备，分别增加 50% 到 1 倍以上。通过新建这一批轻工业项目，不仅使印染后整理、毛纺、精梳纱、宽幅织物等长期存在的生产能力不足的矛盾得到缓和，而且使纺织工业的行业结构、产品结构更趋向协调。①

政府还运用有形之手对企业生产的结构进行调整。据统计，1981 年由重工业划入轻工业系统的企业有 219 个，固定资产净值 3.9 亿元，职工 8.5 万多人，其中工程技术人员 2426 人，企业占地面积 821.5 万平方米，房屋建筑面积 246.8 万平方米。轻工业部门利用这部分力量，增加了市场急需产品的生产。如 1981 年 9 月，上海汽车起重机厂转产，与上海自行车三厂合并，扩大了凤凰牌自行车的生产。②

重工业加强了对轻工业的支持。在优先重工业发展战略下，重工业产品更多是内部循环，为轻工业提供原材料较少。在新"八字方针"指导下，重工业部门加强了对轻工业的支持。例如，1980 年国务院决定对轻纺工业实行包括原材料、燃料、电力供应优先在内的六个优先原则。以机械工业为例，为轻工业服务的产品，1979 年只有 23 个品种，产值 6.5 亿元；1980 年增加到 93 个品种，产值达 40 亿元左右。③ 轻工业在市场上使用原材料的比重也在不断上升，以钢材为例，1978 年为 11.7%，1982 年为 13.3%；木材使用占市场比重从 1978 年的 17.9%，上升到 1982 年的 31.1%（参见表 2－1－2）。辽宁作为机械工业生产大省，1982 年底机械工业中轻工、纺织、城建及日用机电产品的产值比重由 3% 提高到 10.5%。④ 上海冶金行业针对当地自行车、缝纫机、手表、家用电器等十几个轻工业门类进行了调查，调整了产品结构。两年内，线材、带钢、薄板、焊管和小型材 5 个短线品种增产了 48 万吨，上

① 《当代中国的纺织工业》编辑委员会：《当代中国的纺织工业》，中国社会科学出版社 2009 年版，第 50 页。
② 王毅之：《当代中国的轻工业》，当代中国出版社 2009 年版，第 216 页。
③ 汪海波：《新中国工业经济史（1979—2000）》，经济管理出版社 2001 年版，第 15 页。
④ 辽宁省地方志编纂委员会办公室：《辽宁省志（机械工业志）》，辽宁民族出版社 2004 年版，第 9 页。

海地区钢材自给率从80%提高到90%以上。[1]

表2-1-2　　　　　　　　轻工业原料变化趋势

年份	轻工市场用钢材（万吨）	占全国生产用钢材的比重（%）	轻工市场用木材（万立方米）	占全国生产用木材的比重（%）
1978	217.6	11.7	521.3	17.9
1979	264.7	12.8	823.7	27.5
1980	285.7	13.3	898.9	30.8
1981	285.8	14.0	902.7	32.7
1982	324.5	13.3	912.4	31.1

资料来源：王毅之：《当代中国的轻工业》上，当代中国出版社2009年版，第215页。

（三）重工业基建规模的压缩与企业的"关、停、并、转"

随着工业化战略转变，在新"八字方针"的指导下，重工业的基建规模也进行了调整。到1980年底，钢铁工业停建、缓建和销号的单项工程有180个。这些项目的总投资为66亿元（缓建59亿元、停建5亿多元，销号5000万元）。基本建设投资从1978年的38.95亿元减到1979年的30.13亿元，1980年又降到30.08亿元，1981年再降到25.24亿元。钢铁工业在建的大中型项目进一步由1980年的51项减到1981年的27项。关停了一批产品质量差、成本高、效益低的小高炉和小钢铁厂。这一期间，共关停了239个小钢铁厂，占小钢铁厂总数的51%；中小钢铁企业共关停高炉311座，总容积6238立方米。经过"关、停、并、转"和对现有企业的整顿、改造，中小钢铁企业已扭亏为盈。[2]

1981年，重工业企业共减少了4400个，其中冶金工业减少367个，化肥和农药工业减少458个，机械工业减少3172个；农村社办工业企业减少1034个。减少的主要是那些消耗高、质量差、技术落后、亏损严重的小机械厂、

---

①② 《当代中国》丛书编辑部：《当代中国钢铁工业》，当代中国出版社2009年版，第100页。

小氮肥厂、小钢铁厂、小炼油厂、小油漆厂、小酒厂、小针织厂、小造纸厂等。经过关停并转、整顿提高，保留下来的小厂的经济技术指标普遍有了好转。例如，小氮肥厂，1981 年共关停并转了 109 个，同调整前的 1978 年相比，吨氨煤耗由 3.2 吨降到 2.2 吨，电耗由 1800 度降到 1467 度，企业亏损额由 6 亿元降到 4000 万元，有 11 个省、市的小氮肥厂已扭亏为盈。中小钢铁企业，1979 年亏损 2.9 亿元，1981 年盈利约 4 亿元。[①]

作为当时机械工业的重要生产基地辽宁省，这一时期也进行了较大幅度的关停并转。从 1979 年开始到 1983 年底，共关停并转 350 个企业，其中关闭 18 个，合并与合资 83 个，转给轻纺、电子、民政等部门 55 个，"截长补短"机械系统内部转产加强"短线"的 60 个，不再纳入省以上计划由市场调节的企业 134 个。经此调整，减少了重复生产厂 172 个，其中交流自动机生产厂由 38 个减少到 16 个，变压器生产厂由 28 个减少到 17 个。柴油机厂自 11 个减少到 5 个。其他如水泵、拖拉机内燃机配件、农具、植保机械、汽车配件润、阀门等也都相应地减少了重复生产。调整后辽宁机械系统主机、配套件、协作件比例由 1962 年的 6 : 3 : 1 变为 5 : 4 : 1。[②]

"调整、改革、整顿、提高"新"八字方针"的提出与执行在一定程度上扭转了我国工业结构失衡的局面。新"八字方针"客观上要求降低增长速度以稳定国民经济，并趋缓改革的速度。邓小平同志曾经指出："人们都说中国是个大国，其实只有两点大，一是人口多，二是地方大。就发展水平来说，是个小国，顶多也是个中小国家，连中等国家都算不上。"[③] 在特定的条件下，通过新"八字方针"可以结束中国混乱的经济局面，但新"八字方针"与中国大国工业化需要实现的赶超需求有较大差距。吸取计划经济时期的历史经验，我国逐步探索出一条通过改革开放快速推动工业化的新路。

---

① 汪海波：《新中国工业经济史（1979—2000）》，经济管理出版社 2001 年版，第 48 页。

② 辽宁省地方志编纂委员会办公室：《辽宁省志（机械工业志）》，辽宁民族出版社 2004 年版，第 9－10 页。

③ 中共中央文献研究室：《邓小平思想年谱（1975—1997）》，中央文献出版社 1998 年版，第 89 页。

第二节　大国的经济改革与工业化

正如邓小平同志强调"对于我们这样发展中的大国来说，经济要发展得快一点……发展才是硬道理。"[①] 强大的工业是大国国际地位的重要物质基础。优先重工业发展战略下建立起来的高度集中计划经济体系，虽然突破了重工业的瓶颈，但其经济效率越来越不适应工业化的进一步发展。在已经建立完备工业体系与较强的国防工业基础上，如何推动大国工业化的快速发展，并以此带动全国经济增长成为当时我国面临的重要问题。1979 年以后中国开始了经济体制改革，释放了大国的"改革红利"。

一、大国的所有制变革与工业化

在我国计划经济时期，单一的公有制是我国工业化的主要微观基础。公有制企业在政府的推动下，大量进入与中国资本稀缺、劳动力丰富的资源禀赋不符的重工业部门，确保了优先重工业发展。但与此同时，其经济效率不足的弊端日益凸显。在农村，人民公社体制虽然保证了优先重工业发展的原始积累，但是其效率的缺乏，导致了农业生产水平有待提高。随着中国转变了优先重工业发展战略，我国开始探索所有制改革，大国丰富劳动力的比较优势凸显，有效推动了工业化。

（一）农村改革的推进为工业化提供了丰富原料与劳动力

中国是在农业大国基础上推动工业化。计划经济时期，为确保优先重工业的原始积累，我国在广大农村建立了人民公社制度。在人民公社体制下，农业生产一般由生产队组织，社员以生产队为单位劳动并取得报酬。而工业化进程又尚未达到工业反哺农业的阶段，工业难以对农业进行有效的支持。

---

① 《邓小平文选》第三卷，人民出版社 1993 年版，第 377 页。

农业发展水平增长缓慢，严重制约了我国工业化的推进，也让广大农民生活水平长期未能得到有效提高。

长期受贫穷困扰的农民自下而上进行"包产到户"的探索。最终中国农村改革尝试得到了中央政府的肯定。1980 年，仅有 5% 的农村基本核算单位实行"包产到户"，1982 年则上升为 80.9%，到 1984 年达到 99.1%，同时，实行"包干到户"的农户也达到全国农户总数的 96.5%。① 党的十二届三中全会最终肯定了"联产承包责任制"。通过改变不适应农业生产力发展的体制，激活了广大农民的积极性。农业改革的成功对工业化的影响可以从以下几个方面分析。

第一，农村"包产到户"改革，有效推进了中国农业的发展。中国作为人口大国，在工业化进程中，粮食必须自给自足。在计划经济时期，工业化加速，大量劳动力涌入城市，导致了粮食供给紧张。1955 年的"经济冒进"，1958 年的"大跃进"、20 世纪 70 年代初的"三个突破"都是工业化加速与粮食供给紧张的具体表现。农村"包产到户"之后，农民可以更多地自主支配生产剩余，农民生产的积极性得到有效调动。在农村"包产到户"改革的推动下，粮食产量有效增加，1984 年我国终于告别了粮食短缺。"包产到户"的推进，提高了农民生产的自主权，还提高了农民生产农副产品的积极性，为轻工业的发展提供了较为丰富的原材料。

第二，农村"包产到户"释放了大量劳动力，形成了劳动成本低的独特优势。由于中国选择了优先重工业发展战略，重工业对劳动力吸纳有限。计划经济时期，在粮食供给紧张，农业生产率有待提高的背景下，大量劳动力留在农村。中国作为人口大国劳动力丰富的比较优势未能充分凸显。随着"包产到户"的推进，农村生产效率得到有效提高，大量隐蔽失业的劳动力得到释放，为中国工业化提供了充足的廉价劳动力，构成了改革开放之后中国工业的重要竞争优势。

第三，农村"包产到户"改革，为乡镇企业的发展创造了良好的条件。

---

① 基本核算单位包括生产队和生产大队、当时称"相对独立"，因为国家的农业生产计划对农户仍有一定的约束力。参见张晓山：《中国农村改革 30 年研究》，经济管理出版社 2008 年版，第 46 页。

农村改革一方面提高了生产效率，解放了一大批劳动力；另一方面农村改革让农民收入提高。这些都为乡镇企业的兴起奠定了基础。乡镇企业的异军突起直接推动了中国工业化。

（二）国有企业改革与工业化

计划经济时期为建设完备的工业体系，我国改造、新建了大批国有企业，成为优先发展重工业的微观主体。改革开放之初，国有企业在总量上占工业的绝对优势，如何提升国有企业的生产效率，提升中国工业发展水平，是当时我国经济发展面临的重要难题。

改革开放以来，我国对国有企业进行了改革探索。1978 年 10 月，四川省率先进行了"扩大企业自主权"试点，选择了重庆钢铁公司、成都无缝钢管厂等 6 户地方国营工业企业进行改革。1979 年 2 月，四川省在总结上述 6 个试点企业经验的基础上，决定从 1979 年起，把扩权试点扩大到 100 户工业企业。"扩大企业自主权"在改革开放初期表现出较好的效果。1979 年上半年，四川省 84 户试点工业企业产值同比增长了 15.1%，实行利润率增长 26.2%，上缴利润增长 25.3%，均高于非试点企业。[①]

1979 年，在"扩大企业自主权"的刺激下，为追求企业利润，许多国有企业开始突破传统计划经济的束缚。机械设备均属统配部管物资，不能作为商品进入市场。四川宁江机床厂首先突破统配部管物资，机械设备不能作为进入市场的限制，将产品打入市场。[②] 1979 年 6 月 25 日，四川宁江机床厂在《人民日报》刊登广告。广告登出以后，不到 4 个月，就承接了 1400 台订货，不仅当年任务饱满，还承接了 1980 年和 1981 年部分任务。[③]

"扩大企业自主权"为代表的"放权让利"改革的推进，让国有企业在一定程度上拥有了自主经营权力，提高了企业的经营积极性。但由于我国当时价格改革结构扭曲，企业政策性亏损和经营性亏损的界限较为模糊。而且

---

① 吕政、黄速建：《中国国有企业改革 30 年研究》，中国经济出版社 2008 年版，第 19 页。
② 《当代中国》丛书编辑部：《当代中国的机械工业》，当代中国出版社 2009 年版，第 76 页。
③ 《当代中国》丛书编辑部：《当代中国的机械工业》，当代中国出版社 2009 年版，第 76 - 77 页。

企业有动力压低利润包干基数，直接导致国家财政困难。为缓解财政压力，国家进行了两步利改税的改革。我国还从生产经营计划权、产品销售权、产品价格制定权等 10 个方面进一步放宽了企业的约束。① 通过两步"利改税"虽然在一定程度上缓解了财政压力，但是企业的"预算软约束"仍然未能解决，国有企业改革仍然有待深化。

1984 年中国共产党的十二届三中全会上通过《中共中央关于经济体制改革的决定》指出"要使企业真正成为相对独立的经济实体"②。自 1985 年 1 月起，我国又进行了"拨改贷"的改革。将企业长期从财政获得无偿的拨款改为向银行贷款，进一步使企业成为相对独立的经济实体。但由于企业的产权改革滞后，政企不分的现象依旧较为严重，1987 年第四季度，预算内企业成本比 1986 年同期上升 5%，亏损面增加 40%，财政收入下降 2.3%。③

1986 年 12 月 5 日，国务院颁布了《关于深化企业改革、增强企业活力的若干规定》提出深化改革要围绕企业经营机制这个中心进行。开始通过实行"包死基数、确保上缴、超收多留、欠收自补"为特点的"承包制"改善激励生产结构，提高企业的经营效益。经过推广，到 1987 年底，国有大中型工业企业中 77.6% 实行成本经营责任制。④ 通过"承包制"在一定程度上提高了企业的活力，1988 年和 1989 年的财政收入增长率分别是 7.2% 和 13.1%，超过了 1986 年和 1987 年的 5.8% 和 3.6% 的增长率。⑤ 1989 年之后，"承包制"又进行了一些完善。

一批企业在"承包制"的制度创新下，取得了较快的发展。以率先推行"承包制"改革的首都钢铁公司为例。1981 年，首钢实行定额包干，1982 年实行了上缴利润递增包干。⑥ 为提高职工激励，首钢将职工福利和工资收入同企业经济效益挂钩，建立生产与生活、积累与消费良性循环的企业机制。

---

① 章迪诚：《中国国有企业改革编年史 1978—2005》，中国工人出版社 2006 年版，第 110 页。

② 《十二大以来重要文献选编》中，人民出版社 1986 年版，第 566 页。

③ 盖军：《改革开放十四年纪事》，中共中央党校出版社 1994 年版，第 504 页。

④ 汪海波：《中国现代产业经济史》，山西经济出版社 2010 年版，第 359 页。

⑤ 刘小玄：《奠定中国市场经济的微观基础——企业革命 30 年》，上海人民出版社 2008 年版，第 41 页。

⑥ 首钢研究与开发公司：《首钢承包制试点中的制度和政策》，光明日报出版社 1989 年版，第 5 页。

首钢的留用利润是按照6∶2∶2（60%用于生产发展、20%用于集体福利和20%用于工资奖励）的比例进行分配。[1] 1985年，在全国冶金行业55项主要可比技术经济指标中，首钢有30项夺得全国冠军，有的指标还保持了国际先进水平。[2] 宝钢"承包制"改革也取得良好的经济效果，超额完成了利润、利税任务（参见表2-2-1）。国有企业大多集中于重工业部门，改革提高了国有企业的生产效率，也使得在这一时期我国重工业部门的生产有所增加，推动了大国工业化。

表2-2-1　　　　　　　　1987～1992年宝钢经济承包额完成情况

项目	单位	1987年	1988年	1989年	1990年	1991年	1992年
承包指令性计划钢产量	万吨	211	238	244	250		
实际完成指令性计划钢产量	万吨	211	250	280	300	350.8	420
实现利润总额	万元	12596	22535	45478	59297	126165	104855
	%	100	178.91	361.05	470.76		
实现利税总额	万元	32011	45845	76442	103750	237817	259233
	%	100	150.29	238.8	324.1	742.92	809.82
完成投资额	万元	2230	3911	5528	5448	11958	

资料来源：宝钢志编纂委员会：《宝钢志》，上海社会科学院出版社1998年版，第290页。

与改革初期的"放权让利"相比，承包经营责任制已经涉及政企分开、企业自主权等国有企业深层次的制度问题。但是"承包制"依旧未能解决国有企业经营效率问题。但国有企业在"承包制"合同确定中处于信息占优的一方，政府在与众多国有企业博弈的过程中处于劣势。"承包制"在一定程度上助长了企业的短期行为，对设备的过度使用，使得国有企业发展缺乏后劲。随着竞争日益激烈尤其在1989年以后外部环境的恶化，一些企业无法完

---

[1]　首钢研究与开发公司：《首钢承包制试点中的制度和政策》，光明日报出版社1989年版，第6页。

[2]　首都钢铁公司研究与开发中心：《首钢承包制》，经济管理出版社1987年版，第165－166页。

成上缴任务。1990年全国亏损企业已占总数的31%，全年给企业亏损的补贴达578.5亿元，占到当年财政收入的19.2%。而这一年，上海国营企业约有1/3未能完成承包合同。[①] 国有企业的改革仍需进一步深入。

1992年邓小平南方谈话之后，市场化改革进一步推进。党的十四届三中全会明确提出建立现代化的企业制度，并将"产权清晰、权责明确、政企分开、管理科学"概括为现代企业制度的基本特征。国有企业改革继续推进。例如，1958年建厂的老牌国有企业河北省邯郸钢铁总厂（以下简称"邯钢"）推行了以"模拟市场核算，实行成本否决"为核心的企业内部改革，企业效益大幅度提高，实力迅速壮大。改革5年实现的效益和钢产量超过了前32年的总和，邯钢由一个地方中型钢铁企业跃居全国11家特大型钢铁企业行列。[②] 1993年中国政府鼓励国有企业学习邯钢探索的以"模拟市场核算，实行成本否决"为核心的企业内部经营管理的改革模式。[③] 随着企业改革的不断深入，国有企业的自主权落实程度也在不断提高。据中国企业家调查系统的跟踪调查，到1997年企业经营者对国有企业中生产经营决策权、产品劳务定价权、产品销售权、物资采购权等多项权力落实的满意度达到90%以上（参见表2－2－2）。国有企业许多集中在机械、钢铁、煤炭等重工业部门，国有企业改革提高了重工业部门的产量，维持了大国工业化的稳步推进。进入20世纪90年代中期以后，随着我国告别"短缺经济"，国有企业生产环境出现了巨大变化，国有企业有待新的变革。

表2－2－2　　　　　　　　　十四项经营自主权的落实情况　　　　　　　　单位：%

项目	1997年	1995年	1994年	1993年	1997年比1993年增加
生产经营决策权	98.3	97.3	94.0	88.7	9.6
产品劳务定价权	92.0	85.5	73.6	75.9	16.1

① 厉无畏、杨继良、陈郁、王松青：《中国承包制的研究》，上海社会科学院出版社1993年版，第52页。
② 国家经济贸易委员会企业司、中国企业管理培训中心：《学邯钢 促管理 增效益 全国企业学邯钢经验汇编》，企业管理出版社1997年版，第4页。
③ 中共中央文献研究室、国家经济贸易委员会：《十四大以来党和国家领导人论国有企业改革和发展》，中央文献出版社1999年版，第127－128页。

续表

项目	1997 年	1995 年	1994 年	1993 年	1997 年比 1993 年增加
产品销售权	96.8	95.9	90.5	88.5	8.3
物资采购权	98.8	97.8	95.0	90.9	7.9
进出口权	54.0	41.3	25.8	15.3	38.7
投资决策权	82.5	72.8	61.2	38.9	43.6
税后利润支配权	90.6	88.3	73.8	63.7	26.9
资产处置权	76.5	68.2	46.9	29.4	47.1
联营兼并权	61.4	59.7	39.7	23.3	38.1
劳动用工权	84.3	74.8	61.0	43.5	40.8
人事管理权	90.3	83.5	73.3	53.7	36.6
工资奖金分配权	96.0	93.1	86.0	70.2	25.8
内部机构设置权	97.3	94.4	90.5	79.3	18.0
拒绝摊派权	35.1	17.4	10.3	7.0	28.1

资料来源：中国企业家调查系统：《中国企业家成长与发展报告》上，经济科学出版社 2003 年版，第 458 页。

（三）乡镇企业异军突起

中国是一个农业大国，1979 年 80% 左右的人口集中在农村。受基础设施、产业结构、社会治理水平等多种因素的影响，短时期内无法实现农村人口向城市的大规模转移。"进厂不进城、离土不离乡"的乡镇企业吸纳了大量的农村剩余劳动力，并且发挥农村生产要素（包括土地、原料等）廉价的优势，在"短缺经济"条件下"异军突起"，探索出一条有中国特色的农村工业化道路。

早在 1979 年 9 月 28 日党的十一届四中全会通过的《中共中央关于加快农业发展若干问题的决定》指出："社队企业要有一个大发展，到 1985 年，社队企业的总产值占三级经济收入的比重，要由现在的 20% 提高到一半以上。"① 1984 年中央四号文件（即《关于开创社队企业新局面的报告》）确立了乡镇企业在国民经济中的重要地位；基于"社队企业"这个名称已经不能反映农村企业的变化，社队企业正式改名为乡镇企业。1985 年，中央一号文件专门提出对乡镇企业实行信贷和税收方面的优惠和支持②。1985 年 9 月，中共中央在"七五"建议中明确指出："发展乡镇企业是振兴我国农村经济的必由之路"。③

"苏南模式"成为乡镇企业发展的代表。"苏南模式"是指以苏州、无锡、常州三市所辖的市郊和 12 个县为代表，以乡（镇）村集体企业为主的发展模式。苏南地区工业发展主要以工业原材料为对象的加工工业为主，行业门类比较齐全。凡是城市里传统产业，如机械、建材制品、金属制品、塑料制品、化学工业以及纺织工业等，在苏南乡镇企业中都有。苏南企业以小型为主，但也有相当数量的一批小而专、小而精的企业。在上百个工农业产值超亿元的乡里，差不多每个村都发展具有现代化的技术装备和管理水平的骨干工厂。1986 年乡镇工业产值在农村社会总产值中已占有 71% 以上的比重。在苏南城乡工业总产值中，乡镇工业占了"半壁江山"（1986 年占整个工业总产值的 50.01%）。④

乡镇企业积极利用自身的成本低廉、经营方式灵活等优势，积极与城市大工业合作，实现了乡镇企业和城市大工业共同发展。北京洗衣机总厂是个只有 800 多工人的企业，原生产磨床，后改产"白兰牌"洗衣机。1979 年产量仅有 7000 台。从 1980 年起，这个厂逐步将 98% 的零部件扩散到农村以乡镇企业为主的 36 个加工厂点，安排了 1000 多名农村剩余劳动力。到 1983 年，洗衣机产量猛增到 23 万台，成本降低 44%，洗衣机的型号由一种增加到四种，其中"白兰牌"Ⅲ型洗衣机被评为轻工业部和北京市优质产品，行销 20 个省、市、自治区。北京市洗衣机总厂的经验，受到了市政府和中共中

---

① 《中共中央关于加快农业发展若干问题的决定》，人民出版社 1979 年版，第 13 - 14 页。
② 郑有贵、李成贵：《一号文件与中国农村改革》，安徽人民出版社 2008 年版，第 145 页。
③ 《当代中国》丛书编辑委员会：《当代中国的乡镇企业》，当代中国出版社 1991 年版，第 93 页。
④ 顾松年、徐元明、严英龙、吴群：《苏南模式研究》，南京出版社 1990 年版，第 8 页。

央负责人的高度赞扬。①"白兰道路"的经验被肯定并在全国推广后，掀起了以城市工业有组织地向乡镇企业扩散的横向经济联合的热潮。北京市工业已经由零星扩散发展到有计划、有领导地成批向郊区扩散，到 1985 年，全市已有 500 多家国营工厂将零部件扩散到乡镇企业，并新建了联营企业 400 多家；全市 480 多个乡镇服装厂，已有 300 多个厂同城市服装企业建立了联合关系，生产得到迅速发展，使乡镇服装企业产量占全市服装总产量的 45%。②

乡镇企业在建立之初就以利润为导向，更多面向市场，在经济短缺的条件下，其产品低廉的价格适应了市场需求，发展迅速。1980 年乡镇企业工业总产值占工业比重仅为 9.7%，1984 年上升为 16.4%，1987 年则上升到 26.7%（参见表 2-2-3）。

表 2-2-3　　　1980~1987 年乡镇工业产值占全国工业总产值的比重

项目	1980 年	"六五"期间					1986 年	1987 年
		1981 年	1982 年	1983 年	1984 年	1985 年		
全国工业总产值（亿元）	5232	5456	5882	6540	7606	9256	10307	12133
乡镇工业总产值（亿元）	509.4	579.3	646.0	757.1	1245.4	1827.2	2413.4	3243.9
乡镇工业总产值占全国工业总产值的比重（%）	9.7	10.6	11.0	11.6	16.4	19.7	23.4	26.7

注：1. 1980 年产值按 1970 年不变价格计算，其他年份按 1980 年不变价格计算。

2. 按新口径计算即村及村以下办工业产由农业总产值划入工业总产值。全国工业总产值数据，1980~1986 年来自 1987 年《中国统计摘要》，1987 年摘自国家统计局工交司。

3. 1981 年至 1985 年为"六五"期间。

资料来源：《当代中国》丛书编辑委员会：《当代中国的乡镇企业》，当代中国出版社 2009 年版，第 121 页。

国民经济 1989 年开始治理整顿时，乡镇企业被指责与国有企业"争资源""争市场"，一度受到社会质疑。1992 年初，邓小平南方谈话消除了党内和社会上姓"社"姓"资"问题的争论和"恐资"思想的禁锢，给了广大农

---

① 《当代中国》丛书编辑委员会：《当代中国的乡镇企业》，当代中国出版社 1991 年版，第 107-108 页。

② 《当代中国》丛书编辑委员会：《当代中国的乡镇企业》，当代中国出版社 1991 年版，第 108 页。

民和乡镇企业干部职工极大鼓舞。1992 年之后，乡镇企业又一次活跃起来，进入高速增长的轨道。据 1997 年第一次全国农业普查统计，1996 年底全国农村非农企业共计 140 万个，从业人员 5300 万人；按照行业划分，工业企业 113 万个，从业人员 4173 万人；建筑业企业 9 万个，从业人员 825 万人。①

（四）民营经济的兴起与工业化中的所有制变动

中国是一个人口大国，劳动力丰富，但优先重工业发展模式对劳动力吸纳有限，就业问题长期困扰我国经济发展。截至 1979 年上半年，全国需要安排就业的人数高达 2000 多万人。② 严峻的就业问题成为影响国家安定的重要隐患。1981 年 10 月 17 日，中共中央、国务院《关于广开门路，搞活经济，解决城镇就业问题的若干决定》指出："一定范围的劳动者个体经济是社会主义公有制经济的必要补充。"③ 1987 年中央一号文件终于明确承认了私营经济是"社会主义经济的一种补充形式"。④ 在 1992 年的党的十四大上进一步明确了"多种经济成分长期共同发展"⑤，非公有制经济"配角"地位淡化。邓小平南方谈话以后民营企业发展迅速，在中国工业发展中起到了越来越重要的作用。1997 年党的十五大将"公有制为主体、多种所有制经济共同发展"⑥ 作为长期的基本经济制度。

改革开放以后，我国一方面通过国有企业改革，提高国有企业的生产率；另一方面通过多种所有制共同发展，为工业化注入了新的生机与活力。1980 年，我国工业中国有经济比重为 75.97%，集体经济比重为 23.54%，公有制是工业发展的绝对主体，城乡个体经济仅占工业比重为 0.02%，其他经济仅为 0.47%。1997 年我国国有经济比重下降为 25.52%，而其他所有制经济、城乡个体经济比重分别上升为 18.45%、17.92%（参见表 2-2-4）。而此时虽然我国集体经济比重为 38.11%，但许多企业是"红帽子"企业，即私营

---

① 郑有贵、李成贵：《一号文件与中国农村改革》，安徽人民出版社 2008 年版，第 149 页。
② 中共中央整党工作指导委员会：《十一届三中全会以来重要文献简编》，人民出版社 1983 年版，第 29 页。
③ 中共中央文献研究室：《三中全会以来重要文献选编》下，人民出版社 1982 年版，第 983 页。
④ 中共中央文献研究室：《十三大以来重要文献选编》上，人民出版社 1991 年版，第 31 页。
⑤ 中共中央文献研究室：《十四大以来重要文献选编》上，人民出版社 1996 年版，第 19 页。
⑥ 中共中央文献研究室：《十五大以来重要文献选编》中，人民出版社 2001 年版，第 1128 页。

企业经营带着乡镇企业的名义。在20世纪90年代中后期这类企业很多经过改制成为民营企业。

表2－2－4　　　　　　　各种所有制占工业产值的比重　　　　　单位：%

年份	国有经济	集体经济	城乡个体经济	其他所有制经济
1980	75.97	23.54	0.02	0.47
1981	74.76	24.62	0.04	0.58
1982	74.44	24.82	0.06	0.68
1983	73.36	25.74	0.12	0.78
1984	69.09	29.71	0.19	1.01
1985	64.86	32.08	1.85	1.21
1986	62.27	33.51	2.76	1.46
1987	59.73	34.62	3.64	2.02
1988	56.80	36.15	4.34	2.72
1989	56.06	35.69	4.80	3.45
1990	54.60	35.62	5.39	4.39
1991	56.16	33.00	4.83	6.01
1992	51.52	35.07	5.80	7.61
1993	46.95	34.02	7.98	11.05
1994	37.34	37.72	10.09	14.85
1995	33.97	36.59	12.86	16.58
1996	28.48	39.39	15.48	16.65
1997	25.52	38.11	17.92	18.45

资料来源：根据历年统计年鉴相关数据整理。

进一步从行业的角度来看，国有经济大多集中在重工业领域。1997年石油和天然气开采业，煤炭采选业，石油加工及炼焦业，黑色金属冶炼及压延加工业，电力、蒸汽、热水的生产和供应业分别占产值增加值比重的70%以上。而与人民生活密切相关的服装及其他纤维制品制造业，皮革、毛皮、羽绒及其制品业，家具制造业，文教体育用品制造业，木材加工及竹、藤、棕、草制品业，金属制品业等行业工业增加值比重已经下降到较小比重（参见表2－2－5）。改革开放以后，大国消费需求得到有效的释放，与人民生活相关的轻工业需求旺盛。乡镇企业、民营企业以及"三资企业"大多进入了投资少、盈利高的轻工业部门，有效改善了工业结构。

表 2－2－5　　　　　　　　　各行业国有工业比重

行业	1997 年全部工业			1997 年全部国有工业			1997 年全部国有工业占全部工业比重		
	工业增加值（亿元）	固定资产合计（亿元）	职工人数（万人）	工业增加值（亿元）	固定资产合计（亿元）	职工人数（万人）	工业增加值（％）	固定资产比重（％）	职工人数比重（％）
煤炭采选业	712.10	2078.09	568.68	557.83	1916.28	427.48	78.3	92.2	75.2
石油和天然气开采业	1155.87	2027.26	119.94	1111.10	2010.85	119.12	96.1	99.2	99.3
黑色金属矿采选业	58.77	114.81	33.17	23.41	84.92	15.72	39.8	74.0	47.4
有色金属矿采选业	133.11	299.09	70.96	68.75	233.43	44.69	51.6	78.0	63.0
非金属矿采选业	178.87	298.28	111.91	51.16	193.27	45.10	28.6	64.8	40.3
木材及竹材采运业	87.57	204.55	205.29	83.44	200.56	105.00	95.3	98.0	51.1
食品加工业	780.99	1383.02	246.48	269.48	825.44	136.95	34.5	59.7	55.6
食品制造业	352.55	709.70	140.89	82.01	272.29	62.11	23.3	38.4	44.1
饮料制造业	557.08	1051.5	144.72	271.31	510.10	81.37	48.7	48.5	56.2
烟草加工业	823.18	650.24	30.98	805.64	621.65	28.87	97.9	95.6	93.2
纺织业	1116.67	2663.02	730.24	340.35	1251.92	356.03	30.5	47.0	48.8
服装及其他纤维制品制造业	463.79	517.26	243.85	24.43	51.31	20.63	5.3	9.9	8.5

续表

行业	1997年全部工业			1997年全部国有工业			1997年全部国有工业占全部工业比重		
	工业增加值（亿元）	固定资产合计（亿元）	职工人数（万人）	工业增加值（亿元）	固定资产合计（亿元）	职工人数（万人）	工业增加值（%）	固定资产比重（%）	职工人数比重（%）
皮革、毛皮、羽绒及其制品业	290.78	299.57	137.19	17.58	50.56	17.29	6.0	16.9	12.6
木材加工及竹、藤、棕、草制品业	169.97	316.04	94.37	21.33	115.05	20.56	12.5	36.4	21.8
家具制造业	88.97	118.47	45.83	5.51	16.03	4.76	6.2	13.5	10.4
造纸及纸制品业	338.89	902.64	167.59	87.69	379.73	60.95	25.9	42.1	36.4
印刷业、记录媒介的复制	187.57	374.55	100.72	76.01	199.05	47.05	40.5	53.1	46.7
文教体育用品制造业	130.76	158.02	72.22	9.87	22.21	8.73	7.5	14.1	12.1
石油加工及炼焦业	602.47	1759.13	77.58	491.56	1535.85	56.49	81.6	87.3	72.8
化学原料及化学制品制造业	1189.85	3685.08	466.43	522.10	2605.73	275.46	43.9	70.7	59.1
医药制造业	411.51	708.38	115.73	150.50	386.81	64.62	36.6	54.6	55.8
化学纤维制造业	209.52	887.43	60.11	41.79	299.17	25.85	19.9	33.7	43.0
橡胶制品业	209.67	440.46	92.52	61.33	179.45	34.59	29.3	40.7	37.4
塑料制品业	358.10	707.89	155.34	31.72	136.11	24.92	8.9	19.2	16.0
非金属矿物制品业	1106.77	3044.02	741.10	277.42	1333.28	243.30	25.1	43.8	32.8
黑色金属冶炼及压延加工业	1025.41	4438.64	341.73	769.16	3818.03	250.13	75.0	86.0	73.2
有色金属冶炼及压延加工业	311.25	1129.23	118.22	170.75	836.22	78.44	54.9	74.1	66.4
金属制品业	516.71	892.31	257.75	61.40	195.67	51.21	11.9	21.9	19.9
普通机械制造业	794.80	1650.07	465.74	268.45	867.46	215.47	33.8	52.6	46.3
专用设备制造业	545.35	1131.73	333.33	224.17	712.93	190.76	41.1	63.0	57.2

续表

行业	1997年全部工业			1997年全部国有工业			1997年全部国有工业占全部工业比重		
	工业增加值（亿元）	固定资产合计（亿元）	职工人数（万人）	工业增加值（亿元）	固定资产合计（亿元）	职工人数（万人）	工业增加值（%）	固定资产比重（%）	职工人数比重（%）
交通运输设备制造业	1005.92	2405.99	409.99	448.29	1510.56	247.65	44.6	62.8	60.4
电气机械及器材制造业	819.62	1401.09	300.43	151.42	411.65	95.39	18.5	29.4	31.8
电子及通信设备制造业	902.37	1290.88	188.61	214.76	440.20	77.45	23.8	34.1	41.1
仪器仪表及文化、办公用机械制造业	148.61	294.38	88.90	41.83	150.21	44.63	28.1	51.0	50.2
电力、蒸汽、热水的生产和供应业	1627.10	7765.47	221.23	1201.90	5710.53	184.13	73.9	73.5	83.2
煤气生产和供应业	10.65	282.07	20.00	6.79	268.81	19.38	63.8	95.3	96.9
自来水的生产和供应业	113.14	795.31	45.92	96.91	702.48	39.86	85.7	88.3	86.8

资料来源：根据《中国工业经济统计年鉴1998》相关数据整理。

二、"双轨制"改革下的工业发展

从1984年党的十二届三中全会开始，中国经济改革转向城市，工业经济的改革又是城市改革的重中之重。这一时期价格改革与企业改革相互影响、相互作用，推动了中国工业化。

（一）价格"双轨制"与工业化推进

随着工业化不断深入，经济活动日益复杂，尤其是大国经济总量大，内部的管理成本日趋增加，政府失灵的问题也日益加剧。由于计划价格不反映市场供求与资源稀缺程度，最终导致我国价格结构存在较大扭曲。在工业领域加工工业品价格偏高，采掘工业、原材料工业价格偏低，成为工业结构失衡的突出表现。

经过 1979～1984 年体制改革，中国非国有经济力量逐步壮大，对计划外的物资需求日益增加。同时随着国有企业改革的推进，国有企业逐渐开始追求利润最大化，固定价格机制不利于提高企业生产的积极性。1984 年党的十二届三中全会通过的《中共中央关于经济体制改革的决定》指出："价格是最有效的调节手段，合理的价格是保证国民经济活而不乱的重要条件，价格体系的改革是整个经济体制改革成败的关键"。[①] 中国价格改革则体现出"双轨制"的特征。1984 年 5 月国务院第一次正式明确企业超产部分允许自销，价格在国家牌价上下可以浮动 20%。同年 10 月，党的十二届三中全会通过了《关于经济体制改革的决定》，价格改革由以调为主，转为以放为主，价格体制改革加快。1985 年 1 月，我国政府出台新规定，取消企业自销产品价格加价 20% 的限制。在轻工业产品逐步放开之后，作为生产要素的重工业产品价格改革开始推进，这一阶段开始进入以"放"为主的时期。

随着计划外物资市场交易规模和范围的扩大，生产资料市场逐步发育起来，我国出现了一批物资贸易中心，到 1987 年，地（市）以上的物资贸易中心近 400 家。1988 年 5 月，国务院颁发《关于深化物资体制改革的方案》明确提出有步骤地缩小指令性计划，扩大指导性计划和市场调节。随着市场经济的兴起，国家计划分配占物资分配的比重日益下降。1979 年钢材国家计划分配比重为 77%，1984 年下降为 66%，1988 年进一步下降为 46%。木材1977 年国家计划分配比重为 85%，1984 年下降为 40%，1988 年进一步下降为 25.9%。煤炭、水泥 1979 年国家计划分配比重分别为 58.9%、35.7%，1984 年下降为 50%、25%，1988 年下降为 43.5%、13.6%。[②] "双轨制"孕育的市场因素为非国有企业的发展创造了良好的条件。以无锡为例，1985 年无锡县乡镇企业从市场协作购进的生产资料占全县消耗量的比例：钢材为

---

① 《十二大以来重要文献选编》中，人民出版社 1986 年版，第 570 页。
② 张军：《"双轨制"经济学：中国的经济改革（1978—1992）》，人民出版社 1997 年版，第311 页。

98%，煤炭为 90%，木材为 91.7%，水泥为 100%。[1]

国家给地方分配的物资总量也在不断减少。第七个五年计划与第六个五年计划相比，国家分配给上海的主要物资，除钢材、化工原料略有增长外，煤炭减少 127 万吨、水泥减少 27 万吨、木材减少 150 万立方米。[2] 1979 年经济重镇上海钢材计划内供应为钢铁总供应量的 100%，1984 年还有 86.3%，1987 年下降为 47.4%，1992 年进一步下降为 15.0%（参见表 2－2－6）。

表 2－2－6　　　　　1979～1992 年上海钢材计划供应比重　　　　　单位：吨

年份	供应总量	其中计划内供应	所占比重（%）
1979	676469	676469	100.0
1980	755225	659022	87.3
1981	891127	682634	76.6
1982	913192	795612	87.1
1983	1048744	887600	84.6
1984	1104368	952905	86.3
1985	1603817	1268292	79.1
1986	1822328	1441485	79.1
1987	1810512	858968	47.4
1988	1818269	779165	42.9
1989	1847043	762847	41.3
1990	1779274	830641	46.7
1991	1633273	630493	38.6
1992	1674079	251103	15.0

资料来源：上海物资流通志编纂委员会：《上海物资流通志》，上海社会科学院 2003 年版，第 182 页。

"价格双轨制"具有鲜明的中国特色。在"短缺经济"条件下，如果在

---

[1]　顾松年：《苏南模式研究》，南京出版社 1990 年版，第 8－9 页。
[2]　上海物资流通志编纂委员会：《上海物资流通志》，上海社会科学院 2003 年版，第 89 页。

短时期内放开价格，将导致价格较快上涨，价格上涨引导企业生产增加具有时滞性，价格上涨过快，不仅会带来社会的恐慌，对企业生产也不利。而且中国又是一个大国，难以通过进口来平衡供求，主要物资应当自给自足。"价格双轨制"下，一方面通过"计划轨"维持了原有国民经济体系的运行，保持了大国经济的稳定；另一方面通过"市场轨"给非国有经济壮大创造良好外部环境，提高了效率，促进了供给的增加。在"短缺经济"条件下，生产资料"市场轨"价格高于"计划轨"价格的部分又为巨大的供求缺口所带来的超额利润所消化。在市场价格远高于计划价格的背景下，担负计划生产任务的国有企业有强烈动力扩大市场部分的供给，促进了生产总量的扩张。"价格双轨制"在保持大国经济稳定的同时，有效促进了工业化。

（二）"价格双轨制"的弊端与治理整顿

生产资料的"价格双轨制"在运行中也出现了很多问题，主要表现为计划价格与市场价格之间的"价格差"问题。由于计划价格调整存在时滞性，而在"短缺经济"条件下，市场价格不断上涨，计划价格与市场价格的差距不断拉大。1985 年煤炭、元钢、水泥、铝锭"价格双轨制"下价差为 220 元、268 元、140 元、138 元，1989 年上升为 674 元、277 元、263 元、403 元。[1]"价格双轨制"下较大的"轨差"不仅诱使各种投机行为猖獗，更进一步刺激了物价上涨，带来了市场的混乱。同时随着市场约束的硬化，国有企业开始追求自身的经济利益。"价格双轨制"下"轨差"不断拉大，国有企业对指令性计划完成不积极。1988 年焦煤、生铁、水泥、钢材等重要物资均未完成计划要求，且比上一年还有所下降。其中焦煤兑现率仅为 88.9%，生铁为 86.1%，水泥为 90.4%，钢材为 96.2%。[2]"双轨制"注定是我国工业化中的权宜之计。

1988 年 9 月召开党的十三届三中全会决定对国民经济进行治理整顿，采取措施缩小"价格双轨制"的"轨差"。主要措施包括：一方面，政府提高

---

① 张卓元：《论中国价格改革与物价问题》，经济管理出版社 1995 年版，第 99 页。
② 数据来源：董辅礽：《中国国有企业改革：制度与效率》，中国计划出版社 1992 年版，第 60 页。

计划内产品的价格，例如，上海重油销售价格，1989 年计划内价格为 172
元、1990 年提升为 225 元，在治理整顿的背景下，计划外价格由 1989 年的
567 元下降到 544 元。① 另一方面，对计划外生产的价格进行最高限价，并且
从严执行。例如，1989 年 3 月国家物价局、物资部、冶金部、有色金属总公
司联合发文，重新颁布计划外生产资料最高限价。将最高销售价的限价权集
中在中央政府，并且规定厂商不能突破最高出厂限价，而物资经营企业不能
突破最高销售限价。② 1989 年规定，铜精矿（纯金属）最高出厂限价每吨
9500 元；粗铜（纯金属）最高出厂限价每吨 11070 元；电解铜最高出厂限价
每吨 12170 元，销售限价每吨 13000 元；铝锭最高出厂限价每吨 11280 元，
销售限价每吨 12000 元；电解镍最高出厂限价每吨 35260 元，销售限价每吨
38000 元；精锌锭最高出厂限价每吨 4750 元，销售限价每吨 5090 元；精锡锭
最高出厂限价每吨 15430 元，销售限价每吨 17500 元。③ "价格双轨制"下
"轨差"的缩小为下一时期"并轨"创造了条件。

（三）"价格双轨制"的"并轨"

党的十四大报告提出明确"价格改革是市场发育和经济体制改革的关
键"④ 这一时期价格改革步伐加速。随着供给的不断增加，20 世纪 90 年代我
国"短缺经济"的局面已经逐步扭转，为"并轨"创造了良好的条件。截至
1996 年，国家工业指令性生产计划产品占工业总产值的比重约仅为 4%，国
家计划调拨的重工业生产资料占市场销售总额的比重约为 5%。生产资料的
销售收入总额中，1991 年国家定价占 36.0%、国家指导价占 18.3%、市场调
节价占 45.7%，1996 年国家定价和国家指导价的比重分别降到 14.0%、
4.9%，市场调节价比重上升到 81.1%。⑤ 以钢材为例，1990 年只有几种市场
供应充裕的长线钢材的价格放开，1992 年国家定价的范围减少到 40%，到

①　上海社会科学院：《上海价格志》，上海社会科学院出版社 1998 年版，第 386 页。
②　成致平：《中国物价五十年》，中国物价出版社 1998 年版，第 642 页。
③　安徽省地方志编纂委员会办公室：《安徽省志·价格管理志（1986—2005）》，方志出版社
2015 年版，第 88 页。
④　《江泽民文选》第一卷，人民出版社 2006 年版，第 229 页。
⑤　成致平：《中国物价五十年》，中国物价出版社 1998 年版，第 768 页。

1994年国家只对10种钢材提出国家中准价。① 在产品价格改革的同时，资金、土地、能源等生产资料的上游价格的定价机制中政府仍然起到重要作用。政府对这些生产投入品的价格管制一方面缓解了市场化带来的通货膨胀，另一方面也给我国低价工业化创造了有利条件。

在经济体制改革的推动下，我国工业化取得了高速发展。一方面所有制结构发生了深刻的变化，中国工业化从单一公有制推动向以公有制为主体、多种所有制共同推动转变，不仅较快推动了工业化的发展，也使得工业结构呈现均衡发展的特点；另一方面通过价格，使得市场价格逐步成为调节市场资源配置的主要力量，有效避免了资源配置中的"政府失灵"。所有制与价格改革又发挥了大国独特的回旋优势，国有企业与计划价格机制维持了原有的经济体系运行与大国经济的稳定，而非国有经济与市场机制的兴起一方面做大了市场的增量，另一方面改善了原有的经济体系，起到了改革的"示范效应"。同时政府分权改革（对于分权的进一步讨论参见第七章第一节）提高了地方政府的积极性。经济体制改革释放了巨大的"改革红利"，有效推动了中国工业化。

第三节　大国对外开放与工业化

改革开放以后，中国开始加快了对外开放的步伐，逐步融入世界经济体系。中国大国独特的回旋余地，让中国可以采取梯度开放，用"以点带面"的方式逐步开放。沿海地区对外开放的成就又为中国经济改革创造了良好的"示范效应"。随着对外开放的深入，中国逐渐融入世界市场，劳动力丰富的比较优势凸显，劳动密集型的产品在国际竞争中处于有利地位。出口不断增加，有效拉动了中国工业发展。由于中国独特的成本优势与巨大的国内市场潜力，中国还吸引了大量外商投资，有效弥补了中国资本的不足，并且提升了技术与管理水平，为工业化的推动注入了新的活力。

---

① 中国社会科学院工业经济研究：《中国工业发展报告（1996）》，经济管理出版社1996年版，第75－76页。

一、大国"渐进式"开放

1979 年国务院批准广东省和福建省在对外经济活动中率先实行特殊政策和灵活的管理办法。1980 年 5 月 16 日，中央决定在深圳市、珠海市、汕头市和厦门市，各划出一定范围的区域试办经济特区。虽然 1980 年仅仅选取特区进行对外开放，但是特区经济表现出较快的发展，在全国范围内取得了"示范效应"。1982 年，党的十二大将对外开放作为基本路线的重要内容之一。1984 年党的十二届三中全会正式把对外开放确定为长期的基本国策。1984 年 5 月，中央决定进一步扩大对外开放的步伐，开放沿海的天津、上海、大连等 14 个港口工业城市。1985 年 2 月，中共中央决定开辟长江三角洲、珠江三角洲和闽东南三角地区为沿海经济开放区，以后又开辟了环渤海（辽东半岛和胶东半岛）经济开放区、将沿海 140 个市县划入开放区、设立上海浦东经济技术开发区等，这些沿海经济开放区的开辟与设立，极大地促进了沿海地区外向型经济的发展。① 1988 年 3 月 23 日，国务院发出《关于沿海地区发展外向型经济的若干补充规定》。② 1988 年我国进一步在海南建省，成立新的经济特区，在更高水平上进一步扩大开放。1991 年在上海外高桥、深圳福田、沙头角，天津天津港等沿海重要港口设立保税区，借鉴国际成功经验，发展保税仓储、保税加工和转口贸易；在武汉、南京、沈阳、天津等 25 个城市建立高新技术开发区，在税收、进出口管理、商务人员出入境等方面给予优惠政策。③ 我国对外开放进程不断加快、区域日益扩大，实现了由点到面、由南到北的过渡，形成了由"经济特区—沿海开放城市—沿海经济开放区"的对外开放新格局。

中国开放呈现出"渐进式"的特征。率先开放的区域抓住了先机，实现了工业的高速发展。以深圳特区为例，利用毗邻香港的有利条件，充分发挥

---

① 唐任伍、马骥：《中国经济改革 30 年（对外开放卷）》，重庆大学出版社 2008 年版，第 10 页。

② 商务部研究院：《中国吸收外资 30 年》，中国商务出版社 2008 年版，第 49 页。

③ 傅自应：《中国对外贸易三十年》，中国财政经济出版社 2008 年版，第 37 页。

区位优势、劳动力成本优势出台相关政策，大规模吸引外资，有效地推动了当地工业的发展。深圳经济特区成立以后电子工业得到了迅速的发展。以前，深圳只有一家维修电器的小厂，1983 年深圳已有外资独资、中外合资的电子企业 15 家，外资资金占全市电子工业投资的 1/3 以上。① 由于我国对外开放具有渐进的特征，经济特区成为当时我国对外开放的窗口。例如，深圳作为改革开放前沿阵地，通过"内联"，吸引国内资金流入深圳。自特区成立 4 年多来，深圳特区先后与中央 14 个部（局），20 个省份，80 多个地、市、县合作，联合兴办企业 500 多个，计划投资总额为人民币约 6.5 亿元，港币 1.26 多亿元。1983 年内联工业的总产值已占深圳特区当年工业总产值的 22%。② 1984 年深圳市成立申光纺织器材制针厂、华峰纺织器材厂、华溪纺织橡胶器材厂、中原纺织器材厂、华苏纺织瓷件金属器材厂正式投产。这 5 家工厂是由深圳市纺织工业公司、华联纺织有限公司分别和上海、江西、无锡、河南、苏州等省市的纺织工业企业合作兴建的，生产内地名牌纺织器材产品，以外销为主。③ 深圳特区工业发展表现出外向型经济的特征。产值中出口产值较高，1990 年达到了 62.52%，外商投资工业 1991 年占工业比重为 72.85%，1992 年为 75.08%（参见表 2-3-1）。

表 2-3-1　　　　　　　　　　　　深圳工业发展　　　　　　　　　　　单位：%

项目	1989 年		1990 年		1991 年		1992 年	
	全市	特区	全市	特区	全市	特区	全市	特区
总计（不含村及村以下办工业）	100	100	100	100	100	100	100	100
出口产品产值	58.39	57.24	63.62	62.52	55.94	54.19	55.37	49.33
外商来料加工产值	9.13	6.38	8.17	5.83	8.29	6.24	7.75	4.63
内联企业产值	15.93	11.83	12.27	8.70	8.74	6.20	6.80	4.60

---

① 《放手引进外资 发展技术密集型工业》，载《人民日报》1984 年 2 月 27 日。
② 何云华、方新：《内联促进深圳经济发展 四年多来联合兴办五百多个企业》，载《人民日报》1984 年 10 月 17 日。
③ 《深圳五家纺织器材厂投产》，载《人民日报》1984 年 12 月 3 日。

续表

项目	1989 年		1990 年		1991 年		1992 年	
	全市	特区	全市	特区	全市	特区	全市	特区
按经济类型分								
1. 全民所有制工业	31.58	29.51	26.67	24.26	24.89	22.66	21.93	21.80
2. 集体所有制工业	8.11	6.28	6.39	4.77	5.61	3.80	4.59	2.75
3. 全民与集体合营工业	1.27	0.16	0.65	0.20	0.83	0.69	0.53	0.37
4. 外商投资工业	59.04	64.05	66.29	70.78	68.67	72.85	72.95	75.08

资料来源：根据历年《深圳统计年鉴》相关数据整理。

　　1984 年随着改革开放进一步推进，十四个沿海开放城市取得了发展。青岛市 1984 年 5 月经国务院批准开始直接利用外贸，1984～1987 年共批准"三资企业"38 家，总投资 21692.79 万美元，合同外贸 9270 万美元，外资实际投资 2758 万美元。① 这时期的技术设备引进项目，较多集中于纺织、鞋革服装、食品轻工及电子元件等行业。例如，1985 年 10 月，为进一步拓展青纺联的贸易范围，增加青纺联的创汇能力，青岛市人民政府决定，将青纺联由 8 个成员厂扩大到纺织全行业。这一年，青纺联的客户已由日本等地的 40 个，迅速扩大到马来西亚、新加坡、加拿大、美国，以及西欧和中东等 43 个国家和地区的数百个。从 1988 年起，实行外贸任务承包责任制，指标一定三年不变；青纺联每年出口创汇 9000 万美元，上交外汇 6386 万美元。②

　　温州成为沿海开放城市之后，也加强了技术引进的力度。例如，温州毛纺厂从联邦德国引进空心锭花式纺捻机、立锭细纱机、梳毛机，温针一厂、羊毛衫厂等从英国、日本引进提花针织大圆、长毛绒接机、绳状漂白设备，瑞安工艺编织联营厂引进联邦德国卡尔迈耶经编机等。引进意大利十四工位双色注塑流水线，荷兰电动液压削皮机，联邦德国 18 工位双色聚氨基大底注射机成套设备、皮鞋钳包机组、年产 10 万件西服生产线等。③

---

① 青岛市史志办公室：《青岛市志·对外经济贸易志》，五洲传播出版社 2001 年版，第 128 页。
② 青岛市史志办公室：《青岛市志·纺织工业志》，新华出版社 1999 年版，第 211 页。
③ 俞雄、俞光：《温州工业简史》，上海社会科学院出版社 1995 年版，第 172 页。

随着 1990 年国务院宣布开发浦东的战略决策，上海对外开放进入了新的阶段。一方面上海的贸易依存度、外资依存度有所扩大，意味着上海的开放程度增加。另一方面上海浦东新区开放过程中，外商直接投资起到了重要的作用。1995 年上海浦东新区工业总产值中外商直接投资已超过 23%，1997年进一步扩大到 38.77%，1995 年上海浦东新区出口总值中外商直接投资比重为 40.41%，1997 年上升为 60.11%（参见表 2 - 3 - 2、表 2 - 3 - 3）。

表 2 - 3 - 2　　　　　　　1978～1997 年上海对外开放度的变化　　　　单位：%

年份	贸易依存度	外资依存度
1978	18.7	—
1985	34.2	0.23
1990	51.2	1.83
1995	64.3	4.68
1997	60.9	6.26

注：外资依存度是指外商直接投资存量占 GDP 的比重。

资料来源：杨亚琴、韩汉君：《对外开放战略》，上海社会科学院出版社 1999 年版，第 15 页。

表 2 - 3 - 3　浦东工业产值、出口与外商直接投资情况（1995～1997 年）

指标	1995 年	1996 年	1997 年
工业总产值（亿元）	969.13	1063.97	1343.59
国有经济（亿元）	449.82	466.16	483.40
集体经济（亿元）	122.76	129.79	156.89
其他经济（亿元）	396.55	468.02	703.30
其中：外商投资企业（亿元）	223.08	312.47	520.85
外商直接投资比重（%）	23.02	29.37	38.77
出口交货值（亿元）	156.30	160.88	210.53
国有经济（亿元）	59.66	60.84	58.77
集体经济（亿元）	9.38	7.74	7.96
其他经济（亿元）	87.25	92.20	143.80
其中：外商投资企业（亿元）	63.16	72.63	126.54
外商投资企业占出口比重（%）	40.41	45.15	60.11

资料来源：根据《上海统计年鉴 1998》计算。

二、大国劳动力比较优势与对外贸易的发展

中国是一个人口大国，劳动力资源丰富。随着中国对外开放的深入，中国逐渐融入国际市场，劳动力丰富的比较优势逐步凸显。1978 年 7 月 15 日国务院颁布了《开展对外加工装配业务试行办法》（以下简称"试行二十二条"），从此打破了我国以商品买卖为主的单调的对外经贸形式。"三来一补"成为我国 20 世纪 80 年代对外贸易的重要形式。"三来一补"即是由境外来料、来样、来件，在境内加工装配后的成品复出境外，境外提供的设备、资金不用现汇支付，而用向外商回销产品或劳务所得的价款分期补偿。"三来一补"的对外贸易方式有效发挥了我国劳动力密集的优势，推动了我国出口的增加。

1980～1981 年珠海市共兴办对外装配企业 142 家，占利用外商投资企业的 80%；新签对外加工合同 232 宗，比上两年增长 6.3 倍，引进设备 371 万美元，共缴费收入 442 万美元，比上两年增加 2.7 倍，加工品种由初期的简单的电子零（配）件加工，发展到成批（套）的电视机、收录机的装配加工，服装行业也由简单的衬衫、睡衣裤、毛衫加工，发展到牛仔衣（裤）、风雪衣、T 恤、丝绸等中高档的服装加工。[①]

1984 年后我国加快了对外贸易体制改革，为扩大出口提供了良好的政策环境。1984 年 9 月 19 日国务院批准了对外经济贸易部《关于外贸体制改革意见的报告》，报告主要内容是：（1）政企分开。外贸实行政企分开后，经贸部和省、自治区、直辖市经贸厅（委）专门负责对外贸易的行政管理，外贸企业进出口业务，独立核算，自负盈亏。各级行政部门，不干涉外贸企业的经营业务。（2）实行进出口代理制，改进外贸经营管理。进出口代理制成为外贸经营的基本形式。（3）改革外贸计划体制。缩小进出口商品的指令性计划范围，扩大指导性计划范围，注意发挥市场调节作用。（4）改革外贸财务体制。实行核定出口成本，增盈分成、减盈自理的办法，增盈资金 60% 用

---

① 珠海市对外经济贸易委员会编纂小组、珠海市对外贸易总公司：《珠海市对外经济贸易志》，广东人民出版社 1995 年版，第 37 页。

于企业，40%用于职工福利和奖金。[①] 1986 年邓小平指出："外汇短缺，外贸发生逆差，会不会拖我们的后腿？中国有很多东西可以出口，要研究多方面打开国际市场……逐年减少外贸逆差是个战略问题。"[②] 1987 年开始试行以出口收汇、出口换汇成本、利润 3 项指标为内容的外贸承包经营责任制，从1988 年起在全国推行以省、市、自治区为主的外贸承包责任制。[③]

改革开放以后我国进出口额取得较快的增长速度，出口占国内生产总值的比重由 1984 年的 8.1% 上升为 1992 年的 17.6%，1994 年达到 22.3%，1997 年为 20.7%（参见表 2 - 3 - 4），成为拉动中国经济增长的重要引擎。中国在世界出口地位也有较大提升，1984 年仅为第 18 位，到了 1992 年上升到了第 11 位，1997 年上升到第 10 位（参见表 2 - 3 - 4）。从出口商品种类来看，工业制成品的比重逐年增加。1988 年我国出口工业制成品比重为 69.7%，1992 年上升为 80%，1997 年进一步发展为 86.9%（参见表 2 - 3 - 5）。我国的贸易逆差也逐步缩小，1988 年逆差为 288.4 亿元，1989 年为 243.9 亿元，1990 年则出现顺差 411.5 亿元，1997 年顺差达到了 3354.2 亿元（参见表 2 - 3 - 6）。

表 2 - 3 - 4 中国出口额情况

年份	国内生产总值（亿元）	出口额（亿元）	出口占国内生产总值的比重（%）	中国出口额占世界出口总额的比重（%）	位次
1980	4518	271	6.0	0.9	26
1981	4862	368	7.6	1.1	19
1982	5295	414	7.8	1.2	17
1983	5935	438	7.4	1.2	17
1984	7171	581	8.1	1.4	18

[①] 裴长洪：《中国对外开放与流通体制改革 30 年研究》，经济管理出版社 2008 年版，第 56 页。
[②] 《邓小平文选》第三卷，人民出版社 1993 年版，第 159 页。
[③] 裴长洪：《中国开放型经济建立的经验分析——对外开放 30 年的总结》，载《财经问题研究》2009 年第 2 期。

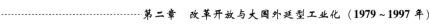
续表

年份	国内生产总值（亿元）	出口额（亿元）	出口占国内生产总值的比重（%）	中国出口额占世界出口总额的比重（%）	位次
1985	8964	809	9.0	1.4	17
1986	10202	1082	10.6	1.5	16
1987	11963	1470	12.3	1.6	16
1988	14928	1767	11.8	1.7	16
1989	16909	1956	11.6	1.7	14
1990	18548	2986	16.1	1.8	15
1991	21618	3827	17.7	2.0	13
1992	26638	4676	17.6	2.3	11
1993	34634	5285	15.3	2.5	11
1994	46759	10422	22.3	2.9	11
1995	58478	12452	21.3	3.0	11
1996	67885	12576	18.5	2.9	11
1997	74772	15153	20.3	3.3	10

资料来源：国家统计局贸易外经统计司：《对外经济统计年鉴1998》，中国统计出版社1999年版，第22页。

表2－3－5　　　　　　　　　出口商品分类构成　　　　　　　单位：%

商品分类	1988年	1989年	1990年	1991年	1992年	1993年	1994年	1995年	1996年	1997年
总额	100	100	100	100	100	100	100	100	100	100
一、初级产品	30.3	28.7	25.6	22.5	20.0	18.2	16.3	14.4	14.5	13.1
食品及主要供食用的活动物	12.4	11.7	10.6	10.1	9.8	9.2	8.3	6.7	6.8	6.1
饮料及烟类	0.5	0.6	0.6	0.7	0.8	1.0	0.8	0.9	0.9	0.6
非食用原料	8.9	8.0	5.7	4.9	3.7	3.3	3.4	2.9	2.7	2.3
矿物燃料、润滑油及有关原料	8.3	8.2	8.4	6.6	5.5	4.5	3.4	3.6	3.9	3.8
动植物油、脂及蜡	0.2	0.2	0.3	0.2	0.2	0.2	0.4	0.3	0.3	0.4

续表

商品分类	1988年	1989年	1990年	1991年	1992年	1993年	1994年	1995年	1996年	1997年
二、工业制成品	69.7	71.3	74.4	77.5	80.0	81.8	83.7	85.6	85.5	86.9
化学品及有关产品	6.1	6.1	6.0	5.3	5.1	5.0	5.2	6.1	5.9	5.6
轻纺产品、橡胶制品、矿冶产品及其制品	22.1	20.7	20.3	20.1	19	17.9	19.2	21.7	18.9	18.8
机械及运输设备	5.8	7.4	9.0	10.0	15.6	16.6	18.1	21.1	23.4	23.9
杂项制品	17.4	20.5	20.4	23.1	40.3	42.3	41.3	36.7	37.4	38.6
未分类的其他商品	18.3	16.6	18.7	19.0			0.01	0.01	0.01	

注：进出口商品分类构成以联合国《国际贸易标准分类》为基础计算。

资料来源：根据历年《中国对外经济统计年鉴》相关数据整理。

表2-3-6　　　　　　　　　进出口额（按人民币计算）　　　　　　　单位：亿元

年份	进出口总额	出口额	进口额	差额（顺差＋，逆差－）
1980	570.0	271.2	298.8	-27.6
1981	735.3	367.6	367.7	-0.1
1982	771.3	413.8	357.5	56.3
1983	860.1	438.3	421.8	16.5
1984	1201.0	580.5	620.5	-40.0
1985	2066.7	808.9	1257.8	-448.9
1986	2580.4	1082.1	1498.3	-416.2
1987	3084.2	1470.0	1614.2	-144.2
1988	3821.8	1766.7	2055.1	-288.4
1989	4155.9	1956.0	2199.9	-243.9
1990	5560.1	2985.8	2574.3	411.5
1991	7225.8	3827.1	3398.7	428.4
1992	9119.6	4676.3	4443.3	233.0
1993	11271.0	5284.8	5986.2	-701.4
1994	20381.9	10421.8	9960.1	461.7

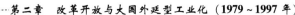

续表

年份	进出口总额	出口额	进口额	差额（顺差＋，逆差－）
1995	23499.9	12451.8	11048.1	1403.7
1996	24133.8	12576.4	11557.4	1019.0
1997	26967.2	15160.7	11806.5	3354.2

资料来源：国家统计局贸易外经统计司：《对外经济统计年鉴1999》，中国统计出版社2000年版，第16页。

三、引进外资与工业化

中国资本稀缺，技术水平落后，有迫切的动力吸收国外资本。而20世纪70年代随着发达国家进入滞胀，国内资本需要寻找国际市场，有动力进行海外投资，寻找新的市场。随着中国对外开放的扩大，外资逐步流入中国，成为推动工业化的重要力量。1984年，国务院召开了第一次全国外资工作会议，总结了改革开放以来我国吸收外商投资的初步经验，提出了进一步解放思想、开创吸收外资新局面的要求。邓小平指出："我国的对外开放、吸收外资的政策是一项长期持久的政策"[1] 1986年，国务院颁布了《关于鼓励外商投资的规定》，确定了鼓励出口，引进先进技术的外资政策导向[2]。中国廉价的成本（包括劳动力、资源要素等）、巨大的市场和逐渐完善的投资环境吸引了大量外资流入，为中国工业化的推进奠定了良好的基础。

1979年实施改革开放政策以后，1980年国务院批准厦门创办经济特区，从此，外商来厦门投资的工业逐渐增多。由印尼华侨陈应登投资442万美元的经济特区首家独资企业厦门印华地砖厂有限公司于1982年兴建，1984年7月正式投产，是中国首家劈离经砖生产厂家。1985年，香港联侨企业有限公司董事长黄保欣先生在厦门办的独资企业，总投资210万美元，生产和销售塑胶制品。公司从日本、新加坡引进各种先进的生产设备，有吹塑机、印刷机和切袋机等。可承接2～8色的凹版和凸版印刷。有背心袋、边封袋、底封

---

① 《邓小平会见香港核电投资有限公司代表团时的谈话》，载《人民日报》1985年1月20日。
② 商务部研究院：《中国吸收外资30年》，中国商务出版社2008年版，第45页。

袋、派奇环袋、软手挽袋、反折手挽袋、穿胶带袋和耳袋八大类数十种各式各样聚乙烯薄膜袋，年产量超5000吨。购置厂房2幢，面积有9400平方米。产品畅销美国、日本、荷兰、英国、法国和澳大利亚等世界各地。①

北京·松下彩色显像管有限公司是国家在"七五"期间批准的三个彩色显像管生产厂重点建设项目之一。1985年3月，国家计委批复了北京彩色显像管的项目建议书，批准在北京建设一个年产150万只彩色显像管生产厂。北京·松下彩色显像管有限公司安装两条由松下公司引进的具有20世纪80年代初期国际水平的CPT生产线共600台套设备，第一条生产线投产当年即获利润1500余万元。②

改革开放以来，我国吸引外资取得较大的成就。1983年我国吸引外资仅为19.81亿美元，而1997年我国吸引外资则达644.08亿美元，上升了31.5倍。1983年对外借款为10.65亿美元，占当年吸引外资的53.8%，外商直接投资为6.36亿美元，占当年吸引外资的32.1%，而1997年对外借款120.21亿美元，比1983年上升了10.3倍，占当年吸引外资的18.7%，外商直接投资1997年则达到452.57亿美元，比1983年上升了70.2倍，占当年吸引外资的70.3%（参见表2-3-7）。外商直接投资的强劲增长弥补了我国工业化中资本不足的缺陷。而且外商直接投资还带来了先进的技术与管理模式，这些技术与管理模式进入中国后，又在中国逐渐扩散，产生了外溢效应，最终提高了中国工业化的效率。

表2-3-7		吸收外资情况		单位：亿美元
年份	总计	对外借款	外商直接投资	外商其他投资
1979～1997	3483.48	1161.27	2201.4	120.81
1979～1982	124.57	106.90	11.66	6.01
1983	19.81	10.65	6.36	2.80
1984	27.05	12.86	12.58	1.61

---

① 苏水利：《厦门对外经济贸易志》，中国统计出版社1998年版，第172页。
② 《北京工业志（电子工业卷）》，北京出版社2001年版，第118页。

续表

年份	总计	对外借款	外商直接投资	外商其他投资
1985	46.47	26.88	16.61	2.98
1990	102.89	65.34	34.87	2.68
1995	481.33	103.27	375.21	2.85
1997	644.08	120.21	452.57	71.3

资料来源：国家统计局贸易外经统计司：《对外经济统计年鉴1998》，中国统计出版社1999年版，第282页。

从工业产值的角度来看，包括外资、中外合资等类型工业产值1980年仅为全国工业总产值的0.47%，1984年占全国工业总值仅为1.01%，1992年上升为7.1%①。外资成为推动工业高速增长的重要动力。1997年外商、港澳台企业已经具备较大力量。从独立核算工业企业的工业总产值来看，外商投资经济已占12%以上，而利润则达到了18%以上；港澳台经济中独立核算工业企业的总产值虽然为全国的8.8%，工业利润为10%左右（参见表2-3-8）。而从工业结构的角度来看，1997年三资企业生产占独立核算工业企业中轻工业总产值的27.9%，重工业总产值的15.6%，轻工业中以非农产品为原料的产值又为33.5%。重工业中加工工业达到了23.5%（参见表2-3-9）。

表2-3-8 1997年独立核算工业企业中外资与港澳台资企业经营情况　单位：亿元

项目	企业单位数（个）	工业总产值	工业增加值	固定资产合计	利润总额	本年应交增值税	利税总额
全国总计	468506	68352.68	19835.18	49455.20	1703.48	2784.86	5740.47
按经济类型分							
外商投资经济	19861	8215.91	1993.79	4323.34	311.67	250.00	628.21

---

① 根据《中国统计年鉴》相关数据计算。

续表

项目	企业单位数（个）	工业总产值	工业增加值	固定资产合计	利润总额	本年应交增值税	利税总额
港澳台投资经济	23020	6027.40	1547.91	3431.09	178.81	160.23	363.79
外商投资比重（%）	4.2	12.0	10.1	8.7	18.3	9.0	10.9
港澳台投资比重（%）	4.9	8.8	7.8	6.9	10.5	5.8	6.3

资料来源：根据《中国统计年鉴1998》相关数据计算。

表2-3-9　　三资企业经营占全体独立核算工业企业中相关指标比重　　单位：%

项目	企业单位数	工业总产值	工业增加值	资产总计	利税总额	本年应交增值税
轻工业	12.7	27.9	24.8	25.4	18.9	21.4
以农产品为原料	12.3	24.9	22.1	24.2	16.1	19.3
以非农产品为原料	13.6	33.5	30.4	27.2	26.8	26.1
重工业	5.8	15.6	13.2	13.5	16.2	11.2
采掘工业	1.0	3.8	2.1	1.3	5.6	1.7
原料工业	5.0	9.1	9.4	10.6	9.5	7.7
加工工业	6.9	23.5	21.8	20.2	30.2	20.4

资料来源：根据《中国统计年鉴1998》相关数据计算。

第四节　大国高速工业化的绩效分析（1979~1997年）

一、产业结构的变动

改革开放以后，我国工业化进入了高速推进的阶段，按照当年价格计算1979年工业产值为1769.7亿元，而1997年则上升为31752.3亿元（参见表

2－4－1）。虽然这一时期价格波动较大，但用同比价格来看，工业 1997 年比
1979 年增加 691.4%，而国内生产总值为 450.2%，远高于第一产业的
139.6%，也高于第三产业的 531.7%①。从产业结构来看，1979 年第二产业
占 GDP 的比重 47.4%，工业的比重是 43.8%，而第一产业的比重为 31.2%，
第三产业为 21.4%；1997 年第二产业占 GDP 的比重 49.2%，工业的比重是
42.5%，而第一产业的比重为 18.7%，第三产业为 32.1%（参见表 2－4－2）。
从产值来衡量工业化的比重，大致保持稳定，但是从就业人口来看，工业化
继续推进。1979 年第二产业就业人口为 17.6%，第一产业为 69.8%，第三产
业为 12.6%；1997 年第二产业就业人口为 23.7%，第一产业为 49.9%，第
三产业为 26.4%（参见表 2－4－3）。

表 2－4－1　　　　　　　　　1979～1997 年国内生产总值

年份	国民生产总值（亿元）	国内生产总值（亿元）	第一产业（亿元）	第二产业（亿元）	其中：工业（亿元）	第三产业（亿元）	人均国内生产总值（元）
1979	4038.2	4038.2	1258.9	1913.5	1769.7	865.8	417
1985	8989.1	8964.4	2541.6	3866.6	3448.7	2556.2	853
1990	18598.4	18547.9	5017.0	7717.4	6858.0	5813.5	1634
1995	57494.9	58478.1	11993.0	28537.9	24718.3	17947.2	4854
1997	73452.5	74772.4	13968.8	36770.3	31752.3	24033.3	6079

资料来源：国家统计局：《中国统计年鉴 1998》，中国统计出版社 1998 年版，第 55 页。

表 2－4－2　　　　　　　　　产业结构变化　　　　　　　　单位：%

年份	国内生产总值	第一产业	第二产业	其中：工业	第三产业
1979	100.0	31.2	47.4	43.8	21.4
1985	100.0	28.4	43.1	38.5	28.5
1990	100.0	27.1	41.6	37.0	31.3
1995	100.0	20.5	48.8	42.3	30.7
1997	100.0	18.7	49.2	42.5	32.1

资料来源：国家统计局：《中国统计年鉴 1998》，中国统计出版社 1998 年版，第 58 页。

① 根据《中国统计年鉴 1998》相关数据计算。

表2-4-3　　　　　　　就业人员（按三次产业分）

年份	就业人员（万人）	第一产业（万人）	第二产业（万人）	第三产业（万人）	一产就业人口比重（%）	二产就业人口比重（%）	三产就业人口比重（%）
1979	41024	28634	7214	5177	69.8	17.6	12.6
1985	49873	31130	10384	8359	62.4	20.8	16.8
1990	64749	38914	13856	11979	60.1	21.4	18.5
1995	68065	35530	15655	16880	52.2	23.0	24.8
1997	69820	34840	16547	18432	49.9	23.7	26.4

资料来源：根据《新中国六十年统计资料汇编》相关数据计算。

　　从轻重工业的比重来看，1979年轻工业与重工业之比为43.7：56.3，在新"八字方针"主导下，1981年轻工业在工业中的比重上升为51.5%，重工业下降为48.5%。而后轻重工业均衡推进，1997年轻工业的比重为49.0%，重工业的比重为51.0%（参见表2-4-4）。而且轻重工业发展都是以较快的速度推进，1979～1997年轻工业年平均增长速度为16%左右，重工业平均增长速度为14%左右。[①] 从轻重工业内部结构来看，轻工业中以非农产品为原料的比重有所上升。重工业内部原料工业比重有所上升，制造工业比重有所下降，采掘工业略有上升。改革开放初期重工业内部存在的加工工业生产不足、结构失衡的现象有所缓解（参见表2-4-5）。

表2-4-4　　　　　　　　　轻重工业

年份	绝对数（亿元）			构成（%）		指数（以上年为100）		
	全部工业总产值	其中：		轻工业	重工业	全部工业总产值	其中：	
		轻工业	重工业				轻工业	重工业
1979	4681	2045	2636	43.7	56.3	108.8	110.0	108.0
1981	5400	2781	2619	51.5	48.5	104.3	114.3	95.5
1985	9716	4575	5141	47.4	52.6	121.4	122.7	120.2

---

　　① 根据《中国工业经济统计年鉴1998》相关数据计算。

续表

年份	绝对数（亿元）			构成（%）		指数（以上年为100）		
	全部工业总产值	其中：		轻工业	重工业	全部工业总产值	其中：	
		轻工业	重工业				轻工业	重工业
1990	23924	11813	12111	49.4	50.6	107.8	109.2	106.2
1995	91894	43466	48428	47.3	52.7	120.3	122.9	118.0
1997	113733	55701	58032	49.0	51.0	113.1	114.5	111.7

资料来源：国家统计局工业交通统计司：《中国工业经济统计年鉴1998》，中国统计出版社 1998 年版，第 21 页。

表 2 - 4 - 5　　　　　　　　轻重工业内部结构变化　　　　　　　单位：%

指标		1978 年	1980 年	1985 年	1990 年	1995 年	1996 年	1997 年
轻工业内部比例	以农产品为原料	68.40	68.50	70.70	70.10	65.40	67.37	66.19
	以非农产品为原料	31.60	31.50	29.30	29.90	34.60	32.63	33.81
重工业内部比例	采掘工业	12.00	11.30	12.70	12.20	8.50	11.70	12.13
	原料工业	35.50	37.80	36.80	41.00	32.94	38.60	38.02
	制造工业	52.50	50.90	50.50	46.80	58.60	49.70	49.85

注：基于独立工业核算企业产值计算。

资料来源：根据历年《中国统计年鉴》相关数据计算。

工业的劳动生产率也有显著提升，1979 年全国乡及乡以上独立核算工业企业全员劳动生产率每人为 8706 元，而后长期保持较高速度的发展，1997 年上升为 72044 元。从所有制来看，国有经济劳动生产率有较快幅度上升，1997 年国有经济的劳动生产率是 51346 元，集体经济的劳动生产率是 66685 元，而民营经济和外资经济为主的其他经济的劳动生产率是 144709 元（参见表 2 - 4 - 6）。可见，其他所有制工业企业的兴起是推动工业整体效率提高的重要来源。

表2-4-6　　　全国乡及乡以上独立核算工业企业全员劳动生产率　　　单位：元/人

年份	全部经济	国有经济	集体经济	其他经济
1979	8706	11838	5868	
1985	12372	15080	8206	22752
1990	17408	18639	14258	41465
1995	56082 （53397）	43262 （42107）	52270 （48166）	124814 （134392）
1997	72044	51346	66685	144709

注：1995年括号里的数据及以后年份的工业总产值按新规定计算。

资料来源：国家统计局工业交通统计司；《中国工业经济统计年鉴1998》，中国统计出版社1998年版，第54页。

二、工业高速发展的国际比较

1979～1997年中国工业高速发展，提高了中国工业在国际中的地位。从GDP总量的角度来看，中国1979年是美国的6.77%、是日本的16.90%、是联邦德国的20.31%，1997年是美国的11.17%、是日本的21.78%、是联邦德国的43.34%。与发展中大国来比，中国经济增长也表现出强劲的势头，1979年是印度的118.11%，1997年上升为234.35%，1979年中国GDP是巴西的79.25%，20世纪80年代巴西陷入了"中等收入陷阱"，1983年，中国GDP就曾超过巴西，1997年中国GDP是巴西的108.88%。1990年中国为苏联的69.82%，1997年中国GDP为俄罗斯的237.48%（参见表2-4-7）。中国在计划经济向市场经济转轨过程中也表现出较好的增长趋势，中国的改革开放呈现出了较强的生命力。从人均GDP的角度来看，中国也有较为显著的提高，1979年中国人均GDP是印度的82.99%，1997年则为印度的190.02%（参见表2-4-8）。

表 2 - 4 - 7 世界主要大国 GDP 比较 单位：%

时间	中国 GDP（亿美元）	中国/美国	中国/日本	中国/联邦德国	中国/英国	中国/法国	中国/印度	中国/巴西	中国/俄罗斯
1979	1782.81	6.77	16.90	20.31	40.61	29.04	118.11	79.25	—
1985	3094.88	7.12	22.12	42.41	63.25	55.95	134.91	138.82	—
1990	3608.58	6.03	11.52	20.45	33.01	28.43	113.94	78.12	69.82（中国/苏联）
1995	7345.48	9.58	13.48	28.34	55.01	45.88	206.64	95.48	185.71
1997	9616.04	11.17	21.78	43.34	61.94	66.19	234.35	108.88	237.48

资料来源：世界银行数据库。

表 2 - 4 - 8 世界主要大国人均 GDP 比较 单位：%

时间	中国人均 GDP（美元）	中国/美国	中国/日本	中国/英国	中国/法国	中国/印度	中国/巴西
1979	183.98	1.57	2.02	2.36	1.65	82.99	9.68
1985	294.46	1.61	2.54	3.40	3.02	100.33	17.92
1990	317.88	1.33	1.25	1.66	1.47	87.34	10.28
1995	609.66	2.12	1.40	2.65	2.27	164.73	12.86
1997	781.74	2.48	2.23	2.94	3.23	190.02	14.83

资料来源：世界银行数据库。

　　从工业增加值来看，与发展中大国相比，中国 1979 年中国是印度的 204.6%，与巴西大体持平；1997 年中国是印度的 381.6%，巴西的 227.0%。从人均工业增加值来看，1979 年中国是印度的 143.8%，巴西的 12.4%；1997 年中国是印度的 309.4%，巴西的 30.9%。从产业结构来看，中国 1978~1997 年工业增加值占 GDP 比重也高于印度、巴西。1997 年中国工业增加值占 GDP 比重分别高于印度、巴西 18.2 个和 24.5 个百分点（参见表 2 - 4 - 9）。

表 2 - 4 - 9 中、印、巴工业增加值的比较

时间	中国			印度			巴西		
	工业增加值占GDP的比重（%）	工业增加值（亿美元）	人均工业增加值（美元）	工业增加值占GDP的比重（%）	工业增加值（亿美元）	人均工业增加值（美元）	工业增加值占GDP的比重（%）	工业增加值（亿美元）	人均工业增加值（美元）
1979	46.96	837.12	86.39	27.10	409.13	60.09	36.52	821.58	694.24
1985	42.71	1321.93	125.77	27.74	636.41	81.42	41.24	919.43	677.66
1990	41.03	1480.74	130.44	28.59	905.49	104.06	32.83	1516.62	1015.46
1995	46.75	3434.14	285.03	29.72	1056.61	110.01	23.38	1798.75	1108.31
1997	47.10	4529.18	368.20	28.92	1186.83	118.99	22.59	1995.51	1191.03

资料来源：根据世界银行数据库相关数据计算。

从重要的工业产品的角度来看，中国的工业品的位次在世界各国中不断提升，1990 年电视机产量世界第一，1996 年成为世界钢铁生产第一大国（参见表 2 - 4 - 10）。

表 2 - 4 - 10 中国重要工业指标的国际位次

产品名称	1985 年	1990 年	1991 年	1992 年	1993 年	1994 年	1995 年	1996 年
钢	4	4	4	3	3	2	2	1
煤	2	1	1	1	1	1	1	1
原油	6	5	5	5	5	5	5	5
发电量	5	4	4	4	4	2	2	2
水泥	1	1	1	1	1	1	1	1
硫酸	3	3	3	3				
化肥	3	3	3	3	3	2	2	2
化学纤维	4	2	2	2	2	2	2	2
布	1	1	1	1	1	1	1	1
糖	6	6	6	3	3	4	4	4
电视机	3	1	1	1	1	1	1	1

资料来源：国家统计局工业交通统计：《中国工业经济统计年鉴1998》，中国统计出版社1998年版，第54页。

　　1980 年中国钢铁产量仅占世界的 5.2% 左右，1997 年上升到 14.7%。1980 年中国的钢铁产量是美国的 36.6%，1993 年产量超过美国，1997 年为美国 110.6%。1980 年中国钢铁产量是日本的 33.3%，1996 年超过日本（参见表 2 - 4 - 11 相关数据计算）。中国的发电量 1980 年为日本的 52.1%，1995 年超过了日本。1980 年中国发电量是美国的 12.8%，1997 年则上升为美国的 31.6%。与巴西、印度等发展中国家的差距也在拉大，1980 年中国分别是巴西、印度发电量的 115.5%、252%，1997 年分别是巴西、印度的 358.6%、262.6%（参见表 2 - 4 - 12 相关数据计算）。中国汽车工业与发达国家相比差距也有所缩小，1990 年仅分别为美国、日本的 5.3%、3.9%，1997 年分别上升为美国、日本的 14.4%、13%。作为"亚洲四小龙"的韩国虽然从人口与国土看在世界上不算大国，但是汽车工业是其国民经济发展中重要的支柱性产业。1990 年中国是韩国的 38.9%，1997 年上升为 56%。而中国与印度在汽车上的优势进一步凸显，1990 年为印度的 141.2%，1997 年为印度的 412.2%（参见表 2 - 4 - 13 相关数据计算）。中国的化肥产量在世界上的地位也不断提高，1980 年占世界总产量的 9.9%，1997 年上升为 19.2%（参见表 2 - 4 - 14 相关数据计算）。中国化肥产量的增加有效支持了中国农业的发展。这一时期随着中国居民收入的提高和市场化改革的推进，对以电视机为代表的耐用消费品的需求得到释放，中国大国消费市场的优势逐渐显现出来，有效拉动了这些产业的生产。1980 年中国电视机产量仅为世界总产量的 3.5%，1990 年则上升到 21%，成为世界电视机生产第一大国，1997 年则上升到世界的 28%（参见表 2 - 4 - 15 相关数据计算）。

表 2 - 4 - 11　　　　　　　　钢铁产量国际比较　　　　　　　单位：万吨

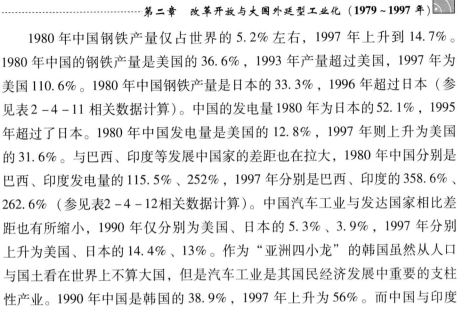

地区	1980 年	1985 年	1988 年	1989 年	1990 年	1991 年	1992 年	1993 年	1994 年	1995 年	1996 年	1997 年
世界总计	71821	73006	78563	78737	77294	71519	72787	71209	70993	73575	69900	74119
中国	3712	4679	5943	6159	6635	7100	8094	8956	9261	9536	10124	10894
印度	943	1118	1302	1288	1303	1639	1300	1366	1336	1338	1344	1342
日本	11140	10528	10568	10790	11033	10964	9814	9962	9556	10164	9895	10454
美国	10146	8006	9176	8772	8972	7974	8310	8700	8881	9496	9500	9850

续表

地区	1980年	1985年	1988年	1989年	1990年	1991年	1992年	1993年	1994年	1995年	1996年	1997年
巴西	1547	2046	2454	2611	2058	2261	2394	2521	2575	2509	2525	2615
苏联	14794	15467	16303	16009	15442	—	—	—	—	—	—	—
俄罗斯	—	—	—	—	—	13992	6703	5835	4877	5159	4925	4925
法国	2318	1880	1910	1931	1902	1843	1802	1711	1802	1813	1760	1976
联邦德国	4384	4049	4103	4108	3844	3878	3688	3762	4084	4205	3979	4081
英国	1128	1572	1895	1874	1646	1663	1601	1646	1724	1721	1799	1850

资料来源：刘洪：《国际统计年鉴1998》，中国统计出版社1998年版，第266页。

表2-4-12　　　　　　　发电量的国际比较　　　　　　　单位：亿千瓦小时

地区	1980年	1985年	1988年	1989年	1990年	1991年	1992年	1993年	1994年	1995年	1996年	1997年
世界总计	82364	96955	110393	113899	117189	116199	120300	122967	125745	129548	137457	137854
中国	3006	4107	5452	5848	6212	6775	7539	8395	9281	10070	10813	11045
巴西	1395	1927	2150	2217	2228	2344	2417	2515	2607	2754	2898	3080
法国	2457	3257	3655	4069	4201	4542	4623	4714	4756	4962	4889	5155
联邦德国	3675	4067	4227	4406	4492	5394	5371	4527	4534	4585	5470	5464
日本	5775	6720	7537	7988	8573	8881	8953	9067	9643	9900	10121	10401
英国	2837	2937	3091	3018	3190	3228	3269	3220	3316	3316	3479	3241
美国	23544	25683	28785	29599	30117	30578	30745	31459	32682	33453	34591	34942

资料来源：刘洪：《国际统计年鉴1998》，中国统计出版社1998年版，第269页。

表2-4-13　　　　　　　汽车产量的国际比较　　　　　　　单位：千辆

地区	1990年	1995年	1997年
世界总计	48345	49983	55176
中国	514	1453	1583
印度	364	426	384
日本	13487	10388	10982
韩国	1322	2509	2828

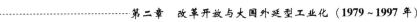

续表

地区	1990 年	1995 年	1997 年
美国	9783	12023	12149
巴西	914	1652	—
法国	3769	3484	3839
德国	4977	4667	5023
俄罗斯	—	835	985
英国	1566	1769	1950

资料来源：刘洪：《国际统计年鉴1998》，中国统计出版社1998年版，第273页。

表2-4-14　　　　　　　　　化肥产量的国际比较　　　　　　　　单位：万吨

地区	1980 年	1990 年	1995 年	1996 年	1997 年
世界总计	12475	14844	14251	14691	14657
中国	1232	1880	2548	2809	2821
印度	302	907	1134	1120	1316
日本	185	139	120	118	111
美国	2338	2427	2559	2696	2340
巴西	197	190	228	232	244
法国	492	374	281	293	268
联邦德国	956	643	456	481	474
俄罗斯	—	—	960	909	944
英国	180	160	140	163	171

资料来源：刘洪：《国际统计年鉴1998》，中国统计出版社1998年版，第271页。

表2-4-15　　　　　　　　　电视机产量的国际比较　　　　　　　　单位：千部

地区	1980 年	1990 年	1991 年	1995 年	1996 年	1997 年
世界总计	72172	127308	124915	131199	128356	130127
中国	2492	26847	26914	34962	35418	36372
印度	88	1322	1217	2190	1956	2370

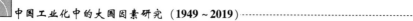

续表

地区	1980 年	1990 年	1991 年	1995 年	1996 年	1997 年
日本	15205	15132	15640	9022	7568	7559
美国	10320	13982	12865	12132	11440	—
巴西	3254	3196	3255	6424	8644	7887
法国	1928	2838	2549	—	—	—
苏联	7528	10540	—	—	—	—
俄罗斯	—	—	4439	1005	313	327

资料来源：刘洪：《国际统计年鉴1998》，中国统计出版社1998年版，第274页。

改革开放以后，中国工业化取得了高速发展，工业产品数量的扩张推动了中国经济告别短缺。据国内贸易部 1997 年下半年对 613 种主要商品供应情况的排查，供不应求的商品有 10 种，仅占 1.6%，供求基本平衡的商品占66.6%，供过于求的商品占 31.8%。[①] 随着中国从"卖方市场"向"买方市场"的转变，中国工业化面临的外部环境发生了重要的变化。

---

① 武力：《中华人民共和国经济史》下，中国时代经济出版社 2010 年版，第 950 页。

第三章

大国重化工业重启（1998～2011 年）

经过 20 多年工业化的快速推进，中国经济已经告别短缺，但由于大国有效需求不足，工业品市场上出现生产相对过剩，中国工业企业经营面临着较为严峻的外部环境。在这个背景下，我国一方面调整工业结构、推动体制改革并积极扩大内需；另一方面通过加入 WTO，有效扩大外需，进一步释放了大国的开放红利，推动了工业的发展。中国还进行了新型工业化探索，也取得了一些成绩。这一时期中国工业发展迅速，伴随着重化工业的重启，中国成为世界第一大工业国，经济总量位居世界第二，成为"世界工厂"。但是大国重化工业重启与人均资源不足的矛盾日益尖锐，自主创新能力不强、环境压力增大等问题困扰中国工业发展，工业经济发展模式还有待进一步转变。

第一节　工业结构调整、经济体制改革深入与扩大内需

由于在 20 世纪 90 年代中后期，出现了有效需求不足，我国在这一时期对工业结构进行了调整，重点压缩了纺织、煤炭与钢铁工业。为提高企业经营活力，减少财政负担，我国加快了国有企业改革的步伐。我国还推动了扩大内需的战略，为中国工业经济的发展营造了较好的环境。

一、内需不足与工业生产的相对过剩

随着 20 世纪 90 年代中后期我国告别"短缺经济"，过去旺盛的大国消费

需求带动工业快速发展的模式悄然转变，部分工业行业出现了较为严重的供过于求。部分工业行业的供过于求导致了这些部门企业的经营困难。1997年下半年爆发的亚洲金融危机对中国经济也产生了较大的影响。由于当时中国出口市场的60%、引进外资的70%在亚洲。亚洲金融危机的冲击使得1998年上半年，中国出口增速比同期上半年下降18.6%，利用外资增速也下降。[①]1993~1999年7年间，全国工业行业的销售利润率基本在2%~5%之间。煤炭采选业、食品加工业、纺织业、煤气生产和供应业等行业出现了连续亏损（参见表3-1-1）。[②]

表3-1-1　　　　　　1993~1999年我国工业各行业销售利润率变动　　　　　单位：%

行业名称	1993年	1994年	1995年	1996年	1997年	1998年	1999年
全国平均	4.21	3.82	3.09	2.57	2.68	2.27	3.28
煤炭采选业	-0.71	2.82	3.09	2.94	3.60	-0.36	-1.60
石油天然气开采业	-2.54	8.93	9.00	10.57	11.75	8.37	15.68
黑色金属矿采选业	8.86	3.35	1.86	1.94	2.68	2.71	3.17
有色金属矿采选业	6.26	7.64	7.39	5.92	6.95	5.37	6.86
非金属矿采选业	6.28	4.05	3.44	3.22	3.74	2.54	2.44
木材及竹材采运业	6.85	5.39	3.96	1.50	0.94	0.15	0.63
食品加工业	1.47	2.17	1.59	-0.43	-0.01	-0.90	0.34
食品制造业	0.89	1.70	1.83	1.56	1.52	0.82	2.79
饮料制造业	4.35	3.49	3.31	3.50	4.88	4.64	5.54
烟草加工业	4.48	11.13	12.65	10.15	9.77	8.93	9.28
纺织业	-0.15	0.64	-0.97	-1.73	-0.64	-0.84	0.93
服装及其他纤维制品制造业	3.54	2.19	1.81	2.22	2.38	2.35	3.34
皮革毛皮羽绒及其制品业	1.87	1.33	1.09	1.82	1.61	1.96	2.26
木材加工及竹藤棕草制品业	3.76	1.91	0.53	1.34	1.05	0.43	1.88

---

① 王梦奎：《亚洲金融危机后的中国》，中国发展出版社2007年版，第7页。
② 中国社会科学院工业经济研究所：《中国工业发展报告（2001）》，经济管理出版社2001年版，第25页。

续表

行业名称	1993 年	1994 年	1995 年	1996 年	1997 年	1998 年	1999 年
家具制造业	3.39	2.96	2.42	2.82	2.47	3.71	3.88
造纸及纸制品业	1.11	-0.17	2.39	2.55	1.92	1.77	2.92
印刷业及记录媒介复制业	5.54	2.91	2.52	4.48	4.48	5.82	7.08
文教体育用品制造业	5.49	4.35	3.33	3.61	3.30	3.72	3.91
石油加工及炼焦业	5.23	3.02	3.71	2.60	2.65	0.27	0.83
化学原料及化学制品制造业	1.71	2.14	3.34	3.00	2.22	0.97	1.71
医药制造业	6.46	6.22	5.70	6.31	6.18	6.13	7.36
化学纤维制造业	7.17	7.37	5.88	2.71	2.93	0.22	3.57
橡胶制品业	2.44	1.19	0.89	1.62	2.30	2.09	1.13
塑料制品业	2.11	0.94	0.82	1.52	1.76	2.80	3.41
非金属矿物制品业	8.43	4.60	2.10	0.10	-0.44	-0.41	1.33
黑色金属冶炼及压延工业	9.21	8.12	3.47	1.71	0.68	0.78	0.89
有色金属冶炼及压延工业	3.65	2.75	3.33	0.09	0.02	-0.77	1.83
金属制品业	3.77	2.73	1.73	1.18	1.12	1.74	2.64
普通机械制造业	5.03	3.87	3.03	1.96	1.74	1.56	2.51
专用设备制造业	3.64	1.20	1.64	1.16	1.26	1.16	2.28
交通运输设备制造业	5.00	3.61	2.73	2.34	2.25	2.24	2.78
电气机械及器材制造业	4.42	6.35	3.00	2.45	2.42	2.59	3.70
电子及通信设备制造业	4.62	5.47	4.82	4.74	5.94	4.82	5.52
仪器仪表文化办公用品制造业	3.99	1.29	1.66	1.37	1.59	1.35	3.05
电力蒸汽热水生产供应业	7.72	6.74	6.43	7.33	6.22	6.57	5.51
煤气生产和供应业	-3.97	-4.74	-4.97	-8.89	-4.54	-4.19	-3.75
自来水生产和供应业	15.17	9.95	9.64	7.09	5.29	6.70	8.30

资料来源：中国社会科学院工业经济研究所：《中国工业发展报告（2001）》，经济管理出版社2001年版，第25页。

中国是一个人口大国，对纺织品的需求较大。改革开放初期，随着人民收入水平的提高，我国对纺织工业产生了较大的需求，拉动了纺织工业较快增长。经过改革开放近 20 年的高速发展之后，棉纺织工业生产出现低水平的相对过剩。1995 年棉纺能力 4100 万锭左右，约有 25% 的设备需淘汰；毛纺锭 360 万锭，15% 的设备需淘汰，印染有 30% 的设备需淘汰。而且纺织原料缺口越来越大。1995 年纺织纤维加工总量 80 万吨，约有 25% 的原料需要进口，尤其是化纤和化纤原料缺口达 30% 以上。国际市场的波动将对我国纺织企业的正常生产产生影响。[①] 1996 年预算内国有纺织企业亏损 89 亿元，是自 1993 年出现行业性亏损以来亏损最严重的一年，纺织工业也成为全国工业中最困难的行业之一。[②]

中国是一个产煤大国，1998 年全国原煤产量 12.5 亿吨，比 1997 年的 13.25 亿吨减少了近 1 亿吨，国有重点煤炭企业洗精煤产量也呈下降趋势，社会库存达 2 亿多吨。华北、华东、东北和西北 4 个地区煤炭企业库存量均在 1000 万吨以上，华北地区更是高达 2460 万吨。库存增加，造成煤炭产品价格持续走低，国有重点煤炭企业亏损面、亏损额不断增大。[③]

20 世纪 90 年代中期以来，由于国内市场需求的减少、上游产品价格上扬和钢材价格持续走低，钢铁工业的盈利水平大幅度下滑。钢铁行业从全国范围来看，利润下降较快，1994 年全国钢铁行业利润总计 263.07 亿元，1995 年则下降为 113.52 亿元，尔后逐年下降，1998 年下降为 7.80 亿元。其中地方钢铁企业中的其他中小企业，利润出现长期亏损，1997 年亏损一度高达 17.81 亿元（参见表 3 - 1 - 2）。

---

① 中国纺织工业协会：《中国纺织工业年鉴（1997—1999）》，中国纺织出版社 2000 年版，第 129 页。
② 中国纺织工业协会：《中国纺织工业年鉴（1997—1999）》，中国纺织出版社 2000 年版，第 1 页。
③ 中国社会科学院工业经济研究所：《中国工业发展报告（2000）》，经济管理出版社 2000 年版，第 128 页。

表 3－1－2 　　　　　　　　　　　钢铁工业利润情况　　　　　　　　　　　单位：亿元

年份	指标	全国总计	重点钢铁企业	地方钢铁企业	
				骨干企业	其他中小企业
1994	利润总额	263.07	209.43	53.11	0.53
	资本金利润率（%）	22.73	24.04	26.27	0.58
1995	利润总额	113.52	107.85	17.95	-10.45
	资本收益率（%）	5.20	7.21	4.18	-15.05
1996	利润总额	44.07	45.87	14.25	-16.05
	资本收益率（%）	0.98	2.16	2.76	-16.07
1997	利润总额	9.05	14.14	15.93	-17.81
	资本收益率（%）	-0.73	0.02	3.45	-15.41
1998	利润总额	7.80	14.60	10.80	-13.20
	资本收益率（%）	-0.57	0.29	1.76	-38.34

资料来源：根据《中国钢铁工业五十年》和历年《中国钢铁工业年鉴》相关资料整理。

中国是一个发展中大国，告别短缺之后，出现较为严重的产能过剩，工业企业经营乏力、内需不足成为我国经济面临的重要难题。而中国形成的产能过剩既与发展中国家的特点有关，又与国民经济体制改革还有待深入密切相关。一方面，中国作为发展中大国，由于后发优势的存在，企业投资、产业升级的方向相对容易产生共识，大量企业集中投资于特定的产业出现了所谓"潮涌现象"①，在需求旺盛的条件下，导致了纺织、煤炭、钢铁等行业的产能过剩。另一方面国有企业仍然在我国工业企业的数量上占重要比重。国有企业存在的"预算软约束""投资饥渴症"尚未得到根除，使产业出现了亏损的现象，企业进出口也面临较大的调整成本。这一时期一方面政府运用有形之手，对工业结构进行了调整，另一方面企业经营困难也倒逼经济体制改革的深入。

① 林毅夫：《潮涌现象与发展中国家宏观经济理论的重新构建》，载《经济研究》2007年第1期。

二、工业结构的调整

20世纪90年代末期出现的较为严重的产能过剩，若运用市场调节，在短期内很难实现供求平衡。中国政府开始运用有形之手对工业结构进行调整。纺织、煤炭与钢铁行业由于亏损严重，涉及面较广，成为当时工业调整的重点。

1997年11月中央经济工作会议正式明确以纺织工业为突破口。为推动纺织企业进行产业调整，当时规定国有纺织企业每压缩淘汰1万落后棉纺锭，中央财政补贴150万元，地方财政补贴150万元，同时贴息贷款200万元，贴息由地方财政承担，贷款还款期为5～7年。3年压锭1000万锭，中央财政补贴15亿元，地方财政补贴15亿元。[①]"压锭、重组、减员、增效"成为1998年纺织工业调整的重要指导思想。通过技术改造，压缩淘汰了一批落后生产能力，纺织技术装备水平有所提高。1998年与1995年相比，棉纺锭减少了550万锭，毛纺锭减少了12万锭，缫丝机减少了115万台；棉纺无结头纱比重达到27%，无梭织机增加了8100台，占棉织机的比重由1995年的4.7%提高到1998年的7.2%，平网印花机增加89台；丝织机中，无梭织机比重由1995年的10.1%提高到1998年的13.1%，提花织机比重由1995年的8%提高到1998年的11%。纺织产品质量和档次有所提高，为促进纺织出口和提高国内衣着消费水平发挥了重要作用。[②] 2000年在统计的1.89万户中，亏损企业数（户）累计达到3891户，比1999年下降17.4%，亏损金额达到70.1亿元，比1999年下降43.4%。在国有企业改革推进和国家行业调整补贴的推动下，国有企业亏损数比1999年下降23.5%。2000年纺织工业所属的8个行业整体上来看发展较好，其中服装、棉纺、化纤实现利润80.4亿

---

① 中国纺织工业协会：《中国纺织工业年鉴（1997—1999）》，中国纺织出版社2000年版，第3页。

② 中国纺织工业协会：《中国纺织工业年鉴（1997—1999）》，中国纺织出版社2000年版，第8－9页。

元、79 亿元、62.3 亿元，分别占全行业的 29.1%、27.2%、21.5%，合计为 77.8%。[①]

煤炭工业，1999 年 1 月召开的全国煤炭工业工作会议明确提出实行关井压产，搞好结构调整，下大力量解决煤炭总量过剩问题；建立现代企业制度，深化国有煤炭企业改革；加大减员增效、下岗分流和实施再就业工程的力度；落实扭亏脱困的领导责任；加大技术改造等六项重点措施。[②] 截至 1999 年 10 月底，全国累计关闭各类小煤矿 3.05 万处，压缩非法和不合理的煤炭产量 2.02 亿吨。2000 年 1~4 月，局部地区煤炭供过于求的矛盾有所缓解，煤价略有回升，煤炭出口呈增加趋势，原属中央财政的 94 家煤炭企业（补贴前）亏损 18.52 亿元，同比减亏 0.61 亿元。[③]

冶金工业，在控制总量的基础上，重点淘汰平炉炼钢、化铁炼钢、模铸工艺以及小高炉、小烧结、小焦炉等落后的工艺装备，并关停并转一大批企业。2000 年 1~4 月，全国产钢 4004 万吨，扣除出口增量后，基本达到总量控制目标，而产品结构继续优化，平炉钢产量仅 31.6 万吨，同比下降 59.7%，100 户重点大中型钢铁企业实现利润 23.4 亿元，比上年同期增长 7.3 倍。[④]

钢铁行业，开始出现产业集中的趋势。1999 年钢铁工业生产企业为 1042 个，比 1995 年企业数量减少了 528 个。2000 年在 1999 年的基础上又关闭了 200 多个。1999 年规模在 100 万吨以上的钢厂有 35 家，规模在 300 万吨以上的钢铁厂有 11 家，而 1995 年仅分别为 25 家、5 家。中国最大的钢铁企业——宝钢 1999 年的规模达到 1700 万吨，一跃成为全球第五大钢厂。[⑤] 通过产业集中，钢铁企业的竞争力得到有效提升。1999 年我国重点企业可比成本降低 6.20%。其中宝钢降低 10.00%，首钢降低 5.50%，武钢降低 4.94%，济钢降低 8.07%，唐钢降低 7.20%，马钢降低 6.51%，邯钢降低 4.60%。

---

① 中国纺织工业协会：《中国纺织工业发展报告（2000—2001）》，中国纺织出版社 2001 年版，第 8 页。

② 国家煤炭工业局：《中国煤炭工业年鉴 1999》，煤炭工业出版社 2000 年版，第 200 页。

③④ 中国社会科学院工业经济研究所：《中国工业发展报告（2001）》，经济管理出版社 2001 年版，第 82 页。

⑤ 宋春雷：《中国钢铁工业结构调整见成效》，载《中国经贸导刊》2000 年版第 24 期。

通过推广招标采购等方法，全行业降低采购成本 6.40% 。通过加强资金管理，增加上市融资及国家降低利率，财务费用降低 8.00% 。[①]

三、工业经济体制改革的深入

中国工业化推进过程中，国有企业起了支柱性的作用，奠定了大国工业经济的基础。改革开放以来，国有企业改革的不断推进，国有企业的生产效率有所提高。但随着 20 世纪 90 年代中后期"短缺经济"的结束，市场竞争日益激烈，国有企业受到较为严重的挑战。1994 年初，我国曾对上海、天津、沈阳、武汉等 16 个重要工业城市的国有企业资本和财务状况做了全面调查。调查结果显示，这 16 个城市国有大中型企业资本金严重不足、债务包袱沉重。16 个城市 1994 年初国有工业企业亏损面已达 52.2% 。[②] 1997 年国有企业困难重重，国有大中型企业亏损面达 39.11% ，亏损企业亏损额达 665.9 亿元。[③] 1998 年开始了国企改革脱困攻坚的 3 年战役，工业管理体系也进行了调整。

（一）国有企业"抓大放小"的改革

20 世纪 90 年代中后期国有企业在改革过程中逐步形成了"抓大放小"的改革思路。"抓大"就是政府集中精力抓好一批关系国家命脉，体现国家经济实力的国有大中型骨干企业；所谓"放小"，则是通过兼并、租赁、承包、出售或破产等方式"放开搞活"一般国有中小型企业。[④] 重庆在全国范围内较早确立"抓大放小"的战略思路。重庆市 1994 年市属预算内企业的亏损面达到了 55.7% ，资产负债率超过 80% ，但综合实力最强的 50 家国家企业只占市级以上独立核算工业企业数量的 0.7% ，其工业增加值却占全市

① 《中国钢铁工业年鉴》编辑委员会：《中国钢铁工业年鉴 2000》，中国钢铁出版社 2000 年版，第 6 页。
② 张文魁、袁东明：《中国经济改革 30 年》（国有企业卷），重庆大学出版社 2008 年版，第 81 页。
③ 章迪诚：《中国国有企业改革编年史》，中国工人出版社 2006 年版，第 479 页。
④ 吴敬琏：《当代中国经济改革》，上海远东出版社 2004 年版，第 179 页。

工业增加值的 50% 以上，利税总额占 90.6%。因此，重庆市决定着重抓好这 50 个企业，而放掉小企业。重庆市"抓大放小"的做法取得了良好效果，一些经济效益不好的小型国有企业被出售或者关闭，政府通过这种方法甩掉了一些包袱。[①] 重庆"抓大放小"的改革取得了全国的示范效应。1996 年 6 月国家体改委下发了《关于加快国有小企业改革的若干意见》，总结了 1992 年以来国有小企业进行包、租、卖，特别是实行股份合作制的经验，进一步把小企业推向市场，掀起放开放活小企业的高潮。山东诸城、广东顺德、四川宜宾等地带头大胆实践，迅速推动了全国小企业的产权改革。

1999 年，党的十五届四中全会通过《中共中央关于国有企业改革和发展若干重大问题的决定》，明确宣布："建立现代企业制度，是国有企业改革的方向。"[②] 我国加快国有企业改造，按照建立现代企业制度的目标，对国有经济控制领域中的一批大型企业进行了规范的公司制改造。1999 年，航天、航空、船舶等五大军工行政性公司按行业改建成包括核工业、航天、航空、船舶、兵器等十大企业集团；有色金属行业组建了铝业、稀有金属和铜铅锌三大集团；电信行业四大集团公司开始组建。中国石油、中国联通、上海宝钢等一些大的集团公司正在积极准备重组上市。通过行业改组和组建大企业集团，提高了规模效益，完善了管理体制，避免了重复建设，加快了技术改造步伐。与此同时，进一步加大企业兼并破产力度，促进优胜劣汰。[③] 通过重组，国有经济集中在关系国计民生、国家安全的重要领域，而从一般性竞争领域退出。

改组后的国有大型企业股份制改造速度加快。2000 年，国有企业宝山钢铁股份有限公司上市，融资约 70 亿元人民币。这是当时中国证券市场规模最大的募股行为。上市重组成为国企改制的大方向。2000 年，中国石油天然气股份有限公司、中国联通股份公司和中国石油化工股份公司先后成功在境外

① 张文魁、袁东明：《中国经济改革 30 年》（国有企业卷），重庆大学出版社 2008 年版，第 87 页。

② 中国社会科学院工业经济研究所：《中国工业发展报告（2008）》，经济管理出版社 2008 年版，第 4 页。

③ 吕政、黄速建：《中国国有企业改革 30 年研究》，经济管理出版社 2008 年版，第 142 页。

上市，三家公司融资额超过 120 亿美元。[①]

告别短缺之后，大国工业化的微观基础发生变化。国有经济在工业中的比重下降，2000 年国有控股工业企业产值为工业总产值的 47.33%，2011 年下降为 26.18%（参见表 3-1-3）。虽然国有企业在比重上下降，但是在改制过程中形成的大型国有企业集中在国计民生的重要领域，具有资本、技术的双重优势，在国家经济安全、大国工业竞争中起着重要作用。当然，在国有企业改革过程中，有的大型国有企业集团存在集而不团的问题，部分中小型国有企业在放活的过程中也存在国有资产流失问题。国有企业改革还有待进一步深入。

表 3-1-3　　　　　　　各种经济类型工业总产值所占比重　　　　　　　单位：%

年份	国有控股	集体经济
2000	47.33	13.90
2001	44.41	10.53
2002	40.78	8.68
2003	37.54	6.65
2004	34.81	3.90
2005	33.28	3.42
2006	31.24	2.90
2007	29.54	2.51
2008	28.34	1.77
2009	26.74	1.75
2010	26.61	1.49
2011	26.18	1.31

资料来源：国家统计局工业统计司：《中国工业统计年鉴 2012》，中国统计出版社 2012 年版，第 19 页。

---

① 吕政、黄速建：《中国国有企业改革 30 年研究》，经济管理出版社 2008 年版，第 156 页。

（二）工业管理体制的改革

政府主导的工业化模式是中国工业化的重要特点。在计划经济时期，各工业管理部委是落实政府推动工业化的机构。随着社会主义市场经济的推进，工业化的微观基础发生变化，工业经济管理体制也应当进一步改革。当时我国工业部管理的部门有电力工业部、煤炭工业部、冶金工业部、机械工业部、电子工业部、化学工业部、地质矿产部、林业部（林业部下辖森工司，对林产工业进行直接管理）、中国轻工业总会、中国纺织总会等部门。除了国防科技工业和信息产业两个管理部门之外，大部分直接管理工业的10个部委都撤销了。[①]通过工业管理体制的变革，绝大多数工业企业不再有直接隶属的主管部门，彻底改革了工业"部门管理"的计划管理模式，进一步适应了市场化的需求。

四、积极财政政策与扩大内需的战略部署

随着中国告别"短缺经济"，市场环境趋紧，工业企业压力增大。为给中国工业发展营造良好的环境，我国采取了扩大内需战略，希望通过积极的财政政策，刺激内需的扩大。1998年2月江泽民同志明确提出："要努力扩大内需，发挥国内市场的巨大潜力"。[②] 1998年我国首次提出了扩大内需战略，并且将加大基础设施建设作为扩大内需的重要抓手。1998～2004年共发行长期建设国债9100亿元，截至2004年末，7年累计实际安排国债项目资金8364亿元（参见表3－1－4）。

表3－1－4　　　　　　1998～2004年积极财政政策支出结构

项目	绝对数（亿元）	比例（%）
农林水利和生态建设	2596	31.0
交通通信基础设施建设	1711	20.5

---

① 中国社会科学院工业经济研究所：《中国工业发展报告（2008）》，经济管理出版社2008年版，第4页。

② 《十五大以来重要文献选编》上，人民出版社2000年版，第205页。

续表

项目	绝对数（亿元）	比例（%）
城市基础设施建设	1317	15.7
技术进步和产业升级	775	9.3
农网改造	688	8.2
教育、文化、卫生、旅游基础设施建设	433	5.2
中央直属储备粮库建设	352	4.2
环境保护投资	312	3.7
公检法司设施建设	180	2.2

资料来源：金人庆：《中国财政政策理论与实践》，中国财政经济出版社2005年版，第44页。

2008 年面对金融危机，我国提出了"保增长、扩内需、调结构"的口号。经济增长速度成为政府关注的重要宏观指标。政府再一次采取积极的财政政策，进行了4万亿投资（参见表3-1-5）。

表3-1-5　　　　　　　　　2008 年前后投资结构调整

调整前（2008 年 11 月 7 日）		调整后（2009 年 3 月 6 日）	
分类	投资额	分类	投资额
保障性安居工程	2800 亿元	民生工程（主要是保障性住房）	4000 亿元
用于农村民生工厂和农村基础设施	3700 亿元	农村民生工程（包括水、电、路、气、房）	3700 亿元
铁路、公路、机场和城乡电网建设	1.8 万亿元	基础设施的建设（铁路、公路、机场、水利等）	1.5 万亿元
医疗和文化教育事业	400 亿元	教育、卫生、文化、计划生育	1500 亿元
生态环境	3500 亿元	节能减排和生态工程	2100 亿元
自主创新结构调整	1600 亿元	调整结构和技术改造	2100 亿元
用于汶川地震灾区的恢复重建投资	1 万亿元	汶川大地震重点灾区的灾后恢复重建	1 万亿元

资料来源：《发改委：4 万亿投资结构大调整》，载《理论导报》2009 年版第 3 期。

虽然我国用 4 万亿元加强了对教育、卫生、文化等方面的投资，也加大了对技术改造方面的投资，但是基础设施以及保障房等方面投资依然占大头。而基础设施等方面的投资对钢铁等基础性重化工业仍具有较大的拉动作用。例如，国家 4 万亿元投资中重点组成部分，基础设施、灾后重建、保障房等项目都和钢铁行业有关，据有关部门测算这些项目将拉动 2 亿吨钢材需求。[1] 2009 年全年国家下达的保障性住房建设计划共需投入 1676 亿元，其中，中央投入 493 亿元，占 29.4%；地方配套 1183 亿元，占 70.6%。这对民用建材、建筑、装修等用水泥、砂浆、预制品、建筑陶瓷和塑料管材、型材、门窗及其密封条、保温材料、装饰装修材料等领域自然形成了巨大市场需求。[2]

政府两次积极财政政策对重化工业尤其是基础型重化工业的高速发展起到了关键的作用。改革开放之初，我国短期的重点在于，基本生活品的短缺即"吃、穿、用"，而经过 20 多年工业化的高速发展，我国"吃、穿、用"基本解决，居民需求结构面临升级，居民的消费等级从家电的万元级向汽车和住房等耐用品的十万元、数十万元甚至上百万元的等级迈进。需求的升级引致了工业化，尤其是重化工业的推进。消费升级与投资的进一步讨论将在第六章结合实证进行分析。这一时期我国还利用发展中大国独特的回旋优势，进行了西部大开发等区域协调政策，刺激了落后地区的经济发展，该内容将在第八章结合实证结果进一步讨论。

第二节　进入 WTO 与成为"世界工厂"

改革开放以来中国工业化的高速推进是伴随着对外开放的不断深入进行的。对外开放一方面大规模引进外资，有效弥补了中国资本、技术与管理水平的不足。另一方面，对国际市场的利用，提高了中国工业化的空间。随着 20 世纪 90 年代以来，国内市场逐渐饱和，需要进一步发挥中国经济

---

① 陈瑜：《中国钢铁行业 2009 年下半年有望转暖》，载《重型机械》2009 年第 2 期。
② 中国社会科学院工业经济研究所：《中国工业发展报告（2011）》，经济管理出版社 2011 年版，第 243 页。

的比较优势，在更高水平上实现对市场与资源的"两个利用"。2001 年中国加入 WTO 之后，中国更深入地融入了世界经济舞台，推动了中国工业化。

一、出口扩大与工业发展

改革开放以来，中国的开放更多带有政策性开放的特点，通过特殊的优惠政策鼓励出口与外商投资。但 WTO 框架要求的非歧视性、公开性、透明度原则使得中国原有的政策性开放不再适应，倒逼中国加快经济体制改革的步伐。加入 WTO 后，中国政府调整和修改了不符合 WTO 规定的法律法规。从中央级的法律到 30 个政府部门的 3000 多个法规规章、19 万个地方的规章制度得到了清理和调整[①]。在更为开放的规则下，中国的比较优势，尤其是劳动力成本较低的比较优势[②]得到凸显。加入 WTO 以后中国出口额在世界舞台中的位次显著上升。2000 年中国为世界出口第 7 位，2002 年提升为第 5 位，2009 年位居世界第 1 位，尔后长期保持这一位次。而且从比重来看，2000 年中国出口额占世界出口总额的比重仅为 3.9%，2002 年为 5%，2009 年为 9.6%，2011 年上升为世界的 10.4%，中国逐步成为"世界工厂"（参见表 3 - 2 - 1）。从进出口的结构来看，2011 年出口的工业制成品比 2000 年增加了 703.5%，2011 年进口的工业制成品比 2000 年上涨了 538.7%；2011 年出口的初级产品比 2000 年上涨了 294.9%，2011 年进口的初级产品比 2000 年上涨了 1192.9%。从绝对数量来看，2000 年中国工业制成品的顺差为 453.88 亿美元，2011 年上升为 6586.21 亿美元；初级产品的逆差 2000 年为 212.79 亿美元，2011 年上升为 5037.24 亿美元。中国的出口更多集中在工业制成品，进口更多集中在初级产品。

---

① 孙玉琴：《中国对外开放史》第三卷，对外经济贸易大学出版社 2012 年版，第 465 - 466 页。
② 2003 年中国工人的小时平均工资（包括福利）只有 0.8 美元，分别相当于泰国的 40.8%、马来西亚的 38.3%、巴西的 29.1%、韩国的 8.0%、法国和英国的 4.5%、加拿大的 4.3%、日本的 3.9%、美国的 3.7%、德国的 2.6%。参见吕政主：《国际产业转移与中国制造业发展》，经济管理出版社 2006 年版，第 33 页。

表 3 - 2 - 1　　　　　　　　　　中国进出口情况　　　　　　　　单位：亿美元

年份	世界出口总额	中国出口额	中国出口额占世界出口总额的比重（%）	位次	初级产品			工业制成品		
					出口	进口	出口 - 进口	出口	进口	出口 - 进口
2000	64590	2492	3.9	7	254.60	467.39	-212.79	2237.43	1783.55	453.88
2001	61950	2661	4.3	6	263.38	457.43	-194.05	2397.60	1978.10	419.5
2002	64950	3256	5.0	5	285.40	492.71	-207.31	2970.56	2458.99	511.57
2003	75890	4382	5.8	4	348.12	727.63	-379.51	4034.16	3399.96	634.2
2004	92220	5933	6.4	3	405.49	1172.67	-767.18	5527.77	4439.62	1088.15
2005	105080	7620	7.3	3	490.37	1477.14	-986.77	7129.16	5122.39	2006.77
2006	121300	9690	8.0	3	529.19	1871.29	-1342.1	9160.17	6043.32	3116.85
2007	140230	12205	8.7	2	615.09	2430.85	-1815.76	11562.67	7128.65	4434.02
2008	161600	14307	8.9	2	779.57	3623.95	-2844.38	13527.36	7701.67	5825.69
2009	125540	12016	9.6	1	631.12	2898.04	-2266.92	11384.83	7161.19	4223.64
2010	152830	15778	10.3	1	816.86	4338.50	-3521.64	14960.69	9623.94	5336.75
2011	183190	18984	10.4	1	1005.45	6042.69	-5037.24	17978.36	11392.15	6586.21

资料来源：国家统计局贸易外经统计司：《中国贸易外经统计年鉴 2013》，中国统计出版社 2013 年版，第 518、522 页。

从工业分行业的角度来看，出口维系了工业的高速增长。2001 年工业出口交货值占工业销售值为 17.43%。进入 WTO 之后，2006 年上升为 19.48%，受 2008 年世界经济危机的影响，出口受到冲击，2011 年下降为 12.03%。进一步从结构来看，煤炭开采和洗选业、石油和天然气开采业、非金属矿采选业等资源型行业出口占比有所下降，通信设备、计算机及其他电子设备制造业 2001 年出口占比为 42.60%，在 2006 年一度上升为 66.76%，2011 年有所回落，但依旧保持了 59.89% 的较高占比。电气机械及器材制造业 2001 年出口比重为 20.75%，2006 年为 25.97%，2011 年为 58.34%（参见表 3 - 2 - 2）。出口在这一时期对工业发展产生了较强的拉动作用。

表3-2-2　　　　全国工业及部分工业行业销售产值与出口交货值　　　单位：亿元

行业	工业销售产值（当年价格）（2001年）	出口交货值（2001年）	出口占工业销售值的比重%（2011年）	工业销售产值（当年价格）（2006年）	出口交货值（2006年）	出口占工业销售值的比重%（2006年）	工业销售产值（当年价格）（2011年）	出口交货值（2011年）	出口占工业销售值的比重%（2011年）
总计	93182.87	16245.09	17.43	310828.58	60559.65	19.48	827796.99	99612.37	12.03
煤炭开采和洗选业	1522.59	114.73	7.54	7107.10	212.47	2.99	28296.02	57.52	0.20
石油和天然气开采业	2769.52	145.93	5.27	7688.54	222.62	2.90	12774.55	72.43	0.57
黑色金属矿采选业	186.12	0.33	0.18	1353.41	7.24	0.53	7679.56	7.36	0.10
有色金属矿采选业	405.19	17.09	4.22	1638.20	70.72	4.32	4892.88	7.13	0.15
非金属矿采选业	359.49	26.89	7.48	1007.03	41.12	4.08	3772.32	32.38	0.86
农副食品加工业	3975.52	449.99	11.32	12722.34	1351.23	10.62	43272.65	2249.78	5.20
食品制造业	1579.35	143.26	9.07	4612.91	479.48	10.39	13795.29	864.86	6.27
饮料制造业	1778.11	54.13	3.04	3825.15	164.88	4.31	11542.05	202.79	1.76
烟草制品业	1684.65	14.55	0.86	3213.93	26.75	0.83	6839.57	31.01	0.45
纺织业	5400.99	1588.88	29.42	15012.96	3694.37	24.61	32068.29	4959.61	15.47
纺织服装、鞋、帽制造业	2515.50	1355.36	53.88	5986.04	2691.09	44.96	13193.69	3218.48	24.39
皮革、毛皮、羽毛（绒）及其制品业	1526.29	889.60	58.29	4062.49	1941.48	47.79	8728.17	2390.99	27.39
木材加工及木、竹、藤、棕、草制品业	717.24	110.24	15.37	2360.35	479.32	20.31	8772.10	708.43	8.08
家具制造业	421.95	159.36	37.77	1834.04	870.22	47.45	4976.72	1246.91	25.05

续表

行业	工业销售产值（当年价格）（2001年）	出口交货值（2001年）	出口占工业销售值的比重%（2011年）	工业销售产值（当年价格）（2006年）	出口交货值（2006年）	出口占工业销售值的比重%（2006年）	工业销售产值（当年价格）（2011年）	出口交货值（2011年）	出口占工业销售值的比重%（2011年）
造纸及纸制品业	1760.13	126.50	7.19	4952.35	446.87	9.02	11815.18	613.03	5.19
印刷业和记录媒介的复制	696.50	59.14	8.49	1664.98	172.69	10.37	3793.34	300.50	7.92
文教体育用品制造业	661.24	433.01	65.48	1724.09	1078.49	62.55	3142.11	1410.38	44.89
石油加工、炼焦及核燃料加工业	4549.59	174.06	3.83	15018.66	283.68	1.89	36525.65	359.88	0.99
化学原料及化学制品制造业	6130.17	594.54	9.70	20016.00	1895.35	9.47	59478.30	3603.35	6.06
医药制造业	1922.87	183.38	9.54	4764.23	538.69	11.31	14262.31	1030.48	7.23
化学纤维制造业	985.40	70.29	7.13	3151.73	216.76	6.88	6507.62	437.74	6.73
橡胶制品业	866.68	189.45	21.86	2673.03	701.66	26.23	7219.50	1306.22	18.09
塑料制品业	2055.46	501.49	24.40	6244.26	1511.50	24.21	15270.29	2147.24	14.06
非金属矿物制品业	3872.48	375.80	9.70	11447.79	1129.49	9.87	39285.23	1637.49	4.17
黑色金属冶炼及压延加工业	5650.71	226.75	4.01	25121.41	1788.93	7.12	63136.66	2148.61	3.40
有色金属冶炼及压延加工业	2305.54	235.43	10.21	12708.93	1135.38	8.93	35091.06	1382.02	3.94
金属制品业	2761.58	691.47	25.04	8347.94	2164.49	25.93	22882.48	3016.62	13.18
通用设备制造业	3386.30	520.57	15.37	13451.55	2165.19	16.10	39992.18	3832.80	9.58

续表

行业	工业销售产值（当年价格）（2001年）	出口交货值（2001年）	出口占工业销售值的比重%（2011年）	工业销售产值（当年价格）（2006年）	出口交货值（2006年）	出口占工业销售值的比重%（2006年）	工业销售产值（当年价格）（2011年）	出口交货值（2011年）	出口占工业销售值的比重%（2011年）
专用设备制造业	2253.07	225.17	9.99	7724.74	1108.32	14.35	25354.42	2321.23	9.16
交通运输设备制造业	6371.06	583.43	9.16	19941.96	2708.27	13.58	62256.41	6813.78	10.94
电气机械及器材制造业	5314.18	1102.80	20.75	17776.96	4616.21	25.97	50141.59	9477.80	58.34
通信设备、计算机及其他电子设备制造业	8903.77	3792.93	42.60	32362.74	21606.52	66.76	62567.28	37469.14	59.89
仪器仪表及文化、办公用机械制造业	924.66	459.07	49.65	3471.54	1767.69	50.92	7444.16	2188.42	29.40

资料来源：根据历年《中国工业经济统计年鉴》计算。

二、吸引外资与工业发展

随着中国进入 WTO，为遵守 WTO 规则及入世承诺，我国对外商投资政策进行了较大的调整，进一步给予外商投资优惠。2000～2002 年先后修改法律法规，对外商投资企业实行"国民待遇"原则，划分了重点的引资领域（包括外商投资现代农业、高新技术产业、基础设施产业和参与西部开发、国企改革与重组等）。2002 年还颁布了《外商投资产业指导目录》《利用外资改组国有企业暂行规定》等一系列法律、法规，外商投资企业股权比例限制得到进一步放宽，注册登记等手续更为简化。我国政策环境的变化更加有利于大量外资的涌入。

由于中国大国潜在的国内需求市场与廉价的劳动力等优势，这一时期大量的外资进入汽车工业。2003年3月27日，宝马与华晨共同投资1.5亿欧元组建合资公司，各持股50%。5月29日，本田、广州汽车集团、东风汽车共同投资10.32亿元人民币组建本田汽车（中国）有限公司，三家分别持股65%、25%和10%。6月9日，瑞典沃尔沃（VOLVO）与中国重汽投资16亿元成立合资公司，各持股50%。7月1日，国内最大的汽车合资项目——日产汽车与东风汽车合资组建的新"东风汽车有限公司"正式成立，注册资本达167亿元人民币，中外股东各占50%股份。①

据商务部《2005跨国公司在中国报告》资料显示，仅白色家电领域，2003年外商投资企业就达167个，占全行业的12%；涉及资产总计464.5亿元，占22.3%。这些企业的销售收入达605.4亿元，占全行业的24.7%；利润总额31.99亿元，占34.9%。②

在新一轮国际产业转移中，钢铁、石化等资本密集型的重化工业向我国转移的规模逐步加大。随着我国进入WTO之后，国外重化工业巨头加大对我国的投资，建立了电解铝、电石、铁合金等生产线。③ 外商直接投资过程中，将高耗能产业转移给我国，进一步促进了我国重化工业的发展。

外商及港澳台工业占全国工业销售值的比重2001年为28%以上，2006年一度超过31%，2011年依旧占四分之一强。外商及港澳台工业出口交货值在全国工业出口中占据显著的优势，2001年为63.5%，2006年上升为69.4%，2011年保持在68.6%。以上数据表明，我国作为世界第一出口大国，三分之二以上的出口是外商制造。再一次印证了我国廉价生产要素对外商的吸引力，我国是世界加工厂。2006年我国服装及其他纤维制品制造业，皮革、毛皮、羽绒及其制品业，文教体育用品制造业，塑料制品业，交通运输设备制造业，仪器仪表及文化办公用机械制造业等行业外商工业销售值占全国工业比重超过了40%，电子及通信设备制造业外商工业销售值占全国工业比重超过80%，其出口交货值占全国出口交货值的比重则超过90%。2011年在整体外商的比重下降的情况下，电子及通信设备制造业外商工业销售值

---

① 吕政：《国际产业转移与中国制造业发展》，经济管理出版社2006年版，第25页。
② 吕政：《国际产业转移与中国制造业发展》，经济管理出版社2006年版，第26页。
③ 杨世伟：《国际产业转移与中国新型工业化道路》，经济管理出版社2009年版，第122页。

依旧占全国比重76.45%，外商出口比重依旧超过90%（参见表3-2-3）。电子及通信设备制造业属于技术密集型行业，而其又是外商的主要控制领域，一方面外商进入推动了我国产业的发展，另一方面也需要看到，其在产业中的占比过大，对我国大国的国家产业安全存在威胁。

表3-2-3　　　　　　　　　各行业外商出口情况　　　　　　　　　单位：%

项目	2001年 外商工业销售值占全国工业比重	2001年 外商工业出口占全国比重	2006年 外商工业销售值占全国工业比重	2006年 外商工业出口占全国比重	2011年 外商工业销售值占全国工业比重	2011年 外商工业出口占全国比重
总计	28.52	63.48	31.61	69.37	25.94	68.65
煤炭采选业	1.03	0.39	1.26	0.28	4.01	0.00
石油和天然气开采业	7.54	49.54	7.36	61.85	6.27	37.87
黑色金属矿采选业	0.83	0.00	2.24	37.15	2.85	0.00
有色金属矿采选业	1.17	4.04	1.80	2.81	2.38	14.31
非金属矿采选业	4.26	18.74	6.72	25.68	3.55	16.03
食品加工业	23.65	50.79	27.99	50.50	20.48	44.29
食品制造业	40.30	53.38	38.62	47.37	33.05	45.11
饮料制造业	30.01	41.31	38.20	42.01	30.76	47.99
烟草加工业	0.70	3.64	0.26	0.11	0.07	0.03
纺织业	21.75	39.17	24.55	46.94	20.80	46.85
服装及其他纤维制品制造业	46.13	58.44	45.01	61.40	35.54	58.65
皮革、毛皮、羽绒及其制品业	54.75	72.05	52.86	72.28	43.67	67.06
木材加工及竹、藤、棕、草制品业	29.12	57.54	21.04	43.44	10.52	32.28
家具制造业	45.96	79.08	51.00	73.32	29.50	60.01
造纸及纸制品业	32.13	72.04	35.33	79.44	28.28	73.10
印刷业、记录媒介的复制	33.85	93.69	31.63	81.43	23.62	73.11
文教体育用品制造业	60.22	72.48	61.45	72.78	51.74	72.17
石油加工及炼焦业	9.14	24.63	10.52	62.28	12.51	46.84
化学原料及化学制品制造业	21.39	43.46	26.97	50.45	26.15	49.01

续表

项目	2001 年 外商工业销售值占全国工业比重	2001 年 外商工业出口占全国比重	2006 年 外商工业销售值占全国工业比重	2006 年 外商工业出口占全国比重	2011 年 外商工业销售值占全国工业比重	2011 年 外商工业出口占全国比重
医药制造业	22.10	20.85	25.12	31.06	24.47	41.33
化学纤维制造业	21.30	42.14	29.31	47.22	29.29	37.98
橡胶制品业	34.96	63.67	36.61	55.89	29.41	47.87
塑料制品业	43.67	77.75	41.33	76.14	29.44	67.66
非金属矿物制造业	19.06	59.00	18.24	49.42	13.16	49.78
黑色金属冶炼及压延加工业	8.15	14.52	14.33	18.32	12.86	25.99
有色金属冶炼及压延加工业	12.01	22.22	16.10	31.60	13.57	48.96
金属制品业	36.13	65.11	35.12	66.82	24.45	59.68
普通机械制造业	22.38	45.06	27.69	58.74	22.58	59.40
专用设备制造业	17.88	53.00	26.28	59.83	23.31	59.50
交通运输设备制造业	31.11	44.57	46.21	47.71	44.48	47.37
电气机械及器材制造业	33.50	67.70	37.68	67.74	30.12	64.21
电子及通信设备制造业	73.50	90.90	82.57	91.14	76.45	90.87
仪器仪表及文化办公用机械制造业	59.10	87.40	65.40	89.63	46.27	63.54

资料来源：根据历年《中国工业经济统计年鉴》相关数据计算。

三、中国"走出去"与工业发展

随着中国工业化的持续推进，中国工业一方面出现国内市场饱和，另一方面呈现出重化工业重启的趋势，对于资源、能源有更高的要求。随着改革开放的深入，以及国有企业改革的推进，中国已经具有一批具有较强实力的大型企业，有能力"走出去"，通过海外投资寻求更为丰富的资源、能源与更为广阔的市场。而且企业"走出去"，尤其是在发达国家投资建厂，还可以形成技术流动，提升企业的技术水平。2000 年 3 月，全国人大九届三次会议把"走出去"战略提高到国家战略层面。随着 2001 年加入 WTO，我国加快了"走出去"的脚步。2008 年国际金融危机以后，在世界经济普遍乏力的条件下，中国经济表现良好，中国"走出去"步伐进一步加快。2011 年制造业走出去达 704118 万美元，比 2005 年增长了 208.8%（参见表 3 - 2 - 4）。中国企业"走出去"有以下几个特点。

表 3 - 2 - 4　　　　2005~2012 年中国对外直接投资流量行业分布情况　　单位：万美元

行业分类	2005 年	2006 年	2007 年	2008 年	2009 年	2010 年	2011 年	2012 年
采矿业	167522	853951	406277	582351	1334309	571486	1444595	1354380
制造业	228040	90661	212650	176603	224097	466417	704118	866741
电力、热力、燃气及水的生产和供应业	766	11874	15138	131349	46807	100643	187543	193534
合计	1226117	2116396	2650609	5590717	5652899	6881131	7465404	8780353

　　资料来源：中华人民共和国商务部等：《2013 年度中国对外直接投资统计公报》，中国统计出版社 2014 年版，第 51 页。

　　第一，大国重要战略资源的控制。2002 年后我国重化工业重启加剧了能源与资源等基础型战略物资的短缺。如何保证资源、能源的生产安全，我国以中石油、中石化为代表的中央企业成为"走出去"的排头兵，进行了一系列海外并购。中石油 2005 年以 41.8 亿美元的收购总价成功收购哈萨克斯坦 PK 石油公司，改写了中国公司海外并购的最新纪录。[1] 通过此次成功竞购 PK 公司，中石油可获得 5.5 亿桶原油储备。至此，中国石油在该国所拥有的总石油储备超过 10 亿桶油当量，相当于哈萨克斯坦石油总储备的 2.5%。对于中石油来说，一举增加了 6% 的原油产量。即使在产量空前提高的 2004 年，中石油的原油开采增值率也仅为 0.5%。[2]

　　在美国政府干预下中海油 2005 年收购加拿大尼克森（Nexen）石油公司失败。在金融危机冲击下，尼克森公司经营状况不佳。2012 年中海油凭借雄厚的实力以 151 亿美元收购加拿大尼克森公司，并承担该公司约 43 亿美元债

　　[1]　李桂芳：《中央企业对外直接投资报告（2010）》，中国经济出版社 2010 年版，第 125 页。
　　[2]　李桂芳：《中央企业对外直接投资报告（2010）》，中国经济出版社 2010 年版，第 131 页。

务。依据美国证券交易委员会规则计算，截至 2011 年 12 月 31 日，尼克森拥有 9 亿桶油当量的证实储量及 11.22 亿桶油当量的概算储量。收购成功之后，中海油的总产能至少能提高 20%。① 这次收购不仅成为中国在海外最大的收购案，也成为加拿大自 2008 年爆发金融危机以来的最大金额外资收购案。

2010 年 8 月 23 日，中国石油天然气股份有限公司宣布，所属子公司中国石油国际投资有限公司（以下简称"中油国投"）与荷兰皇家壳牌公司子公司澳洲壳牌能源控股有限公司（以下简称"澳洲壳牌"）以 50%：50% 比例组成的合资公司 CS CSG（Australia）Pty Ltd，2010 年 3 月 19 日与澳大利亚煤层气公司 Arrow Energy（以下简称"Arrow 公司"）签署股权收购协议，以每股现金 4.70 澳元的价格收购 Arrow 公司全部股份，收购对价约为 35 亿澳元。历时 5 个月，该交易已顺利通过 Arrow 公司股东大会和中澳两国政府相关部门各项审批程序，成功完成交割。② 该收购融合了中油国投和澳洲壳牌在技术、资金和市场方面的优势。Arrow 公司是澳大利亚领先的煤层气开发商。通过收购，这个公司将成为中油国投和澳洲壳牌在澳大利亚煤层气生产的重要平台，为双方在澳大利亚的煤层气开发奠定坚实基础。③

2008 年中国最大的煤炭企业神华集团有限公司所属国华南苏发电公司与印尼国家电力公司签署了南苏煤电项目《购售电合同》，该项目中国神华集团与印尼慕斯卡公司（PT. Energi Musi Makmur）以 70%：30% 的股权比例共同出资建设。首期工程安装 2 * 150MW 单抽汽凝汽式汽轮发电机组，配套露天煤矿原煤产量约 210 万吨。神华集团还投资 47 亿元建设跨国运煤铁路——中蒙经贸通道甘泉铁路，成功竞标开放蒙古煤炭资源——塔旺陶勒盖煤矿④，其焦煤储量约为 64 亿吨，是中国稀缺品种。⑤

第二，寻求海外市场。我国虽告别了"短缺经济"，但我国企业又面临国内市场过剩的问题，开辟海外市场，寻求新的增长点成为我国国有企业

---

① 《中海油收购尼克森"尘埃落定""过关"具有标志意义》，新华网，2012 年 12 月 9 日。
② 李桂芳：《中央企业对外直接投资报告（2011）》，中国经济出版社 2011 年版，第 278 页。
③ 李桂芳：《中央企业对外直接投资报告（2011）》，中国经济出版社 2011 年版，第 280 页。
④ 李桂芳：《中央企业对外直接投资报告（2010）》，中国经济出版社 2010 年版，第 145 页。
⑤ 李桂芳：《中央企业对外直接投资报告（2010）》，中国经济出版社 2010 年版，第 146 页。

"走出去"的重要驱动力量。

例如，2007 年 2 月 14 日，中国移动通信集团公司宣布完成收购米雷康姆（Millicom）所持有的巴科泰尔（Paktel）88.86% 的股份，共耗资 2.84 亿美元。巴科泰尔建立于 1990 年，是巴基斯坦第一个开展业务运营的移动通信运营商。[1] 2007 年鞍钢出资 2.51 亿元人民币，收购金达必公司 12.94% 的股份；2009 年 2 月 4 日，鞍钢进一步收购其 24% 的股份，加上已有的股份共占有其 36.94% 的股份，成为第一大股东。2007 年 11 月鞍钢与目前全球最大的独立钢铁贸易公司英国斯坦科共同成立了鞍钢西班牙有限公司，将合资这一模式引进海外营销网络建设。2008 年 10 月 9 日，鞍钢又与意大利维加诺公司签署协议，收购该公司 60% 的股权，在地中海旁建起了海外钢材加工基地。2010 年，根据鞍钢与美国钢铁开放公司的合作协议，鞍钢将在美国投资兴建 5 个工厂，其中首家工厂将设在密西西比州。首次在美国办钢厂。[2] 2010 年国家电网投资 9.89 亿美元，成功购得巴西 7 家输电公司及其输电资产 30 年经营特许权（特许权期满后可经巴西电监局批准续约 20 年），完成了对巴西 7 家输电公司 100% 的股权收购，交易总额达 18 亿元。本次收购后，国家电网公司成为巴西输电业务的第五大运营商。[3]

第三，海外投资主体的多元化。在中国企业"走出去"早期，更多的是国有企业"走出去"。但随着民营企业的发展壮大，民营企业也加快了"走出去"的步伐。例如，2008 年，雅戈尔集团投资 1.2 亿美元，收购了美国新马公司，成为当时服装业规模最大的国际并购案例。2011 年宁波华翔集团出资 2730 万欧元收购了德国的塞纳公司（Sellner GmbH）和 IPG 重工公司（IPG Industrieplast GmbHz），宁波华翔集团在全球木制内饰件市场份额中占据第二的位置，同时宝马、通用等也成了宁波华翔的重要客户。[4]

我国企业"走出去"的历程中，也并不是一帆风顺。例如，2004 年中国

① 张纪刚、张金鑫：《中央企业并购重组报告（2010）》，中国经济出版社 2010 年版，第 74 页。
② 李桂芳：《中央企业对外直接投资报告（2010）》，中国经济出版社 2010 年版，第 168 - 169 页。
③ 李桂芳：《中央企业对外直接投资报告（2011）》，中国经济出版社 2011 年版，第 231 页。
④ 宓红：《民营企业对外直接投资研究：基于宁波的实践》，浙江大学出版社 2013 年版，第 105 页。

五矿集团并购加拿大诺兰达公司，由于加拿大政府的干预而失败；2005 年，中海油收购美国尤尼科石油公司的行动也由于美国布什政府的干预而败北。中铝增资力拓遭到澳大利亚政府和国际投资者的反对，最终酿成涉及 195 亿美元的"力拓案"，几经沸沸扬扬，仅仅以 1% 的分手费而告终。中国对非洲等国家的投资也被西方社会视为"新殖民主义"受到诟病。中国企业"走出去"还面临新的挑战。

第三节　大国新型工业化道路探索

　　虽然经过改革开放 20 多年的发展，中国工业化取得了较快推进，但与世界工业强国相比仍存在较大差距。党的十六大报告明确提出："实现工业化仍然是我国现代化进程中艰巨的历史性任务。"[1] 一方面以美国为代表的发达国家推动的信息化席卷世界，促进了工业发展方式的深刻变革；另一方面我国国内面临内需不足，中低端产能过剩，能源、资源紧张等问题。在新的历史条件下，中国政府既要实现中国从农业大国向工业大国的转变，又要适应新的国内外环境变化，把握世界信息化浪潮的历史机遇，推动工业化。党的十六大报告指出："坚持以信息化带动工业化，以工业化促进信息化，走出一条科技含量高、经济效益好、资源消耗低、环境污染少、人力资源优势得到充分发挥的新型工业化路子"。[2] 党的十六大以后，我国进行了新型工业化的探索。

一、新型工业化提出的背景

　　中国新型工业化的提出是中国政府顺应国内外经济发展新形势提出的，有其深刻的历史背景。

---

　　[1][2]　江泽民：《全面建设小康社会　开创中国特色社会主义事业新局面》，人民出版社 2002 年版，第 21 页。

（一） 中国工业化的任务依旧艰巨

虽然经过改革开放 20 多年的发展，中国工业化取得了较快推进，但仍未彻底完成从农业大国向工业大国的转变，工业发展水平仍与世界发达国家存在较大差距。

虽然传统的工业发展方式推动了中国工业在数量上的赶超，但是中国技术的核心战略资源高度依赖国外（例如，主要矿产品对外依存度达 50% 以上），而且中国核心技术的"空心化"问题越来越严重。当时中国轿车年生产量已达几百万辆，但没有一个在世界上站得住的品牌；IT 产业芯片还是国外的。虽然中国是空调出口的大国，但高性能柜机仍要采用美国部件和日本技术。[1]

由于缺乏自主创新能力和品牌，中国制造业仅仅停留在价值链较低的加工组装环节。根据业内专家测算，在中国的整个制造业领域，外商拿出 30% 的资本，拥有 50% 的股份，但拿走了 70% 的利润，中国资本只能拿到 30% 的利润；而对于 OEM 这种贴牌生产方式，外国人拿走了 92% 的利润，中国人最多拿到 8% 的利润。再以服装产业为例，作为"世界车间"，中国卖出 8 亿件衬衫才能进口一架空客 380 型飞机。[2] 工业缺乏核心竞争力是制约中国成为世界工业强国的重要瓶颈。

（二） 世界信息化潮流

计算机和信息技术是第三次工业革命的重要动力。自第二次世界大战以来，美国一直是全球计算机和信息技术的领头羊，进入 20 世纪 90 年代以后，美国计算机网络化普遍推开。美国的信息化与制造业结合，焕发出巨大的生命力。在 20 世纪 90 年代的头 4 年里，美国工业在计算机和通信设备方面花

---

① 中国社会科学院工业经济研究所：《中国工业发展报告（2006）》，经济管理出版社 2006 年版，第 20 页。
② 中国社会科学院工业经济研究所：《中国工业发展报告（2006）》，经济管理出版社 2006 年版，第 18 页。

的钱多于其在所有其他设备方面投资的总和。① 美国政府在信息化过程中扮演了重要的角色。1993年9月，克林顿就任美国总统后不久，克林顿政府便颁布了"信息高速公路"战略，计划投资4000亿美元，用20年时间，逐步将电信光缆铺设到所有家庭用户。② 中国作为世界大国，要在激烈的世界竞争中立于不败之地，就要顺应世界信息化的潮流，抓住信息化的机遇，通过信息化推动工业的高速发展。

（三）中国工业化遇到的资源、能源与生态瓶颈

改革开放以来的20多年时间中，中国工业化取得快速增长，但更多依赖于生产要素的投入，表现为外延型工业化。据统计，2003年中国GDP仅占世界的4%。但是，重要资源、能源消耗占世界的比重却很高：水泥占40%，原煤占31%，铁矿石占30%，钢材占27%，氧化铝占25%，石油占7.4%。③

利用效率不高是中国资源、能源消耗大的重要原因。1996年以后中国钢铁产量超过1亿吨，成为世界钢铁生产大国。但是中国钢铁生产消耗较大。2004年我国重点大中型钢铁企业烧结环节的能耗比1999年世界先进水平高31.5%；焦化能耗高9.9%；炼铁能耗高10.5%。据保守估计，当时我国钢铁工业的吨钢综合能耗比国际先进水平高约20%；吨钢新水消耗比国际先进水平高约1倍。④ 而我国人均资源不足，环境承载力有限，随着我国工业规模的扩大，粗放型的工业化模式与自然禀赋之间的矛盾越来越突出。

---

① 陈宝森、王荣军、罗振兴：《当代美国经济（修订版）》，社会科学文献出版社2011年版，第126－127页。
② 王喜文、江道辉：《美国"信息高速公路"战略20年述评》，中国经济网，2013年9月16日。
③ 中国社会科学院工业经济研究所：《中国工业发展报告（2006）》，经济管理出版社2006年版，第20页。
④ 中国社会科学院工业经济研究所：《中国工业发展报告（2006）》，经济管理出版社2006年版，第217页。

二、大国新型工业化的内涵分析

（一）大国的工业化与信息化融合

中国是一个大国，要成为屹立世界的工业大国，乃至工业强国，应当掌握先进的工业技术水平，才能在世界各国工业竞争中处于不败之地。而历史上，中国错失了两次工业革命的契机，中华人民共和国成立以来的工业技术与世界发达工业国家相比处于落后的地位。改革开放以来，中国通过对外开放，引进外国资本与技术，推动了技术赶超。但是世界技术水平不是静态停滞的，而是不断进步的。尤其是 20 世纪 90 年代以后，随着高新技术特别是信息技术的广泛应用，使人类生产活动和社会生活开始进入信息化和智能自动化时代。[①] 如果说工业化更多表现为产业结构之间的演变，那么信息化则更凸显一个技术进程与社会进程。信息化强调充分利用信息技术，开发利用信息资源，促进信息交流和知识共享。[②] 信息化推动的 20 世纪下半叶以来世界工业的发展，成为人类文明进程中的重要阶段。

中国要实现大国工业化赶超，就必须实现信息化与工业化的融合发展。通过发展信息化可以有效推动工业化。第一，信息化是调整与优化传统工业结构的重要手段，工业发达国家的劳动生产率的提高有 60% ～80% 是通过信息技术取得的。[③] 我国走新型工业化道路，要求优化产业结构升级，形成以高新技术产业为先导、基础产业和制造业为支撑，推动服务业全面发展的产业格局，这都要求我国要加快信息化进程。第二，信息化推动工业升级，有助于推动可持续发展。一方面信息化要求的高新技术产业本身就有高知识、低污染的特征；另一方面信息化将提升传统工业能耗利用率，减少污染，从而推动工业转型升级。第三，信息化还可以提升企业的运行效率，增强竞争力。例如，设计数字化技术是工业信息化的重点之一，设计数字化技术可以

---

① 魏礼群：《坚持走新型工业化道路》，载《求是》2003 年第 27 期。
② 吴澄：《信息化与工业化融合战略研究》，科学出版社 2013 年版，第 35 页。
③ 吴澄：《信息化与工业化融合战略研究》，科学出版社 2013 年版，第 37 页。

实现产品设计手段与设计过程的数字化和智能化，提高企业创新能力。信息化还可以提高产品制造、装配的精度和效率，提高企业管理的效率，提升企业创新能力。

工业化也将推动信息化的发展。第一，工业化是信息化的重要物质基础。信息基础设施的建设，信息研究与开放，信息产业发展都需要有工业化为后盾。例如，半导体材料、光导纤维、计算机与网络需要先进的机械工业、材料工业做支撑。第二，中国的大国地位决定工业长期将是中国的支柱性产业。而工业化要求的自动化、智能化与管理现代化又为信息化的发展提供了较大的空间。从这个角度来说，工业化从需求方有效地推动了信息化的进程。第三，中国强大的国防工业为信息化的发展提供了有效支持。中国的国防工业长期跟踪世界发展前沿，20世纪后半叶，世界国防工业越来越重视信息技术的运用。中国的国防工业也对信息技术长期进行跟踪、研发，先进的国防工业可以产生信息化的溢出效应，推动工业化的发展。

（二）注重提高科技含量、经济效益的大国工业化

随着20世纪90年代中后期，我国国内市场告别短缺，依靠要素投入推动外延型工业化发展的空间逐步压缩，同时科技含量不足，企业同质化严重，企业经济效益不高，也困扰着我国工业化的发展。中国这样一个大国继续完成工业化应当注重提高科技含量和经济效益。

中国要真正成为世界工业大国，乃至工业强国应当注重工业化的科技含量。由于缺乏自主创新能力和品牌，中国制造业仅仅停留在价值链较低的加工组装环节。发达国家对一些关键技术的控制，导致我国一些工业产品长期被锁定在价值链的低端。中国独立自主的地位，要求必须在工业核心领域取得突破，提升科技含量，在工业大国竞争中取得先机。

随着中国告别"短缺经济"，企业面临更为激烈的竞争与挑战。低端产品过剩日益严重，只有通过提高产品科技含量，提升工业产品的质量与结构，才能与人民对工业产品需求的升级相匹配，为企业开辟新的增长点，提高经济效益。

随着中国经济逐渐融入世界，中国制造的产品将参与激烈的国际竞争，

与世界工业大国竞争加剧。这进一步要求，我国需要提高技术水平，最终形成大国工业的国际竞争力。

（三）大国可持续发展的工业化

中国是一个人口大国，虽然从总量上来看中国资源存量较大，但是人均资源、能源不足，而且生态环境较为脆弱。2005年10月党的十六届五中全会首次把资源节约型社会和环境友好型社会确定为我国国民经济和社会发展中长期规划的一项战略任务。党的十七大报告明确指出："必须把建设资源节约型、环境友好型社会放在工业化、现代化发展战略的突出位置。"[①] 可持续发展应成为新型工业化的题中之义。

中国工业化道路不能走西方发达国家工业化"先污染、后治理"的道路，由于西方发达国家在工业化过程中，世界其他国家尚未推进工业化，所以这些国家在本国范围内的工业化取得了一定的成效。但从全球范围看，发达国家在其工业化过程中对世界资源、能源的大量消耗和生态环境的严重破坏，已经造成无法挽回的损失。我国随着经济总量和人口规模的不断增加，再走"先污染、后治理"的传统工业化道路，不仅国内的资源、能源与环境难以承受，而且对世界也将产生较大的影响。所以新型工业化强调工业发展与生态保护并存，应当走"资源消耗小、环境污染少"的工业化道路。

（四）充分发挥大国人力资源的优势

中国是一个人口大国，如何充分发挥人口优势，是中国工业化中需要解决的重要难题。工业化起步阶段，我国选择了优先重工业发展道路，由于重工业对劳动力的吸纳有限，广大劳动力被留在农村，甚至出现了"逆城市化"进程。改革开放以后，我国调整了优先重工业发展战略，人口优势在劳动密集型产业中充分发挥。从历史经验来看，工业化过程中资本有机构成的提高，虽然将提高机械化与自动化，但同时会使得生产同样的产品对劳动力的需求相对减少。由此可能产生严重的就业问题。[②] 西方发达国家在工业化

---

① 《胡锦涛文选》第二卷，人民出版社2016年版，第631页。
② 简新华、向琳：《新型工业化道路的特点和优越性》，载《管理世界》2003年第7期。

过程中，随着资本深化，出现了"机器吃人"的现象，导致较大规模的"失业后备军"，产生了较为尖锐的社会矛盾。信息化的发展将进一步提高自动化的水平，在某些特定的制造业领域会带来更多资本对劳动的替代。而中国如果走西方工业化的老路，失业问题将更为严重，带来严重的社会问题。中国新型工业化意味着既不能走传统的优先重工业发展道路，又不能走西方资本排斥劳动的工业化道路，而应当探索充分发挥中国人力资源丰富的特点，走有中国特色的新型工业化道路。

三、中国新型工业化道路的探索

（一）对于信息化与工业化融合发展的探索

信息化与工业化的融合发展是新型工业化道路的鲜明特征。这一时期，我国加快推动制造模式向数字化、网络化、智能化、服务化转变。并且加快实施"宽带中国"工程，推进三网融合，改进了现代国家信息基础设施。[①]我国政府提出了《信息技术改造提升传统产业"十一五"专项规划》，强调用信息化改造传统工业。这一时期我国加大了对于企业技术改造的投入。2000 年大中型制造业企业技术改造经费为 995 亿元，2005 年上升为 2512 亿元，2010 年达到 3281 亿元。技术引进经费支出、消化吸收经费支出、购买国内技术支出都有较大的提升（参见表 3 - 3 - 1）。

表 3 - 3 - 1　2000～2012 年中国大中型制造业企业技术改造与获取经费投入　单位：万元

指标	2000 年	2005 年	2008 年	2010 年	2012 年
技术改造经费支出	9950798	25122468	36581661	32809790	32728378
技术引进经费支出	2355387	2884886	4118747	3772500	3700487
消化吸收经费支出	176927	653496	1024411	1532166	1380674
购买国内技术经费支出	245781	784587	1593316	1909182	1703639

资料来源：根据《中国高技术产业统计年鉴》数据计算。

---

① 工业和信息化部：《加快工业转型升级 促进两化深度融合》，人民出版社 2012 年版，第 7 - 8 页。

2009 年我国还建立了八大国家级信息化与工业化融合试验区，以点带面推动发展。2011 年又正式批复了柳州、桂林、长株潭城市群、沈阳等地区为第二批国家级两化融合区，两化融合试验区新型工业化取得了较好的效果。例如，上海市 2009～2011 年，累计支持各类两化融合项目近 200 个，支持资金近 5 亿元，带动企业信息化项目投资逾 120 亿元。重庆市2009 年，安排两化融合专项资金 370 万元，投入其他资金 3300 万元；2010 年，安排两化融合专项资金 760 万元，利用其他资金支持两化融合项目 7850 万元；2011 年，安排两化融合专项资金 1790 万元，利用其他资金支持两化融合项目 13000 万元。2009～2011 年，珠三角地区安排省财政扶持资金 8263 万元，带动总投资 15.2 万元，广东省财政每年安排 1.8 亿元专项资金支持中小型企业自主创新和转型升级、公共（技术）服务信息平台建设、融资平台建设和服务体系建设等。2008 年以来，广东省财政每年安排 2 亿元现代信息服务业专项扶持资金用于扶持软件和集成电路设计、两化融合、互联网、数字内容、物联网、云计算等，其中专门用于扶持制造业两化融合项目每年超过 3000 万元。①

（二）战略性新兴产业的探索

战略性新兴产业是以重大技术突破和重大发展需求为基础，强调对国民经济全局发展具有重大引领带动作用，具备战略性、带动性、新兴性等基本特征的产业。在 2008 年世界金融危机的冲击下，中国政府确定了发展战略性新兴产业的重要战略部署。中国政府选择了节能环保、新兴信息产业、生物产业、新能源、新能源汽车、高端装备制造业和新材料七大产业作为战略性新兴产业。

2011 年，工业和信息化部联合国家发展改革委、财政部启动实施了智能制造、新型显示器、云计算及信息安全示范 3 个重大产业创新发展专项，共安排财政资金 26 亿元；科技重大专项方面，核高基、集成电路、新一代移动通信、高档数控机床 4 个专项共安排中央财政资金 72.3 亿元；结合企业技术

---

① 何海燕：《两化深度融合探索之路》，北京理工大学出版社 2017 年版，第 60－61 页。

改造，共安排新能源汽车、高端装备、新材料、新一代信息技术等领域重点技术改造项目财政资金近 40 亿元；电子信息产业发展基金，在集成电路、新型显示、电子元器件等项目安排财政资金 8.24 亿元；物联网专项财政资金 5 亿元；重大科技成果产业化方面，共安排中央财政资金 13 亿元。①

（三）工业化中"节能减排"与环境保护的探索

1. 节能减排的探索。

新型工业化道路不能走西方"先污染、后治理"的老路，应当探索可持续发展的道路。"节能减排"是走新型工业化道路的重要抓手。为降低能耗，中国还对高耗能的企业采取措施，进行调整。"十一五"期间，作为推动节能减排的重点措施，国家发展改革委推动了《节能中长期转项规划》，提出了十大重点工程，为节能减排做出了重要贡献。为了促进工业的节能减排，"十一五"期间全国累计关停小火电机组 7683 万千瓦，相当于一个欧洲中等国家的电力装机规模，30 万千瓦以上火电机组占火电装机容量比重由 47% 提升到 71%。淘汰落后产能炼铁 1.2 亿吨、炼钢 0.72 亿吨、水泥 3.7 亿吨，平板玻璃 4500 万重量箱、造纸 1130 万吨。"十一五"期间我国政府还严格项目环评，国家层面对不符合要求的 822 个项目环评文件做出不予受理、不予审批或暂缓审批等决定，涉及投资近 3.2 万亿元，给"两高一资"（即高耗能、高污染、资源型）、低水平重复建设和产能过剩项目设置了不可逾越的"防火墙"。② 2002~2005 年万元国内生产总值电力消费量呈上升趋势，但经过努力，2005 年以后每万元国内生产总值能源消费量有所降低。从 2005 年的 0.13 万千瓦小时/万元下降到 2010 年的 0.1 万千瓦小时/万元（参见表 3-3-2）。

---

① 工业和信息化部：《加快工业转型升级 促进两化深度融合》，人民出版社 2012 年版，第 114-115 页。
② 周生贤：《环保惠民 优化发展——党的十六大以来环境保护工作发展回顾（2002—2012）》，人民出版社 2012 年版，第 31 页。

表 3－3－2　　　　　　　平均每万元国内生产总值能源消费量

年份	万元国内生产总值能源消费量（吨标准煤/万元）	万元国内生产总值煤炭消费量（吨/万元）	万元国内生产总值焦炭消费量（吨/万元）	万元国内生产总值石油消费量（吨/万元）	万元国内生产总值原油消费量（吨/万元）	万元国内生产总值燃料油消费量（吨/万元）	万元国内生产总值电力消费量（万千瓦小时/万元）
国内生产总值按 2000 年可比价格计算 GDP							
2000	1.47	1.42	0.11	0.23	0.21	0.04	0.14
2005	1.49	1.47	0.16	0.21	0.19	0.03	0.16
国内生产总值按 2005 年可比价格计算 GDP							
2005	1.28	1.25	0.14	0.18	0.16	0.02	0.13
2010	1.03	0.99	0.11	0.14	0.14	0.01	0.13
国内生产总值按 2010 年可比价格计算 GDP							
2010	0.81	0.78	0.08	0.11	0.11	0.01	0.10
2011	0.79	0.78	0.09	0.10	0.10	0.01	0.11

资料来源：国家统计局能源统计司：《中国能源统计年鉴2013》，中国统计出版社2013年版，第6页。

2. 工业化中环境污染治理。

这一时期我国还加强了对工业化中环境污染的治理。2001 年中国对工业污染治理项目的投资额为 174.5 亿元，到 2011 年达到 444.4 亿元，增长了近 154.7%。治理废气从 2001 年的 65.8 亿元上升到 2011 年的 211.7 亿元，增长了 221.7%。[1]

中国还进行了排污权交易制度的探索，以期引入市场机制对工业污染进行防治。这一时期我国还注重积极探索，完善环境监察制度规章体系。"十五"期间，各级环境监察机构积极创新工作机制，基本建立起了移送移交制度、挂牌督办制度、联合办案制度、重大违法案件新闻发布会制度等。[2]

---

[1] 《中国环境统计年鉴（2012）》，中国统计出版社2013年版，第125页。

[2] 周生贤：《环保惠民 优化发展——党的十六大以来环境保护工作发展回顾（2002—2012）》，人民出版社2012年版，第209－210页。

工业环境污染的治理也有一定成效。虽然工业废气排放总量 2000 年为 138145 亿立方米，2010 年为 519168 亿立方米，上升较快。但烟尘排放量中的工业排放则有所下降，2000 年为 953.3 万吨，2010 年为 603.2 万吨。工业粉尘排放量则从 2000 年的 1092 万吨，下降到 2010 年的 448.7 万吨（参见表 3－3－3）。2001 年工业二氧化硫排放达标率为 61.3%，2010 年为 97.9%（参见表 3－3－4）。工业固体废弃物产生量有所上升，但排放量有所下降，工业固体废弃物的综合利用率有所上升，2000 年为 45.9%，2010 年为 66.7%。"三废"综合利用产品产值 2000 年为 310.5 亿元，2010 年为 1778.5 亿元（参见表 3－3－5）。

表 3－3－3　　　　　　　　　　　　工业排放

年份	工业废气排放总量（亿立方米）	二氧化硫排放总量（万吨）	其中：		烟尘排放总量（万吨）	其中：		工业粉尘排放量（万吨）
			工业	生活		工业	生活	
2000	138145	1995.1	1612.5	382.6	1165.4	953.3	212.1	1092.0
2005	268988	2549.4	2168.4	381.0	1182.5	948.9	233.6	911.2
2010	519168	2185.1	1864.4	320.7	829.1	603.2	225.9	448.7
2011	674509	2217.9	2017.2	200.4	—	—	—	—

注：2011 年环境保护部对统计制度中的指标体系、调查方法及相关技术规定等进行了修订，故部分数据不能与 2010 年直接比较（表 3－3－5 和表 3－3－6 同）。

资料来源：国家统计局、环境保护部：《中国环境统计年鉴 2013》，中国统计出版社 2013 年版，第 44 页。

表 3－3－4　　　　　　　　　　　　工业排放治理

年份	工业二氧化硫排放达标率（%）	工业烟尘排放达标率（%）	工业粉尘排放达标率（%）	工业二氧化硫去除量（万吨）	工业烟尘去除量（万吨）	工业粉尘去除量（万吨）	工业废气治理设施（套）	本年运行费用（亿元）
2001	61.3	67.3	50.2	564.7	12317.0	5321.6	134025	111.1
2005	79.4	82.9	75.1	1090.4	20587.1	6453.9	145043	267.1
2010	97.9	90.6	91.4	3304.0	38941.4	9501.7	187401	1054.5
2011	—	—	—	—	—	—	216457	1579.5

资料来源：国家统计局、环境保护部：《中国环境统计年鉴 2013》，中国统计出版社 2013 年版，第 44 页。

表 3 - 3 - 5　　　　　　　　　　工业固体废弃物的排放与治理

年份	工业固体废弃物产生量（万吨）	工业固体废弃物排放量（万吨）	工业固体废弃物综合利用量（万吨）	工业固体废弃物贮存量（万吨）	工业固体废弃物处置量（万吨）	工业固体废弃物综合利用率（%）	"三废"综合利用产品产值（亿元）
2000	81608	3186.2	37451	28921	9152	45.9	310.5
2005	134449	1654.7	76993	27876	31259	56.1	755.5
2010	240944	498.2	161772	23918	57264	66.7	1778.5
2011	326204	433.3	196988	61248	71382	—	—

资料来源：国家统计局、环境保护部：《中国环境统计年鉴2013》，中国统计出版社2013年版，第59页。

第四节　世界工业大国地位的形成

一、中国工业高速增长与重化工业重启

1998～2011 年中国工业取得高速增长，增长率达到了 454%，第二产业增长率为 465.1%，第一产业增长率 220.5%，第二产业增长率超过第一产业，第三产业为 570.3%，GDP 为 460.3%（参见表 3 - 4 - 1）。从结构来看，第二产业占 GDP 比重长期保持在 45% 左右，其中工业也长期保持在 40% 左右。1998 年第二产业比重为 46.2%，工业比重为 40.3%，2011 年第二产业比重为 46.6%，工业占 GDP 比重为 39.8%。第一产业比重则从 1998 年的 17.6%，下降为 2011 年的 10.0%。第三产业从 1998 年的 36.2% 上升为 2011 年的 43.4%（参见表 3 - 4 - 2）。第二产业是我国国民经济的支柱性产业。从就业人数来看，1998 年第二产业比重是 23.5%，2011 年是 29.5%（参见表 3 - 4 - 3）。

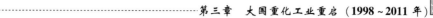

表 3 - 4 - 1　　　　三次产业变化情况（1998～2011年）　　　　单位：亿元

年份	GDP	第一产业	第二产业	其中：工业	第三产业	人均GDP（元）
1998	84402.3	14817.6	39004.2	34018.4	30580.5	6796
2000	99214.6	14944.7	45555.9	40033.6	38714.0	7858
2005	184937.4	22420.0	87598.1	77230.8	74919.3	14185
2010	401512.8	40533.6	187383.2	160722.2	173596.0	30015
2011	472881.6	47486.0	220412.8	188470.2	204982.5	35181
1998～2011年增长率（%）	460.3	220.5	465.1	454.0	570.3	417.7

资料来源：国家统计局：《中国统计年鉴2013》，中国统计出版社2013年版，第44页。

表 3 - 4 - 2　　　三次产业在国民经济中的比例结构（1998～2011年）　　　单位：%

年份	国内生产总值	第一产业	第二产业	其中：工业	第三产业
1998	100.0	17.6	46.2	40.3	36.2
2000	100.0	15.1	45.9	40.4	39.0
2005	100.0	12.1	47.4	41.8	40.5
2010	100.0	10.1	46.7	40.0	43.2
2011	100.0	10.0	46.6	39.8	43.4

资料来源：国家统计局：《中国统计年鉴2013》，中国统计出版社2013年版，第45页。

表 3 - 4 - 3　　　　分产业就业人员人数（1998～2011年）

年份	就业人员合计（万人）	第一产业		第二产业		第三产业	
		就业人员（万人）	比重（%）	就业人员（万人）	比重（%）	就业人员（万人）	比重（%）
1998	70637	35177	49.8	16600	23.5	18860	26.7
2000	72085	36043	50.0	16219	22.5	19823	27.5
2005	74647	33442	44.8	17766	23.8	23439	31.4

年份	就业人员合计（万人）	第一产业		第二产业		第三产业	
		就业人员（万人）	比重（%）	就业人员（万人）	比重（%）	就业人员（万人）	比重（%）
2010	76105	27931	36.7	21842	28.7	26332	34.6
2011	76420	26594	34.8	22544	29.5	27282	35.7

　　资料来源：国家统计局人口和就业统计司、人力资源和社会保障部规划财务司：《中国劳动统计年鉴2013》，中国统计出版社2013年版，第8页。

　　从工业内部结果来看，1998年以后是重工业重启阶段，1998年重工业占工业比重为50.7%，2000年达到60.2%①，2005年重工业则达到了工业比重的68.9%，2011年上升为71.8%，这一时期增加了21个百分点（参见表3-4-4）。重工业在资产、利润总额、主营业务收入等方面也表现出较强的增长态势（参见表3-4-5）。

表3-4-4　　全国工业总产值总量、构成及指数（1998～2011年）

年份	绝对数（亿元）			构成（%）		指数（以上年为100）		
	全部工业总产值	其中：		轻工业	重工业	全部工业总产值	其中：	
		轻工业	重工业				轻工业	重工业
1998	119048	58673	60375	49.3	50.7	110.8	111.8	109.7
2000	85674	34095	51579	39.8	60.2	116.9	113.0	120.1
2005	251620	78280	173339	31.1	68.9	124.7	122.7	125.7
2010	698591	200072	498519	28.6	71.4	127.4	123.9	128.9
2011	844269	237700	606569	28.2	71.8	120.9	118.8	121.7

　　注：2000年以后为规模500万元以上的企业。
　　资料来源：国家统计局工业统计司：《中国工业统计年鉴2012》，中国统计出版社2012年版，第19、21页。

---

　　① 2000年与1998年工业统计口径有变化，2000年与1998年重工业占工业比重不可比，但2000年与2006年具有可比性。

表 3 -4 -5　　　　重工业主要指标占工业比重（1998～2011 年）　　　单位：%

年份	重工业资产总计占工业比重	重工业主营业务收入占工业比重	重工业利润总额占工业比重
1998	67.03	58.46	60.58
2002	69.13	62.62	68.04
2004	71.52	68.11	76.25
2006	74.33	70.50	76.13
2007	75.05	70.92	75.28
2008	76.10	71.76	72.29
2009	76.61	70.91	69.93
2010	76.76	71.76	71.69
2011	76.96	72.17	71.99

注：1998 年、2002 年用产品销售收入替代主营业务收入。
资料来源：笔者根据历年《中国统计年鉴》相关数据计算。

　　从重工业内部的角度来看，高耗能行业的产值与利润保持了强劲的增长速度，其速度高于整体工业的增长速度。从工业总产值来看，有色金属冶炼及压延加工业增长最快；而从利润增长的角度来看，非金属矿物制品业增长速度最快。装备制造业也表现出较为强劲的增长态势，其工业总产值增长速度高于全国工业整体速度，但是其利润略低于全国整体水平，更低于高耗能行业。装备制造业中的普通机机械制造业、专用设备制造业工业总产值和利润水平增长较快（参见表 3 -4 -6）。

表 3 -4 -6　　　　　　　　工业分行业比较

项目	1999 年工业总产值（亿元）	1999 年利润总额（亿元）	2011 年工业总产值（亿元）	2011 年利润总额（亿元）	工业总产值增长率（%）	利润总额增长率（%）
总计	72707.04	2288.24	844268.79	61396.33	11.6	26.8
高耗能行业	20912.41	513.82	285220.96	14670.92	13.6	28.6

项目		1999年工业总产值（亿元）	1999年利润总额（亿元）	2011年工业总产值（亿元）	2011年利润总额（亿元）	工业总产值增长率（%）	利润总额增长率（%）
其中	化学原料及化学制品制造业	4924.78	77.68	60825.06	4432.13	12.4	57.1
	非金属矿物制品业	3394.64	40.64	40180.26	3587.25	11.8	88.3
	黑色金属冶炼及压延加工业	4097.36	35.73	64066.98	2239.48	15.6	62.7
	有色金属冶炼及压延加工业	1793.14	31.78	35906.82	2067.38	20.0	65.1
	石油加工及炼焦业	2705.58	22.84	36889.17	423.10	13.6	18.5
	电力、蒸汽、热水的生产和供应业	3996.91	305.15	47352.67	1921.58	11.8	6.3
装备制造业		22107.25	746.38	276598.87	18983.82	12.5	25.4
其中	金属制品业	2215.09	53.38	23350.81	1545.71	10.5	29.0
	普通机机械制造业	2693.90	61.95	40992.55	3054.92	15.2	49.3
	专用设备制造业	1980.71	40.93	26149.13	2154.43	13.2	52.6
	交通运输设备制造业	4659.31	125.05	63251.3	5478.38	13.6	43.8
	电气机械及器材制造业	4021.55	136.54	51426.42	3310.13	12.8	24.2
	电子及通信设备制造业	5830.96	307.54	63795.65	2827.42	10.9	9.2
	仪器仪表及文化、办公用机械制造业	705.73	20.99	7633.01	612.83	10.8	29.2

资料来源：根据历年《中国工业经济统计年鉴》相关数据计算。

二、工业企业研发规模的扩大

2000年以后我国工业研发的规模不断扩大，规模以上工业企业的 R&D 经费内部支出呈现出大规模的稳步增长态势，从 2000 年的 489.7 亿元，到 2008 年的 3073.1 亿元，再到 2011 年增加到 5993.8 亿元。R&D 活动企业数量也有增加，从 2000 年的 17272 家增加到 2011 年的 37467 家，增加 1 倍多。成立的研发机构数和研发人员数也表现出大规模增长态势（参见表 3－4－7）。这一阶段我国在许多重大技术领域取得关键突破。工业和信息化部认真贯彻落实国家中长期科技发展规划纲要，组织抓好"核高基"（核心电子器件、高端通用芯片及基础软件产品）、新一代宽带无线移动通信网、高档数控机床与基础制造装备、大型飞机等国家重大科技专项的实施。按照核心和关键技术优先、支柱和基础产业优先的原则，我国启动实施了一批产业技术创新项目，总投资约 7.6 亿元，取得了一批重大技术成果，"超高效节能电机技术""超大型矿山浮选设备"等项目形成了一批自主知识产权的产品。[1]

表 3 - 4 - 7　　　　2000~2011 年规模以上工业企业科技活动情况

年份	R&D 经费内部支出（亿元）	R&D 活动企业数（家）	有 R&D 活动企业所占比（%）	设立研发机构数（个）	研发机构人员人数（万人）
2000	489.7	17272	10.6	15529	60.1
2004	1104.5	17075	6.2	17555	64.4
2008	3073.1	27278	6.5	26177	130.4
2009	3775.7	36387	8.5	29879	155.0
2011	5993.8	37467	11.5	31320	181.6

资料来源：国家统计局、科学技术部：《中国科技统计年鉴（2012）》，中国统计出版社 2012 年版，第 27 页。

三、中国工业发展的国际比较

这一阶段中国工业保持了较快发展，成为世界工业第一大国。从工业生产增加值[2]来看（按照现价美元计算），1998 年中国为美国的 22.94%、日本的 34.45%、英法德之和的 35.18%，2002 年中国仅为美国的 28.96%，日本的 51.71%，英法德之和的 52.71%，2007 年中国超过日本，2011 年达到日本工业增加值的 211.11%。2008 年超过英法德三国总和，2011 年达到三国

---

① 工业和信息化部：《加快工业转型升级 促进两化深度融合》，人民出版社 2012 年版，第 9 页。
② 国际工业增加值的比较所用数据来源于世界银行，其工业统计口径更广，其与 ISIC 第 10 ~ 45 项相对应，并包括制造业（ISIC 第 15~37 项）。其中包括采矿业、制造业、建筑业、电力、水和天然气行业中的增加值，大于我国的工业的统计口径，相当于我国第二产业的口径。

总和的 173.47%。2011 年超过美国，成为世界第一工业大国。与发展中国家相比，该时期中国一直保持较大的优势。具体的，与同为发展中大国的巴西、印度相比，1998 年中国是巴西的 246.69%、印度的 409.66%，2002 年中国是巴西的 569.99%，印度的 458.92%，到 2011 年扩大到巴西的 581.36%，印度的 639.01%。与转轨大国俄罗斯相比，虽然 2003 年以后俄罗斯工业保持了较快的增长，但是中国工业总量的优势仍然较大。1998 年中国是俄罗斯工业增加值的 512.41%，2002 年一度达到 651.19%，2011 年依旧为583.88%。中国工业增加值占世界的比重也在扩大，1998 年中国工业增加值占世界的 5.43%，到 2011 年上升为 16.93%（参见表 3 - 4 - 8）。

表 3 - 4 - 8   世界重要大国工业增加值

年份	中国（亿美元）	中国/美国（%）	中国/日本（%）	中国/英法德（%）	中国/印度（%）	中国/巴西（%）	中国/俄罗斯（%）	中国/世界（%）
1998	4712.77	22.94	34.45	35.18	409.66	246.69	512.41	5.43
1999	4962.36	22.84	32.56	37.98	407.83	380.54	756.21	5.52
2000	5516.00	23.97	34.15	45.62	430.96	365.79	626.17	5.86
2001	5999.61	26.41	44.27	51.17	466.60	473.24	614.63	6.63
2002	6536.68	28.96	51.71	52.71	458.92	569.99	651.19	7.09
2003	7574.70	31.88	55.72	51.96	453.68	587.82	614.29	7.32
2004	8975.08	35.07	61.21	54.16	433.15	551.70	479.01	7.59
2005	10749.20	38.87	74.48	63.35	443.65	498.73	431.19	8.24
2006	13088.42	43.89	95.88	72.42	450.09	501.90	416.03	9.09
2007	16645.49	53.68	122.80	80.96	442.69	515.20	410.19	10.24
2008	21580.00	70.27	146.82	100.65	578.09	551.22	422.04	11.94
2009	23445.97	84.04	163.50	130.66	561.43	642.86	653.89	14.47
2010	28303.99	97.40	173.44	152.56	549.77	550.71	618.71	15.41
2011	35136.59	116.06	211.11	173.47	639.01	581.36	583.88	16.93

注：根据世界银行数据库各国工业增加值（现价美元）计算。

从人均工业增加值来看，经过快速工业化，中国缩小了与世界发达国家人均工业的距离。1998年中国是美国的5.09%、日本的3.51%、德国的4.90%、英国的5.82%、法国的7.09%，此后各国占比逐年上升，到2011年上升为美国的26.89%、日本的20.06%、德国的20.66%、英国的33.35%，法国的33.14%。与发展中国家相比，从人均的角度来看中国工业也表现出强劲的增长。1998年中国是巴西的33.72%、印度的336.28%，2011年中国是巴西的85.37%，与印度差距进一步拉大，是印度的593.99%（参见表3－4－9）。

表3－4－9　　　　　　　　　　人均工业增加值

年份	中国 （美元）	中国/ 美国 （%）	中国/ 日本 （%）	中国/ 德国 （%）	中国/ 英国 （%）	中国/ 法国 （%）	中国/ 印度 （%）	中国/ 巴西 （%）
1998	379.47	5.09	3.51	4.90	5.82	7.09	336.28	33.72
1999	396.12	5.09	3.29	5.36	6.07	7.57	337.94	52.35
2000	436.86	5.36	3.43	6.65	6.80	9.15	360.63	50.64
2001	471.72	5.92	4.43	7.38	7.81	10.03	394.38	65.93
2002	510.52	6.51	5.15	7.68	7.94	10.18	391.87	79.92
2003	587.91	7.18	5.52	7.41	8.15	9.83	391.40	82.95
2004	692.48	7.92	6.03	7.69	8.46	10.26	377.52	78.33
2005	824.50	8.81	7.30	9.06	9.66	12.09	390.53	71.20
2006	998.34	9.99	9.35	10.18	11.01	14.19	400.13	72.04
2007	1263.05	12.27	11.93	11.14	12.62	15.88	397.45	74.33
2008	1629.10	16.13	14.19	13.30	17.15	19.02	523.98	79.91
2009	1761.19	19.37	15.73	17.09	24.04	23.05	513.55	93.63
2010	2115.86	22.52	16.61	18.96	28.23	29.15	507.26	80.57
2011	2612.32	26.89	20.06	20.66	33.35	33.14	593.99	85.37

资料来源：根据世界银行数据库相关数据计算。

从中国工业增加值占GDP的比重的角度来看，我国显著高于世界其他大国，工业在我国位居支柱性产业的地位。该时期，发达国家工业化率逐渐下降，美国从1998年的22.63%下降到2011年的20%。日本等其他发达国家也呈现出类似的趋势。中国保持缓慢上升的趋势。2011年中国工业增加值占GDP比重为46.40%，而同期日本为26.88%、德国为27.46%、美国为20%。与发展中国家印度和巴西相比，中国工业化率始终保持在高水平（参见表3-4-10）。

表3-4-10　　　　　　　　工业增加值占GDP的比重　　　　　　　单位：%

年份	中国	美国	日本	德国	英国	法国	印度	巴西	俄罗斯
1998	45.80	22.63	33.55	28.44	23.18	21.44	28.34	22.12	33.94
2000	45.54	22.40	32.76	27.88	22.54	21.29	28.42	23.01	33.92
2005	47.02	21.22	30.20	26.60	19.73	19.61	30.72	24.17	32.63
2010	46.40	19.78	28.44	27.14	17.99	17.85	30.08	23.27	30.00
2011	46.40	20.00	26.88	27.46	18.05	17.98	30.16	23.10	29.26

注：1. 工业增加值占GDP的比重所用数据来源于世界银行，其工业统计口径更广，其与ISIC第10~45项相对应，并包括制造业（ISIC第15~37项），大于我国的工业的统计口径，相当于我国第二产业的统计口径。
2. 考虑到汇率问题，该比重与我国统计年鉴第二产业中的比例略有不同。
资料来源：世界银行数据库。

这一时期从工业产品的绝对量来看，我国有越来越多的工业产品产量位居世界前列，逐步成为世界工业大国（参见表3-4-11）。中国主要工业品数量上的优势日益显著。以钢产量为例，2002年中国为美国的1.81倍，2011年中国已经成为美国的7.92倍。2002年中国的钢产量为俄罗斯的2.81倍，2011年中国的钢产量为俄罗斯的9.99倍。2002年中国的钢产量为日本的1.70倍，2011年中国的钢产量为日本的6.35倍（参见表3-4-12）。从煤炭产量看，2002年中国的煤炭产量为美国的1.36倍，2011年中国的煤炭产量已经成为美国的3.01倍。2002年中国的煤炭产量为俄罗斯的5.40倍，2011年中国的煤炭产量为俄罗斯的8.94倍。2002年中国的煤炭产量为印度的3.85倍，2011年中国的煤炭产量为印度的5.70倍（参见表3-4-13）。从发电量来看，2002年中国的发电量为俄罗斯的1.86倍，2011年为俄罗斯的 3.92 倍。2002 年中国的发电量为日本的 1.77 倍，2011 年为日本的 4.07 倍（参见表 3 - 4 - 14）。从汽车产量看，2002 年中国的汽车产量为美国的 28%，2011 年中国的汽车产量已经成为美国的 2.13 倍。2002 年中国的汽车产量为俄罗斯的 2.83 倍，2011 年中国的汽车产量为俄罗斯的 9.26 倍。2002 年中国的汽车产量为日本的 32%，2011 年中国的汽车产量为日本的 2.19 倍。2002 年中国的汽车产量为德国的 24%，2011 年中国的汽车产量为德国的 2.92 倍。2002 年中国的汽车产量为法国的 90%，2011 年中国的汽车产量为法国的 8.22 倍（参见表 3 - 4 - 15）。

表 3 - 4 - 11　　　　　　中国工业主要产品产量居世界的位次

项目	2000 年	2005 年	2010 年	2011 年
粗钢	2	1	1	1
煤	1	1	1	1
原油	5	5	4	4
发电量	2	2	1	1
水泥	1	1	1	1
化肥	1	1	1	-
棉布	2	2	1	1

资料来源：国家统计局：《国际统计年鉴 2013》，中国统计出版社 2013 年版，第 4 页。

表 3 - 4 - 12　　　　　　世界主要国家钢产量对比

年份	中国（万吨）	中国/美国	中国/俄罗斯	中国/日本	中国/德国	中国/英国	中国/法国	中国/印度
2002	18237	1.81	2.81	1.70	4.20	16.85	8.94	10.82
2003	22234	2.21	3.55	2.02	5.19	17.29	10.96	137.25
2005	35324	3.78	5.34	3.15	7.98	26.66	18.18	9.28
2006	42270	4.29	5.99	3.64	9.09	23.65	21.28	9.61
2007	48701	5.01	6.73	4.05	10.03	33.66	25.30	9.17
2008	49790	5.44	7.17	4.19	10.86	—	27.85	9.04

续表

年份	中国（万吨）	中国/美国	中国/俄罗斯	中国/日本	中国/德国	中国/英国	中国/法国	中国/印度
2009	56640	9.71	9.57	6.48	17.33	57.21	44.11	198.04
2010	62650	7.77	9.37	5.72	—	64.06	40.63	192.18
2011	68327	7.92	9.99	6.35	—	71.77	—	—

资料来源：根据历年《国际统计年鉴》相关数据整理。

表 3 - 4 - 13　　　　　　　　世界主要国家煤炭产量对比

年份	中国（万吨）	中国/美国	中国/俄罗斯	中国/德国	中国/英国	中国/法国	中国/印度
2002	138000	1.36	5.40	6.64	42.96	397.69	3.85
2003	166700	1.55	6.06	9.31	59.03	744.20	4.45
2005	220500	1.95	9.95	78.69	110.25	3614.75	5.55
2006	205546	1.77	6.65	10.22	113.75	11419.22	4.56
2007	230675	2.01	7.34	11.42	135.45	—	4.82
2008	258566	2.21	7.93	13.47	144.29	—	5.01
2009	298399	2.78	10.00	16.27	166.98	21314.21	5.36
2010	298399	2.75	9.21	16.56	165.14	11476.88	5.36
2011	298399	3.01	8.94	15.83	162.70	—	5.70

资料来源：根据历年《国际统计年鉴》相关数据整理。

表 3 - 4 - 14　　　　　　　　世界主要国家发电量对比

年份	中国（亿度）	中国/美国	中国/俄罗斯	中国/日本	中国/德国	中国/英国	中国/印度
2002	16540	0.44	1.86	1.77	2.93	4.72	3.12
2003	19106	0.52	2.09	2.08	3.37	5.41	3.61
2005	25003	0.62	2.63	2.87	4.69	5.97	4.19
2006	27494	0.68	2.77	3.15	5.09	6.89	4.22
2007	31806	0.76	3.13	3.20	6.08	8.79	4.58
2008	33923	0.83	3.27	3.42	6.49	9.55	4.72

续表

年份	中国（亿度）	中国/美国	中国/俄罗斯	中国/日本	中国/德国	中国/英国	中国/印度
2009	36213	0.92	3.65	3.95	7.64	10.64	4.79
2010	41273	1.00	3.98	4.44	—	11.87	—
2011	41273	0.99	3.92	4.07	8.93	11.87	—

资料来源：根据历年《国际统计年鉴》相关数据整理。

表 3 - 4 - 15　　　　　　　世界主要国家汽车产量对比

年份	中国（万辆）	中国/美国	中国/俄罗斯	中国/日本	中国/德国	中国/英国	中国/法国	中国/印度
2002	325	0.28	2.83	0.32	0.24	1.79	0.90	4.33
2003	444	0.08	4.40	0.52	0.86	2.66	1.40	6.00
2005	570	0.48	4.22	0.53	0.99	3.17	1.61	3.48
2006	728	0.65	4.85	0.63	1.25	4.41	2.30	3.71
2007	728	0.65	4.64	0.65	1.12	4.21	2.47	3.68
2008	728	0.65	2.48	0.37	0.66	2.52	1.70	2.42
2009	728	0.65	2.48	—	—	—	—	—
2010	1932.5	3.54	7.99	1.16	1.74	7.60	—	4.22
2011	1842	2.13	9.26	2.19	2.92	12.62	8.22	4.69

资料来源：根据历年《国际统计年鉴》相关数据整理。

工业的高速增长保持了中国经济的较快发展，带动了整个经济的赶超。从 GDP 来看，中国 1998 年 GDP 分别占美国的 11.3%、日本的 25.5%、德国的 45.9%、英国的 62.8%、法国的 68.5%，2005 年超过法国、2006 年超过英国、2007 年超过德国、2010 年超过日本，2011 年达到美国 GDP 总量的 48.8%。进一步拉大了与印度、巴西等发展中大国的差距，1998 年中国 GDP 总量是印度的 247.5%，是巴西的 119.1%，2011 年分别是印度的 415.4%，巴西的 289.4%（参见表 3 - 4 - 16）。

表 3 – 4 – 16　　　　　　　中国与世界大国 GDP 的比重　　　　　单位：%

年份	中国/美国	中国/日本	中国/德国	中国/英国	中国/法国	中国/印度	中国/巴西	中国/俄罗斯
1998	11.3	25.5	45.9	62.8	68.5	247.5	119.1	379.8
2000	11.8	24.8	62.1	73.5	88.9	262.1	184.8	466.4
2001	12.6	31.1	68.7	82.6	97.3	279.6	239.4	436.9
2002	13.4	35.7	70.7	83.2	98.4	289.4	289.5	425.7
2003	14.4	37.3	66.3	81.5	90.2	276.9	297.4	385.8
2004	15.9	40.6	69.4	81.5	92.4	279.5	292.1	330.8
2005	17.5	48.1	79.9	90.7	104.1	282.6	256.4	299.2
2006	19.9	60.7	91.7	102.2	118.7	299.0	248.5	278.0
2007	24.5	78.7	103.3	115.5	133.7	295.7	254.3	273.3
2008	31.2	91.3	122.5	159.1	157.6	387.4	271.1	276.9
2009	35.4	97.7	149.5	214.4	189.9	386.0	306.5	417.9
2010	40.8	107.0	178.5	249.9	230.9	368.3	276.2	400.1
2011	48.8	123.0	201.5	289.1	264.6	415.4	289.4	369.1

资料来源：根据世界银行数据整理。

　　1998 年之后，中国工业化克服内需不足的困扰，工业进入了新一轮高速发展阶段，2011 年中国工业产值超过美国，成为世界第一大工业国，成为"世界工厂"。在这一轮工业高速发展过程中，重化工业又取得了较快的发展，在工业中的比重进一步上升。但中国工业粗放型发展的模式还有待进一步转变。

第四章

从工业大国迈向工业强国
（2012～2019 年）

经过改革开放 30 多年工业化的快速推进，中国进入了工业化的中后期，已经逐步实现了从农业大国向工业大国的转变，但如何从工业大国向工业强国迈进仍然任重道远。随着 2012 年中国经济发展进入新常态，工业化的发展环境发生了新的变化。中国政府通过供给侧结构性改革推动工业的转型升级，并且提出"一带一路"倡议、自贸区战略等重大举措，为中国工业发展提供了更广阔的空间。

第一节　经济新常态与大国工业发展的环境变化

虽然 2002 年开始中国进行了新型工业化道路的探索，但 21 世纪以来，为保持工业较高速度发展，我国依旧依靠大规模要素（主要包括物质资本和劳动力）投入、物资消耗来实现工业发展，转变工业经济粗放型的发展方式仍然任务艰巨。2012 年以来中国经济开始从高速向中高速转变，中国经济发展进入新常态，中国工业发展的环境也发生了新的变化，原有的发展方式越来越难以维系。

一、中国工业发展成本不断上升

1. 劳动力成本不断上升。

中国是一个人口大国，改革开放以来，我国廉价的劳动力是保持中国工业竞争力的重要比较优势。但随着我国进入中等收入国家，我国人口结构发生变化，中国劳动力成本面临不断提升的压力。

　　与发达国家相比，中国制造业低成本的优势不断丧失。2005 年，中国制造业小时劳动力成本约为同期美国制造业小时劳动力成本的 4.58%、德国的 3.54%、日本的 5.31%，2013 年这一比例分别上升到 11.15%、8.69% 和 11.27%。与东南亚国家相比，2005 年中国制造业小时劳动力成本为 1.33 美元，低于同期的泰国（3.42 美元）和菲律宾（2.05 美元），2013 年中国制造业小时劳动力成本比菲律宾高 1.88 美元，比泰国仅低 0.62 美元。[①] 随着中国老龄化趋势加剧和全面二孩政策的执行，预期短期内人口红利将显著下降，未来劳动成本估计还将继续上升（对劳动力成本的进一步讨论参见第六章）。

　　2. 能源、资源、环境压力不断增大。

　　中国虽然地大物博，但是人口众多，人均资源不足长期困扰中国的发展。为刺激中国高速增长，我国在改革开放之后选择了粗放型的经济发展方式。在刺激 GDP 高速发展的同时，也带来了能耗大、排放高、污染重等问题。1996 年开始中国就是钢铁生产第一大国，但中国钢铁行业是典型的高耗能行业。2009 年，美国和德国吨钢二氧化碳排放量约为 1.3 吨，日本吨钢二氧化碳排放量约为 1.6 吨，韩国吨钢二氧化碳排放量约为 2.2 吨，而中国吨钢二氧化碳排放量则高达 3.8 吨。钢铁行业的能源利用效率依然较低。中国重点大中型钢铁企业的吨钢能耗比日本高约 10%；吨钢废水排放量高约 56%；吨钢工业粉尘排放量高约 50%。[②] 以钢铁工业为代表的高耗能产业的扩张，对我国资源、能源与环境带来了较大的压力。

　　工业粗放型的发展方式提高了我国经济发展的成本，为大国经济安全埋下隐患。例如，钢铁行业粗放式的高速增长带来了世界性的铁矿石价格上涨。铁矿石作为钢铁冶炼的主要原料之一，其投入资金额度占整个钢铁产品成本的 37%～38%，因此铁矿石的价格变化对钢铁企业产品成本的影响作用是举

　　① 钱诚：《中国薪酬发展报告（2017）》，社会科学文献出版社 2018 年版，第 20 页。
　　② 江飞涛：《中国产业竞争力报告（2012）No. 2》，社会科学文献出版社 2011 年版，第 9 页。

足轻重的，直接关系到企业的市场竞争力。[①] 中国铁矿资源丰富但品位低，国内产量增长无法满足急剧增长的铁矿石需求，随着钢铁工业规模的扩张，必须大量通过进口弥补需求。2003～2008 年 5 年间，进口铁矿石涨价高达 4.6 倍，中国钢企仅因价格上涨就多支出了 7000 多亿元，相当于同期中国钢铁企业利润总和的两倍多。[②]

石油安全是中国经济安全的关键，石油安全存在的隐患随着中国工业总量的扩大而加剧。一方面，重化工业重启推动了石油需求持续增长；另一方面，国内原油产量近年来持续下降，2015～2017 年国内石油产量为 2.15 亿吨、1.97 亿吨和 1.92 亿吨[③]，中国石油不得不通过大量进口，对外依存度不断增加。我国石油 2009 年对外依存度首次超过 50%，超过国际石油对外依存度的警戒线，2011 年首次超过美国达到 55.2%，而后逐年攀升，2017 年达到 67.4%。石油对外依存度的快速上升，除了能源安全的担忧，石油高度对外依存还将使得国内经济更容易受到国际油价波动的冲击。

在中国经济总量较小的时候，生态环境脆弱等问题还不凸显，但随着经济总量的增大，资源约束的瓶颈则日益凸显。2011 年中国淡水、海水、大气和农业等都面临严重污染，监测的 468 个市（县）中，出现酸雨的市（县）227 个，占 48.5%。[④] 大量的土地被工业固体废弃物[⑤]占用，大量有毒废渣在自然界的风化作用下，到处流失，对土壤、水、大气都造成污染。[⑥] 中国大气污染特征已由煤烟型向复合型转变，以 PM2.5 为主的区域性大气细颗粒物污染及其形成的长时间灰霾天气已渐成常态。环保部 2012 年更新的《环境空气质量标准》增设 PM2.5 平均浓度限值，统计显示，中国 60% 的地级以上城市、76% 的环保重点城市没有达标。从区域来看，全国已经形成四个明显的

---

① 赵娴、车卉淳：《产业经济热点问题研究（2010）》，社会科学文献出版社 2012 年版，第 32 页。

② 苏振锋：《我国大宗商品国际定价权困境成因及其解决路径探析》，载《经济问题探索》2011 年第 4 期。

③ 林伯强：《石油安全亟须高度关注》，载《中国证券报》2018 年 2 月 14 日。

④ 张弥：《社会主义生态文明的内涵、特征及实现路径》，载《中国特色社会主义研究》2013 年第 2 期。

⑤ 工业固体废弃物主要包括工业生产过程中排入环境的各种废渣、粉尘及其他废物。

⑥ 环境保护部：《2010 年中国环境状况公报》，载《环境经济》2011 年第 7 期。

灰霾区域，分别是京津冀地区、长三角地区、四川盆地和珠三角地区，① 这些地方又都是中国工业生产的重镇。

二、自主创新与品牌建设有待提高

虽然我国已经成为"世界工厂"，但是自主创新能力不强与品牌建设不足严重困扰我国工业的发展。

1. 自主创新能力不足。

改革开放之初，由于与西方发达国家技术水平有较大差距，当时我国主要通过技术引进、模仿与吸收，实现了较快的技术进步。但随着我国技术发展水平日益提高，与西方发达国家差距日益缩小，通过技术引进实现技术进步的空间日益狭小。

虽然我国已经成为机械生产工业大国，但仍然不是生产强国。中国机械工业在国际产品分工中处于加工组装环节，进口零部件、出口产成品。1995年，在中国机械产品进口和出口中，零部件所占比重基本相当，在35%左右。而21世纪以来，国际生产网络中的组装环节大量向中国转移，2000年中国机械产品进口额中零部件所占比重接近60%，2013年为66.87%；但中国机械产品出口额中零部件所占比重一直没有超过40%。② 中国装备制造业存在低端产能过剩，但高端产能不足，核心零部件受制于人，基础制造业工艺落后以及关键材料依赖进口等问题。2004~2009年，我国高技术制造业的平均产值增加率不到美国的50%、德国的60%，约为日本的63%和韩国的86%。③

2. 自主品牌建设有待提高。

根据汤森路透的研究报告，2012年以专利为主要指标的全球创新企业百强排名，中国企业无一上榜，以知名商标为主要指标的世界品牌100强当中，

---

① 秦海波：《环境治理研究：以社会—生态系统为框架》，社会科学文献出版社2018年版，第31页。
② 王燕梅：《中国产业竞争力报告（2014）No. 4》，社会科学文献出版社2014年版，第114－115页。
③ 李佐军：《供给侧改革》，机械工业出版社2016年版，第118页。

中国仅有 4 个。虽然我国凭借廉价的成本成为"世界工厂"，但由于缺乏自主创新能力和品牌建设，我国仍处于附加值较低的加工领域。在 2010 年中国成为全球第二大经济体以后，其制造业品牌贡献值仅仅是 17% 左右，而日本位居全球第二大经济体时的制造业品牌贡献值稳定在 30% 左右。[①]

以汽车为例，世界汽车制造强国在本国市场中自有品牌的市场占有率很高，2015 年前后，德国和日本市场自有品牌都高达 95% 以上，而中国自有品牌还不到 40%，且产品都属于中低档次。在进入世界 500 强的中国企业中，有 64% 的企业没有对自有品牌进行全面保护，全球知名品牌中的中国品牌还很少，与制造大国地位不匹配。[②]

三、外需受到挤压

改革开放以来，尤其是加入 WTO 之后，外需长期是拉动我国经济增长的重要动力。但经济发展进入新常态，我国外需受到美国等发达国家以及印度、越南等发展中国家在高端与低端的双重挤压。

1. 高端市场竞争压力增大。

美国"再工业化"、德国"工业 4.0 版"将在高端市场对中国产业结构升级带来较大的压力。2008 年金融危机之后，发达国家普遍受到冲击，以先进制造业为代表的实体经济重新受到美国、德国等发达国家的重视。在新一轮产业升级的契机下，先发国家积极推动产业升级，抢占价值链的制高点。

美国提出了"再工业化"战略。所谓"再工业化"（reindustrialization）不是简单地实现工业回归，而是要推动创建一个以先进技术为特征的现代化工业体系。[③] 美国"再工业化"将"创新"置于首位，将推动产业结构朝着具有高附加值、知识密集型、以技术创新为主的产业结构转换，从而为美国经济增长注入新的活力。美国提出的工业互联网，将机器、设备和网络在更

---

① 汪同三：《中国品牌战略发展报告（2016）》，社会科学文献出版社 2016 年版，第 45 页。
② 岳孜：《〈中国制造 2025〉背景下制造业智能化发展分析》，载《社会科学战线》2016 年第 11 期。
③ 林珏：《经济转型：国际比较的视角与国家案例》，社会科学文献出版社 2016 年版，第 16 页。

深层次与信息世界的大数据和分析连接在一起，带动工业革命和网络革命两大革命性转变。

作为世界制造强国的德国，在 2011 年的汉诺威博览会上，第一次提出了"工业 4.0"的概念。两年后德国政府将其纳入高科技战略的框架之下，并制定了一系列相关措施。德国大概有 1500 万个工作岗位直接或间接服务于制造业，这也是制造业在德国经济和社会中占有重要地位的表现。德国在技术密集型商品和设备方面居于世界领先地位，尤其在如汽车制造、机械制造、化学工业和电气工程等高科技领域能力卓越。制造业的研发支出占国内研发总支出的比例相当高。大约半数的国际市场领先者来自德国的中小企业（"隐形冠军"），它们在各自经济领域中具有极强的创新能力。① 在 2012 年联合国工业发展组织（UNIDO）发布的工业竞争力指数排名中，德国位居全球榜首，紧随其后的是日本、美国、韩国和中国。这 5 个国家创造了全球制造业58% 的价值。德国的工业竞争力主要体现在其极强的出口能力和全球市场占有率上。②

德国"工业 4.0"的核心是建设信息物理系统（CPS）。德国"工业 4.0"将向实现物体、数据以及服务等的无缝连接和互联网方向发展，生产模式将从"集中型"向"分散型"范式转换。③ 德国"工业 4.0"将使生产灵活化和智能化，实现生产过程的智能控制、生产的最优决策和成本的最小化。另外，它的工程和流程可以满足消费者个性化的需求，并创造出新的商业模式，创造一个新的市场，并且能够通过提高资源和能源的生产率，应对气候变化、环境污染等问题。它还可以通过智能化的辅助系统，使人类的劳动生命延长，分散化的生产模式能够达到工作和生活的平衡，创造一种新的工作与生活结合的模式，这也可以用来更好地应对人口老龄化带来的挑战。④ 美国、德国等世界制造强国对先进制造业的重视给中国的工业升级带来较大的压力。

①② 裴钢、江波、（德）辜学武等：《德国创新能力的基础与源泉（汉德对照）》，社会科学文献出版社 2016 年版，第 9 页。
③ 中国国际经济交流中心：《中国智库经济观察（2015）》，社会科学文献出版社 2016 年版，第 6 页。
④ 史世伟、寇蔻：《德国发展报告（2015）》，社会科学文献出版社 2015 年版，第 21 页。

2. 中国制造业在低端海外市场竞争加剧。

发展中国家在低端市场形成对中国的挤压。中国不仅劳动力成本上升，与东南亚等发展中国家相比，廉价劳动力的优势逐步削弱。而且这些国家的其他要素成本与中国相比也体现出了较强的优势。越南厂房租金只相当于中国国内的1/3左右，柬埔寨土地价格只需1美元/平方米。①中国过去凭借廉价的成本在低端制造方面形成的竞争力，受到严峻的挑战。

劳动密集型的纺织业曾是中国具有国际竞争力的重要产业，但近年来受到较为严峻的挑战。中国2010年在美国服装市场所占份额为39%，在2014年中期时已经跌破37%，而越南在美国服装市场的份额已经攀升至10%以上。2000年全球耐克鞋有四成产自中国，越南不足一成半，但2010年以后，越南已取代中国成为该鞋最大生产国。美国时装业协会主席茱莉亚·修斯（Julia Hughes）认为，现在"越南制造"的成本比"中国制造"低，跨太平洋伙伴关系协定（TPP）生效后，可能提供12%~32%的减税待遇。②

广东曾凭借劳动密集的优势，负责电子IT产业的组装加工环节，其电脑配件的生产占全世界的60%，电子配套能力占全世界的90%以上，③然而随着广东的劳动力成本上升，许多电子企业开始将生产环节转移到东南亚国家。越南成为承接电子产品加工制造业的重要目的地，三星、微软、英特尔、LG等世界著名电子企业纷纷在越南投资设厂，将生产线搬迁到越南。据越南媒体报道，三星公司在北宁省和太原省投资额高达75亿美元，主要生产手机；LG在海防市投资15亿美元，主要生产手机和家电；微软公司在北宁省投资3.02亿美元。2015年10月，苹果公司在胡志明市正式注册成立越南苹果有限责任公司。④

印度作为人口大国，不仅凭借劳动力的成本优势与我国竞争，还积极利用其在电子科技、IT领域的优势，推动产业结构升级。例如，2014年10月，

①③ 王晓萍、胡峰：《中国代工制造业向东南亚转移的驱动机制研究》，载《对外经贸》2014年版第4期。

②④ 谢林城：《越南国情报告（2016）》，社会科学文献出版社2016年版，第18页。

印度政府发布了物联网策略，目标是 2020 年培育实现 150 亿美元的物联网产业。这项战略被认为是"印度制造"与"数字印度"之间的纽带。[①] 发展中国家工业的追赶，给我国现有工业发展模式带来较大的竞争压力。

第二节　供给侧结构性改革与大国工业转型升级

2015 年 11 月，习近平总书记在中央财经领导小组第十一次会议上讲话，首次提出"供给侧结构性改革"。2015 年 12 月，中央经济工作会议强调，推进供给侧结构性改革，推动经济持续健康发展。2017 年党的十九大报告指出："建设现代化经济体系，必须把发展经济的着力点放在实体经济上，把提高供给体系质量作为主攻方向，显著增强我国经济质量优势。"[②] 工业是实体经济的主体，供给侧结构性改革又是建设现代化经济体系的主线，近年来供给侧结构性改革推动了中国工业的转型升级。

一、大国工业发展的"去产能"与"降成本"

随着经济进入新常态，我国政府提出了供给侧结构性改革，"三去一降一补"（即去产能、去库存、去杠杆、降成本、补短板）五大任务从短期看是供给侧结构性改革的重要任务。"去产能"是供给侧结构性改革的重中之重，这一重要任务主要就是针对工业行业的产能过剩。当前工业发展面临的重要考验就是发展成本的不断增高，"降成本"成为我国在新的历史条件下，推动工业发展的重要手段。

（一）重点工业行业的"去产能"

我国当前的产能过剩不仅是市场经济下供求矛盾的表现，还和地方政府

---

① 王喜文：《印度欲抓住工业 4.0 机遇》，载《进出口经理人》2015 年第 6 期。
② 习近平：《决胜全面建成小康社会 夺取新时代中国特色社会主义伟大胜利——在中国共产党第十九次全国代表大会上的报告》，人民出版社 2017 年版，第 30 页。

追求 GDP 增长，维持粗放型经济发展方式密切相关。由于地方政府对 GDP、就业等方面的考虑，对一些本已失去竞争能力的重化工业进行输血，形成了一批"僵尸企业"。而这些"僵尸企业"是带来我国产能过剩的重要原因。单纯依靠市场力量难以实现"去产能"的目标。在较短时间内要实现"去产能"应当发挥政府与市场的两种力量。这一时期，我国加大了对产能过剩矛盾较为突出的钢铁、煤炭等行业的"去产能"。

1. 钢铁行业的"去产能"。

钢铁产业是"去产能"任务的重点之一。钢铁产业为大国工业发展提供基础性的原材料，对建设强大的装备制造业、国防工业、造船工业、建筑业起着重要的作用。钢铁产量水平一度是衡量国家工业化水平高低的重要指标，钢铁产业也是我国长期重点推动的产业。1996 年我国粗钢产量首次突破 1 亿吨，2013 年年底飙升到 7.79 亿吨，占全球粗钢产量近 50%。中国钢铁产能迅速扩张，由此带来的钢铁产能过剩，对国内钢铁价格造成了显著的下行压力。

2015 年，由于钢材市场严重供过于求，国内钢材平均价格连续第四年下降，导致中国一半以上的钢厂陷入亏损。根据官方统计，2015 年国内钢厂的产能利用率下降至 67%，而 2000 年该利用率达到 80% 以上。与此同时，2015 年中国粗钢产量也出现了 30 年以来的首度下滑，产量同比下降 3%。[①] 而钢铁企业生产规模较大，涉及当地的经济增长与就业。在钢铁企业出现亏损的同时，地方政府倾向于通过输血维持已经没有维持自身发展能力的企业继续生产，导致产生了钢铁行业中存在较大数量的"僵尸企业"。根据聂辉华测算，全国行业中"僵尸企业"比例最高的就是钢铁行业，达到了51.43%。[②] 钢铁行业的调整成为我国"去产能"的重点与难点。

工业和信息化部向各地下达 2014 年工业行业淘汰落后和过剩产能目标任务，具体为：炼铁 1900 万吨、炼钢 2870 万吨、铁合金 234.3 万吨。[③] 一批钢

---

① 《"供给侧结构性改革"助力中国钢铁渐入佳境》，载《中国远洋海运》2018 年第 9 期。
② 聂辉华：《我国僵尸企业的现状、原因与对策》，载《宏观经济管理》2016 年第 9 期。
③ 工业和信息化部原材料工业司、冶金工业信息标准研究院、世界金属导报社：《钢铁产业发展报告》，冶金工业出版社 2015 年版，第 287 页。

铁企业对落后产能进行了淘汰。2016 年中国宝武集团合计压减钢铁产能 997 万吨，其中宝钢化解过剩产能 555 万吨，武钢化解过剩产能 442 万吨，为行业"去产能"发挥表率作用。[1] 钢铁生产大省河北在这一时期加快了钢铁减产步伐。"十二五"期间，河北省累计压减炼铁产能 3391 万吨、炼钢产能 4106 万吨，炼钢、炼铁分别占全国"十二五"计划淘汰任务总量的 48% 和 53%。[2]

到 2016 年 10 月底，2016 年 4500 万吨的钢铁产能压减目标已经提前完成。截至 12 月 21 日，全国压减炼铁产能 4629 万吨，转炉产能 9749 万吨，远超国家压减产能的节点目标。钢铁行业实现总体的扭亏为盈。1~10 月，钢铁行业利润为 286.66 亿元，已经由上年的全行业亏损变为全行业盈利。[3]

2. 煤炭行业的"去产能"。

煤炭行业是"去产能"的又一重点。中国是煤炭生产大国，煤炭提供了中国 70% 以上的能源，确保了国家能源的供应安全。但由于生产过剩，煤炭行业亏损严重，2015 年大型煤炭企业亏损面超过 90%，行业利润总额仅 441 亿元，是 2011 年的 1/10。[4] 为解决煤炭企业经营困难的问题，国务院于 2016 年 2 月 5 日发布了《关于煤炭行业化解过剩产能实现脱困发展的意见》，明确了未来 3~5 年，产能退出和减量重组分别为 5 亿吨左右。安全监管总局等部门确定的 13 类落后小煤矿要尽快依法关闭退出。截至 2015 年底，全国煤矿产能总规模为 57 亿吨，违规项目多达 8 亿吨，6 亿吨过剩产能有待退出。[5] 在供给侧结构性改革的推动下，全国煤矿数量由 2016 年初的 12000 多处减少到 2017 年底的 7000 处左右，2016 年和 2017 年已退出煤炭产能 4.93 亿吨/年。[6] 相当一批国有煤矿中的小煤矿关闭，推动了行业的"去产能"任

---

① 宝钢史志编纂委员会：《宝钢年鉴 2017》，上海人民出版社 2018 年版，第 56 页。
② 陈璐：《2019 京津冀协同发展报告》，社会科学文献出版社 2019 年版，第 169 页。
③ 中国国际经济交流中心：《中国经济分析与展望（2016~2017）》，社会科学文献出版社 2017 年版，第 435 页。
④ 吴达：《我国煤炭产业供给侧改革与发展路径研究》，中国地质大学（北京）博士论文，2016 年，第 55 页。
⑤ 吴达：《我国煤炭产业供给侧改革与发展路径研究》，中国地质大学（北京）博士论文，2016 年，第 112、114 页。
⑥ 宋梅、郝旭光、朱亚旭：《我国煤炭产业供给侧结构性改革效果分析》，载《中国煤炭》2018 年第 5 期。

务的完成。

（二）"降成本"与工业发展

在经济新常态下，劳动力、资源、能源等生产要素成本不断上升，中国工业低价发展模式难以维系。而通过改革与技术进步降低工业发展的成本，是新常态下我国政府推动工业发展的重要措施。

供给侧结构性改革要求通过体制改革，降低中国工业发展的成本。2016 年 8 月国务院印发《降低实体经济企业成本工作方案》提出，经过 1～2 年努力，降低实体经济企业成本工作取得初步成效，3 年左右使实体经济企业综合成本合理下降，盈利能力有一定程度的增强。① 中国政府全面推开了营改增试点，降低税收 5000 亿元以上。中国财政科学研究院的调查显示，在"降成本"的政策作用下，企业每百元营业收入中的成本、费用普遍下降。从调查的总样本来看，2015～2017 年，企业每百元营业收入中的成本费用呈下降趋势，由 2015 年的 97.96 元，下降到 2017 年的 97.36 元，年均降幅为 0.31%。② 以厦门市为例，为了降低企业成本，厦门市在全市部门开展涉企收费"地毯式"清理。逐项落实国家、省、市明令取消、停征、免征的行政事业性收费和经营服务性收费。截至 2016 年 9 月，共落实国家、省政策 20 批次。为控制人工成本，厦门降低社会保险费政策，预计每年为企业减负 12.56 亿元；实施阶段性减半征收残疾人就业保障金，预计每年为企业减负 1.6 亿元。为降低企业融资成本，厦门出台《厦门市小微企业还贷应急资金管理暂行办法》，设立还贷应急资金 4 亿元，对发展前景较好、符合国家政策但资金周转暂时出现困难的小微企业按期还贷续贷提供短期垫资服务。③

降低成本还离不开技术进步。尤其是随着劳动力成本不断提高，通过运用机械替代劳动力成为工业企业"降成本"的重要手段。阳煤集团实施"机

① 《国务院关于印发降低实体经济企业成本工作方案的通知》，载《中华人民共和国国务院公报》2016 年第 25 期。
② 刘尚希、王志刚、程瑜、许文：《降成本：2018 年的调查与分析》，载《财政研究》2018 年第 10 期。
③ 王宏森：《厦门降成本评估与政策研究》，社会科学文献出版社 2017 年版，第 217－218 页。

械化换人、自动化减人"，新景煤矿大力实施井下减人和矿井减员"两轮驱动"，打通井下减人和地面减员"两个出口"，2016 年以来单班入井人数从千人以上减至 587 人，并通过井下减人 500 人、矿井减员 629 人，将原煤生产人员效率从 3.7 吨/工提高到 5.6 吨/工，实现了既减人又提效。同煤集团同忻矿上马了智能化工作面，每班定员较普通工作面减少一半，每年可节省 128 万元成本费用；与相同采位条件下工作面相比多采原煤 247 万吨，回收率提高 20.8 个百分点，增效 3 亿元。[①]

二、创新发展与大国工业升级

我国虽然从 2002 年开始了新型工业化的探索，创新能力也有所增强，但是技术水平与发达国家相比仍有较大差距，我国大部分企业仍然处于追踪和模仿阶段。而 2008 年金融危机以后，发达国家开始重新重视工业在国民经济中的地位与作用。美国"再工业化"，德国"工业 4.0"给中国工业升级带来较大的竞争压力。中国要完成工业大国向工业强国的转变，就必须完成由模仿向自主创新的转变。

推进供给侧结构性改革，从根本上来看需要通过创新来引领。党的十八大提出实施创新驱动发展战略，强调科技创新是提高社会生产力和综合国力的战略支撑，必须摆在国家发展全局的核心位置。[②] 党的十八届五中全会把创新发展理念作为五大新发展理念之首。习近平强调，把制造业搞上去，创新驱动发展是核心。[③] 在中国经济进入新常态之后，劳动力等要素成本上升是一个长期的趋势，要保持中国经济在国际中的竞争力，就必须要让劳动生产率的提高超过要素成本的上升。这就要求在新时期，创新应当放在工业发展全局的核心地位，通过夯实工业基础能力，突破关键核心技术，提升自主创新能力，推动中国工业从大国向强国的转变。新时期通过创新，我国工业

---

① 岳福斌：《中国煤炭工业发展报告（2018）》，社会科学文献出版社 2018 年版，第 103 页。

② 《十八大以来治国理政新成就》编写组：《十八大以来治国理政新成就》，人民出版社 2017 年版，第 75 页。

③ 《十八大以来治国理政新成就》编写组：《十八大以来治国理政新成就》，人民出版社 2017 年版，第 123 页。

转型升级初见成效，可以从如下几个方面来认识。

（一）重大技术突破

重大技术突破是提升大国工业竞争的关键。党的十八大以来，战略高技术领域的重大突破亮点纷呈，载人航天、超级计算、高速铁路、航空母舰、大飞机等一批重大成果取得突破，在国际上占据了重要的制高点，推动了中国工业的转型升级。例如，我国油气藏量提高采收率关键技术突破，支撑长庆油田年产油气当量超5000万吨，实现再造一个"西部大庆"。"天河二号"超级计算机连续六次在世界超算500强中名列榜首，在生物医药、工程仿真、智慧城市、新材料等领域广泛应用，已服务国内外500多家用户，应用负荷已达到100%。[1] 我国数控机床领域在多项关键技术和装备方面实现突破，已有38种主机产品达到国际先进水平，中档数控系统国内市场占有率从10%提高到25%，高档数控系统国内市场占有率由不足1%提高至5%以上。搭载自主研发的i5数控平台的智能机床，实现了"在线工厂"和"机床档案"两大应用功能。大型全自动汽车冲压生产线占领了国内80%的市场份额，并成功进军国际高端市场。[2] 光电显示用高均匀超净面玻璃基板关键技术与设备达到国际先进水平；首台拥有完全自主知识产权的200mmCMP商用机填补了国产设备产线验证的空白；全面掌握了±1100kV直流纯SF6气体绝缘穿墙套管制造核心技术，实现了三个"首次"突破，解决了我国±1100kV直流工程发展中核心装备受制于人的瓶颈问题。[3] C919大型客机成功实现首飞，意向订单达600架。高端装备的研发和制造能力补上短板。[4] 华为、中兴、中石油、中铁、百度企业依次位列2016年国内企业研发投入排行榜前五位。以华为为例，2016年华为研发投入达763.9亿元，首次超过百亿美元，投入比

① 《十八大以来治国理政新成就》编写组：《十八大以来治国理政新成就》，人民出版社2017年版，第84页。
② 《十八大以来治国理政新成就》编写组：《十八大以来治国理政新成就》，人民出版社2017年版，第121页。
③ 机械工业经济管理研究院：《中国装备制造业发展报告（2018）》，社会科学文献出版社2018年版，第54页。
④ 机械工业经济管理研究院：《中国装备制造业发展报告（2018）》，社会科学文献出版社2018年版，第87页。

例达到 14.6%，在世界范围内设有 15 个研究院/所、36 个联合创新中心，专利申请总量位居全球第一。[1]

（二）高科技产业发展迅速

高新技术产业由于保持较高附加值（存在垄断利润），成为工业大国争夺的重点领域。在中国传统制造业面临激烈竞争的条件下，高新技术产业还将提升传统产业的竞争力，对于中国从工业大国迈向工业强国有着重要的作用。近年来，我国高技术产业增长速度较快。移动通信产业成功实现赶超。我国从"2G 跟随""3G 突破"向"4G 同步""5G 引领"迈进。华为等创新型企业在全球移动通信产业发展中占据主动地位。[2] 随着制造技术的不断完善和产品需求的增加，2016 年我国工业机器人行业主要上市公司的资产规模达 2835.93 亿元，同比增长 49.70%，增速同比增长 39.70 个百分点。2017 年我国工业机器人行业主要上市公司的资产规模达 3764.56 亿元，同比增长了 32.75%。[3] 工业机器人行业主要上市公司的利润也稳步上升，2014 年利润总额为 73.74 亿元，而 2017 年为 132.57 亿元，上涨了 79.8%。[4] 高技术产业的生产经营在这一时期呈现出显著的增长态势，主营业务收入在 2010 年为 74483 亿元，2016 年上升为 153796 亿元，从分行业的角度来看，高新技术产业无论是企业规模、经营规模还是利润规模都有较快的增长（参见表 4 – 2 – 1、表 4 – 2 – 2、表 4 – 2 – 3）。电子及通信设备制造业是高新技术产业中发展较快的行业，2016 年实现主营业务收入 87304.7 亿元，比 2012 年的 52799.1 亿元增长了 65.4%（参见表 4 – 2 – 2）。

---

① 机械工业经济管理研究院：《中国装备制造业发展报告（2018）》，社会科学文献出版社 2018 年版，第 127 页。
② 机械工业经济管理研究院：《中国装备制造业发展报告（2018）》，社会科学文献出版社 2018 年版，第 86 页。
③ 机械工业经济管理研究院：《中国装备制造业发展报告（2018）》，社会科学文献出版社 2018 年版，第 264 页。
④ 机械工业经济管理研究院：《中国装备制造业发展报告（2018）》，社会科学文献出版社 2018 年版，第 267 页。

表 4－2－1　　　　　　　　高技术产业生产经营情况

指标	2010 年	2011 年	2012 年	2013 年	2014 年	2015 年	2016 年
企业数（个）	28189	21682	24636	26894	27939	29631	30798
从业人员平均人数（万人）	1092	1147	1269	1294	1325	1354	1342
主营业务收入（亿元）	74483	87527	102284	116049	127368	139969	153796
利润总额（亿元）	4880	5245	6186	7234	8095	8986	10302
出口交货值（亿元）	37002	40600	46701	49285	50765	50923	52445

资料来源：根据历年《中国高技术产业统计年鉴》整理。

表 4－2－2　　　高新技术产业分行业经营情况：主营业务收入　　　单位：亿元

行业	2010 年	2012 年	2013 年	2014 年	2015 年	2016 年
医药制造业	11417.3	17337.7	20484.2	23350.3	25729.5	28206.1
航空、航天器及设备制造业	1592.4	2329.9	2853.2	3027.6	3412.6	3801.7
电子及通信设备制造业	35984.4	52799.1	60633.9	67584.2	78309.9	87304.7
计算机及办公设备制造业	19957.7	22045.2	23214.2	23499.1	19407.9	19760.1
医疗仪器设备及仪器仪表	5530.9	7772.1	8863.5	9906.5	10471.8	11651.9

资料来源：根据历年《中国高技术产业统计年鉴》整理。

表 4－2－3　　　高新技术产业分行业经营情况：利润总额　　　单位：亿元

行业	2010 年	2011 年	2012 年	2013 年	2014 年	2015 年	2016 年
医药制造业	1331.1	1606.0	1865.9	2132.7	2382.5	2717.3	3115
航空、航天器及设备制造业	81.3	104.0	121.8	139.3	170.3	196.1	224.4
电子及通信设备制造业	2233.7	2161.9	2679.5	3326.8	3744.4	4348.9	4821.7
计算机及办公设备制造业	690.5	710.4	790.5	810.4	889.2	622.1	819.3
医疗仪器设备及仪器仪表	543.6	662.6	728.7	824.6	908.9	938.8	1099

资料来源：根据历年《中国高技术产业统计年鉴》整理。

（三）创新推动中国传统制造业的升级

中国是一个工业大国，传统制造业长期构成了工业的主要部门，通过创新促进传统制造业的升级成为中国工业现代化的重要途径。例如，实施"数控一代机械产品创新应用示范工程"，通过高校、科研院所与地方政府合作，改造提升纺织、印刷、注塑、汽车零部件等10个传统产业，研制机械设备专用数控系统及相关功能部件150余种，数控化工业缝纫机、环保型卷筒料凹版印刷机等各类数控化机械设备200余种，创造了"产业研究院＋互联网车间"模式，使广大中小型制造企业实现数字化、拥抱互联网、进军智能化，顺应了市场多样化、定制个性化的需求，提升了产品的质量和效益。[1]

中国是一个纺织大国，随着劳动力成本的上升，中国纺织业的竞争力削弱。近年来中国智能化生产线是纺织智能制造的主要内容，改造了传统纺织业的生产技术。例如，经纬纺机公司整合多种资源，推出了全流程的智能化纺纱生产线，已经应用于无锡经纬的2.2万锭和江苏大生的5万锭项目，取得了较好的示范作用。该系统包括粗细络联系统、AGV条桶输送系统、自动码垛打包系统和智能e系统，实现了条桶自动导航搬运。通过轨道将满筒粗纱送至细纱机、管纱全程自动喂给络筒机、筒纱自动码垛打包、设备远程监控等一系列新技术，万锭用工由普通车间的45人减少到20人。[2] 钢铁行业在技术进步的推动下，也进行了转型升级。宝钢实现国内容量最大350吨转炉的自主设计及冷轧全线工程自主集成；薄带连铸技术研发，先后完成若干钢种生产试验，解决一系列生产技术问题和产品质量问题，初步具备商业化技术条件；薄带连铸产线（薄板）首次以单块轧制的方式，连续成功生产出全球最薄热轧带钢——0.8毫米热轧卷。[3]

（四）创新推动中国工业的绿色发展

实现中国工业的绿色发展，是大国工业发展中解决人均资源、能源不足，环境承载力紧张的重要渠道。近年来，我国通过创新提升了工业绿色发展的水平。截至2016年底，我国的风电累计装机容量达149GW，光伏发电累计装机容量达77GW，规模均居世界第一，建成投产世界首个集风电、光伏发电、储

---

① 机械工业经济管理研究院：《中国装备制造业发展报告（2018）》，社会科学文献出版社2018年版，第87页。
② 孙淮滨：《中国纺织工业发展报告（2017—2018）》，中国纺织出版社2018年版，第115页。
③ 宝钢史志编纂委员会：《宝钢年鉴2017》，上海人民出版社2018年版，第72页。

能及智能输电"四位一体"的大规模风光储输示范工程。超超临界二次再热1000 兆瓦发电机组发电煤耗 255. 29 克/千瓦时，创世界燃煤发电效率新纪录。自主设计的第三代核电 CAP1400 和第四代高温气冷堆核电技术，居世界领先水平。[①] 新能源汽车进入快速发展轨道。我国以纯电驱动为核心，打造纯电动、插电/增程式混合动力、燃料电池电动汽车产品和以电池电机电控为关键核心技术的"三纵三横"研发体系，组织国内整车和零部件企业、大学及科研院所，建立了具有自主知识产权的电动汽车动力系统技术研发平台，部分整车及动力电池、永磁电机等零部件产品性能指标已经达到甚至超过国际同类产品。2016 年我国新能源汽车产量超 50 万辆，保有量达 100 万辆，均占世界的 50%[②]，已成为全球最大的新能源汽车推广应用区域，有力促进了产业结构调整和转型升级，为节能减排、改善空气质量、应对气候变化作出重要贡献。

第三节　释放大国开放红利与工业发展

改革开放的历史经验已经证明，大国工业的发展离不开对国际资源与市场的利用。但近年来，中国工业发展的要素成本（如劳动、资源等成本）在不断上升，中国参与全球价值链分工的原有比较优势已经逐渐式微。在更为激烈的国际竞争下，中国政府积极推动了新一轮对外开放，通过"一带一路"倡议、自贸区建设等重大举措，释放大国新的开放红利，为工业发展创造了更好的外部环境。

一、"一带一路"倡议与中国工业发展

习近平指出："中国开放的大门不会关闭，只会越开越大。"[③] 2013 年 9

① 机械工业经济管理研究院：《中国装备制造业发展报告（2018）》，社会科学文献出版社 2018 年版，第 86 页。
② 机械工业经济管理研究院：《中国装备制造业发展报告（2018）》，社会科学文献出版社 2018 年版，第 87 页。
③ 习近平：《决胜全面建成小康社会 夺取新时代中国特色社会主义伟大胜利——在中国共产党第十九次全国代表大会上的报告》，人民出版社 2017 年版，第 34 页。

月 7 日，国家主席习近平在哈萨克斯坦纳扎尔巴耶夫大学发表演讲，提出了共同建设"丝绸之路经济带"的畅想。同年 10 月 3 日，习近平在印度尼西亚国会发表演讲，提出共同建设"21 世纪海上丝绸之路"。这二者共同构成了"一带一路"重大倡议。"一带一路"重大倡议构建了拓展国际交流的重要平台，形成了中国更广泛参与全球经济治理的重要机制。"一带一路"建设将推动我国新时代工业的发展，可以从以下几个方面考察。

（一）"一带一路"为我国工业拓展了共赢发展的新空间

"一带一路"贯穿欧亚大陆，许多沿线国家自然资源丰富。例如，"一带一路"地区原油供需分别约占世界总量的 1/2 和 1/3。原油净出口量超过 1 亿吨的国家达 5 个。"一带一路"地区天然气产量约占世界总量的 50%，天然气需求约占世界总量的 42%。该地区天然气净出口量约 3000 亿立方米。[①] 而一些沿线国家工业化水平落后，基础设施薄弱，资源开发能力有限。在"一带一路"倡议的推动下，我国与"一带一路"沿线国家开展的实质性的合作，不仅推动了沿线地区工业化，也不断打开中国全方位对外开放的新格局，为我国工业进一步发展拓展了新空间。

例如，"一带一路"沿线的中亚四国油气资源极为丰富，油气资源的出口成为中亚四国经济发展的重要支撑，而中国国内能源难以满足经济快速发展产生的极大需求，这为中国至中亚地区的能源运输管道建设提供了良好的契机。目前，中国与中亚四国的能源基础设施联通主要依靠中国—中亚天然气管道，该管道是中国与中亚四国能源建设项目的重中之重。管道全长约 1 万公里，从西向东联通土库曼斯坦、乌兹别克斯坦、塔吉克斯坦、吉尔吉斯斯坦四国，直至中国。中亚天然气管道分 A、B、C、D 四段建设，目前，A、B、C 三条管道线路已分别于 2009 年、2010 年和 2014 年建成投产。中国与吉尔吉斯斯坦、乌兹别克斯坦和塔吉克斯坦正在进行 D 线建设，D 线的可行性

---

① 中国石油化工集团公司经济技术研究院：《中国石油产业发展报告（2018）》，社会科学文献出版社 2018 年版，第 269－270 页。

研究和初步设计已经启动，且初步设计于2017年8月通过审查。①

又如，蒙古国幅员辽阔，境内约有5万公里里程的各类公路，其中1万多公里为国家级公路，但仅有2000多公里为柏油路面；境内仅有1811公里的乌兰巴托铁路；交通建设的落后严重制约了蒙古国经济发展，尤其是矿产品出口贸易的发展。俄罗斯虽属发达国家，但其东部基础设施相较于西部落后很多，尤其是其远东地区，地广人稀、基础设施落后、经济发展不足。②2017年，中蒙俄大规模基建项目建设稳步推进。铁路建设方面，在中俄之间，滨洲铁路向北经赤塔与俄罗斯西伯利亚大铁路相连；莫斯科—喀山高铁项目已完成设计工作；贝加尔—阿穆尔铁路以及跨西伯利亚铁路已收到73亿美元资金用于现代化改造。在中蒙之间，白阿铁路、长白铁路如期转线贯通，作为"两山"铁路的后方通道，经过珲春—长春—乌兰浩特—阿尔山—乔巴山市—俄罗斯赤塔等地，和俄罗斯远东铁路连接，将带动沿途贸易的发展。③

2017年4月，中国与印度尼西亚企业合作建设的雅加达至万隆高速铁路进入全面实施阶段。雅万高铁是印度尼西亚的首条高速铁路。④基础设施的兴建将对我国钢铁、工程设备带来强劲的需求。据测算建设"一带一路"沿线国家将涉及2.6万公里的高铁，预期将消耗8580万吨钢。油气管道建设也将带来大量的钢材需求。⑤

（二）"一带一路"建设将助推中国工业的国际合作，形成新的产业链

改革开放以来，中国融入世界经济，加入了发达国家主导的全球商品链，中国的本土企业主要凭借成本优势，从事加工、制造、装配等低附加值的生产活动，而发达国家的企业则主导全球价值链（Global Value Chains，GVCs）

① 牟沫英、南雁冰、张耀旋：《"一带一路"建设：中国与周边地区的经贸合作研究（2016 - 2017）》，社会科学文献出版社2017年版，第262页。
② 胡杨、陈星霓：《"一带一路"产业合作发展报告（2017 - 2018）》，社会科学文献出版社2018年版，第47 - 48页。
③ 胡杨、陈星霓：《"一带一路"产业合作发展报告（2017 - 2018）》，社会科学文献出版社2018年版，第48页。
④ 《中国装备制造业2017》，社会科学文献出版社2018年版，第364页。
⑤ 杨婷：《"一带一路"倡议下绿色钢铁产能合作路径探讨》，载《冶金管理》2018年第9期。

价值增值的较高的生产环节。[①] 随着中国经济体量的不断扩大，国内要素成本的不断攀升，在发达国家主导的价值链中进行攀升遇到了"天花板"，应当凭借中国自身的大国地位积极构建引领自己主导的全球价值链。[②] "一带一路"将加强我国与周边国家的合作，为打造我国主导的全球价值链提供难得的历史契机（参见表4-3-1）。在"一带一路"倡议的推动下，中国企业的国际合作取得了一些成绩。例如，中国和白俄罗斯合作建立的中白工业园，总面积91.5平方公里，是截至目前中国境外最大的经贸合作区。[③]

表4-3-1　　中国与"一带一路"沿线具有代表性国家的产业对接潜力

工业化阶段	国家	供给	需求	类型	与中国关系
中后期	中国	劳动、资本密集，高技术含量	资源、资本密集，高技术含量	劳动、技术换资源、技术	—
前期	尼泊尔	劳动密集型	资本、技术密集型	劳动换资本、技术	产品间互补
初期	越南、印度	劳动、资源密集型	资本密集型	劳动、资源换资本	产品间互补
中期	乌克兰、埃及	资源密集型	资本、技术密集型	资源换资本、技术	资源互补
中后期交界	哈萨克斯坦	资源密集型	资本密集、高技术含量	资源换技术	资源互补
后期	土耳其、匈牙利	资本密集、高技术含量	资源密集型、原料类	技术换资源	产品内互补

资料来源：根据黄群慧：《"一带一路"沿线国家工业化进程报告》，社会科学文献出版社2015年版，第27页改编。

---

① 刘志彪、吴福象：《"一带一路"倡议下全球价值链的双重嵌入》，载《中国社会科学》2018年第8期。
② 洪俊杰、商辉：《中国开放型经济的"共轭环流论"：理论与证据》，载《中国社会科学》2019年第1期。
③ 李永全：《"一带一路"建设发展报告（2017）》，社会科学文献出版社2017年版，第184、195页。

（三）"一带一路"倡议将为内地工业发展创造更好的环境

中国对外开放 40 年呈现出"非梯度"的特征，由于我们对外开放起步于融入发达国家的价值链分工，东部沿海地区在开放中占据了先发优势。而在市场"马太效应"的作用下，区域差距不断拉大。"一带一路"将形成中国开放的新格局，使中国西部从开放"末梢"变成开放前沿，形成工业经济新的经济增长极。

青海省高度重视与中亚、南亚等国家的交流与合作，通过相继举办"青洽会""藏毯展""清食展"等展会，大力开展与相关国家的交流和合作。自2014 年以来，连年举办"中国（青海）丝绸之路经济带经贸合作圆桌会议"，就"一带一路"建设中与沿线国家和地区的人文、经贸交流合作展开对话和交流。通过"中国（青海）国际清真食品及民族用品展览会"，先后与吉尔吉斯斯坦、土耳其、土库曼斯坦、尼泊尔、塔吉克斯坦等国家在旅游、新能源、特色毛纺等行业达成了一系列经贸合作。[①]

陕西省工业门类齐全、科技人才丰富，在"一带一路"推动下，陕西企业"走出去"步伐加快。陕西在农业、能源化工和重大装备制造领域的国际产能合作取得了明显成效。爱菊集团在哈萨克斯坦投资的中哈爱菊农产品加工园区被列入"中哈产能与投资 52 个合作项目清单"；法士特集团泰国公司产品将辐射整个东盟市场；陕鼓集团收购捷克 EKOL 汽轮机公司；陕煤化控股建设的中大石油炼油项目在吉尔吉斯斯坦投产运行，实现了该国石油工业突破。建设国际产能合作中心，陕西"走出去"与"引进来"并重。俄罗斯国家主权基金中俄投资基金、启迪控股股份有限公司在陕西渭南签约建设国际技术转移与军民融合示范项目——中俄国际产业园。"两国双园"有效配置资源，发挥各国家的资源、产业、区位和市场优势。"一带一路"倡议提出以来，陕西重点建设了中俄丝路创新园和中哈元首苹果友谊园两个"两国

---

① 李永全：《"一带一路"建设发展报告（2018）》，社会科学文献出版社 2018 年版，第 97 页。

双园"项目，均取得良好成效。[①]

二、自贸区与中国工业升级

在新的发展阶段，中国政府为适应国内外局势的变化，还积极探索了自贸区的建设。自贸区建设一方面加快改革，加速构筑全球自贸区网络建设，以开放型竞争带动产业链的全面升级；另一方面在内地设定自贸区，进一步推动内地开放水平，为内地工业升级注入活力。

（一）上海自贸区的探索

2013 年 9 月 29 日，中国（上海）自贸试验区挂牌启动。国务院批准的上海自贸区，推行贸易自由化（即没有海关监管、查禁、关税干预下的货物自由进口、制造和再出口）；投资的自由化（全面实施准入前国民待遇和负面清单管理。非禁即入，除了负面清单规定不能干的，其他都可以干）；金融国际化；行政的精简化。[②] 2013 年，上海自贸试验区制定了首份负面清单，开放度达 80%，大大精简了外商投资准入特别管理措施。[③] 上海自由贸易试验区于 2015 年 4 月 27 日正式扩区，由原来的 28.78 平方公里，扩大到 120.72 平方公里。2015 年扩区后的自贸区以十分之一的面积创造了浦东新区四分之三的生产总值，以五十分之一的面积创造了上海市四分之一的生产总值。[④]

上海自贸区与"一带一路"建设相互促进。2016 年上海自贸区对"一带一路"沿线 25 个国家和地区投资了 108 个项目，中方投资额达 26.3 亿美元。上海自贸区服务全国的平台效应显现，半数以上境外投资企业来自兄弟省市；上海自贸区大型国有企业"走出去"步伐加大，振华重工、锦江集团、上汽

① 李永全：《"一带一路"建设发展报告（2019）》，社会科学文献出版社 2019 年版，第 306 - 307 页。
② 范恒山：《十八大以来我国区域战略的创新发展》，载《人民日报》2017 年 6 月 14 日。
③ 王力：《中国自贸区发展报告（2017）》，社会科学文献出版社 2017 年版，第 252 页。
④ 蒋媛媛：《供给侧改革视角下的上海自贸区发展与全球城市建设》，载《上海经济》2017 年第 7 期。

集团、光明集团等均通过自贸区开展境外投资业务，主要投向工程装备、食品、高科技等实体领域。① 上海自贸区建设不仅为东部地区发展注入活力，而且为全国自贸区的建设提供了宝贵的实践经验。

（二）自贸区的扩大

2015 年党中央、国务院决定在广东、天津、福建设立自由贸易区。2016年进一步在辽宁、浙江、河南、湖北、重庆、四川、陕西新设七个自由贸易试验区。自贸区建设的探索，一方面以更高的开放水平推动东部沿海地区的发展，形成了我国新的经济增长点；另一方面自贸区向内地推广，为区域协调发展注入了新的活力。

以西部工业大省四川为例，2017 年 4 月 1 日，中国（四川）自由贸易试验区正式挂牌。目前，四川自贸区包括成都片区（成都高新区、天府新区、青白江区、双流区，总面积约 100 平方公里）、泸州川南临港片区（泸州龙马潭区，总面积约 20 平方公里）两个部分，总面积 120 平方公里。四川省提出了布局"一干多支、五区协同"的整体发展思路。四川自贸区力争到 2022年对外贸易总额突破 1 万亿元。②

中国（辽宁）自由贸易试验区沈阳片区于 2017 年 4 月 10 日正式挂牌，经过一年来的探索与发展，成绩喜人：新注册企业突破 1.5 万户，占全省自贸区新增企业 60% 以上，注册资本超过 1500 亿元。2018 年 1～3 月，沈阳片区内企业实现税收 1.45 亿元，同比增长 73%，自贸试验区建设实现良好开局。扩大招商引资，围绕产业集聚，沈阳片区发布了"重点发展产业目录"，制定了"1＋4"政策支持体系，大力促进先进制造、金融服务、融资租赁、科技创新等产业发展，确保精准招商。启动沈阳自贸区国际商会总部基地建设，举办中俄跨境产业融合大会，与毕马威会计师事务所、仲量联行、沈阳俄丝路电子商务有限公司等 9 家内外资公司签署了项目投资

① 徐奇渊、毛日昇、高凌云、董维佳：《中国自贸区发展评估》，社会科学文献出版社 2018 年版，第 215、217 页。
② 李永全：《"一带一路"建设发展报告（2019）》，社会科学文献出版社 2019 年版，第 264－265 页。

及战略合作协议。[①]

自贸区在更高层次开放，为中国工业发展提供了良好的契机，而且自贸区的分布从上海试点，不断延伸，推动了大国全方位的开放，为内地工业的发展注入活力。自贸区建设与"一带一路"倡议相互配合，加快了我国开放型经济的建设步伐，释放了新的开放红利，为我国新时代下工业转型升级创造了良好的外部环境。

第四节 经济新常态下中国工业化的绩效分析

一、中国工业中高速增长

2012 年以来我国工业依旧保持了较高水平的发展（参见表 4 – 4 – 1），但由于中国工业化进入中后期，从产业结构来看，工业的比重有所下降，2012 年第二产业占 GDP 比重为 45.3%，工业占 GDP 的比重为 38.7%，2019 年第二产业下降为 36.8%，工业比重下降为 30.8%（参见表 4 – 4 – 2）。三大产业吸纳就业结构也同样反映出这一趋势（参见表 4 – 4 – 3）。从工业内部各部门的发展来看，医药制造业、汽车制造业、家具制造业等产业表现出较快的增长（参见表 4 – 4 – 4）。中国的能源消费与排放有所下降（参见表 4 – 4 – 5、表 4 – 4 – 6），工业经济方式转变取得一定的成效。

表 4 – 4 – 1　　　　国内生产总值（现价）（2012~2019 年）

年份	国内生产总值（亿元）	第一产业（亿元）	第二产业（亿元）	工业（亿元）	第三产业（亿元）	人均国内生产总值（元）
2012	540367.4	50902.3	244643.3	208905.6	244821.9	40007.0
2013	595244.4	55329.1	261956.1	222337.6	277959.3	43852.0

---

① 梁启东、魏红江：《2018 年辽宁经济社会形势分析与预测》，社会科学文献出版社 2018 年版，第 350 – 352 页。

续表

年份	国内生产总值（亿元）	第一产业（亿元）	第二产业（亿元）	工业（亿元）	第三产业（亿元）	人均国内生产总值（元）
2014	643974.0	58343.5	277571.8	233856.4	308058.6	47203.0
2015	689052.1	60862.1	282040.3	236506.3	346149.7	50251.0
2016	743585.5	63672.8	296547.7	247877.7	383365.0	53935.0
2017	827121.7	65467.6	334622.6	279996.9	427031.5	59660.0
2018	919281.1	64745.2	364835.2	301089.3	489700.8	65880.3
2019	990865.1	70466.7	386165.3	317108.7	534233.1	70773.6

资料来源：国家统计局编：《中国统计年鉴2020》，中国统计出版社2020年版，第56页。

表4－4－2   国内生产总值构成（2012～2019年）   单位：%

年份	国内生产总值	第一产业	第二产业	工业	第三产业
2012	100.0	9.4	45.3	38.7	45.3
2013	100.0	9.3	44.0	37.4	46.7
2014	100.0	9.1	43.1	36.3	47.8
2015	100.0	8.8	40.9	34.4	50.2
2016	100.0	8.6	39.9	33.3	51.6
2017	100.0	7.9	40.5	33.9	51.6
2018	100.0	4.1	34.4	30.3	61.5
2019	100.0	3.8	36.8	30.8	59.4

资料来源：国家统计局编：《中国统计年鉴2020》，中国统计出版社2020年版，第67页。

表4－4－3   就业人员结构及占比（2012～2019年）

年份	人数（万人）			构成（%）		
	第一产业	第二产业	第三产业	第一产业	第二产业	第三产业
2012	25773	23241	27690	33.6	30.3	36.1
2013	24171	23170	29636	31.4	30.1	38.5

续表

年份	人数（万人）			构成（%）		
	第一产业	第二产业	第三产业	第一产业	第二产业	第三产业
2014	22790	23099	31364	29.5	29.9	40.6
2015	21919	22693	32839	28.3	29.3	42.4
2016	21496	22350	33757	27.7	28.8	43.5
2017	20944	21824	34872	27.0	28.1	44.9
2018	20258	21390	35938	26.1	27.6	46.3
2019	19445	21305	36721	25.1	27.5	47.4

资料来源：国家统计局人口和就业统计司、人力资源和社会保障部规划财务司编：《中国劳动统计年鉴2020》，中国统计出版社2020年版，第8-9页。

表4-4-4　　　　　　　　　工业各行业的增长情况

行业	2017年		2012年		2017年与2012年主营业务收入比值	2017年与2012年利润总额比值
	主营业务收入（亿元）	利润总额（亿元）	主营业务收入（亿元）	利润总额（亿元）		
总计	1133160.76	74916.25	929291.51	61910.06	1.22	1.21
煤炭开采和洗选业	24870.64	2952.69	34049.98	3808.1	0.73	0.78
石油和天然气开采业	7560.07	326.41	11665.27	4048.94	0.65	0.08
黑色金属矿采选业	4064.44	159.92	8758.4	1132.74	0.46	0.14
有色金属矿采选业	5104.15	533.21	5652.83	787.24	0.9	0.68
非金属矿采选业	4239.89	330.07	4211.81	384.75	1.01	0.86
开采辅助活动	1566.71	-93.73	1868.87	37.51	0.84	-2.5
其他采矿业	37.53	1.34	21.21	2.53	1.77	0.53
农副食品加工业	59894.39	3101.24	52145.58	3202.68	1.15	0.97
食品制造业	22140.85	1840.69	15834.33	1423.1	1.4	1.29
酒、饮料和精制茶制造业	17096.2	2006.92	13549.14	1602.36	1.26	1.25
烟草制品业	8890.91	971.45	7571.52	1071.49	1.17	0.91

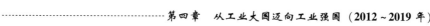

续表

行业	2017 年		2012 年		2017 年与2012 年主营业务收入比值	2017 年与2012 年利润总额比值
	主营业务收入（亿元）	利润总额（亿元）	主营业务收入（亿元）	利润总额（亿元）		
纺织业	36114.43	1913.95	32241.14	1894.25	1.12	1.01
纺织服装、服饰业	20892.12	1213.41	17285.89	1143.69	1.21	1.06
皮革、毛皮、羽毛及其制品和制鞋业	14105.61	910.31	11268.72	822.05	1.25	1.11
木材加工和木、竹、藤、棕、草制品业	12947.89	758.87	10274.88	740.15	1.26	1.03
家具制造业	8787.88	568.55	5669.89	387.05	1.55	1.47
造纸和纸制品业	14840.51	1016.39	12501.49	774.21	1.19	1.31
印刷和记录媒介复制业	7857.66	542.23	4535.43	397.85	1.73	1.36
文教、工美、体育和娱乐用品制造业	15931.04	905.81	10277.38	592.65	1.55	1.53
石油加工、炼焦和核燃料加工业	40331.50	2205.28	39399.01	300.14	1.02	7.35
化学原料和化学制品制造业	81889.06	5840.59	67756.23	4121.61	1.21	1.42
医药制造业	27116.57	3324.81	17337.67	1865.89	1.56	1.78
化学纤维制造业	7916.55	436.56	6744.15	271.15	1.17	1.61
橡胶和塑料制品业	30526.72	1798.06	24156.86	1568.74	1.26	1.15
非金属矿物制品业	59194.51	4383.09	43989.03	3438.24	1.35	1.27
黑色金属冶炼和压延加工业	64571.78	3442.90	71559.18	1698.44	0.9	2.03
有色金属冶炼和压延加工业	54091.07	2011.46	41267.24	1759.89	1.31	1.14
金属制品业	35952.04	1983.66	29069.75	1843.79	1.24	1.08
通用设备制造业	45611.05	3121.86	38043.25	2735.49	1.2	1.14
专用设备制造业	35835.21	2481.57	28711.39	2144.44	1.25	1.16
汽车制造业	84637.11	6890.92	51235.58	4321.20	1.65	1.59
铁路、船舶、航空航天和其他运输设备制造业	16921.12	948.76	15748.38	924	1.07	1.03
电气机械和器材制造业	71683.44	4657.49	54522.61	3419.72	1.31	1.36

续表

行业	2017 年		2012 年		2017 年与 2012 年 主营业务 收入比值	2017 年与 2012 年 利润总额 比值
	主营业务 收入 （亿元）	利润总额 （亿元）	主营业务 收入 （亿元）	利润总额 （亿元）		
计算机、通信和其他电子设备制造业	106221.70	5741.66	70430.07	3194.18	1.51	1.8
仪器仪表制造业	9999.50	887.4	6656.48	575.54	1.50	1.54
其他制造业	2623.22	174.76	2073.61	128.57	1.27	1.36
废弃资源综合利用业	3898.18	227.21	2920.55	162.66	1.33	1.4
金属制品、机械和设备修理业	1077.67	60.57	885.86	45.24	1.22	1.34
电力、热力生产和供应业	57414.41	3469.87	52732.52	2745.78	1.09	1.26
燃气生产和供应业	6305.84	577.78	3358.55	319.45	1.88	1.81
水的生产和供应业	2399.56	290.27	1309.78	72.55	1.83	4

注：2018 年以后统计指标发生变化，无"主营业务收入"这一指标，考虑可比性，使用 2017 年数据。

资料来源：根据历年《中国统计年鉴》整理。

表 4-4-5　　　　　　　　平均每万元国内生产总值能源消费量

年份	能源消费量 （吨标准煤/ 万元）	煤炭消费量 （吨/万元）	焦炭消费量 （吨/万元）	石油消费量 （吨/万元）	原油消费量 （吨/万元）	燃料油 消费量 （吨/万元）	电力消费量 （万千瓦 小时/ 万元）
国内生产总值按 2010 年可比价格计算							
2010	0.87	0.84	0.09	0.11	0.10	0.01	0.10
2011	0.86	0.86	0.09	0.10	0.10	0.01	0.10
2012	0.82	0.84	0.09	0.10	0.10	0.01	0.10
2013	0.79	0.81	0.09	0.10	0.09	0.01	0.10
2014	0.75	0.73	0.08	0.09	0.09	0.01	0.10
2015	0.71	0.66	0.07	0.09	0.09	0.01	0.10
国内生产总值按 2015 年可比价格计算							
2015	0.62	0.58	0.06	0.08	0.08	0.01	0.08
2016	0.59	0.52	0.06	0.08	0.08	0.01	0.08
2017	0.58	0.50	0.06	0.08	0.08	0.01	0.08

续表

年份	能源消费量（吨标准煤/万元）	煤炭消费量（吨/万元）	焦炭消费量（吨/万元）	石油消费量（吨/万元）	原油消费量（吨/万元）	燃料油消费量（吨/万元）	电力消费量（万千瓦小时/万元）
2018	0.56	0.47	0.05	0.07	0.07	0.01	0.09
2019	0.55	0.45	0.05	0.07	0.08	0.01	0.08

资料来源：国家统计局能源统计司：《中国能源统计年鉴2020》，中国统计出版社2021年版，第6页。

表4-4-6　　　　　　　　工业排放情况

年份	工业废气排放总量（亿立方米）	二氧化硫排放			烟（粉）尘排放			本年运行费用（亿元）
		总量（万吨）	工业（万吨）	工业排放占二氧化硫排放总量（%）	总量（万吨）	工业（万吨）	工业排放占烟（粉）尘排放总量（%）	
2012	635519	2117.6	1911.7	90.30	1235.8	1029.3	83.30	1452.3
2013	669361	2043.9	1835.2	89.79	1278.1	1094.6	85.60	1497.8
2014	694190	1974.4	1740.4	88.15	1740.8	1456.1	83.60	1731.0
2015	685190	1859.1	1556.7	83.73	1538.0	1232.6	80.10	1866.0
2016	—	854.9	770.5	90.13	1608.0	1376.2	85.58	2400.4
2017	—	610.8	529.9	86.76	1284.9	1067.0	83.04	1971.2
2018	—	516.1	446.7	86.55	1132.3	948.9	83.80	2177.2
2019	—	457.3	395.4	86.46	1088.5	925.9	85.06	2377.8

资料来源：根据《中国环境统计年鉴2020》相关数据整理。

二、中国工业发展的国际比较

中国主要工业品在国际上继续保持领先地位，粗钢、棉布等重要工业产品的产量这一时期稳居世界第一（参见表4-4-7）。从工业增加值的角度来看，中国2012年工业增加值总量比美国、日本、德国分别高20.5%、133.6%、296.3%，2016年则分别高了27.0%、207.8%、367.2%（参见表4-4-8）。

与世界其他大国相比，中国工业增加值占 GDP 比重仍然保持较高水平，2012年为 45.42%，2019 年为 38.59%；而德国 2012 年为 27.28%，2019 年为27.01%。从工业增加值占 GDP 比重这一维度来看，中国工业化程度也显著高于美国、日本等其他经济体（参见表 4-4-9）。与世界其他大国相比人均工业增加值[①]也增长较快。2012 年我国人均工业增加值是美国的 28%、日本的 22.1%、德国的 23.6%，2016 年分别上升为 29.8%、28.3%、27.9%。与印度、巴西的差距进一步拉开，2012 年中国人均工业增加值是印度、巴西的 6.7 倍、1.1 倍，2016 年分别为 7.1 倍、2.0 倍，（参见表 4-4-10）。当前中国仍然保持"世界工厂"的地位。

表 4-4-7　　　　　　　　　　　主要工业产品的国际地位

项目	2012 年	2013 年	2014 年	2015 年	2016 年	2017 年	2018 年	2019 年
粗钢	1	1	1	1	1	1	1	1
煤	1	1	1	1	1	1	1	1
原油	4	4	4	4	5	5	6	6
发电量	1	1	1		1	1	1	1
水泥	1	1	1	1	1	1	1	1
棉布	1	1	1	1	1		1	1

资料来源：根据历年《国际统计年鉴》相关数据整理。

表 4-4-8　　　　　　　　　　世界主要大国工业增加值　　　　　　单位：亿美元

年份	中国	美国	日本	德国	法国	英国	俄罗斯	印度	巴西
2012	36857.28	31418.85	11911.91	8668.69	4296.18	4892.77	4074.26	4727.50	3679.39
2013	39801.15	32209.84	12095.94	8603.23	4324.78	5037.06	4090.70	4906.47	3759.10
2014	42649.15	32966.85	12401.99	8983.77	4306.24	5149.97	4094.45	5249.96	3702.40
2015	45176.86	33822.03	12705.26	9102.34	4312.41	5370.67	4062.36	5752.76	3489.09
2016	47901.70	33921.85	12814.60	9471.92	4309.90	5350.25	4130.72	6196.88	3329.77

---

① 此处工业按照世界银行统计口径，对应我国第二产业的统计口径。

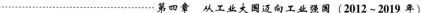

续表

年份	中国	美国	日本	德国	法国	英国	俄罗斯	印度	巴西
2017	50712.71	34754.24	13350.48	9794.19	4368.96	5417.58	4205.36	6560.05	3313.09
2018	53650.20	36052.23	13697.38	9904.49	4449.60	5513.45	4326.58	6908.43	3336.85
2019	56265.40	36878.60	13528.57	9775.83	4535.62	5648.17	4390.54	6823.45	3349.09

注：按照 2010 年不变价美元折算。

资料来源：世界银行数据库。

表 4－4－9　　世界主要大国工业增加值占 GDP 的比重（2012～2019 年）　单位：%

年份	中国	美国	日本	德国	英国	法国	印度	巴西	俄罗斯
2012	45.42	19.16	26.56	27.28	18.52	17.87	29.40	22.13	29.10
2013	44.18	19.24	26.65	26.78	18.77	17.97	28.41	21.23	28.19
2014	43.09	19.33	27.31	27.01	18.37	17.75	27.66	20.47	27.93
2015	40.84	18.59	28.58	27.11	18.17	17.68	27.35	19.36	29.79
2016	39.58	18.04	28.63	27.57	17.60	17.43	26.62	18.36	29.17
2017	39.85	18.44	28.88	27.46	17.83	17.24	26.50	18.19	30.67
2018	39.69	18.62	28.98	27.31	17.91	17.19	26.41	18.75	32.55
2019	38.59	18.30	28.62	27.01	17.98	17.43	24.60	18.76	32.15

资料来源：根据世界银行数据库相关数据计算。

表 4－4－10　　　世界主要大国人均工业增加值（2012～2019 年）　　单位：美元

年份	中国	美国	日本	德国	英国	法国	印度	巴西	俄国
2012	2869.38	10244.70	13000.48	12158.71	7489.94	7303.72	425.39	2720.55	4515.58
2013	3114.80	10591.06	10897.47	12603.69	7756.14	7654.72	412.49	2593.01	4514.83
2014	3311.82	11064.20	10551.76	13164.78	8341.39	7632.29	435.87	2462.15	4003.96
2015	3302.86	10973.73	9989.32	11358.34	7907.75	6473.13	437.17	1694.03	2827.55
2016	3237.23	10872.97	11419.08	11599.58	7268.18	6475.84	456.47	1579.17	2606.26
2017	3571.07	10810.09	10514.51	12273.46	7377.64	6680.17	510.81	1814.56	3280.35
2018	3824.62	11073.16	10773.49	11946.69	8295.85	6631.11	510.76	1593.00	2994.63
2019	3996.85	11285.08	10571.74	11764.93	8450.75	6744.52	498.71	1570.48	3042.58

资料来源：根据世界银行数据库相关数据计算。

下篇

中国工业化中大国因素的实证分析

第五章

人口红利与中国工业化研究

中国是一个人口大国，劳动力是工业的重要投入要素，中国人口结构对中国工业化产生了深远的影响。人口的结构变迁具有长期性，改革开放以来的人口结构又受到改革开放前后的不同人口政策的影响。改革开放前宽松的生育政策与较高的社会福利政策使得改革开放前出现了两次人口生育高峰，两次生育高峰出生的新增人口构成了改革开放后充裕的劳动力。而改革开放以后我国推进了持续时间长、执行严格的人口控制政策。改革开放前后的生育政策的变化，形成了我国改革开放以后巨大的人口红利，本书认为这种特有的人口红利是改革开放以来中国工业化高速推进的重要原因。但近年来我国人口结构出现了新的变化，人口红利呈现下降趋势。我国逐步放开了三孩政策，虽然从长期来看将提高我国的劳动力供给，但从短期来看，将进一步增加人口红利下降的压力，将对我国工业发展产生深远影响。本章第一节将讨论我国大国人口红利的历史形成，并与世界主要大国的人口结构进行比较。第二节将对中国人口红利与工业化进行实证分析，分析其影响机制，并对工业内部结构、区域影响进行讨论。最后将结合我国当前人口红利下降的趋势对工业发展的影响进行分析，并提出相应的对策建议。

第一节 中国大国人口红利形成的历史考察

中国是一个人口大国，这不仅构成了我国基本国情，也构成了中国工业化要素禀赋的基础。中华人民共和国成立以来，中国人口政策大体可以分为三个历史阶段。第一个阶段是 1949～1978 年，从整体来看我国人口政策较为宽松，甚至在某些时期还批判"节制生育"的思想。这一阶段在低收入水平下，我国保持了较高的生育水平。第二个阶段是 1979～2011 年，我国执行了严格的计划生育政策，有效控制了新增人口数量。在两阶段政策的共同作用下，形成改革开放以来劳动年龄人口比重迅速上升而少儿抚养比显著下降的局面。2012 年以后，随着二孩乃至三孩政策的逐步放开，我国人口政策进入第三个阶段。改革开放前后人口政策的历史遗产继续发挥作用，我国人口红利预期在短期内将有显著下降的趋势。

一、改革开放前中国人口政策与人口结构（1949～1978 年）

中国是一个人口大国，近代以来曾经有过人口"悲观论"，甚至有许多学者认为中国的发展有可能会陷入"马尔萨斯陷阱"。中华人民共和国成立之后，中国政府对人口问题整体上是持乐观态度的，强调了人口与经济发展之间的辩证关系。毛泽东同志认为"中国人口广大是一件极大的好事。再增加多少倍人口也完全有办法，这办法就是生产"[①]。毛泽东同志还将人口作为中国经济发展的重要优势，他说"我们的极好条件是有四万万七千五百万的人口"[②]。要解决人口问题应当提高生产，而人口多又构成了推动经济发展的重要优势。中华人民共和国成立后，我国结束了长期的战乱。1949～1952 年国民经济进入恢复时期，人口取得了恢复性增长。1953 年我国进行了第一次大规模的人口统计，全国人口达到 60194 万人。[③] 对于人口红利当时主流观点认为人口迅速增长体现了社会主义优越性，为大规模工业化建设提供了人力资源的保障。但另一种观点则对人口过多产生了忧虑。马寅初提出人口增加过快可能会带来资金积累困难、阻碍劳动生产率提高、不利于工业原材料供给等问题，他较为系统地提出了节制生育的观点。在马寅初的《新人口

---

① 《毛泽东同志论哲学》，中国人民大学哲学系 1960 年版，第 286 页。
② 《毛泽东文集》第五卷，人民出版社 1996 年版，第 345 页。
③ 许涤新：《当代中国的人口》，当代中国出版社 2009 年版，第 7 页。

论》发表之后，引起了理论界广泛争论。随着反右斗争不断扩大，马寅初的《新人口论》遭到越来越严厉的批判，节制人口的思想一度成为理论禁区。

经过国民经济恢复之后的"一五"计划时期，一方面我国为推动工业化建设建立了包括大同、株洲等一批新兴工业城市，并对一些老城市进行相应的初步改造，这些城市的医疗条件也都有较大幅度的提高。另一方面城市职工几年内提高了工资，健全了劳动保险和公费医疗制度，有效改善了城市的生活与医疗条件。而随着合作化运动的推进，农村推行了"平均主义"的社会福利政策，维系了低水平的温饱。政府又加大了对农村卫生水平的投入，农村卫生条件得到较好的改善。城乡人民生活水平、卫生条件的改善，提高了生育率。1953～1958 年中国进入了第一次生育高峰，全国总人口增加了8512 万人，平均每年增加 1419 万人，年平均自然增长率达 23‰。[①] 这一时期生育的人口在 20 世纪 80 年代初期进入劳动力市场，成为我国改革开放时期劳动力的主要来源。这一时期出生的人口在 2010 年后又陆续转化为老年人口，也是我国当前老龄化的主要来源。

1958 年开始的"大跃进"严重冲击了正常的经济秩序，1960 年、1961年出现了国民经济紧张，由于粮食、副食品供给不足，发病率、死亡率增高，我国生育率进入低谷，人口甚至出现了负增长。但是随着 1962 年国民经济逐步恢复元气，人口出现了恢复性增长，又进入了一个新的高速增长阶段，1962 年达到 37.01‰，1963 年则为 43.37‰。1963 年全年出生人口达到 2954万人。此后一直保持较高水平的增长。1964 年中国人口突破 7 亿人，1967 年人口已达 76368 万人。[②] 1962～1973 年共出生人口 31790 万人，除去死亡净增 23891 万人[③]。这一时期新增的人口时间跨度长。在改革开放后 20 世纪 80年代到 90 年代初，这一时期出生的人口逐渐进入劳动力市场，构成了我国改革开放后人口红利的又一重要来源。

毛泽东同志对当时中国人口总的认识是，"我国人多，是好事，当然也

---

① 许涤新：《当代中国的人口》，当代中国出版社 2009 年版，第 1 页。
② 许涤新：《当代中国的人口》，当代中国出版社 2009 年版，第 9 页。
③ 相关数据根据历年《中国统计年鉴》测算。

有困难。"① 随着中国人口突破 8 亿大关，我国开始逐步重视人口控制。1973年发布《关于成立国务院计划生育领导小组的通知》，批准恢复成立计划生育领导小组。毛泽东同志还在《关于 1975 年国民经济计划报告》上批示："人口非控制不行"。1973 年以后，我国的人口出生率有所下降，1974 年降至 25‰以下，1978 年下降至 20‰以下。虽然我国开始逐步认识到控制人口的重要性，但由于当时仍处于"文化大革命"，计划生育政策并没有得到严格执行。从整体的角度来看，计划经济时期我国人口总数有较大幅度的提高，1949 年新中国成立之初为 54167 万人，1954 年超过了 6 亿人，1964 年超过 7亿人，1969 年超过 8 亿人，1974 年则突破了 9 亿人大关（参见表5 – 1 – 1）。

表 5 – 1 – 1　　　　　　　　1949~1978 年我国总人口变化

年份	人口出生率（‰）	人口死亡率（‰）	人口自然增长率（‰）	总人口（万人）
1949	36.00	20.00	16.00	54167
1954	37.97	13.18	24.79	60266
1959	24.78	14.59	10.19	67207
1964	39.14	11.50	27.64	70499
1969	34.11	8.03	26.08	80671
1974	24.82	7.34	17.48	90859
1978	18.25	6.25	12.00	96259

资料来源：国家统计局：《中国统计年鉴（1988）》，中国统计出版社 1988 年版，第 97 – 98 页。

与世界主要工业大国相比，1960 年我国适龄劳动人口比重占总人口比重为 56.7%，而美国高于 60.0%、日本为 64.1%、英国为 65.1%、法国为62.2%、德国则高达 67%以上。印度为 56.6%，巴西为 53.7%，与中国大体持平。1978 年中国少年儿童人口比重为 57.9%，而美国超过 65.0%，日本超过 67.0%，英国、法国低于 64.0%，德国低于 65.0%，中国略高于巴西、印度（参见 5 – 1 –2）。这一时期，中国少儿占总人口的比重较大，远高于美、

① 毛泽东：《毛泽东文集》第七卷，人民出版社 1999 年版，第 228 页。

日、英、法、德等发达国家，大致与印度持平，略低于巴西。从 1975 年开始，中国少儿占总人口比重开始出现稳步下降，1978 年中国为 37.6%，略低于印度、巴西，但依旧高于美、日、英、法、德等发达国家（参见表 5 - 1 - 3）。这一时期中国老龄化程度略高于巴西、印度，但与美、日、英、法、德等发达国家相比，老年人口占总人口比重较低（参见表 5 - 1 - 4）。

表 5 - 1 - 2　　　　世界主要大国劳动人口占总人口的比重　　　单位：%

年份	中国	美国	日本	英国	法国	联邦德国	印度	巴西
1960	56.73	60.19	64.12	65.09	62.15	67.08	56.64	53.71
1965	55.53	60.47	67.97	64.52	62.48	64.62	55.35	53.27
1970	55.88	61.82	69.01	62.81	62.42	63.07	55.83	54.36
1975	56.12	64.26	67.89	62.45	62.79	63.48	56.44	56.07
1978	57.91	65.22	67.48	63.17	63.23	64.51	56.77	57.16

资料来源：根据世界银行数据库相关数据整理。

表 5 - 1 - 3　　　　世界主要大国 0～14 岁人口占总人口的比重　　　单位：%

年份	中国	美国	日本	英国	法国	联邦德国	印度	巴西
1960	39.57	30.69	30.26	23.15	26.27	21.45	40.30	43.14
1965	41.04	30.07	25.87	23.28	25.46	22.91	41.41	43.39
1970	40.36	28.10	24.11	24.16	24.75	23.33	40.85	42.20
1975	39.77	25.01	24.41	23.49	23.81	21.66	40.07	40.30
1978	37.63	23.56	24.09	22.10	22.82	19.88	39.63	39.11

资料来源：根据世界银行数据库相关数据整理。

表 5 - 1 - 4　　　世界主要大国 65 岁和 65 岁以上人口占总人口的比重　　　单位：%

年份	中国	美国	日本	英国	法国	联邦德国	印度	巴西
1960	3.70	9.13	5.62	11.76	11.59	11.47	3.06	3.15

续表

年份	中国	美国	日本	英国	法国	联邦德国	印度	巴西
1965	3.43	9.47	6.17	12.20	12.06	12.47	3.23	3.34
1970	3.76	10.08	6.88	13.03	12.83	13.61	3.32	3.44
1975	4.11	10.74	7.70	14.06	13.41	14.85	3.49	3.63
1978	4.46	11.22	8.43	14.73	13.96	15.61	3.60	3.73

资料来源：根据世界银行数据库相关数据整理。

二、改革开放后人口政策与人口红利（1979～2011年）

改革开放以后，在生产力尚未有效提高的条件下，中国人口增长过快与经济发展的矛盾日益凸显。中国政府开始推行较为严格的计划生育政策。1980年第五届全国人民代表大会第三次会议通过的《政府工作报告》指出，在今后二、三十年内，必须在人口问题上采取一个坚决的措施。1982年2月9日中共中央、国务院发出《关于进一步做好计划生育工作的指示》提出："国家干部和职工、城镇居民，除特殊情况经过批准外，一对夫妇只生育一个孩子。农村普遍提倡一对夫妇只生育一个孩子，某些群众确有实际困难要求生二胎的，经过批准可以有计划地安排。不论哪一种情况都不能够生三胎"①。计划生育被定为基本国策，并写入《中华人民共和国宪法》。此后计划生育政策严格执行，违反计划生育政策不仅将带来个人经济利益的损失，还事关地方政府的政绩考核。各省、自治区、直辖市按照中共中央明确的计划生育政策要求，制定或者进一步明确、完善了适合本地实际情况的计划生育政策。到20世纪80年代后期，大多数省、自治区、直辖市先后以地方性法规的形式，个别省、自治区以政府规章的形式把计划生育政策确定下来。②改革开放前后中国不同的人口政策的变化促使形成了较大的人口红利。我国1949～1979年两次生育高峰的儿童，在改革开放以后陆续进入劳动力市场，

① 于学军、解振明：《中国人口发展评论：回顾与展望》，人民出版社2000年版，第13页。
② 国家人口和计划生育委员会：《中国人口和计划生育史》，中国人口出版社2007年版，第129页。

形成了我国劳动力比重较高，劳动力供给较为充足的局面。

1979～2011 年，我国较为严格的计划生育政策则显著降低了出生率（参见表 5 - 1 - 5），同一时期，世界主要大国少儿比重均呈下降趋势，但与世界其他主要大国相比，中国的下降速度最快，从 1979 年的 36.69% 下降到 2011 年的 17.70%，下降了 19 个百分点。到 2011 年，我国少儿比重已逼近英国，高于日本和德国，显著低于印度（30.49%）和巴西（24.40%），如表 5 - 1 - 6 所示。

表 5 - 1 - 5　　　　　我国总人口变化（1979～2011 年）

年份	出生率（‰）	死亡率（‰）	自然增长率（‰）	总人口（万人）
1979	17.82	6.21	11.61	97542
1980	18.21	6.34	11.87	98705
1985	21.04	6.78	14.26	105851
1990	21.06	6.67	14.39	114333
1995	17.12	6.57	10.55	121121
2000	14.03	6.45	7.58	126743
2005	12.40	6.51	5.89	130756
2010	11.90	7.11	4.79	134091
2011	11.93	7.14	4.79	134735

资料来源：国家统计局：《中国统计年鉴1983》，中国统计出版社 1983 年版，第 103、105 页；国家统计局：《中国统计年鉴2013》，中国统计出版社 2013 年版，第 95 - 96 页。

表 5 - 1 - 6　世界主要大国 0～14 岁的人口占总人口的比重（1979～2011 年）　　单位：%

年份	中国	美国	日本	英国	法国	联邦德国/德国	印度	巴西
1979	36.69	23.09	23.82	21.55	22.44	19.27	39.43	38.72
1985	30.69	21.61	21.64	19.15	20.99	15.96	38.73	37.04
1990	28.76	21.68	18.47	18.96	19.88	15.97	37.93	35.46
1995	27.42	22.02	16.25	19.46	19.45	16.28	36.63	33.00
2000	24.63	21.70	14.78	19.04	18.78	15.68	34.73	30.12
2005	19.89	20.88	13.83	17.98	18.42	14.42	32.79	27.45
2010	17.85	20.17	13.35	17.52	18.41	13.56	30.89	24.90
2011	17.70	19.99	13.30	17.58	18.41	13.46	30.49	24.40

资料来源：根据世界银行数据库相关数据整理。

随着医疗水平的提高，老龄化具有世界范围的普遍性。由于计划经济时期的两次生育高峰，出生的人口在改革开放之后陆续进入劳动力市场。中国老龄化问题与日本相比进度较慢。中国老年人口占总人口的比重1979年为4.58%，日本为8.68%，中日差距为4.1个百分点；而2011年中国为8.59%，日本为23.16%，两者相差约15个百分点。2011年中国老龄化水平仍显著低于美、日、英、法、德等发达国家，但略高于巴西、印度（参见表5-1-7）。

表5-1-7　世界主要大国65岁和65岁以上的人口占总人口的比重（1979～2011年）

单位：%

年份	中国	美国	日本	英国	法国	联邦德国/德国	印度	巴西
1979	4.58	11.39	8.68	14.88	14.01	15.69	3.62	3.75
1985	5.33	12.13	10.11	15.16	12.69	14.56	3.73	3.83
1990	5.65	12.62	11.87	15.77	14.02	14.90	3.83	4.04
1995	6.16	12.65	14.30	15.90	15.11	15.46	4.06	4.49
2000	6.91	12.32	16.98	15.89	16.01	16.47	4.40	5.07
2005	7.69	12.29	19.65	16.05	16.46	18.86	4.77	5.91
2010	8.40	12.97	22.50	16.60	16.82	20.54	5.11	6.73
2011	8.59	13.24	23.16	16.86	17.12	20.68	5.21	6.95

资料来源：根据世界银行数据库相关数据整理。

从世界主要工业大国对比来看，改革开放以来我国劳动力人口占总人口比重较高，形成了较为雄厚的人口红利。1979年以后，中国劳动人口占总人口比重逐年上升，从1979年的58.73%增加到2011年的73.71%，上升了近15个百分点，而同一时期，除了日本劳动人口占比下降之外，其他国家均有上升。2011年日本劳动人口占比为63.54%，低于中国10.17个百分点。其他发达国家这一时期略有上升，上升幅度最多的美国仅仅增长1个多百分点。与发展中大国巴西、印度相比，1979年中国劳动力占总人口比重为58.73%，高于印度1.8个百分点、巴西1.2个百分点，2011年中国劳动力占总人口比重为73.71%，高于印度9.4个百分点、巴西5.1个百分点（参见表5-1-8）。

表 5-1-8　　　世界主要大国劳动人口占总人口的比重（1979～2011 年）　　　单位：%

年份	中国	美国	日本	英国	法国	联邦德国/德国	印度	巴西
1979	58.73	65.52	67.50	63.57	63.55	65.03	56.95	57.53
1985	63.98	66.26	68.25	65.69	66.32	69.48	57.55	59.13
1990	65.59	65.69	69.66	65.26	66.10	69.13	58.24	60.50
1995	66.42	65.32	69.46	64.64	65.44	68.26	59.31	62.51
2000	68.46	65.98	68.23	65.07	65.21	67.84	60.87	64.81
2005	72.41	66.83	66.52	65.98	65.13	66.73	62.45	66.65
2010	73.75	66.86	64.15	65.88	64.77	65.90	63.99	68.36
2011	73.71	66.77	63.54	65.56	64.47	65.86	64.30	68.65

资料来源：根据世界银行数据库相关数据整理。

三、计划生育政策的调整与人口红利的变化（2012～2019 年）

人口增长有自身的规律与特点，人口政策对人口结构的影响往往需要经历若干年才能体现出来。随着改革开放前生育高峰出生的人逐渐步入老龄化的行列，老龄化程度不断提高（参见表 5-1-9）。另外，我国严格计划生育政策下的新增人口在 21 世纪以来也逐步进入劳动力市场。由于这一部分新增人口有限，其成为新增的劳动力也有限，少儿占总人口比重有所增加（参见表 5-1-10）。这一时期，劳动人口占总人口比重持续下降，2012 年为73.56%，2019 年为 70.72%。在 2005～2010 年，中国劳动人口在总人口中的比重曾经一度高于同为人口大国的发展中国家印度 10 个百分点（参见表5-1-8），而 2019 年仅高了 3 个多百分点。中国与巴西的差距也在缩小（参见表 5-1-11）。中国适龄劳动力绝对数量也出现了变化，劳动力供给的增速不断下降还出现了负增长，2014 年为 99863 万人，2015 年下降为 99850 万人，2019 年进一步下降为 89640 万人。[①]

---

① 根据世界银行数据库相关数据整理。

表 5-1-9 　　　2012～2019 年世界主要大国 65 岁和 65 岁以上的

人口占总人口的比重　　　单位：%

年份	中国	美国	日本	英国	法国	德国	印度	巴西
2012	8.79	13.56	23.88	17.18	17.52	20.79	5.30	7.18
2013	9.02	13.90	24.63	17.53	18.00	20.88	5.39	7.42
2014	9.31	14.27	25.35	17.86	18.49	20.98	5.50	7.68
2015	9.68	14.64	26.02	18.12	18.94	21.12	5.64	7.96
2016	10.12	15.03	26.56	18.35	19.35	21.27	5.81	8.25
2017	10.64	15.41	27.05	18.52	19.72	21.45	5.99	8.55
2018	10.92	15.81	27.58	18.40	20.03	21.46	6.18	8.92
2019	11.47	16.21	28.00	18.51	20.39	21.56	6.38	9.25

资料来源：根据世界银行数据库相关数据整理。

表 5-1-10 　2012～2019 年世界主要大国 0～14 岁的人口占总人口的比重　　　单位：%

年份	中国	美国	日本	英国	法国	德国	印度	巴西
2012	17.65	19.78	13.23	17.57	18.40	13.34	30.05	23.91
2013	17.66	19.57	13.15	17.54	18.37	13.24	29.58	23.43
2014	17.68	19.38	13.06	17.54	18.32	13.17	29.11	22.96
2015	17.69	19.21	12.99	17.58	18.27	13.12	28.66	22.51
2016	17.70	19.03	12.94	17.62	18.17	13.09	28.20	22.14
2017	17.68	18.91	12.89	17.71	18.08	13.07	27.78	21.75
2018	17.88	18.71	12.70	17.68	17.96	13.62	27.05	21.33
2019	17.80	18.55	12.57	17.70	17.80	13.80	26.62	21.01

资料来源：根据世界银行数据库相关数据整理。

表 5-1-11 　　2012～2019 年世界主要大国劳动人口占总人口的比重　　　单位：%

年份	中国	美国	日本	英国	法国	德国	印度	巴西
2012	73.56	66.66	62.89	65.25	64.08	65.87	64.66	68.91
2013	73.32	66.52	62.22	64.93	63.64	65.88	65.03	69.14

续表

年份	中国	美国	日本	英国	法国	德国	印度	巴西
2014	73.01	66.35	61.58	64.61	63.19	65.85	65.39	69.35
2015	72.64	66.15	60.99	64.29	62.80	65.76	65.71	69.53
2016	72.18	65.94	60.50	64.03	62.48	65.64	66.00	69.62
2017	71.68	65.67	60.06	63.77	62.20	65.47	66.23	69.70
2018	71.20	65.48	59.73	63.93	62.01	64.92	66.77	69.74
2019	70.72	65.24	59.42	63.80	61.81	64.64	67.00	69.74

资料来源：根据世界银行数据库相关数据整理。

　　为减缓劳动力下降对中国经济长期的冲击，中国 21 世纪以来人口政策又发生新的变化。改革开放以来，严格的一孩生育政策有所调整，一些省份陆续放开"双独"夫妻二胎政策，即双方独生子女可以生育二孩。2013 年之后，我国加大了人口政策的调整力度，启动了"单独"夫妻二胎政策，计划生育政策进一步调整。2015 年党的十八届五中全会做出决定全面放开二胎的政策，2016 年 1 月 1 日开始全面放开二胎政策正式落地。人口政策发生了深刻的变化。

　　未来人口结构将面临三期政策"叠加效应"的冲击，一方面计划经济时期 1953～1957 年、1962～1972 年两次生育高峰新增的人口将陆续进入老年人口行列。另一方面改革开放以后，严格计划生育政策下的少儿占总人口比重降低的同时，也导致了当前劳动年龄人口比重显著下降。同时，全面二孩政策的推行，在短期内可能不仅会提高少儿占总人口比重，而且会降低劳动参与，尤其是女性的劳动参与。在三期人口政策叠加影响下，人口红利未来预期将显著下降。中国人口红利与工业发展的关系还有待进一步研究。

第二节 人口红利与中国工业化的实证分析

一、文献回顾

改革开放以来中国经济高速增长创造了"中国奇迹"，人口红利成为阐释中国增长之谜的重要源泉，受到学术界广泛关注（Cai，2005；刘传江，2015）。当前对人口结构与产业结构的研究主要聚焦于老龄化与产业结构的升级（Siliverstovs，2011；陈卫民，2013）。但多期人口政策影响下"人口红利"的演变将通过什么路径影响中国工业化，还有待学界进一步探讨。

虽然理论界对人口红利与工业化的影响机制讨论相对较少，但许多学者认为人口红利从劳动力供给和储蓄率两个方面影响了经济增长（蔡昉，2013）。布卢姆和威廉姆森（Bloom and Williamson，1998）、林德和马尔伯格（Lindh and Malmberg，1999）及坎宁（Canning，2007）等研究认为，劳动力负担降低可以促进更多的劳动力进入市场。泰尔斯和格利（Tyers and Golley，2010）认为中国人口结构转变带来了充裕的劳动力，吸引了大量的资本流入。

还有一些学者立足生命周期学说，认为社会抚养比上升将会提高消费需求，削弱储蓄能力（Lindh and Malm-berg，1999）。董丽霞（2013）认为生命周期假说忽略了人口转变的内生性，本书通过跨国数据讨论了不同收入阶段，少儿、老人抚养比的变迁对储蓄率的影响的差异。许多学者也认为人口结构内生于经济发展水平（舒尔茨，2005；徐朝阳，2010）。这些研究都为我们提供了有益的启示。

汪伟（2015）通过分省的面板数据实证证明了，人口老龄化促进了中国产业结构的优化。还讨论了老龄化通过消费需求、人力资本积累、劳动成本等影响机制对产业结构升级的作用。逯进（2018）以省级面板数据为样本，认为老龄化对产业结构升级呈现出正影响，进一步对其影响机制也进行了讨论。这里的产业结构升级主要是三次产业结构的升级。上述文献给我们研究较好的启示，但老龄化只是人口红利的一个方面，改革开放以来少儿抚养比体现出更为剧烈的变化，影响着人口红利。如何综合考虑多期人口政策影响下的人口红利的变化对工业化与工业内部结构变迁的影响及影响机制还有待深入研究。

二、人口红利对工业化影响机制的理论分析

劳动力是工业的重要生产要素，人口红利将如何影响工业化？这一问题值得探讨，综合当前国内外相关文献，我们认为人口红利可能通过人力资本、劳动生产率、资金积累与劳动禀赋影响工业化。

（一）人力资本效应

我们认为劳动力占总人口比重高，从长期看也许有利于人力资本的积累。主要体现在：（1）随着严格的计划生育的执行，劳动者少儿抚养人数出现强制性下降。从人口经济学的角度，子女绝对数量的下降将导致家庭加大对孩子教育投入的程度，家长有动力用孩子的数量替代孩子的质量（Becker and Lewi's，1973）。具体来看，由于家庭的负担减轻，劳动者将更注重对于少儿的教育投资，提高少儿质量，以期提高子女的预期收入。（2）改革开放以来严格计划生育政策的执行，使得中国家庭出现了大量无男孩家庭，在这些家庭中女孩免于受到"性别歧视"，对于女孩的教育投资几乎与男孩无差异，从整体上提高了社会的人力资本（郑筱婷，2018）。（3）中国老龄化的进程相比世界其他大国缓慢，改革开放以来老龄化的进程一度低于世界其他国家，导致中国劳动力相对来说对老人的负担较少，家庭资源约束较小，使得家庭有更多时间、资源投入儿童的教育，从而提高了人力资本投入。综上所述，我国改革开放以来人口红利将推动我国人力资本的形成，而人力资本的提高是推动经济增长的重要力量（Lucas，1988），同时也将推动工业的发展（Canning，2001；阳立高，2018）。

（二）劳动生产率效应

劳动生产率是对劳动者在一定时期内生产产品数量的衡量，它是生产效率的一个重要表现。劳动生产率的提高将有效提升工业的发展与升级。人口红利的存在可能会对劳动生产率产生不利影响。可以从以下几个方面来分析：（1）人口红利的存在意味着劳动力丰富，廉价劳动力构成了一国重要的要素禀赋特征。改革开放以后，我国从人口结构上来看，劳动年龄的人口增加，而且严格的计划生育政策，有效地控制了新生儿童的人数，而子女的数量与女性参与劳动的程度呈现负相关。由于我国少儿占总人口比重显著下降，更多女性参与劳动力市场。这些都将导致劳动力市场竞争更加激烈。由于劳动力供给丰富，企业在资本与劳动之间往往倾向于选取劳动替代资本，即使对于资本投入也往往有动力使用简陋的设备、落后的工艺与廉价劳动力相结合（蔡昉，2006），而对劳动生产率产生不利的影响。（2）技术进步是劳动生产率的重要途径，而一方面中国技术进步大多内嵌于投资（赵志耘，2007），为节约成本，企业倾向于使用劳动来替代资本，最终导致技术进步缓慢；另一方面中国丰富的劳动力在国际竞争中长期保持较强的优势，企业依靠廉价劳动力，通过仿制山寨已可获较丰厚的利润，企业通过创新提高技术进步的动力有限。（3）大量廉价劳动力的存在，使得资本在劳动分配中占据主导地位，在收入分配中劳动者处于弱势地位。企业、个人对劳动力的职业培训动力有待提高，这些可能导致劳动生产率增长缓慢。

（三）资金积累效应

充足的资本积累是工业化起飞的必然要求，尤其对于中国这样一个人口大国而言，在经济发展水平落后，人均资源不足的条件下，能否提供有效资金积累，事关工业化的成败。在改革开放前后不同的生育政策的作用下，中国形成了人口红利有助于资金积累。一方面是少儿负担较轻，用在少儿方面的消费支出相对有限。对于少儿的消费支出方面包括母亲怀孕开始抚养少儿的消费，抚养消费、教育消费以及医疗消费等，而这些开支许多部分有刚性的特征。在改革开放之初，人均收入水平较低的条件下，如果这方面的开支较大，将不利于资金积累。而我国改革开放以来的计划生育政策，则通过控制新生儿出生数量，使得少儿支出得到有效的控制。另一方面老年人由于身体原因，在健康医疗等方面的消费较大（汪伟，2015）。改革开放前两个生育高峰的人口在改革开放后陆续进入劳动力市场，改革开放以来中国的老龄化程度相对世界其他大国较低，老年人的相对消费支出也较低。所以我们认为中国的人口红利将有助于形成资金的积累效应，而资本的积累是推动工业化的重要力量。

（四）劳动禀赋效应

中国充足的劳动力供给，使劳动相对价格较低，是中国工业化的重要优势与特点。主要可以从以下两个方面来考察：（1）劳动力占总人口比重高，意味着劳动力参与人数多，形成劳动力市场的"买方市场"，将会带来劳动成本的降低（蔡昉，2010）。（2）如前所述，我国改革开放以来较为严格的计划生育政策，让大量女性劳动者有更多的时间与精力进入劳动力市场。中国纺织、服装等劳动密集型产业又需要大量的女性劳动者。我国工业化能保持较低的工资，凸显劳动密集型的比较优势。

通过分析，人口红利对工业化将产生影响，而从影响机制来看，一方面人口红利将促进人力资本提高，促进资本积累并且发挥劳动力成本优势推动工业化；另一方面人口红利又可能不利于劳动生产率的提高，而劳动力生产率与工业化又呈现正相关。这些机制是否成立？这两方面对工业化将产生什么综合影响，有待进一步实证分析。

三、实证模型、数据描述与指标选择

（一）实证模型

1. 基本模型。

本部分考察人口红利对工业化的实证影响，构建如下基准计量回归模型：

$$Y_{it} = a_{1it} + a_2 hongli + a_3 X_{it} + \varepsilon_{it} \qquad (5-1)$$

其中，下标 i 表示地区，t 表示时间年份，a_1 为观察不到的个体效应，ε_{it} 为随机扰动项。Y 代表工业化，hongli 代表人口红利，控制变量 X 是工业化的其他影响因素。

在上述基准回归的基础上，本章还进一步考察了人口红利对不同区域的工业化的影响的模型：

$$Y_{it} = \theta_1 + \theta_2 hongli_{it} + \theta_3 hongli_{it} \times dum\_east + \theta_4 X_{it} + u_i + \varepsilon_{it} \qquad (5-2)$$

其中，$hongli_{it} \times dum\_east$ 为人口红利和东部地区虚拟变量的交叉项，u_i 为省份固定效应。东部地区是经济发达地区，工业化进程也高于中西部地区。考察人口红利对不同区域工业化的影响具有重要意义。

除此之外，装备制造业作为工业部门中的核心组成部分，因而本章还考察人口红利对装备制造业的影响：

$$Y_{装备it} = \eta_1 + \eta_2 hongli_{it} + \eta_3 X_{it} + u_i + \varepsilon_{it} \qquad (5-3)$$

以及人口红利对不同区域装备制造业的影响：

$$Y_{装备it} = \eta_1 + \eta_2 hongli_{it} + \eta_3 hongli_{it} \times dum\_east + \eta_3 X_{it} + u_i + \varepsilon_{it} \qquad (5-4)$$

其中，方程（5-3）和方程（5-4）中 Y 为工业中的装备制造业测量变量。

2. 影响机制识别模型。

如果人口红利能够显著地促进中国工业化，那么人口红利将通过什么样的机制来影响工业经济的发展？结合理论分析，我们预期人口红利对上述因素有重要影响。基于此，我们提出人口红利影响中国工业化的四种机制。

（1）人口红利通过提高人力资本积累进而推动中国工业化。

（2）人口红利降低劳动生产率，而劳动生产率的降低不利于工业化。

（3）人口红利通过降低消费，促进资本积累进而推动中国工业化。

（4）人口红利通过保持劳动的低工资进而推动中国工业化。

我们构建人口红利影响工业化的递归模型（recursive model），以期讨论其影响机制。递归方程模型较之于普通的单方程模型优势在于，后者仅包括单环节的因果结构，而递归方程模型则可以容纳更多环节的因果结构，且将这些多环节因果关系进行更深层次的分析。事实上，递归模型属于一种标识内生变量之间因果关系为单方向的结构方程模型。

为识别影响机制是否存在，本节借鉴海因斯（Hayes，2009）的中介效应的检验方法，结合方程（5-1），构建递归方程：

$$W_{it} = \beta_1 + \beta_2 hongli_{it} + \beta_3 X_{it} + \delta_{it} \qquad (5-5)$$

$$Y_{it} = \gamma_{1it} + \gamma_2 hongli_{it} + \gamma_3 W_{it} + \gamma_4 X_{it} + \varepsilon_{it} \qquad (5-6)$$

其中，W 表示上述提到的人力资本、劳动生产率、消费率和劳动禀赋四种影响机制，其他变量含义与前述一致。中介效应检验通过如下步骤达到：首先，如果方程（5-1）的估计结果系数 a_2 显著且为正值，则表明人口红利对工业化进程有推进作用；其次，估计方程（5-5），人口红利对中介变量的影响，若中介变量为人力资本，则预期系数 β_2 估计结果显著为正，若中介变量为劳动生产率、消费率、劳动成本则预期系数 β_2 估计结果显著为负；最后，如果人口红利对工业化的人力资本影响机制存在，则方程（5-6）估计系数 γ_2 显著为正，并且要小于 a_2。

综上所述，若人口红利影响工业化的人力资本机制存在，则 β_2 和 γ_2 显著为正且 γ_2 小于 a_2；若人口红利影响工业化的劳动生产率、资本积累与劳动成本的机制存在，则 β_2 估计显著为负且 γ_2 显著为负，并且要小于 a_2。

（二）指标选择

为全面反映工业化的内涵，本章主要使用以下几个指标测度：（1）工业增加值占 GDP 的比重。（2）考虑到随着工业化的深入，三产的比重也在不断增加，单纯用工业占 GDP 的比重变化难以完整刻画出工业化中后期工业的发展程度及工业在实体经济中的地位。考虑到第一、二产业是实体经济的核心，我们用工业增加值占第一、二产业产值比重来作为衡量工业在国民经济中的相对地位的重要指标。（3）工业就业人数占总就业人数的比重，这是基于投入要素衡量工业化的一种测度。同时工业本身的发展情况是工业化进程的基础，因此我们选用工业增加值本身作为工业发展的测度。

人口红利是本书的主要解释变量，按照学术界一致的做法，以 15~64 岁人口占社会总人口的比重代表的劳动参与率表示（蔡昉，2009）。四种影响机制对应的变量具体测度如下：（1）人力资本，这里采用普遍的做法，将受教育年限作为人力资本水平的代理变量，具体做法是参照陈钊等（2004），计算各省的人均受教育年限衡量人力资本水平。（2）劳动生产率，同时考虑到人力资本和劳动禀赋的差异，本书用有效劳动的平均产出，即工业产值除以人力资本和本省工业就业人数的乘积。（3）消费率，人口红利通过压低消费从而增加资本积累，进而影响工业化，按照这一逻辑，消费率采用各省最终消费率表示。（4）劳动禀赋，劳动禀赋衡量的是一个地区的劳动稀缺程度，如果劳动供给增加，其他情况保持不变则劳动者的工资相对于其他地区会下降，否则会上升。因而本书用相对工资水平表示劳动禀赋，具体采用各省在岗职工平均工资相对于全国平均工资水平的比重表示。

控制变量 X 是工业化的其他影响因素。结合已有的研究文献，本书考虑的控制变量包括：（1）贸易开放度。贸易开放度被认为是影响工业化的重要因素（王国中，2007）。本书以进出口总额占 GDP 的比重表示。（2）基础设施建设。基础设施可能通过空间溢出效应和用脚投票的 tiebet 效应影响工业化（吴福象和沈浩平，2013）。本书以公路里程数衡量基础设施建设。为减少由于异方差对估计结果的影响，本书对上述各变量均进行了对数化处理。（3）城镇化率。城镇化对工业化有显著的推动作用（汪川，2017），本书用城镇人口占总人口的比重来表示城市化。（4）国有化程度。国有化程度高意味着市场化较为薄弱，市场化对工业化有显著的推动作用（褚敏，2013），本书利用国有职工占总职工人数的比重代表一个地区的国有化。为减少由于异方差对估计结果的影响，本书对上述各绝对值变量进行了对数化处理。

（三）数据描述

本书所需要的数据来源于《中国人口和计划生育统计年鉴》《中国工业经济年鉴》《中国统计年鉴》《中国劳动统计年鉴》及各省统计年鉴，中国知网、中经网统计数据库等。经过数据整理和构建，最终包含 30 个省（自治区、直辖市）1994~2016 年共 22 年的数据。

表 5-2-1 是本章用到的数据的统计描述。从表 5-2-1 可以看出，分省的工业化、人口红利等核心变量的样本均有较大的变动范围。其中，利用工业增加值占 GDP 的比重衡量工业化，均值为 37.437%，最大值为59.243%，最小值为 6.794%。人口红利在 59.722% 到 86.794% 之间，均值是 71.451%。其余变量的变化也有较大差异。

表 5 - 2 - 1 变量的相关说明及统计描述

类型	变量名	含义	符号	观测值	均值	标准差	最小值	最大值
被解释变量	工业化1	工业增加值占第一产业和第二产业产值之和的比重（%）	rb_zind	710	63.037	15.627	11.166	91.657
	工业化2	工业增加值占GDP的比重（%）	rzind	710	37.437	9.882	6.794	59.243
	工业化3	工业增加值的对数	lzind	710	7.391	1.586	1.235	10.394
	工业化4	第二产业就业人数占总就业人数的比重（%）	rlabor	479	22.535	9.836	4.348	53.118
	工业化5	装备制造业产值的对数	ltotalc6	3071	9.091	1.769	-1.204	12.655
解释变量	人口红利	劳动年龄人口占总人口比重（%）	hongli	710	71.451	4.395	59.722	86.794
控制变量	贸易开放度	进出口总额的对数	lforien	710	13.849	1.973	8.861	18.508
	基础设施	公路里程数的对数	lroad	710	11.030	0.940	8.222	12.689
	城市化	城市化率（%）	cityrate	710	0.458	0.166	0.148	0.896
	国有化	国有职工人数/总职工人数	rstate	710	44.956	18.953	8.338	94.300
	东部地区虚拟变量	1为东部地区；0为其他	dum_east	710	0.356	0.479	0.000	1.000
影响机制变量	人力资本	平均受教育年限（年）	perhucapital	710	7.913	1.379	2.599	12.389
	劳动禀赋	本省在职平均工资占全国平均工资比重（%）	rwage	710	99.734	28.310	67.046	200.377
	劳动生产率	平均有效劳动产出	lshengchanlv	710	-1.615	0.953	-3.993	0.096
	消费	平均消费率（%）	fcons	710	54.241	9.980	34.100	111.520

　　上述表格简单描述了工业化和人口红利的基本特征。在进行实证之前，本书通过图表形式描述了二者之间的关系。

　　为了更为细致地考察人口红利与工业化的关系，本书还绘制了人口红利与工业发展的散点图（参见图 5 - 2 - 1、图 5 - 2 - 2、图 5 - 2 - 3）。从以上几个散点图可以看出，人口红利与工业发展之间均存在明显的正向关系。图 5 - 2 - 1 是人口红利与工业增加值占第一、二产业产值之和比重的散点图，随着人口红利的不断增长，工业增加值占第一、二产业产值之和的比重也在不断增加。图5-2-2反映出人口红利与工业增加值占GDP的比重也呈现正相关。图5-2-3中显示，人口红利与工业增加值的对数关系也同样呈现出显著的正相关。

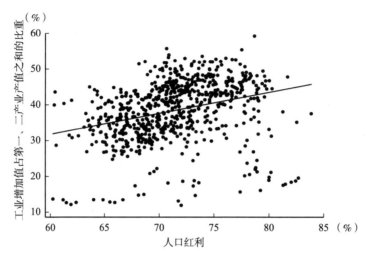

图5-2-1　人口红利与工业化（工业增加值占第一、二产业产值之和的比重）的关系

资料来源：根据历年《中国人口和计划生育统计年鉴》和《中国工业经济年鉴》整理。

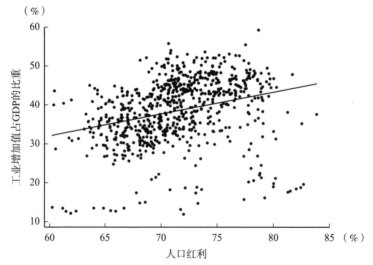

图5-2-2　人口红利与工业化（工业增加值占GDP的比重）的关系

资料来源：根据历年《中国人口和计划生育统计年鉴》和《中国工业经济年鉴》整理。

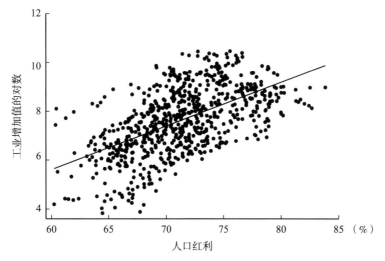

图 5 - 2 - 3　人口红利与工业化（工业增加值的对数）的关系

资料来源：根据历年《中国人口和计划生育统计年鉴》和《中国工业经济年鉴》整理。

四、实证结果

（一）人口红利对工业化的基准估计

本书模型的各种实证估计均以 Hausman 检验结果判断以选择合适的固定效应或者随机效应估计方法。其判断原则是，若 Hausman 检验显著拒绝原假设，则表明固定效应更具有一致性，否则采用随机效应。表 5 - 2 - 2 是人口红利对工业化的影响的估计结果，从表 5 - 2 - 2 中可以看出，人口红利对工业化与工业发展的测度指标均有显著的正向促进作用，这与本书的预期是一致的。列（1）和列（2）考察了人口红利对工业增加值占 GDP 比率的影响，结果显示，人口红利显著促进了工业增加值占 GDP 的比重的上升，加入了其他控制变量之后，这一推动作用仍较为显著。列（3）和列（4）考察了人口红利对工业增加值占第一产业和第二产业之和的比重的影响，结果显示，人口红利的估计系数均为正，且在 1% 的水平下显著，并在加入了其他控制变量之后，人口红利每提高 1%，工业化就提高 4.6%。列（5）和列（6）考察了人口红利对工业增加值对数的影响，结果显示，人口红利显著促进了工业增加值的提高，人口红利每增加1%，工业增加值增加4.9%。

表5-2-2　　　　　　　　人口红利对工业化的影响结果

变量	rzind	rzind	rb_zind	rb_zind	lzind	lzind
	(1)	(2)	(3)	(4)	(5)	(6)
hongli	0. 744 *** (8. 85)	0. 3448 *** (0. 1250)	2. 3082 *** (0. 1353)	0. 4641 *** (0. 1503)	0. 1260 *** (0. 0132)	0. 0492 *** (0. 0096)
lforien		0. 6010 (0. 3915)		1. 9792 *** (0. 4706)		0. 4879 *** (0. 0300)
lroad		6. 3635 *** (0. 6226)		5. 1683 *** (0. 7485)		0. 7927 *** (0. 0478)
cityrate		25. 5323 *** (5. 2591)		58. 3523 *** (6. 3226)		0. 7882 * (0. 4036)
rstate		− 0. 0235 (0. 0479)		− 0. 0244 (0. 0576)		− 0. 0059 (0. 0037)
_cons	− 15. 75 *** (− 2. 61)	− 76. 3348 *** (9. 6964)	− 1. 0e + 02 *** (9. 6782)	− 80. 1449 *** (11. 6572)	− 1. 6089 * (0. 9425)	− 11. 7246 *** (0. 7441)
N	710	710	710	710	710	710
R^2	0. 1040	0. 3356	0. 2979	0. 5968	0. 1176	0. 7823
Hausman 检验 P 值	0. 1612	0. 0000	0. 0237	0. 0000	0. 0000	0. 0000

注：括号内为标准误；* 表示 $p < 0.1$，** 表示 $p < 0.05$，*** 表示 $p < 0.01$。

其他控制变量中，尽管对外开放度对工业占 GDP 比重的影响不显著，但对工业占第一、二产业产值及工业增加值对数均有显著的促进作用。基础设施越完善，交通越便利，通过溢出效应促进区域形成专业化从而推动工业化。城市化可通过产业聚集、资源利用率的提升、生产的范围经济等机制促进工业化。

（二）稳健性检验

1. 稳健性检验 1：不同时间段的验证。

前文描述部分显示，人口红利和工业化约在 2010 年左右出现拐点。考察人口红利是否在不同阶段对工业化仍有影响，将时间段限定在21世纪的前10年，即2000~2010年这一阶段，估计结果如表5-2-3所示。从表5-2-3可以看出，将考察样本的年份限定在2000~2010年之间，人口红利对工业化与工业增长的影响仍然在1%的水平上显著，在控制相关控制变量之后，这一影响仍存在。

表5-2-3 人口红利对工业化的影响（2000~2010年）

变量	rb_zind (1)	rb_zind (2)	rzind (3)	rzind (4)	lzind (5)	lzind (6)
hongli	2.3001 *** (0.1755)	0.0665 (0.2101)	0.9376 *** (0.1313)	0.3835 ** (0.1802)	0.1352 *** (0.0184)	0.0287 ** (0.0132)
lforien		3.5512 *** (0.6023)		2.7783 *** (0.5166)		0.6203 *** (0.0377)
lroad		4.0566 *** (0.9934)		3.9064 *** (0.8521)		0.6359 *** (0.0622)
cityrate		56.2222 *** (9.4221)		5.1533 (8.0815)		0.0650 (0.5902)
rstate		0.2193 *** (0.0637)		0.1803 *** (0.0547)		0.0126 *** (0.0040)
_cons	-1.0e+02 *** (12.6800)	-69.3275 *** (14.7226)	-29.5172 *** (9.4868)	-81.0790 *** (12.6278)	-2.3883 * (1.3281)	-10.8693 *** (0.9223)
N	341	341	341	341	341	341
R^2	0.3362	0.6421	0.1307	0.3840	0.2108	0.8341
Hausman检验P值	0.6189	0.7743	0.1678	0.5426	0.0000	0.2165

注：括号内为标准误；* 表示 $p<0.1$，** 表示 $p<0.05$，*** 表示 $p<0.01$。

2. 稳健性检验2：就业结构测度的工业化。

工业化除了从产出角度衡量之外，也可以从投入要素角度衡量，有些学者用劳动投入占比衡量，本书用各省第二产业就业人数占总就业人数的比重衡量工业化，考察人口红利的影响，估计结果如表5-2-4所示。表5-2-4中列（1）和列（2）的估计结果显示，人口红利对工业化有显著的促进作用。这一结论与上述通过产值测度工业化得到的结论一致。

表 5 - 2 - 4　　　　人口红利对工业化的影响：改变工业化的代理变量

变量	rlabor	rlabor
	（1）	（2）
hongli	1.6328 ***	0.4146 ***
	（0.1029）	（0.1046）
lforien		2.3104 ***
		（0.3153）
lroad		- 2.1835 ***
		（0.5376）
cityrate		10.4791 *
		（4.2371）
rstate		- 0.1784 ***
		（0.0405）
_cons	- 92.1098 ***	- 9.1542
	（7.2397）	（8.1396）
N	508	479
R^2	0.3398	0.6938
Hausman 检验 P 值	0.0006	0.0000

注：括号内为标准误；* 表示 $p<0.1$，** 表示 $p<0.05$，*** 表示 $p<0.01$。

上述稳健性检验一致表明人口红利对工业化具有显著的促进作用。

五、影响机制分析

接下来我们进一步考察人口红利影响工业化的路径，即人口红利主要通过哪些路径和渠道影响和作用于工业化。前述理论分析部分归纳出人口红利影响工业化的四种主要路径：人力资本效应、劳动生产率效应、资金积累效应和劳动禀赋效应，这四种路径是否均成立，需要进一步从实证上找出证据。考虑到近年来第三产业发展较快，如果单纯从工业增加值占GDP的比重难以很好地反映出工业发展的状况，本部分重点从工业占第一、二产业比重与工业增加值对数两个角度来考察人口红利对工业影响的四条路径。表5－2－5展示的是人口红利与工业占第一、二产业比重的影响机制的实证结果，表5－2－6是人口红利与工业增加值对数的影响机制的实证结果。

从实证结果来看，表5－2－5的列（1）和列（2）及表5－2－6的列（1）和列（2）估计结果显示，人口红利显著提高了人力资本，而人力资本对工业占第一、二产业比重与工业增加值对数均有显著的促进作用。表5－2－5中的列（3）和列（4）及表5－2－6中的列（3）和列（4）估计结果显示，人口红利增加对劳动生产率表现出负的影响，而劳动生产率的下降则对工业占第一、二产业比重与工业增加值对数产生不利影响。从人口红利、工业占第一、二产业比重与消费率的联立方程来看（即从表5－2－5中列（5）和列（6）及表5－2－6中的列（5）和列（6）来看），人口红利降低了消费率，从而提高了积累率，促进了工业占第一、二产业比重的提高和工业增加值对数的提高。表5－2－5中的列（7）和列（8）及表5－2－6中的列（7）和列（8）估计结果显示，人口红利提高了劳动禀赋，从而降低了工资，而低工资促进了工业占第一、二产业比重和工业增加值的对数。比较表5－2－2中列（4）和表5－2－5列（9）的估计结果，可以发现，加入四种影响机制之后，人口红利的点估计系数由0.4641下降到0.2708，证明了人口红利通过四条机制影响工业发展，与本书的理论假设一致。比较表5－2－2列（2）和表5－2－6列（9）的估计结果，可以发现，加入四种影响机制后，人口红利的点估计系数由0.3448下降到0.0261，也证明了人口红利通过四种影响机制影响工业发展，与本书的理论假设相吻合。

表5-2-5　人口红利影响工业发展的机制分析：工业占第一、二产业的比重

变量	人力资本效应		劳动生产率效应		资金积累效应		劳动禀赋效应		总效应
	人力资本	工业占第一、二产业比重	劳动生产率	工业占第一、二产业比重	消费率	工业占第一、二产业比重	劳动禀赋	工业占第一、二产业比重	工业占第一、二产业比重
	(1)	(2)	(3)	(4)	(5)	(6)	(7)	(8)	(9)
hongli	0.0512*** (0.0096)	0.2642* (0.1487)	-1.8012*** (0.5069)	0.5213*** (0.1509)	-0.4206*** (0.1185)	0.3245** (0.1465)	-0.7336** (0.2960)	0.3835*** (0.1481)	0.2708* (0.1452)
rstate	0.0293*** (0.0037)	-0.1387** (0.0584)	-0.0070*** (0.0019)	-0.0021 (0.0578)	-0.0058 (0.0454)	-0.0263 (0.0556)	-0.1884*** (0.0710)	-0.0384 (0.0565)	-0.1027* (0.0570)
cityrate	4.8449*** (0.4033)	39.4422*** (6.7451)	-0.4260** (0.2132)	59.7055*** (6.3092)	-6.4136 (4.9823)	56.2244*** (6.1146)	46.2753*** (12.3919)	62.3492*** (6.2416)	43.0581*** (7.0826)
lforien	0.2208*** (0.0300)	1.1175** (0.4739)	0.0460*** (0.0159)	1.8331*** (0.4711)	-2.2864*** (0.3709)	1.2206*** (0.4671)	3.0698*** (0.8706)	2.2999*** (0.4651)	0.6475 (0.4983)
lroad	0.0849* (0.0477)	4.8368*** (0.7271)	0.0519** (0.0252)	5.0033*** (0.7470)	-1.2077** (0.5898)	4.7676*** (0.7252)	-16.3239*** (1.3402)	3.5557*** (0.7926)	3.6404*** (0.7880)
lshengchanlv				3.1765*** (1.1298)					5.8043*** (1.3078)
perhucapital	3.9031*** (0.5818)								3.8206*** (0.7158)
fcons						-0.3318*** (0.0469)			-0.1586*** (0.0540)
rwage								-0.0927*** (0.0172)	-0.0408* (0.0217)

续表

变量	人力资本效应		劳动生产率效应		资金积累效应		劳动禀赋效应		总效应
	人力资本	工业占第一、二产业比重	劳动生产率	工业占第一、二产业比重	消费率	工业占第一、二产业比重	劳动禀赋	工业占第一、二产业比重	工业占第一、二产业比重
	(1)	(2)	(3)	(4)	(5)	(6)	(7)	(8)	(9)
_cons	-3.2747*** (0.7436)	-67.3634*** (11.4579)	-1.5425*** (0.3695)	-76.8802*** (11.6566)	132.4739*** (9.1859)	-36.1938*** (12.8628)	276.9828 (23.8716)	-52.9957** (12.4928)	-28.7039** (12.8970)
N	710	710	710	710	710	710	710	710	710
R^2	0.7151	0.6218	0.1407	0.6014	0.3379	0.6243	0.4724	0.6132	0.6501
Hausman检验P值	0.0000	0.0000	0.0000	0.0000	0.0039	0.0000	0.1761	0.0000	0.0000

注: 括号内为标准误差; * 表示 $p<0.1$, ** 表示 $p<0.05$, *** 表示 $p<0.01$。

表 5－2－6　人口红利对工业发展的影响机制分析: 第二产业增加值对数

变量	人力资本效应		劳动生产率效应		资金积累效应		劳动禀赋效应		总效应
	人力资本	第二产业增加值对数	劳动生产率	第二产业增加值对数	消费率	第二产业增加值对数	劳动禀赋	第二产业增加值对数	第二产业增加值对数
	(1)	(2)	(3)	(4)	(5)	(6)	(7)	(8)	(9)
hongli	0.0512*** (0.0096)	0.0339*** (0.0052)	-1.8012*** (0.5069)	0.0426*** (0.0039)	-0.4206*** (0.1185)	0.0443*** (0.0044)	-0.7336** (0.2960)	0.0280*** (0.0078)	0.0261*** (0.0072)
rstate	0.0293*** (0.0037)	-0.0027* (0.0012)	-0.0070*** (0.0019)	-0.0046*** (0.0009)	-0.0058 (0.0454)	-0.0041*** (0.0010)	-0.1884*** (0.0710)	0.0021 (0.0019)	-0.0155*** (0.0028)
cityrate	4.8449*** (0.4033)	2.4703*** (0.2600)	-0.4260** (0.2132)	0.9991*** (0.2224)	-6.4136 (4.9823)	2.8354*** (0.2269)	46.2753*** (12.3919)	1.1642*** (0.3253)	-0.6493* (0.3512)

续表

变量	人力资本效应		劳动生产率效应		资金积累应		劳动禀赋效应		总效应
	人力资本	第二产业增加值对数	劳动生产率	第二产业增加值对数	消费率	第二产业增加值对数	劳动禀赋	第二产业增加值对数	第二产业增加值对数
	(1)	(2)	(3)	(4)	(5)	(6)	(7)	(8)	(9)
lforien	0.2208*** (0.0300)	0.2338*** (0.0253)	0.0460*** (0.0159)	0.1993*** (0.0203)	-2.2864*** (0.3709)	0.2684*** (0.0227)	3.0698*** (0.8706)	0.5914*** (0.0228)	0.3768*** (0.0247)
lroad	0.0849* (0.0477)	0.4015*** (0.0361)	0.0519** (0.0252)	0.3402*** (0.0292)	-1.2077** (0.5898)	0.3723*** (0.0331)	-16.3239*** (1.3402)	0.4277*** (0.0383)	0.5378*** (0.0391)
lshengchanlv						-0.0180*** (0.0013)			-0.0094*** (0.0027)
perhucapital		0.2071*** (0.0307)							0.4295*** (0.0355)
fcons				1.5027*** (0.0728)					0.6396*** (0.0648)
rwage								-0.0152*** (0.0010)	-0.0100*** (0.0011)
_cons	-3.2747*** (0.7436)	-10.0071*** (0.6431)	-1.0277*** (0.3931)	-11.5507*** (0.7454)	132.4739*** (9.1859)	-7.2847*** (0.7745)	-3.2747*** (0.7436)	-7.3566*** (0.7011)	-5.4893*** (0.6395)
N	710	710	710	710	710	710	710	710	710
R²	0.9637	0.9826	0.8353	0.9886	0.6926	0.9854	0.9637	0.8874	0.8860
Hausman 检验 P 值	0.0000	0.0000	0.0000	0.0000	0.0000	0.0000	0.0000	0.0000	0.0000

注：括号内为标准误；* 表示 p<0.1，** 表示 p<0.05，*** 表示 p<0.01。

六、进一步讨论

由于中国是一个发展中大国，区域之间工业发展不均衡，人口红利与不同区域的工业发展之间的关系还有待进一步讨论。中国的大国特征，导致中国建立了较为完备的工业体系，人口红利对于工业内部结构的影响也有待进一步的研究。本部分将对这些问题进行实证分析。

（一）人口红利对工业化影响的分区域讨论

表 5 - 2 - 7 给出了人口红利对工业发展的分区域估计结果。实证结果显示，这一时期人口红利促进了各区域工业发展。进一步来看，人口红利和东部地区哑变量交叉项的估计系数均显著为负，表明与东部地区相比，人口红利对中西部的影响更大，其背后原因可从两方面加以解释，一方面由于东部地区的工业化进程快于中西部地区。尤其是 21 世纪以后，东部沿海地区率先进入工业化的中后期，工业增长速度放缓。而中西部地区仍处于工业化的加速期，人口红利支撑了这些地区的工业高速增长。另一方面，东部地区进入工业化中后期之后，劳动成本不断上升，企业使用资本逐渐替代劳动的动力增加，其工业发展虽然仍然受人口红利的影响，但对数量型的人口红利依赖逐渐下降。

表 5 - 2 - 7　　人口红利对不同区域工业化的影响：分中西部和东部

变量	rb_zind	rzind	lzind
	（1）	（2）	（3）
hongli	0. 5412 *** (0. 1485)	0. 3712 *** (0. 1254)	0. 0555 *** (0. 0094)
hongli × dum_east	- 0. 0972 *** (0. 0193)	- 0. 0333 ** (0. 0163)	- 0. 0078 *** (0. 0012)
lforien	3. 9704 *** (0. 6085)	1. 2841 ** (0. 5139)	0. 6485 *** (0. 0384)

续表

变量	rb_zind	rzind	lzind
	（1）	（2）	（3）
lroad	2. 7870 *** （0. 8745）	5. 5467 *** （0. 7385）	0. 6008 *** （0. 0552）
cityrate	49. 6615 *** （6. 4481）	22. 5510 *** （5. 4457）	0. 0875 （0. 4070）
rstate	− 0. 0341 （0. 0566）	− 0. 0269 （0. 0478）	− 0. 0067 * （0. 0036）
_cons	− 80. 0199 *** （11. 4546）	− 76. 2919 *** （9. 6739）	− 11. 7145 *** （0. 7231）
N	710	710	710
R^2	0. 6112	0. 3397	0. 7947
Hausman 检验 P 值	0. 0000	0. 0000	0. 0000

注：括号内为标准误；* 表示 $p < 0.1$，** 表示 $p < 0.05$，*** 表示 $p < 0.01$。

（二）人口红利对装备制造业的影响

表 5 - 2 - 8 基于分省分行业的数据回归得到的人口红利对装备制造业的工业总产值影响的估计结果。从表 5 - 2 - 8 中可以看出，人口红利显著促进了装备制造业的总产值的提升。进一步比较表 5 - 2 - 7 列（3）和表 5 - 2 - 8 各列人口红利的估计系数可以发现，人口红利对装备制造业的促进作用大于对整体工业产值的促进作用。装备制造业是机械工业的核心部分，为工业各部门提供工作母机是支撑国家综合国力的重要基础。装备制造业对资本、技术有较高的要求，但同时对劳动也有较大的要求。因为最终消费品制造业的产品更多可以批量化、流水线生产，但是装备制造业的生产过程较为复杂，更多是按单制造业、非标制造业划分，在装备制造业内部存在劳动密集型产业的生产环节，需要大量的劳动力参与。当前许多文献认为我国装备制造业存在核心技术控制力不足、自主品牌不强、自主创新不高等问题。从实证结果来看，我国装备制造业的发展受到人口红利的影响较大，这进一步佐证了我国装备制造业在劳动密集的加工、组装环节具有独特的竞争优势。但随着

我国人口红利的下降，装备制造业如果不能实现生产环节的升级，可能会受到较大的冲击，不利于我国工业的转型升级。

从实证结果来看，表 5 – 2 – 8 的结果还显示人口红利对东部地区装备制造业的影响显著大于中西部地区，同时也大于对东部地区整体工业的影响（参见表 5 – 2 – 7）。东部地区相对其他区域有更好的资本、技术优势，具备发展装备制造业的基本条件。而且东部地区劳动密集的特征，形成了东部地区参与国际分工的比较优势，再加上东部地区良好的区位条件，能够较好地承接国际资本的转移。人口红利对于东部地区的装备制造业有显著的促进作用，成为支撑东部地区装备制造业较快发展的重要推动力。但是我们也要看到，未来在人口红利下降的大趋势下，东部地区装备制造业可能会受到较大的冲击。

表 5 – 2 – 8　　　　　　　　人口红利对装备制造产业的影响

变量	ltotalc6	ltotalc6	ltotalc6
	（1）	（2）	（3）
hongli	0. 0899 *** （13. 63）	0. 1942 *** （0. 0187）	0. 1280 *** （0. 0226）
hongli × dum_east			0. 1183 *** （0. 0228）
lroad		2. 5750 *** （0. 1538）	2. 8252 *** （0. 1607）
lforien		− 0. 5354 *** （0. 0986）	− 0. 5828 *** （0. 0987）
cityrate		− 17. 1275 *** （1. 2165）	− 17. 2774 *** （1. 2127）
rstate		0. 0283 *** （0. 0057）	0. 0298 *** （0. 0057）
_cons	− 0. 319 （ − 0. 67）	− 20. 0390 *** （1. 9520）	− 20. 5245 *** （1. 9475）
N	3983	3983	3983
R^2	0. 047	0. 1783	0. 1842
Hausman 检验 P 值	0. 0131	0. 0000	0. 0000

注：括号内为标准误；＊表示 $p < 0.1$，＊＊表示 $p < 0.05$，＊＊＊表示 $p < 0.01$。

第三节　结论与启示

中国改革开放前后人口政策的变化，形成了中国改革开放以来丰富的人口红利，充分发挥了中国人口大国的优势。从实证研究来看，人口红利是推动工业化的重要力量。而从影响机制来看，人口红利的增加提升了人力资本、资金积累，并且形成了低工资，这些都推动了我国改革开放以来工业化的高速发展。但是人口红利不利于提高劳动生产率，而劳动生产率则对工业发展有着正影响。但总体从样本数据来看，人口红利是支撑我国工业高速发展的重要原因。从区域结构来看，工业化水平相对落后的中西部地区其工业的发展更依赖于数量型人口红利，而从工业内部结构来看，作为工业心脏的装备制造业，人口红利对其影响大于工业。而经济水平较为发达的东部地区，人口红利对其装备制造业的影响又高于其他地区。

但我国人口红利近年来发生了变化。随着我国第一个生育高峰（1953~1957年）出生的人口逐渐进入老年人口行列，中国的老龄化加剧，进入了"未富先老"的阶段。为缓解劳动力比重下降的压力，我国提出了二孩政策。虽然从长期来看，二孩政策可以部分抵消老龄化的趋势，但是从短期来看二孩政策将提高少儿抚养比，对人口红利将产生冲击。在新的背景下，如何应对人口红利下降对工业发展的冲击，本书认为以下几个方面值得注意。

一、减缓人口结构变化对劳动力数量的冲击

丰富的劳动力是支撑我国工业发展的重要动力。近年来人口结构发生变化，我们应当考虑采取一些措施，减缓其对劳动力数量的冲击。（1）预期改革开放前两次生育高峰的人口将陆续进入老年人的行列，中国老龄化将进一步加剧。但我们要看到，虽然老龄化对劳动力数量存在冲击，但其也有着新的"红利"。随着健康水平的不断提升，人口的预期寿命不断延长，未来应当注重发掘老龄人口劳动力的潜质，适当延迟退休，加强职业培训，减缓老

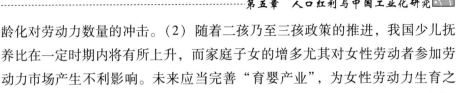

龄化对劳动力数量的冲击。（2）随着二孩乃至三孩政策的推进，我国少儿抚养比在一定时期内将有所上升，而家庭子女的增多尤其对女性劳动者参加劳动力市场产生不利影响。未来应当完善"育婴产业"，为女性劳动力生育之后重新进入职场创造良好条件，减缓二孩政策对女性劳动力参与劳动的冲击。（3）我国劳动人口比重下降在短期是难以遏制的。未来应当通过发展智能机器人，推动工业发展的智能化，减少中国工业发展对数量型劳动的依赖，积极应对人口结构的变化。

二、减弱人口红利下降对人力资本的冲击

第一，进一步加强政府对公共教育投资。在我国全面放开二孩之后，家庭对子女抚养负担加重。而教育投资本身就具有公共产品性质，其决定了人力资本的供给水平。未来我国政府应当进一步加强教育方面的投资，避免由于少儿抚养比上升导致家庭负担增加，对人力资本投资产生不利影响。第二，进一步挖掘现有人力资本的潜力。虽然当前我国出现了"民工荒"，但仍有大批大学生未能找到合适的工作。这要求我们一方面要推动教育改革，切实解决当前高校专业设置与市场需求脱节的问题；另一方面要加强对现有进入劳动力市场的大学生的职业技术培训，促使其能够适应市场需求。通过激活当前人力资本的存量，缓解人口红利变化带来的冲击。

三、推动工业发展方式转变，实现工业的转型升级

我国数量型人口红利推动了我国工业高速发展，也维持了我国高投入的粗放型工业发展模式。人口红利的下降则倒逼我国工业发展方式转型，以下两个方面值得注意：（1）随着我国人口红利下降，消费率将不断上升，原来高资本投入的发展方式将受到进一步冲击。未来应当注重工业发展动力的转化，通过技术进步，避免资本下降带来的冲击。（2）提升我国工业价值链，推动我国工业从劳动密集环节向知识、技术、品牌环节转变。随着生产方式的不断变革，同一产品其不同生产环节将在世界范围内进行分工。中国由于

劳动力资源丰富，曾一度被锁定在生产链的低端。以装备制造业为例，虽然装备制造业对技术、资本要求较高，但很长时间内中国的装备制造业主要集中在加工、装配等劳动密集的生产环节。而人口红利的削减，则使得中国在劳动密集型生产环节中的优势削弱。未来应当理性面对人口红利下降。通过强化自主创新能力，打造世界先进制造业集群，推动中国工业迈向全球价值链的中高端，以期减弱人口红利变化带来的冲击。

四、减少人口红利对中西部地区的冲击

中西部地区经济发展水平较之东部地区落后，未来应当注意减少人口红利下降给这些地区带来的冲击。中西部地区由于经济发展水平较低，出现了"孔雀东南飞"的现象。未来一方面应当完善人才流动机制，在中西部地区形成新的人才汇聚的"凹地"；另一方面应当加强企业职工培训，提升职工技能，提高劳动生产率。由于企业职工培训具有一定的外部性，中西部地方政府应该给予企业职工培训以支持，通过提升劳动生产率来抵消一部分劳动力成本上升给企业带来的冲击。

第六章

中国式分权与大国工业化

中国是一个大国，人口众多，情况复杂，且各地区经济发展差异较大。早在 20 世纪 50 年代，毛泽东就如何调动中央与地方的双重积极性，推动工业化进行了探索。改革开放以来，从总体来看，我国形成了中国特色的分权模式，即经济分权与政治集权紧密结合（傅勇，2010）。虽然学术界对"中国式分权"的研究已经较多（王永钦等，2007；Xu，2011；吴延兵，2017），但这些研究大多集中讨论"中国式分权"与经济增长、经济增长方式等方面的关系。而"中国式分权"对工业化产生了什么样的影响还有待进一步研究。"中国式分权"的形成是中央与地方经济关系探索的产物，具有较强的中国特征。本章首先讨论工业化进程中中央与地方经济关系的演进，探讨"中国式分权"的历史渊源，进一步讨论"中国式分权"与工业化的影响及机制，最后结合历史与实证进行总结。

第一节　工业化中的中央与地方经济关系演进

新中国作为一个地域辽阔的发展中大国，地区之间的生产力水平、自然资源以及要素禀赋都有较大差异。中国工业化经历了计划经济与市场经济两个大的历史阶段，如何处理好中央政府与地方政府的关系，充分发挥中央和地方的两个积极性，始终是工业化过程中一个需要不断探索的重要问题。

一、优先重工业发展和中央与地方的经济关系调整

（一）大国经济特征与调动地方政府积极性的探索

新中国成立初期，政治经济形势尚未安定。国民党残兵、匪患仍较猖獗，这一时期中央给地方以灵活处理的权力。中央将全国划分为东北、华北、华东、中南、西南、西北六大行政管理区。大区最高行政机关是军政委员会，在军政委员会内部设立财经委员会。在新中国成立初期，给予地方政府较大权力，有助于发挥地方政府的积极性，给地方政府以更大的自由裁量权，因地制宜采取措施以稳定政治局面，恢复当地经济发展。新中国成立初期的中央向地方分权，在较大程度上调动了地方政府的积极性。随着国内局势的稳定，如何避免中央政府的权力分散，更好协调中央与地方的关系，日益成为当时需要解决的重要经济问题。

中华人民共和国成立初期，税收主要由地方政府征收，但是当时军费开支则由中央政府提供，收与支的不匹配，导致了严重的财政赤字，并且给通货膨胀以较大压力。中央人民政府于 1950 年 3 月统一国家财经工作。1952 年成立国家计划委员会，加强了中央对经济的领导，1954 年我国又撤销了各大区，进一步加强了中央政府对地方政府的领导权。与此同时，在政务院内还增设了第一机械工业部、第二机械工业部、地质部、建筑工程部、粮食部等 9 个工作部门。在政治上建立了垂直集中的管理模式，结束了近代以来形成的"强地方、弱中央"的局面；经济权力的高度集中形成了以"条条为主"的经济管理体制。

在中央集权的同时，我国"三大改造"也加速完成。在市场经济条件下，企业是工业化的微观主体，追求经济利益最大化是其生产的最重要动力。为实现利润最大化，企业对于产量大小、技术创新活动、进出行业进行选择。而且中国是一个大国，中央政府由于面临信息流动、交通成本等一系列问题，使得单纯依靠中央政府，难以实现大国工业化的赶超。随着"一五"计划的深入，中央集中经济大权"一收就死"的弊端日益凸显，中央与地方关系面

临着新的调整。毛泽东在著名的《论十大关系》中提出："我们的国家这样大，人口这样多，情况这样复杂，有中央和地方两个积极性，比只有一个积极性好得多。"① 中国在计划经济的框架内，开始了地方分权的探索与实践。

（二）计划经济时期分权的实践："一收就死、一放就乱"的怪圈

1956 年毛泽东同志提出"中央与地方两个积极性"，在 1958 年开始的"大跃进"中得到贯彻，我国进行了大规模的权力下放。为加强地方力量，1958 年，中共中央在《关于加强协作区工作的决定》中，将全国分为东北、华北、华东、华南、华中、西南、西北 7 个协作区。《中共中央关于一九五九年计划和第二个五年计划问题的决定》中，不但要求"第二个五年计划期间，在全国建立强大的独立完整的工业体系"，而且要求"各协作区都应当建立起比较完整的、不同水平和各有特点的工业体系，各省、市、自治区也都应当建立起一定程度的工业基础"②。当时的权力下放，主要集中在向地方政府的放权。例如，中央政府一方面将已有的企业管理权下放给地方；另一方面下放了基本建设审批权、财权、劳动管理权等（具体内容参见第一章第三节）。在中央政府快速推动工业化的目标下，地方政府有了更大的权力兴办工厂。在"大跃进"狂热的气氛下，各地区领导人争先恐后大上项目，推动当地经济的"大跃进"。"小钢铁厂""小机械厂"遍地开花，重复建设严重，导致本已短缺的经济更加紧张。地方政府推动的工业扩张，带来了各地工业重复建设严重，而且许多企业突击上马，不具备生产条件也制造机械设备，导致许多机电产品粗制滥造，质量问题严重。③ 伴随着工业化的"跃进"，大量农村人口涌入城市，直接导致了粮食供应问题和市场的短缺。这使得我国在国民经济调整时期不得不再一次将权力集中于中央政府（具体内容参见第一章第四节）。在中央统一部署下，通过加快经济的计划管理，国民经济混乱的局面得到缓解，但是经济权力的上收又带来了经济活力缺乏的

---

① 《毛泽东文集》第七卷，人民出版社 1999 年版，第 31 页。
② 中共中央文献研究室：《建国以来重要文献选编》第十一册，中央文献出版社 1995 年版，第 428 页。
③ 吴敬琏：《当代中国的经济体制改革》，上海远东出版社 2004 年版，第 230 页。

问题。而且中央对物资的计划管理，也导致了中央对物资管得太多、太细，不利于资源的优化配置，不利于地区内和单位间的流动。如何在计划经济框架内调动地方政府积极性，解决优先重工业发展的动力？依旧是当时中国经济面临的重要问题。

1964年我国又进行了中央与地方经济权力调整的探索，但是"文化大革命"的爆发，导致了经济的混乱，经济体制改革不得不暂时搁置。1969年后，我国国民经济形势初步安定。在"战备"的压力下，当时认为各地应当要建立较为完备的地方工业和国防工业体系，以保证如果发生战争可以各自为战。为提高地方政府发动工业的积极性，我国又进行了第二次大规模的放权。这次放权中中央又下放大批企业，精简了中央各部委，将80多个部委精简为27个，下放了物资和财权，给地方充分的权力。以机械工业为例，1970年底机械工业下放企业为277个，占总数的89%。第一汽车厂、第二汽车厂、第一重机厂、第二重机厂、洛阳拖拉机厂等关系国民经济全局的骨干企业也统统下放。基本建设投资权力再次分散，中央各部直接安排为40%，30%由中央各部商同地方安排，30%由地方安排。[①] 中央管理的物资，也由1966年的579种下降为1972年的217种，减少了60%以上。[②] 税收、信贷和劳动工资制度也进行了调整。但是新一轮的放权再一次导致经济过热，国民经济出现"三突破"（即1971年全国职工人数突破5000万人，工资总额突破3000亿元，粮食销售突破800亿斤）[③]，中央不得不再一次进行集权。虽然权力集中克服了经济混乱的情况，但仍然未能很好解决中央与地方良性互动的问题，中央与地方的关系还有待进一步调整。

在中央政治集权的背景下，中央政府对地方政府的官员有监督与任免权。在中央政府迫切推动工业化目标下，地方政府往往存在"锦标赛式"的竞争（周黎安，2004，2007），有强劲的动力推动地区经济增长，甚至高于中央的增长速度。"大跃进"时期，毛泽东同志追求钢铁指标的高增长在地方政府中产生共鸣。同时与国有企业的"投资饥渴症"类似，地方政府也存在较强

---

① 吴敬琏：《当代中国的经济体制改革》，上海远东出版社2004年版，第232页。
② 吴敬琏：《当代中国的经济体制改革》，上海远东出版社2004年版，第110页。
③ 马洪等：《当代中国经济》，当代中国出版社2009年版，第139－140页。

的"投资饥渴症"，有强劲的高投入的动力，一旦进行地方放权，地方投资将出现膨胀。而地方政府又不负责全国物资的平衡，在"短缺经济"条件下，地方政府的投资膨胀往往直接带来了国民经济紧张，最终陷入"一放就乱"。中央不得不进行经济权力的上收，但经济权力的上收又带来了中央决策与地方经济实际运行中的信息不对称；同时还带来了地方政府积极性不高的问题，导致了"一收就死"。在计划经济框架内，中央向地方政府的两次经济放权，都不得不以经济权力上收告终。

二、改革开放以来中央与地方的经济关系调整

改革开放后，伴随着社会主义市场经济的发展，中央与地方的经济关系进一步调整。1979 年 10 月 4 日，邓小平指出："财政体制，总的来说，我们是比较集中的。有些需要下放的，需要给地方上一些，使地方财权多一点，活动余地大一点，总的方针应该是这样。"[①] 当时我国为提高地方政府的积极性，1979~1984 年财政体制进行了"分灶吃饭""划分收支，分级包干"为主的改革，对中央和地方的关系进行调整。

1980 年 2 月 1 日国务院颁发《关于实行"划分收支、分级包干"财政管理体制的暂行规定》，1980 年 4 月 3 日财政部又颁发了《关于实行"划分收支、分级包干"财政管理体制若干问题的补充规定》。这些文件的基本精神是：在巩固中央统一领导和统一计划、确保中央必不可少开支的前提下，明确划分各级财政的权力和责任，以发挥两个积极性。"分灶吃饭"变原来的"条条"财力分配为"块块"分配，极大地刺激了地方发展经济的积极性。不仅财政政策进行了下放，对于基建计划的审批权、物价管理权、利用外资审批权、物质统配权等方面也进行了下放。例如，原先集中于中央基本建设计划的审批权有一部分下放给省级政府。虽然大中型基建项目集中于中央，但小型项目则由省级政府的计划部门在国家核定范围内审定。向地方政府放权之后，地方为推动本地经济发展也会选择符合地区的比较优势。例如，四

---

① 《邓小平文选》第二卷，人民出版社 1994 年版，第 199 - 200 页。

川省广汉县从信贷、税收、产销、物资等方面对食品工业进行扶植。从1980年到1983年，全县共为食品工业企业减免税金107万元，而食品工业同期上缴税金达869万元，相当于减免额的8倍多。①

中央政府向地方政府经济放权的同时，地方官员的人事权仍然掌握在中央政府手中。中央政府坚持"发展才是硬道理"的发展战略，通过分权，地方政府权力扩大，逐步成为发展型政府。许多地方政府有强大的动力通过工业发展带动整个地区的经济增长。从财政收支情况来看，1979年中央政府财政支出占全国总支出比重的51.1%，而地方支出则占48.9%；中央政府收入占全国总收入的比重为20.2%，地方政府收入为79.8%。1984年，中央政府支出为52.5%，地方政府支出比重为47.5%，中央政府和地方政府收入占比分别为40.5%和59.5%。尔后中央政府的财政收入占比不断下降，1993年中央政府收入为22.0%，地方政府的收入为78.0%。而中央政府和地方政府的支出占比分别为28.3%和71.7%（参见表6-1-1、表6-1-2）。向地方财政分权又带来了中央财政收入的不足，而中央财政权力不足直接带来了中央政府的权威下降，中央政府不得不向地方政府借款。

表6-1-1　　　　　　　　改革开放以来财政支出情况

年份	财政支出（亿元）			比重（%）	
	全国	中央	地方	中央	地方
1979	1281.79	655.08	626.71	51.1	48.9
1984	1701.02	893.33	807.69	52.5	47.5
1990	3083.59	1004.47	2079.12	32.6	67.4
1993	4642.30	1312.06	3330.24	28.3	71.7
1994	5792.62	1754.43	4038.19	30.3	69.7
2000	15886.50	5519.85	10366.65	34.7	65.3
2005	33930.28	8775.97	25154.31	25.9	74.1

---

① 《人民日报》社论：《食品工业要成为国民经济的重要支柱》，载《人民日报》1984年9月4日。

续表

年份	财政支出（亿元）			比重（%）	
	全国	中央	地方	中央	地方
2010	89874.16	15989.73	73884.43	17.8	82.2
2015	175877.77	25542.15	150335.62	14.5	85.5
2017	203085.49	29857.15	173228.34	14.7	85.3
2018	220904.13	32707.81	188196.32	14.8	85.2
2019	238858.37	35115.15	203743.22	14.7	85.3

资料来源：国家统计局：《中国统计年鉴（2020）》，中国统计出版社 2020 年版，第 209 页。

表 6-1-2　　　　　　　　改革开放以来财政收入情况

年份	财政收入（亿元）			比重（%）	
	全国	中央	地方	中央	地方
1979	1146.38	231.34	915.04	20.2	79.8
1984	1642.86	665.47	977.39	40.5	59.5
1990	2937.10	992.42	1944.68	33.8	66.2
1993	4348.95	957.51	3391.44	22.0	78.0
1994	5218.10	2906.50	2311.60	55.7	44.3
2000	13395.23	6989.17	6406.06	52.2	47.8
2005	31649.29	16548.53	15100.76	52.3	47.7
2010	83101.51	42488.47	40613.04	51.1	48.9
2015	152269.23	69267.19	83002.04	45.5	54.5
2017	172592.77	81123.36	91469.41	47.0	53.0
2018	183359.84	85456.46	97903.38	46.6	53.4
2019	190390.08	89309.47	101080.61	46.9	53.1

资料来源：国家统计局：《中国统计年鉴（2020）》，中国统计出版社 2020 年版，第 209 页。

1993 年 12 月 15 日，国务院颁布《关于实行分税制财政管理体制的决定》，1994 年 1 月 1 日起，分税制在全国正式实行。分税制改革重新划分了中央和地方的收入范围，进一步明确了中央和地方的支出责任，建立了规范的转移支付制度以及预算编制和资金调度规则。其基本思路是：维护国家权益、实施宏观调控所必需的税种划分为中央税；同经济发展直接相关的主要税种划分为中央与地方共享税；适合地方征收管理的税种划分为地方税。按照分税制的划分，关税、海关代征的增值税和消费税、中央企业缴纳的企业所得税等属于中央政府固定收入。营业税、地方企业缴纳的企业所得税、土地增值税、国有土地有偿使用收入等属于地方政府的固定收入。增值税（不包括划为中央收入的部分）收入中央分享75%，地方分享25%；大部分资源税收入为地方收入，海洋石油资源税作为中央收入；证券交易税收入中央地方各享50%。① 经过分税制改革，中央财政收入显著提高。中央政府财政收入1994年占全国财政收入的比重为55.7%，地方政府为44.3%。2019年地方政府财政收入为46.9%，中央政府为53.1%（参见表6-1-2）。

而从支出来看，1994年地方政府支出占比为69.7%，中央政府为30.3%。2017年地方政府财政支出为85.3%，中央政府为14.7%，改革开放以来地方政府经济活动的权限增大（参见表6-1-1、图6-1-1）。改革开放以来，中央向地方分权的同时，中央政府对地方政府在政治上依旧有强有力的控制，具体可以表现为对地方官员的任免、奖惩等方面权力。这样使得在分权过程中，保持了中央政府的权威。这种经济分权与政治集中的结合体制，成为解释中国经济增长的重要来源（Xu，2011）。由于中国是一个发展中大国，中华人民共和国成立以后中央政府一直有迫切动力推动工业化发展。改革开放以后，在与世界大国尤其是周边国家经济竞争中，中央政府迫切希望能够推动经济的高速发展，而工业则成为重要的抓手。本书认为，在政治与经济的双重激励下，地方政府形成了发展型政府。而地方政府之间的相互竞争体制，虽然带来了地方保护主义，但是其在一定程度上弥补了中国市场发育的不足，地方政府强大的资源动员能力又是企业在发展初期不具备的，在追求高速发展的动力下，地方政府分权有效推动了工业化与经济发展。地

---

① 刘佐：《新中国税制60年》，中国财政经济出版社2009年版，第217页。

方分权对工业化的影响力度与机制如何？其对工业内部结构又将产生什么样的影响？这些都有待我们进一步进行讨论。

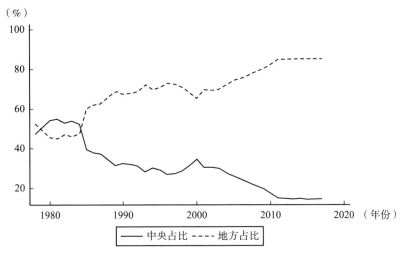

图 6 - 1 - 1 公共预算支出中中央地方各自占比

资料来源：笔者根据中经网统计数据库相关数据绘制。

第二节 中国式分权与工业化的实证分析

一、文献回顾

中国是一个大国，要推动工业化带动经济发展必须发挥"中央与地方"的双重积极性，改革开放以来，中央与地方的关系逐步形成了中国特色的政治集中与经济分权的模式。而财政分权是经济分权的核心，是改革开放以来我国逐渐探索的推动经济发展的重要制度安排。经过改革开放 40 余年的发展，我国当前虽然已经成为"世界工厂"，工业从产量来看位居世界第一，但工业"大而不强"的问题仍然困扰着中国未来经济的发展。正如习近平总书记强调："建设现代化经济体系，必须把发展经济的着力点放在实体经济上"①，实体经济的主体是工业，而工业的转型升级事关现代化经济体系的建立。当前分权模式能否推动工业发展与工业结构转型升级？这是当前建设现代化经济体系中一个值得讨论的问题。

大国内部复杂的中央与地方关系对经济发展的影响近年来颇受关注。张和邹（Zhang and Zou，1998）运用计量实证开创性地分析了中国分权和经济增长的关系。林毅夫（2000）、沈坤荣（2005）、张晏（2005）、周业安（2008）等大量文献都对分权与经济增长的关系进行了讨论。徐永胜（2012）则对财政分权指标进行了讨论。李（Li，2005）、周黎安（2007，2008）讨论了中国地方官员行为与经济增长关系。蔡（Cai，2005）等讨论了政府竞争行为对经济的影响。蔡昉（2008）讨论了大国地区间产业发展的"雁形战略"。王永钦（2007）则从大国分权的视角，分析了中国经济发展道路。认为政治集权下的经济分权给地方政府提供了发展经济的动力，但分权模式又带来了城乡间和地区间收入差距的扩大等问题。

虽然当前学界对分权与产业结构升级的讨论有限，但分权与经济增长的关系是经济学界研究的热点。由于财政分权指标选择的不同、时间跨度不一、理论逻辑和研究方法的差异，财政分权对经济增长的影响作用产生了很大差异。一部分学者研究表明，分权有利于经济增长（Ma，1997；Davoodi and Zou，1998；Lin and Liu，2000；沈坤荣和付文林，2005；李国璋，2010；张曙霄和戴永安，2012）。林毅夫和刘志强（Lin and Liu，2000）的研究表明，20 世纪 80 年代中期以来的财政分权显著提高了省级人均 GDP 的增长率，分权有利于经济增长。另一部分学者研究发现分权不利于经济增长（Jin and Zhou，2005；严冀，2005；王文剑，2007；周业安，2008）。如邹恒甫等（1998）利用 20 世纪 70 年代末的面板数据，研究表明分权对经济增长的影响为负，得出了与林毅夫相反的结论。还有一部分学者研究表明，财政分权存在跨时区效应（刘金涛，2006；温娇秀，2006）。如张晏（2005）等的研究表明 1994 年分税制改革以前，分权不利于经济增长，分税制以后则有利于经

---

① 习近平：《决胜全面建成小康社会 夺取新时代中国特色社会主义伟大胜利——在中国共产党第十九次全国代表大会上的报告》，人民出版社 2017 年版，第 58 页。

济增长。上述研究为我们理解财政分权对经济发展的影响提供了较好的基础。但产业结构升级是推动经济高质量发展的关键，分权与产业结构升级的关系还有待进一步讨论。

现有许多研究聚焦于分权与经济增长，而对分权与工业化的研究有限，相比经济增长，讨论分权与产业结构升级的研究较少，且为数不多的研究也仅聚焦于分权与三次产业结构演变的关系。其中黄显林（2013）的研究表明财税政策的演进过程明显提升了产业结构发展水平，财税分权空间越大，对地方产业结构的影响作用越大。马晓彩（2014）认为财政分权通过城市化、外商直接投资和对外贸易等间接传导机制推动了产业结构升级。刘建民和胡小梅（2017）运用空间杜宾模型发现财政支出分权对产业结构升级具有显著的正影响。刘玉龙和任国良等（2014）用第三产业增加值占第一、二产业之和的比重衡量产业结构的优化升级，认为中央对地方政府的"纵向"分权不利于产业结构的优化，政府对市场的"横向"分权对产业结构显著为正。另外一些学者的研究表明，分权不利于产业结构升级。魏福成和邹薇（2013）认为政府财政税收越多导致政府财政支出越大，从而腐败可能越严重，中国式财政分权阻碍了产业结构升级。褚敏和靳涛（2013）认为地方政府行为与国有企业垄断相结合的行政性垄断不利于产业结构升级。江胜名和江三良（2018）研究表明分权激励下的"攫取之手"是产业结构升级受阻的原因。安苑和王珺（2012）重点关注地方政府财政行为的波动性以及对产业结构升级的影响。

分权对工业化的影响的研究有待进一步深化。本节尝试聚焦讨论中国式分权对工业化的影响及机制，就分权对工业内部结构以及不同区域的影响效果进行讨论。

二、中国式分权对工业化影响机制的理论探讨

为刺激经济增长，地方政府有动力吸引大规模的固定资产投资，推进城镇化建设，吸引外资以及推动市场化改革，而这些因素又是影响工业高速发展的重要因素。所以本书预期中国的财政分权将推动工业发展，并从以下几

个渠道产生影响。

（一）固定资产投资效应

我们认为分权将促进地方的固定资产投资，而固定资产投资将推动当地工业发展。本书认为：（1）由于中国的政治集中与经济分权，使得地方官员有动力为"政绩"展开锦标赛式的竞争，而加大基础设施的投资（高速公路、轨道、车站等）有助于"招商引资"，对工业的增长具有显著的影响效应。基础设施的改善将有助于扩张市场，加剧产品市场的竞争以及降低运输成本，从而降低企业的库存（张勋，2018）。同时基础设施改善本身就是政绩易于观测的衡量指标（张军，2007），这些都将导致地方政府有动力加大对基础设施的投资。（2）为推动地区经济的发展，地方政府有动力兴建产业园区、高新技术开放区，产业园区成为地方政府招商引资、打造产业集群、发挥产业聚集效应的重要手段。而产业园区的建设，尤其是在初创之时，则需要大规模的固定资产投资。（3）地方政府在经济增长目标的驱动下，有动力压低资源、能源等要素价格，通过要素价格的压低，吸引投资流入，最终带来了地方固定资产投资的增加。固定资产投资对于工业化的作用显著，我们认为分权将通过这一渠道推动中国工业的快速发展。

（二）城镇化效应

城镇化与工业化两者密切相关，相辅相成。而中国在计划经济时期，由于选择了优先重工业发展战略，重工业对劳动力吸纳有限，中国不得不实行严格的户籍制度，城镇化进程缓慢，在部分年份甚至出现"逆城市化"的倾向。改革开放以后，我国逐步开始向地方政府放权，城镇化也取得较快的进展。本书认为中央向地方的分权将有助于城镇化的推进，原因主要包括以下几点：（1）中国城镇化体现出了政府主导的特征，地方政府通过设立新城区、扩大旧城区等措施，扩大城市规模。而且中国土地制度与欧美不同，欧美国家土地多为个人私有，城镇化进程受到个人意愿的制约；而中国的土地则是集体所有，地方政府在推进城镇化中扮演着重要的角色，地方城镇化表现出整体快速推进的特征。（2）制约我国城镇化的重要因素就是严格的户籍制度，由于城镇化的推进对经济有着显著的刺激作用，地方政府有动力进行制度创新，局部突破户籍的限制。例如，20 世纪90 年代，上海、深圳、广州、厦门、北京等城市陆续推出"蓝印户口""工作寄住证"开始对户籍改革进行了初步探索。[①]（3）由于我国分税制之后，财政体制存在财权上移与支出下移，地方财政存在较大的缺口，"土地财政"成为弥补公共财力不足的来源（付敏杰，2017）。房地产的发展直接关系到"土地财政"的发展，城镇化则是房地产能够保持稳定的重要动力。如果没有城镇化作为依托，单纯发展房地产只能造出"鬼城"。所以政府有动力改善城市基础建设，包括完善供暖、供水、公共交通等基础设施建设，推动城镇化的发展。综上所述，我国当前的分权模式将有效推动城镇化的发展，而城镇化则有助于形成经济的聚集效应，拉动消费需求，促进当地工业经济发展。

（三）外商直接投资效应

地方分权促进了外商直接投资（FDI），而外资的涌入促进了工业化。一方面，由于中国工业化具有后发的特征，资本、技术与管理等方面落后于发达国家。FDI 的流入不仅将弥补我国资源与技术的不足，还将带来管理水平的提升，成为当地经济的重要引擎与地方政府重要的财税来源。另一方面，外资引入一度成为考核地方官员"政绩"的重要指标。地方政府有动力通过税收优惠，加大相关基础设施投资，压低要素价格，甚至给予外资过多优惠，吸引外资。外资的大规模涌入，刺激了当地的工业化。

（四）市场化效应

由于市场对经济增长的推动作用，我国地方政府尤其是东部沿海地区的地方政府，又具有典型的"市场增进型"政府的特点。以浙江省为例，从温州的"允许试、允许看、允许改"到义乌的"四个允许"，再到浙江全省的

---

① 魏后凯：《走中国特色的新型城镇化道路》，社会科学文献出版社 2014 年版，第 437 页。

"少说多做""只做不说"等的地方工作策略（何显明，2018），都体现出地方政府有动力推动市场化。由于民营企业对于推动地方经济增长、解决就业问题、提供地方税收具有较强的作用，地方政府有积极性推动民营企业的发展。大批民营企业的兴起，形成了工业发展的重要动力。改革开放以后，虽然进行了国有企业改革，但国有企业与政府之间的"父子关系"仍然存在。在一般竞争性领域，存在国有企业的经营效率不如民营企业的情况。20世纪90年代以后，随着市场告别短缺，国有企业出现了经营困难，给地方政府财政以较大的压力。地方政府有动力推动国有企业民营化改革。随着中央明确了"抓大放小"的国有企业改革思路以后，大批中小型国有企业在政府的主导下进行了转制。20世纪90年代中后期，中国的市场化速度加快，在国有、集体、民营、外资的"多轮驱动"下，中国工业化快速推进。

三、模型设定、数据描述与变量选择

（一）模型设定与变量选择

本章考察中国式分权对工业化的影响，这里构建下述基准计量回归模型：

$$Y_{it} = b_1 + b_2 \text{fisdec}_{it} + b_3 X_{it} + u_i + \varepsilon_{it} \tag{6-1}$$

其中，Y是工业化，fisdec是分权，X是一系列控制变量，u是不随时间变动的个体效应。下标i表示地区，t表示时间年份，ε_{it}为随机扰动项。与第五章类似，本章工业化的具体测度选取工业增加值占GDP的比重。同时我们用工业增加值占第一、二产业总值比重，以及工业增加值对数对工业化水平进行考察。

在上述基准回归的基础上，本章还进一步考察分权对不同区域工业化的影响的模型：

$$Y_{it} = \alpha_1 + \alpha_2 \text{fisdec}_{it} + \alpha_3 \text{fisdec}_{it} \times \text{dum\_east} + \alpha_4 X_{it} + u_i + \varepsilon_{it} \tag{6-2}$$

其中，$\text{fisdec}_{it} \times \text{dum\_east}$为财政分权与东部地区虚拟变量的交叉项。东部地区是经济发达地区，工业化进程也高于中西部地区。考察财政分权对不同区域工业化的影响具有重要意义。

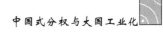

除此之外，本章还考虑到财政分权对不同行业工业化的影响，构建如下模型：

$$Y_{it} = \gamma_1 + \gamma_2 fisdec_{it} + \gamma_3 X_{it} + u_i + \varepsilon_{it} \qquad (6-3)$$

其中，Y 分别为重工业、高耗能产业、装备制造业产值占工业总产值的比重，以及重工业、高耗能产业、装备制造业产值的对数。

笔者采用学术界常用的做法，利用财政分权划分中央和地方的权力作为中国式分权的具体测量。而财政分权通常从财政收入或财政支出两个维度进行测量，现有文献中存在多种财政分权的构建方式（Bird，1986；Martinez-Vazquez and McNab，2003），有学者用下级政府财政收支中的比例（Oates，1985），有学者用财政收入增加值中的边际分成（Lin and Liu，2000）。国内学者多用省级人均财政支出占省级人均与中央人均财政支出之和的比值测量（乔宝云，2005）。徐永胜和乔宝云（2012）指出，不同财政分权指标的采用会对实证结果产生较大差异。考虑到中国地方政府没有独立的税权，地方各级预算外收入常由中央调整，且"在收入方面，中央和地方政府之间的分配为复杂的隶属关系所决定，因此这种分权不能真正反映不同层级政府可用的财政资源"（乔宝云，2002）。王文剑（2008）指出，中国财政分权如果用财政收入分权衡量缺少科学性和可信度。基于上述原因，并借鉴相关研究（傅勇和张宴，2007），本章主要利用省级人均财政支出占省级人均与中央人均财政支出之和的比值作为分权的衡量：

fisdec1 = 省级人均财政支出/（省级人均财政支出 + 中央人均财政支出）×100

$$(6-4)$$

作为稳健性检验，本章还采用省级人均财政收入占省级人均与中央人均财政收入之和的比值作为分权的另一种衡量方法：

fisdec2 = 省级人均财政收入/（省级人均财政收入 + 中央人均财政收入）×100

$$(6-5)$$

此外，作为稳健性检验，我们进一步考虑到由于预算外收入 2011 年之后纳入预算管理，预算外财政成为历史，又考虑到工业统计数据 2011 年前后统计口径有较大变化，2011 年前为年产值超过 500 万元的企业，2012 年后为年产值超过 2000 万元的企业，因此使用 2001~2010 年财政支出作为衡量分权的数据，讨论其与工业化的关系。

$$fisdec3 = 省预算内人均财政支出/中央预算内人均财政支出 \times 100 \quad (6-6)$$

$$fisdec4 = (省预算内人均财政支出 + 省预算外人均财政支出)$$
$$/(中央预算内人均财政支出 + 中央预算外人均财政支出)$$
$$\times 100 \quad (6-7)$$

$$fisdec5 = (省预算内人均财政支出 + 省预算外人均财政支出$$
$$+ 人均上解中央支出 - 省人均转移支付)/(中央预算内人均$$
$$财政支出 + 中央预算外人均财政支出) \times 100 \quad (6-8)$$

控制变量 X 是工业化的其他影响因素。这里主要考虑到以下两种：（1）贸易开放度。贸易开放度被认为是影响工业化的重要因素（王国中，2007）。本书用进出口总额占 GDP 的比重表示。（2）基础设施建设。基础设施通过空间溢出效应和用脚投票的 tiebet 效应影响工业化（吴福象和沈浩平，2013）。本书用公路里程数衡量基础设施建设。

（二）影响机制识别模型

如果财政分权能够显著促进中国工业化，自然一个更深的讨论则是财政分权将通过何种机制影响中国工业化？结合已有研究并考察地方政府激励偏好行为，我们预期财政分权将通过以下四种影响机制推进中国工业化。

（1）财政分权通过提高社会固定资产投资进而推动工业化。（2）财政分权通过提高市场化进而推动工业化。（3）财政分权通过推进城镇化进而推动工业化。（4）财政分权通过提高外商直接投资进而推动工业化。

类似第五章，本章通过构建财政分权影响工业化的递归模型，讨论影响机制。为识别上述影响机制是否存在，并借鉴海因斯（Hayes，2009）的中介效应的检验方法，结合方程（6-1），构建如下递归方程：

$$W_{it} = c_1 + c_2 fisdec_{it} + c_3 X_{it} + \delta_{it} \quad (6-9)$$

$$Y_{it} = d_{1it} + d_2 fisdec_{it} + d_3 W_{it} + d_4 X_{it} + \varepsilon_{it} \quad (6-10)$$

其中，W 表示上述提到的社会固定资产投资、市场化、城镇化和外商直接投资四种影响机制，其他变量含义与前述一致。影响机制的中介效应检验通过如下步骤实现：首先，如果方程（6-1）的估计结果为系数 b2 显著且为正值，则表明财政分权对工业化进程有显著的推进作用；其次，估计方程（6-9）中的预期系数 c2 估计结果显著为正，表明财政分权显著推进了四种影响机制；最后，如果财政分权对工业化的四种影响机制存在，则方程（6-10）中的估计系数 d2 显著为正，并且要小于 b2。

四种影响机制对应变量的具体测度如下：（1）社会固定资产投资，用全社会固定资产投资表示。（2）市场化，市场化和国有化存在此消彼长的关系，市场化程度高的地区意味着国有化程度低（褚敏，2013）。第五章利用国有职工占总职工人数的比重代表一个地区的国有化，本章在第五章基础上，利用 100 减去国有化率来测量市场化。（3）城镇化，沿用本书前述做法，用城镇人口占总人口的比重来表示城镇化。（4）外商直接投资，用各省外商直接投资量表示。为减少由于异方差的存在对估计结果的影响，本书对上述各变量（除了比率变量之外）均进行了对数化处理。

（三）数据描述

本书所需要的数据来源于历年的《中国人口和就业统计年鉴》《中国工业经济年鉴》《中国统计年鉴》《中国劳动统计年鉴》及各省统计年鉴，中国知网、中经网统计数据库等。经过数据整理和构建，最终包含以下三类数据：30 个省（自治区、直辖市）的 1978～2016 年共 39 年的省级数据、2001～2011 年 11 年分省重工业数据以及 1999～2016 年的分省分行业的高耗能行业和装备制造业数据。

表 6-2-1 是本章用到的所有相关变量的统计描述。从表 6-2-1 可以看出，工业发展、财政分权等核心变量的样本均有较大的变动范围。其中，fisdec1 在 32.117% 到 381.180% 之间波动，均值为 98%。其余变量也有较大差异，工业化几个代理变量中，工业增加值占第一、二产业之和的比重和装备制造占工业总产值的比重两个标准差最大，其余变量不再赘述。

表6-2-1   变量的相关说明及统计描述

变量 类型	变量名	含义	符号	观测值	均值	标准差	最小值	最大值
被解释变量	工业化1	工业增加值占GDP的比重（%）	rzind	741	37.216	9.889	6.794	59.243
	工业化2	工业增加值的对数	lzind	741	7.444	1.594	1.235	10.471
	工业化3	工业增加值占第一、二产业之和的比重（%）	rb_zind	741	63.132	15.642	11.166	91.657
	工业化4	高耗能产业产值占工业总产值的比值（%）	rgaohao	2616	7.717	1.494	2.585	10.827
	工业化5	高耗能产业总产值的对数	lgaohao	2616	33.104	9.834	16.110	68.963
	工业化6	装备制造业产业产值占工业总产值的比值（%）	rzhuangbei	2604	24.376	15.065	0.387	57.118
	工业化7	装备制造业总产值的对数	lzhuangbei	2604	6.638	2.254	-1.833	10.837
	工业化8	重工业产值的对数	lzhong	310	8.217	1.590	2.400	11.292
	工业化9	重工业占工业产值的比值（%）	rzhong	310	72.859	11.089	39.822	95.425
解释变量	财政分权1	省级人均财政支出/（省级人均财政支出+中央人均财政支出）×100	fisdec1	741	98.289	62.218	32.117	381.180
	财政分权2	省级人均财政收入/（省级人均财政收入+中央人均财政收入）×100	fisdec2	740	56.899	53.982	13.697	334.195
	财政分权3	省人均预算内财政支出/中央人均预算内财政支出	fisdec3	300	5.791	0.512	4.769	7.168
	财政分权4	（省人均预算内财政支出+省人均预算外财政支出）/（中央人均预算内财政支出+中央人均预算外财政支出）	fisdec4	300	5.895	0.479	5.02433	7.208
	财政分权5	（省人均预算内财政支出+省人均预算外财政支出+人均上解中央支出-省人均转移支付）/（中央人均预算内财政支出+中央人均预算外财政支出）	fisdec5	300	5.264	0.645	4.061	7.081

续表

变量类型	变量名	含义	符号	观测值	均值	标准差	最小值	最大值
控制变量	贸易开放度	进出口总额的对数	lroad	741	11.058	0.945	8.222	12.707
	基础设施	公路里程数的对数	lforien	741	13.907	1.982	8.861	18.508
	东部地区	1 东部地区；0 其他	dum_east	664	0.364	0.482	0	1
影响机制变量	城镇化	城镇化率	cityrate	713	0.457	0.166	0.148	0.896
	市场化	100－国有职工人数/总职工人数×100	market	710	55.044	18.953	5.700	91.662
	固定资产投资	全社会固定资产投资的对数	invest	741	54.973	25.046	19.302	150.703
	外商直接投资	各省外商直接投资的对数	lfdi	677	13.686	1.891	6.723	16.932

在考察财政分权对工业化的实证分析之前，图 6－2－1 和图 6－2－2 直观地展示了二者之间的关系：财政分权程度越高的地区，工业化水平越高，二者呈现出正相关的趋势，且拟合曲线斜率也显著为正。

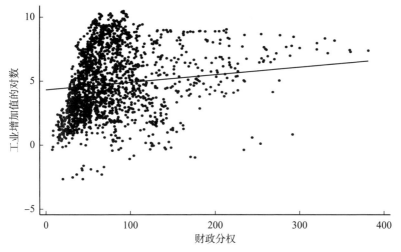

图 6－2－1　财政分权与工业增加值的对数

注：由于数据缺失，不包括港澳台地区和西藏自治区。

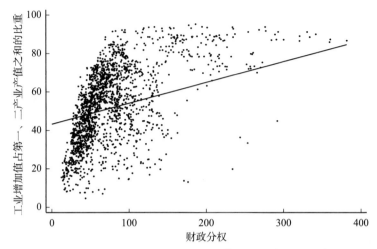

图6-2-2　财政分权与工业增加值占第一、二产业之和的比重

注：由于数据缺失，不包括港澳台地区和西藏自治区。

四、实证结果分析

表6-2-2是财政分权对工业化与工业增长的估计结果。由表6-2-2列（1）、列（2）中财政分权 fisdec 的估计系数在1%的水平上显著为正，表明财政分权显著促进了工业占第一、二产业比重的提高。从列（4）来看，财政分权对于工业占 GDP 的比重也有显著的推动作用。同样的，列（5）和列（6）中财政分权对工业增长也表现出显著的正影响。

表6-2-2　　　　财政分权与中国工业化与工业增长的估计结果

变量	工业增加值占第一、二产业之和的比重	工业增加值占第一、二产业之和的比重	工业增加值占 GDP 比重	工业增加值占 GDP 比重	工业增加值的对数	工业增加值的对数
	（1）	（2）	（3）	（4）	（5）	（6）
fisdec1	0.1414 *** (13.0621)	0.0269 ** (3.1176)	0.0030 (0.3764)	0.0762 *** (8.4502)	0.0351 *** (18.2292)	0.0032 *** (6.2110)
lroad		5.0204 *** (6.0335)		2.1134 * (2.4320)		0.5487 *** (11.2014)

续表

变量	工业增加值占第一、二产业之和的比重	工业增加值占第一、二产业之和的比重	工业增加值占GDP比重	工业增加值占GDP比重	工业增加值的对数	工业增加值的对数
	(1)	(2)	(3)	(4)	(5)	(6)
lforien		1.6585 *** (4.1369)		-0.5112 (-1.2210)		0.5473 *** (23.1884)
_cons	45.4833 *** (43.9728)	-18.0950 *** (-4.0654)	36.8300 *** (47.9445)	13.4621 ** (2.8961)	3.0561 *** (16.5932)	-6.5450 *** (-24.9766)
N	1185	741	1185	741	1185	741
R^2	0.1289	0.5354	0.0001	0.1465	0.2237	0.9262
Hausman 检验 P 值	0.0172	0.0001	0.3110	0.0000	0.0000	0.0000

注：括号内为 t 值；* 表示 $p < 0.1$，** 表示 $p < 0.05$，*** 表示 $p < 0.01$。

五、稳健性检验

（一）稳健性检验一：财政收入测量分权

进一步作为稳健性检验，我们运用财政收入，即各省人均财政收入占全国人均财政收入的比重作为财政分权的代理变量。表 6-2-3 中的估计结果一致表明从财政收入角度来看，财政分权也推动了中国工业化的发展。其余控制变量对工业化的影响也大致与预期一致。

表 6-2-3 稳健性检验：财政收入分权对工业化影响的估计结果

变量	工业增加值占第一、二产业之和的比重	工业增加值占第一、二产业之和的比重	工业增加值占GDP比重	工业增加值占GDP比重	工业增加值的对数	工业增加值的对数
	(1)	(2)	(3)	(4)	(5)	(6)
fisdec2	0.0593 ** (3.1927)	0.0404 ** (3.1576)	0.0908 *** (6.4715)	0.0856 *** (6.2633)	0.0065 * (2.3606)	0.0030 *** (3.9325)

续表

变量	工业增加值占第一、二产业之和的比重	工业增加值占第一、二产业之和的比重	工业增加值占GDP比重	工业增加值占GDP比重	工业增加值的对数	工业增加值的对数
	(1)	(2)	(3)	(4)	(5)	(6)
lroad		5. 3849 *** (6. 5528)		3. 1286 *** (3. 5662)		0. 5956 *** (12. 1428)
lforien		1. 6304 *** (4. 0623)		- 0. 5489 (- 1. 2813)		0. 5431 *** (22. 6736)
_cons	59. 7635 *** (55. 0689)	- 21. 3834 *** (- 4. 8116)	32. 0480 *** (39. 1104)	5. 3800 (1. 1340)	7. 0760 *** (44. 0098)	- 6. 8637 *** (- 25. 8780)
N	740	740	740	740	740	740
R^2	0. 0142	0. 5349	0. 0558	0. 1096	0. 0078	0. 9240
Hausman检验P值	0. 0480	0. 0047	0. 7647	0. 4059	0. 0114	0. 0019

注：括号内为 t 值；* 表示 $p < 0.1$，** 表示 $p < 0.05$，*** 表示 $p < 0.01$。

（二）稳健性检验二：不同口径下财政支出角度的分权度量

改变统计口径，用 fisdec3 代表省人均预算内财政支出占中央人均预算内财政支出的比重，fisdec4 代表省人均预算内财政支出和省人均预算外财政支出之和占中央人均预算内财政支出和中央人均预算外财政支出之和的比重，fisdec5 代表省人均预算内外财政支出与人均上解中央支出之和基础上扣除省人均转移支付后占中央人均预算内外财政支出之和的比重，进行稳健性检验，估计结果参见表 6 - 2 - 4。从估计结果来看，无论是工业增加值占 GDP 比重（rzind）还是工业增加值的对数（lzind）衡量工业化，三个分权指标一致性都对其呈现出显著的正影响。

表 6 - 2 - 4　　　　　　稳健性检验：财政分权对工业化的影响

变量	工业增加值占 GDP 比重			工业增加值的对数		
	(1)	(2)	(3)	(4)	(5)	(6)
fisdec3	6. 785 *** (3. 88)			0. 180 *** (4. 37)		
fisdec4		6. 519 *** (3. 58)			0. 179 *** (4. 18)	

续表

变量	工业增加值占 GDP 比重			工业增加值的对数		
	（1）	（2）	（3）	（4）	（5）	（6）
fisdec5			4.947 ***			0.106 ***
			(3.69)			(3.3)
lforien	1.271 *	1.455 **	2.132 ***	0.0252	0.0304 *	0.0424 **
	(1.81)	(2.05)	(2.81)	(1.52)	(1.82)	(2.34)
lroad	0.0533 **	0.0516 *	0.0656 ***	0.0007	0.0006	0.0012 **
	(2.03)	(1.90)	(2.61)	(1.14)	(0.96)	(2.07)
_cons	7.377	2.297	5.956	2.869 ***	2.713 ***	2.931 ***
	(1.29)	(0.32)	(0.96)	(21.33)	(15.95)	(19.77)
N	300	300	300	300	300	300
R^2	0.315	0.310	0.312	0.299	0.294	0.278
Hausman 检验 P 值	0.0000	0.0000	0.0000	0.0000	0.0000	0.0000

注：括号内为 t 值；* 表示 $p < 0.1$，** 表示 $p < 0.05$，*** 表示 $p < 0.01$。

六、影响机制检验

综上所述，我们发现财政分权对促进工业化有显著的正向影响，而且结果稳健。这从某种意义上佐证了财政分权激活地方政府积极性是推动中国经济增长的重要措施。接下来我们对分权影响工业化的机制进行讨论。

表 6-2-5 是财政分权对工业占第一、二产业产值比重的影响机制检验结果。表 6-2-5 列（1）和列（2）的估计结果表明，财政分权有效地提高了固定资产投资，而固定资产投资则显著促进了工业增加值占第一、二产业产值的比重（以下简称"工业比重"）。表 6-2-5 列（5）和列（6）的估计结果表明，财政分权显著促进了城镇化，而城镇化也推动了工业比重的上升。表 6-2-5 列（7）和列（8）的估计结果表明，财政分权带来了外商直接投资的增加，外商投资提高了工业比重。表 6-2-6 是财政分权对增加值的影响机制估计结果。从表 6-2-6 的估计结果中可以发现，财政分权对工业增加值也表现出类似的影响效果。此外，表 6-2-5 列（3）中核心解释变量财政分权 fisdec1 的回归系数为负①，表明分权未能通过市场化推动工业化。

---

① 事实上，表 6-2-5 列（1）和表 6-2-6 列（1），表 6-2-5 列（3）和表 6-2-6 列（3），表 6-2-5 列（5）和表 6-2-6 列（5）分别估计的是同一个方程，即对应前面影响机制识别模型分析中的式（6-6）。

表6-2-5　　影响机制估计：以工业占第一、二产业产值的比重为因变量

变量	投资递归方程		市场化递归方程		城镇化递归方程		外商直接投资递归方程		全部
	invest	工业增加值占第一、二产业之和的比重	market	工业增加值占第一、二产业之和的比重	cityrate	工业增加值占第一、二产业之和的比重	lfdi	工业增加值占第一、二产业之和的比重	工业增加值占第一、二产业之和的比重
	(1)	(2)	(3)	(4)	(5)	(6)	(7)	(8)	(9)
fisdec1	0.362*** (18.35)	0.0458*** (4.51)	-0.0143 (-1.61)	0.0329*** (3.85)	0.0003*** (6.31)	0.0320*** (3.84)	0.0071*** (5.80)	0.0542*** (6.10)	0.0611*** (5.60)
lroad	8.984*** (3.74)	2.840*** (2.78)	-2.513** (-2.33)	5.047*** (6.13)	0.0191*** (3.02)	2.445** (2.48)	0.565*** (3.93)	1.126 (1.10)	1.202 (1.20)
lforien	-0.542 (-0.40)	1.147** (1.99)	3.169*** (4.98)	0.565 (1.23)	0.0236*** (6.27)	-0.189 (-0.31)	0.177** (1.97)	1.098* (1.72)	0.0380 (0.06)
cityrate						29.99*** (4.85)		0.850*** (2.99)	1.045*** (3.70)
market				0.0889*** (4.07)					23.15*** (3.35)
invest		-0.0165 (-1.03)							-0.0229 (-0.62)
invest									-0.0527*** (-2.97)
N	741	741	710	710	713	710	677	677	664
R²	0.823	0.611	0.934	0.576	0.887	0.645	0.704	0.648	0.672
Hausman 检验 P 值	0.0000	0.0010	0.0000	0.0001	0.0000	0.0000	0.0000	0.0013	0.0001

注：括号内为 t 值；* 表示 $p<0.1$，** 表示 $p<0.05$，*** 表示 $p<0.01$。

表6－2－6　影响机制估计：工业增加值对数为因变量

变量	投资递归方程		市场化递归方程		城镇化递归方程		外商直接投资递归方程		全部
	invest	工业增加值占第一、二产业之和的比重	market	工业增加值占第一、二产业之和的比重	cityrate	工业增加值占第一、二产业之和的比重	lfdi	工业增加值占第一、二产业之和的比重	工业增加值占第一、二产业之和的比重
	(1)	(2)	(3)	(4)	(5)	(6)	(7)	(8)	(9)
fisdec1	0.362*** (18.35)	0.00399*** (10.25)	-0.0143 (-1.61)	0.00394*** (8.25)	0.000330*** (6.31)	0.00391*** (12.27)	0.00710*** (5.80)	0.00486*** (14.25)	0.00167** (3.05)
lroad	8.984*** (3.74)	0.0384 (0.98)	-2.513** (-2.33)	0.435*** (9.46)	0.0191** (3.02)	0.0308 (0.82)	0.565*** (3.93)	-0.0252 (-0.64)	0.260*** (5.91)
lforien	-0.542 (-0.40)	0.0612** (2.76)	3.169*** (4.98)	0.394*** (15.43)	0.0236*** (6.27)	0.00234 (0.10)	0.177* (1.97)	0.0526* (2.15)	0.293*** (10.27)
cityrate		0.00125* (2.02)						0.0480*** (4.41)	0.0672*** (4.43)
market				0.0147*** (12.05)					2.274*** (6.62)
invest						1.295*** (5.47)			0.0108*** (8.81)
invest									0.00332*** (3.90)
N	741	741	710	710	713	710	677	677	557
R²	0.823	0.985	0.934	0.978	0.887	0.987	0.899	0.983	0.979
Hausman检验P值	0.0000	0.0000	0.0000	0.0000	0.0000	0.0000	0.0000	0.0000	0.0000

注：括号内为t值；＊表示p<0.1，＊＊表示p<0.05，＊＊＊表示p<0.01。

七、进一步分析：分区域及行业

表6-2-7报告了财政分权对工业化影响的区域异质性估计结果。表6-2-7各列中，财政分权的估计系数显著为正，表明财政分权对中西部地区工业化有显著的推进作用（即东部地区虚拟变量 dum_esat 取值为0时）。列（2）、列（4）和列（6）中财政分权和东部地区的虚拟变量的交叉项（fisdec1 × dum_east）的估计系数均显著为负，表明相对于东部地区来说，财政分权对经济较为落后的中西部地区影响更大。我们认为，对于区域影响的异质性与中国工业化发展中区域的不均衡有着密切的关系。

中西部地区相对东部而言，工业化发展较为滞后。分权显著地影响固定资产投资，而固定资产投资对工业化的促进更集中在外延式推动时期，也即工业化的前期与中期，所以处于工业化进展较为滞后的中西部地区，分权对工业化的影响更大。大国内部之间存在的经济发展的差异，也导致东部地区在发展成本提高之后，包括外资在内的工业企业有动力向中西部地区进行转移。中西部地方政府积极进行产业承接，最终促成了当地工业较快速度的发展。

东部地区其工业化的进程较快，一些省份率先进入工业化的后期，甚至率先进入后工业化阶段。进入工业化中后期或者后工业化时代之后，服务业在经济中的比重越来越高，服务业逐步成为当地政府经济的主要增长点。分权对于东部工业化的影响小于中西部（参见表6-2-7）。

表6-2-7　　　　　　　　财政分权对工业化的影响估计：分区域

变量	工业增加值占第一、二产业之和的比重	工业增加值占第一、二产业之和的比重	工业增加值占 GDP 比重	工业增加值占 GDP 比重	工业增加值的对数	工业增加值的对数
	(1)	(2)	(3)	(4)	(5)	(6)
fisdec1	0.0400 ***	0.114 ***	0.0875 ***	0.136 ***	0.0061 ***	0.0070 ***
	(3.02)	(7.17)	(6.32)	(7.95)	(7.95)	(8.90)

续表

变量	工业增加值占第一、二产业之和的比重	工业增加值占第一、二产业之和的比重	工业增加值占 GDP 比重	工业增加值占 GDP 比重	工业增加值的对数	工业增加值的对数
	(1)	(2)	(3)	(4)	(5)	(6)
fisdec1 × dum_east	-0.0242 (-1.30)	-0.0649 *** (-3.33)	-0.0208 (-1.07)	-0.0396 * (-1.89)	-0.0054 *** (-5.05)	-0.0087 *** (-8.97)
lroad	4.856 *** (5.77)	4.343 *** (5.16)	1.972 ** (2.24)	2.536 *** (2.79)	0.512 *** (10.50)	0.216 *** (5.16)
lforien	1.619 *** (4.03)	0.786 (1.43)	-0.546 (-1.30)	0.185 (0.31)	0.538 *** (23.13)	0.256 *** (9.40)
lfdi		0.814 *** (2.79)		0.503 (1.60)		0.0478 *** (3.31)
cityrate		8.997 (1.37)		-15.87 ** (-2.24)		2.596 *** (7.98)
market		0.0983 *** (4.19)		0.0365 (1.44)		0.0116 *** (9.98)
invest		-0.0966 *** (-5.97)		-0.0434 ** (-2.49)		0.0032 *** (3.99)
_cons	-15.98 *** (-3.37)	-18.54 *** (-2.69)	15.29 *** (3.09)	-3.060 (-0.41)	-6.069 *** (-22.12)	-1.399 *** (-4.09)
N	741	664	741	664	741	664
R^2	0.240	0.474	0.147	0.019	0.731	0.607
Hausman 检验 P 值	0.0002	0.0000	0.0000	0.0000	0.0000	0.0000

注：括号内为 t 值；* 表示 p<0.1，** 表示 p<0.05，*** 表示 p<0.01。

工业结构的讨论。本部分从重工业、高耗能及装备制造业三种重要的工业视角考察财政分权对工业化的异质性影响。表 6 - 2 - 8 报告了财政分权对重工业的影响的估计结果。前三列中分权的估计系数显著为正，表明分权显著促进了重工业的发展。列（6）中加入控制变量后，财政分权的估计系数在 10% 的显著水平上拒绝原假设，表明财政分权一定程度上也促进了工业化中重工业比例的增加。表 6 - 2 - 9 汇报了财政分权对高耗能产业影响的估计结果，各列中财政分权的估计系数均显著为正，表明财政分权显著促进了高耗能产业的发展。表6-2-10报告了财政分权对装备制造业的影响的估计结果，财政分权的估计系数整体显著为负，表明分权未能促进装备制造业的发展，甚至还产生了不利的影响。

表6-2-8　　　　　　　　　　　财政分权对重工业的影响

变量	重工业产值对数	重工业产值对数	重工业产值对数	重工业占工业产值比值	重工业占工业产值比值	重工业占工业产值比值
	（1）	（2）	（3）	（4）	（5）	（6）
fisdec1	0.0053 *** (8.67)	0.0052 *** (8.08)	0.0029 *** (4.91)	-0.0027 (-0.19)	0.0218 (1.52)	0.0298 * (1.97)
lroad		0.0113 (0.20)	-0.1500 *** (-3.13)		-7.690 *** (-6.04)	-9.219 *** (-7.57)
lforien		0.0686 (1.34)	0.0470 (1.12)		0.103 (0.09)	0.0106 (0.01)
lfdi			0.0609 *** (3.51)			0.105 (0.24)
market			0.0019 (0.81)			0.110 * (1.82)
cityrate			4.124 *** (7.96)			54.69 *** (4.16)
invest			0.0009 (0.89)			-0.141 *** (-5.27)
N	310	310	304	310	310	304
R^2	0.973	0.974	0.984	0.574	0.626	0.711
Hausman检验P值	0.0019	0.0000	0.0000	0.0000	0.0000	0.0000

注：括号内为t值；* 表示 $p<0.1$，** 表示 $p<0.05$，*** 表示 $p<0.01$。

表6-2-9 财政分权对高耗能产业的影响

变量	高耗能产值/工业总产值	高耗能产值/工业总产值	高耗能产值/工业总产值	高耗能产值对数	高耗能产值对数	高耗能产值对数
	(1)	(2)	(3)	(4)	(5)	(6)
fisdec1	0.0295 *** (5.48)	0.0197 *** (3.31)	0.0252 *** (3.51)	0.0247 *** (25.69)	0.0030 *** (9.01)	0.0009 *** (2.69)
lroad		-0.978 * (-1.86)	-0.383 (-0.70)		0.496 *** (17.04)	0.292 *** (10.94)
lforien		0.937 *** (3.83)	2.400 *** (6.34)		0.771 *** (56.92)	0.490 *** (26.66)
lfdi			-1.688 *** (-8.33)			0.0547 *** (5.56)
cityrate			3.904 (0.82)			4.156 *** (17.91)
market			-0.0376 ** (-2.12)			0.00515 *** (5.99)
invest			-0.0149 (-1.36)			0.00250 *** (4.68)
N	2666	2666	2616	2666	2666	2616
R^2	0.012	0.022	0.055	0.210	0.925	0.944
Hausman 检验 P 值	0.0612	0.0000	0.0000	0.0000	0.0000	0.0000

注:括号内为 t 值;* 表示 $p<0.1$,** 表示 $p<0.05$,*** 表示 $p<0.01$。

表6-2-10 财政分权对装备制造业的影响

变量	装备制造总产值对数	装备制造总产值对数	装备制造总产值对数	装备制造业产值/工业总产值	装备制造业产值/工业总产值	装备制造业产值/工业总产值
	(1)	(2)	(3)	(4)	(5)	(6)
fisdec1	0.0006 (1.05)	-0.0028 *** (-4.82)	-0.0054 *** (-7.21)	-0.0373 *** (-9.59)	-0.0485 *** (-12.49)	-0.0546 *** (-10.97)

变量	装备制造总产值对数	装备制造总产值对数	装备制造总产值对数	装备制造业产值/工业总产值	装备制造业产值/工业总产值	装备制造业产值/工业总产值
	(1)	(2)	(3)	(4)	(5)	(6)
lroad		0.732 *** (11.46)	0.396 *** (6.34)		3.170 *** (9.23)	2.985 *** (8.26)
lforien		0.508 *** (11.91)	0.348 *** (8.01)		2.520 *** (7.94)	2.444 *** (7.19)
lfdi			0.212 *** (11.18)			0.321 ** (2.36)
cityrate			8.029 *** (15.60)			11.45 *** (3.25)
market			− 0.0165 *** (− 5.94)			0.0367 ** (2.15)
invest			− 0.0055 *** (− 4.66)			− 0.0159 * (− 1.86)
N	3556	3556	3493	2604	2604	2541
R²	0.763	0.786	0.814	0.125	0.192	0.203
Hausman检验 P 值	0.0000	0.0000	0.0000	0.0000	0.0000	0.0000

注：括号内为 t 值；* 表示 $p < 0.1$，** 表示 $p < 0.05$，*** 表示 $p < 0.01$。

　　基于实证结果，本书认为分权有利于推动钢铁、电力、化工等高耗能产业的发展。具体可以从以下几个方面来看：（1）钢铁、电力、化工等高耗能产业具有投资规模大，对经济带动能力强的特点，而其污染大、能耗大的弊端一度未能成为考核官员的重要指标。所以即使高耗能产业的高速发展对能源、环境产生较大压力，但地方政府容易忽略这些不利因素，反而有动力刺激高耗能产业的发展。（2）为促进地方经济增长，地方政府有动力压低包括土地、资金、能源、资源等要素价格，推动低价工业化在内的要素价格（张卓元，2005）①。而高耗能发展行业又恰恰是资金、能源、资源等要素密集的行业。地方政府压低这些要素价格，使得高耗能行业的扩张取得了"补贴"。（3）地方政府有动力吸引外资，而随着西方发达国家环境门槛的不断提高，资源、能源价格的上涨，国际资本有动力将其高耗能产业转移到中国等发展中国家。中国地方政府则有动力加大外资吸引力度，而相对忽视这些产业形成的环境、能源等压力，促进了新一轮的国际制造业转移以钢铁、石化等资本密集型的重化工业为主。（4）随着改革开放的发展，民营企业进入21世纪以后已经具备较强实力。地方政府对民营企业的扶持，包括压低环境污染和资源的成本，为民营企业进入高耗能产业提供了良好的契机。追求利润最大化为导向的民营企业，在进入21世纪以来有动力寻求钢铁、电解铝等重化工业项目的投资（简新华，2009）。②（5）地方政府有积极性推动城镇化与房地产的发展，而且在城镇化的扩张过程中，地方政府还将加大基础设施的投资。而房地产与大规模基础设施投资将对钢铁、水泥等基础型重化工业带来强劲的需求，为这些产业的发展注入了活力。

分权在对高耗能产业形成强有力促进作用的同时，对装备制造业未能产生显著的正影响，甚至还产生了不利的影响。本书认为以下几个方面的原因值得注意：（1）装备制造业具有技术密集型产业的特点，虽然中国装备制造业从总量上来看具有一定规模，但中国缺乏对核心技术的掌握，企业大多尚且停留在组装、加工阶段。而且中国装备制造业未能占领产业链的高端，国际竞争力有限；而企业之间差异化生产较小，国内扁平式竞争较为激烈。这些原因带来了装备制造业企业利润有限，对经济拉动及税收贡献有限。（2）装备制造业不仅需要有较强的科技创新能力，而且对产业关联度有较高要求。对于装备制造业而言，需要形成具有竞争力的产业集群，并加强基础共性技术研究才能形成新的经济增长点，但产业集群的培育要有一个过程。而地方官员存在官员任期的限制（曹春方，2014）③，使得地方政府更有热情

---

① 张卓元：《深化改革、推进粗放型经济增长方式转变》，载《经济研究》2005年第11期。

② 简新华、余江：《中国工业化与新型工业化道路》，山东人民出版社2009年版，第276页。

③ 曹春方、马连福、沈小秀：《财政压力、晋升压力、官员任期与地方国企过度投资》，载《经济学（季刊）》2014年第13卷第4期。

推动短期内能够刺激 GDP 的高耗能产业，而对发展需要长期培育的装备制造业的动力有限。（3）装备制造业实现突破的风险较大。虽然装备制造业对发展当地工业、提升工业整体竞争力有重要作用，但是其对技术创新要求较高。在中国与西方技术差距日益缩小的背景下，装备制造业的技术进步越来越难以通过技术引进实现，而应当通过自主创新。自主创新本身就需要不断"试错"，其失败的风险也很大，其盈利也具有更多的不确定性。在 GDP 崇拜的影响下，地方官员更倾向于扶持盈利更为确定的高耗能行业的发展。最终分权更多带来了高耗能的显著上升，而未能有效地促进装备制造业的发展。

第三节 主要结论与启示

中国工业化实现弯道超车，走的是政府主导型工业化的道路。中国是一个大国，实现工业化，必须要发挥中央与地方政府的双重作用。伴随着中国工业化的进程，中央与地方的关系也在不断调整。在我国计划经济体制时期，我国政府进行的两次放权的尝试，导致了经济过热，不得不进行权力重新集中，但未能摆脱"一收就死、一放就乱"的怪圈。改革开放以后，随着社会主义市场经济的不断完善，我国逐步形成了政治集权与经济分权，有效地推动了工业化的高速发展。从实证结果来看，20 世纪 90 年代末期至 21 世纪前 10 年，分权有利于高耗能为代表的基础型重化工业的增长，但对装备制造业等技术密集型产业的增长未能起到显著的推动作用。本书认为地方分权模式推动了改革开放以来工业化的发展，也促进了 20 世纪 90 年代末期至 21 世纪前 10 年的重化工业重启，但同时对装备制造业为代表的技术密集型产业影响有限，这也成为工业经济发展方式难以转变的重要原因之一。结合本书的研究，未来实现工业高质量发展，中央与地方的关系还需要进一步调整，以下几个方面值得注意。

一、完善地方官员晋升机制，避免 GDP 崇拜

对于大国政府主导型经济，调动地方政府积极性是推动经济发展的重要动力。正如奥尔森所指出："从对生产表现的监督和对实际条件的经历中得到的信息，只有在生产过程中的第一线才会变得清楚可见。"[1] 由于大国经济较为复杂，地方政府更接近第一线，所以地方政府对地方具体事务拥有更全面的信息，更容易整合各种资源推动当地经济发展。而且中央政府的政治集中促使地方官员晋升需要与中央的目标一致。一方面中央政府有强烈经济赶超的动力；另一方面 GDP 较为容易衡量，所以 GDP 成为官员晋升的重要指标。这也导致地方政府有动力推动工业化，在外延式扩张阶段，有力地推动了地方经济的增长。但这种模式也使得中国转变工业经济增长方式的任务艰巨。

党的十八大以来，官员考核机制发生变化。2013 年，中组部对地方官员考核体系作出了结构性调整，明确提出弱化 GDP 增速的考核权重，同时加强环境保护等方面的考核（张军，2020）。未来应当进一步完善官员考核机制，建立长期考核官员行为的机制，例如，加快建立环境污染终身追责机制、对地方政府培育新产业集群也要进行长期考察，避免官员短期行为。同时，运用发挥互联网大数据的优势，将人民对地方政府的满意度纳入官员的考核机制，作为官员晋升的重要参考。

二、进一步完善社会主义市场经济体制，推动要素资源市场化

中国改革开放的过程也是市场经济不断完善的过程，在改革开放之初，中国市场不完善，在中央向地方政府分权的背景下，地方政府积极推动工业化在很大程度上弥补了市场的不足。而且为了推动地方经济增长，在一般竞争领域中国有企业亏损较为严重的条件下，地方政府推动了民营化的过程，

---

[1] 奥尔森：《权利与繁荣》，上海人民出版社 2005 年版，第 106 页。

形成了"市场增型"的特征。但是中国的市场化仍需要进一步完善，市场化的主要难点在于要素资源的市场化。而未来应当进一步完善社会主义市场经济体制，稳步推动生产要素的市场化，避免要素资源配置的扭曲。尤其随着中国经济进入新常态，大国经济规模的不断扩张，使得要素供给趋紧。地方政府通过压低资金、土地、资源等要素价格推动工业化的旧有模式日益难以维系。由于资本、货币、技术、土地、资源、环境、劳动力、人才等要素市场各有其特点，要素市场化改革难度较大，十分复杂。所以要素市场化改革是全面深化改革的重点与难点。本书认为，稳步推动要素市场化改革，才能进一步规范地方政府行为，而且将提高资金、资源等要素使用密集的高耗能产业发展的成本，倒逼工业结构的转型升级。

三、发挥中央与地方的双重积极性，实现工业结构的转型升级

结合当前文献与实证结果，我们认为分权有效调动了地方政府的积极性，推动了改革开放以来工业化的快速发展。但从实证结果也看到，分权对装备制造业的影响不显著。而先进的装备制造业是工业转型升级的关键，尤其在美国"再工业化"、德国提出"工业4.0"的背景下，我国装备制造业要立于不败之地必须突破发达国家的围堵。由于先进的装备制造业对建立现代化的经济体系、巩固强大的国防工业有着重要作用。本书认为，要实现中国装备制造业的"弯道超车"，推动工业的转型升级，应当发挥好中央与地方的双重积极性。（1）在中央明确发展装备制造业的同时，应当发挥地方政府的积极性，对当地的装备制造业的特点、优势进行科学的分析，筛选适宜本地发展的装备制造业，并对这些行业进行扶持，形成具有竞争力的产业集群。而这种产业政策的扶持应该是建立在市场机制之上，而且应当是长期的、不断调整的，这又要求中央政府需要采取措施避免地方官员由于任期制容易带来的产业扶持短期行为。（2）装备制造业的发展应当以企业为主体，政府不能替代。但是装备制造业又是技术密集型行业，需要强大的科学技术进行支撑，尤其是基础科学的支撑。而我国的科技体系较为复杂，一批高水平的科研院所和高校属于中央政府管理。未来要实现科技驱动装备制造业的发展，不仅

要打破科研单位与企业之间合作的藩篱，还应当注重打破科研单位与中央、地方联动的障碍。在市场机制基础上，发挥中央政府与地方政府的积极性，引导科学研究与产业发展有机结合，提升装备制造业的自主创新能力。（3）工业的转型升级离不开人才的支持。一方面，地方政府应当出台相关政策，形成地区人才聚集的高地，为装备制造业的发展提供良好的人力资本基础。另一方面，应当注重中央与地方人才合理流动机制，形成人力资本的"外溢效应"，为工业结构升级提供智力支持。

第七章

大国工业化的"非均衡"与区域
协调发展战略

中国是一个大国，区域之间工业发展条件存在较大的差异，区域工业化发展水平也呈现出不均衡的特征。改革开放后区域工业发展差距整体存在拉大的趋势，这也构成了区域间存在经济差距的重要原因。区域间经济差距长期存在不仅不利于实现共同富裕，也不利于扩大内需，对中国工业长期健康发展产生消极影响。20世纪90年代末期以来，为了落实"两个大局"中"先富带动后富"的部署，中央政府先后实施了"西部大开发""振兴东北老工业基地"与"中部崛起"战略，希望能够通过三大区域政策，实现区域协调发展。但三大区域政策是否有助于提高工业经济效益，实现区域内生发展仍然有待实证研究。本章首先对各大区域经济增长与结构进行分析，然后立足企业数据，分析了三大区域政策对产值与利润的影响。最后结合历史经验、实证结果对未来实现区域工业协调发展提出政策启示。

第一节　大国区域间工业发展的不均衡

一、改革开放前工业化的区域差距演变

(一) 改革开放前区域均衡发展战略的探索

中国国土面积辽阔，各地区之间区位因素、要素禀赋、历史传统都存在

较大差异，中国区域之间经济发展水平长期存在一定差距。鸦片战争之后，西方资本主义的入侵和中国近代工业化不均衡发展，使得中国区域差距进一步拉开。到1949年中华人民共和国成立以前，中国绝大部分地区还停留在传统的农业社会，属于近现代工业的部分在国民经济中仅占10%左右，但这些近现代工业中70%以上又集中在面积不到全国12%的东部沿海地带，形成了中国城乡之间、地区之间经济畸形发展的格局。[①] 从改变内地落后经济面貌与大国国家安全的角度出发，新中国成立之后，以毛泽东同志为核心的党的第一代中央领导集体选择了区域均衡发展战略。新中国成立后"一五"期间重点建设的"156项"主要分布在东北地区、中部地区和西部地区。但是在内地工业发展的同时，沿海地区工业的潜力未能充分挖掘。1956年毛泽东同志著名的《论十大关系》中，强调了要注意东部沿海地区工业的发展。进入20世纪60年代之后，中国面临的国际形势日趋严峻。因此，毛泽东同志对区域经济布局的认识也发生了重要变化。我国于1964年开始了以备战为中心的"三线建设"。中西部地区在"三线建设"的推动下，工业得到较快发展。

（二）改革开放前四大经济板块[②]的工业发展

图7-1-1显示的是四大板块工业增加值从1952年到1978年不平等（泰尔指数）趋势的演变。该图直观反映出如下信息：尽管偶然一些特殊年份（如1960年、1968年）出现上升，但整体来看改革开放前，全国工业的区域差距呈不断缩小趋势。表7-1-1显示了四大板块工业增加值从1952年到1978年历年泰尔指数及其分解值。全国的工业区域差距的泰尔指数[③]1952年是0.23，1973年一度下降到0.16，1978年是0.18。从区域内与区域

---

① 高伯文：《中国共产党区域经济思想研究》，中共党史出版社2004年版，第57页。
② 在中华人民共和国成立之初曾经建立了六个行政区，1958年成立了七大经济协作区，1970年又建立了十大经济协作区。为了通篇一致，这里选取东部、中部、西部和东北地区四大经济板块进行比较分析。
③ 泰尔指数常用来测量不平等程度，其代数表达式为：$T = \dfrac{1}{n} \sum\limits_{i=1}^{n} \dfrac{y_i}{\bar{y}} \log \dfrac{y_i}{\bar{y}}$，其中 y_i 与 $\bar{y}$ 分别代表第 i 个个体的收入和所有个体的平均收入。T越大，不平等程度越高。泰尔指数具有良好的可分解性质，可以将样本分为多个群组，分别衡量组内差距与组间差距对总差距的贡献。记 T_b 与 T_w 分别为群组间差距和群组内差距，则泰尔指数可以分解为 $T = T_b + T_w = \sum\limits_{k=1}^{K} y_k \log \dfrac{y_k}{n_k/n} + \sum\limits_{k=1}^{K} y_k \left(\sum\limits_{i \in g_k} \dfrac{y_i}{y_k} \log \dfrac{y_i/y_k}{1/n_k} \right)$。

间的差距来看，四大经济板块之间区域差距的贡献率在改革开放前有所下降，
1952 年为44.85%，1978 年为37.48%（参见图 7 - 1 - 2、表 7 - 1 - 1）。

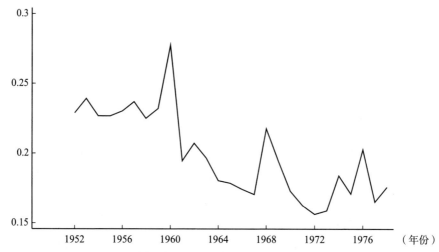

图 7 - 1 - 1　四大板块工业增加值区域不平等的演变（泰尔指数）

资料来源：根据历年《中国统计年鉴》相关数据整理。

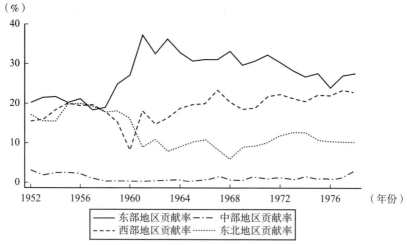

图 7 - 1 - 2　基于泰尔指数分解的区域间贡献率和四大区域内贡献率

资料来源：根据历年《中国统计年鉴》相关数据整理。

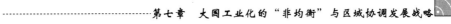

表7-1-1　　四大板块区域不平等的演变及分解（1952～1978年）

年份	总体差异	区域间贡献率（%）	东部贡献率（%）	中部贡献率（%）	西部贡献率（%）	东北贡献率（%）
1952	0.23	44.85	20.19	3.16	15.48	17.13
1953	0.24	45.21	21.50	1.91	15.93	15.42
1954	0.23	41.84	21.69	2.52	18.42	15.49
1955	0.23	37.91	20.23	2.60	20.06	19.76
1956	0.23	37.84	21.16	2.41	19.36	19.99
1957	0.24	41.55	18.34	0.97	19.67	19.38
1958	0.23	45.88	18.98	0.32	17.87	17.86
1959	0.23	43.86	24.87	0.43	15.23	18.04
1960	0.28	50.90	27.11	0.32	8.20	16.20
1961	0.19	37.84	37.26	0.42	18.12	8.84
1962	0.21	43.66	32.50	0.48	14.75	10.92
1963	0.20	41.27	36.28	0.56	16.21	8.02
1964	0.18	40.96	32.81	0.66	18.77	9.08
1965	0.18	41.02	30.70	0.47	19.72	10.28
1966	0.17	39.94	31.09	0.64	20.00	10.82
1967	0.17	37.21	31.08	1.47	23.37	8.33
1968	0.22	40.91	33.17	0.83	20.35	5.92
1969	0.19	43.98	29.67	0.63	18.54	8.94
1970	0.17	41.67	30.72	1.50	18.90	9.30
1971	0.16	37.64	32.25	0.95	21.68	10.13
1972	0.16	36.92	30.35	1.30	22.31	11.89
1973	0.16	39.58	28.33	0.86	21.29	12.71
1974	0.18	40.14	26.76	1.63	20.54	12.67
1975	0.17	40.36	27.62	1.08	22.16	10.75
1976	0.20	43.77	23.96	0.88	21.99	10.36
1977	0.17	39.78	27.04	1.39	23.39	10.33
1978	0.18	37.48	27.59	3.15	22.76	10.23

资料来源：根据历年《中国统计年鉴》相关数据整理。

东部、中部、西部、东北四大经济板块工业在全国的地位也发生了重要变化。新中国成立之初，我国东部地区工业增加值占全国工业增加值比重将近一半，1952年达到49.29%，但在"一五"计划时期，工业基础较好的东部地区比重有所下降，1957年下降到47.75%，经济较为薄弱的西部地区则由1952年的13.59%上升为15.53%，工业基础较好的东北地区与中部地区大体保持不变。随着"三线建设"的推进，中部、西部地区工业化得到较快推进。1978年我国东部地区工业总产值占全国比重为48.70%，中部地区16.68%，西部地区为16.38%，东北地区为18.24%（参见表7-1-2）。与1952年相比，东部地区有所下降，中部、西部地区上升明显，东北地区下降较为明显。

表7-1-2　　四大板块工业增加值占全国的比重（1952～1978年）　　单位：%

年份	东部	中部	西部	东北
1952	49.29	12.58	13.59	24.55
1955	46.68	12.82	16.75	23.75
1957	47.75	12.68	15.53	24.04
1960	46.87	14.01	13.21	25.91
1965	46.57	15.76	15.56	22.11
1970	48.63	15.86	14.87	20.63
1975	48.29	14.65	16.64	20.42
1978	48.70	16.68	16.38	18.24

资料来源：根据历年《中国统计年鉴》相关数据整理。

二、改革开放后区域间的工业化（1979～1997年）

（一）"两个大局"的提出与实践

20世纪50年代到70年代中国实施的均衡发展战略推动了我国内地工业的发展，而且也建立了较为强大的国防工业和完备的工业体系。但是一方面东部地区的生产潜力未能充分发挥，中国有迫切实现现代化的压力；另一方面国际环境的变化使我国对国际局势的判断发生了转变。邓小平同志 1978 年在中共中央工作会议上明确提出"让一部分人、一部分地区先富起来"的思想。[①] 他提出："在经济政策上，我认为要允许一部分地区、一部分企业、一部分工人农民，由于辛勤努力成绩大而收入先多一些，生活先好起来。"[②] 这意味着过去片面强调均衡发展的思想要进行转变。在这一时期，邓小平逐步形成了区域发展"两个大局"重要思想，并在 20 世纪 80 年代到 90 年代末期，我国进行了"第一个大局"的实践。

东部沿海，尤其是珠江三角洲的率先发展为我国实施"非均衡发展"提供了实践基础。1984 年邓小平同志对深圳发展给予了充分的肯定，明确提出："要让一部分地方先富裕起来，搞平均主义不行。这是个大政策，大家要考虑。"[③] 1988 年，邓小平同志依据改革开放以来区域发展的实践，首次明确提出区域发展"两个大局"的思想。邓小平同志认为："沿海地区要加快对外开放，使这个拥有两亿人口的广大地带较快地先发展起来……内地要顾全这个大局。反过来，发展到一定的时候，又要求沿海拿出更多力量来帮助内地发展，这也是个大局。那时沿海也要服从这个大局。"[④] 1992 年邓小平南方谈话指出："一部分地区有条件先发展起来，一部分地区发展慢点，先发展起来的地区带动后发展的地区，最终达到共同富裕。"[⑤] 邓小平同志区域发展"两个大局"的重要思想是在我国经济发展水平较低，赶超实现现代化的背景下逐步探索形成的。"两个大局"重要思想意味着通过东部沿海的率先发展，推动中国现代化的赶超；发展到一定阶段之后，先富带动后富，最终实现共同富裕。

（二）1979～1997 年大国区域间工业差距拉大

东部沿海地区凭借良好的区位特征，丰富的劳动力以及政策红利的支持，

① 《邓小平文选》第三卷，人民出版社 1993 年版，第 155 页。
② 《邓小平文选》第二卷，人民出版社 1994 年版，第 152 页。
③ 《邓小平文选》第三卷，人民出版社 1993 年版，第 52 页。
④ 《邓小平文选》第三卷，人民出版社 1993 年版，第 277－278 页。
⑤ 《邓小平文选》第三卷，人民出版社 1993 年版，第 374 页。

率先享受了改革开放红利，工业化较快推进，并带动了全国经济的发展，但这一时期我国区域之间工业发展的差距也存在拉大的趋势。改革开放以来，工业的泰尔系数1979年是0.16，但1997年上升为0.24。四大经济板块区域间贡献率呈现出上升的趋势，1979年四大经济板块间工业差距对全国整体工业差距的贡献率为35.49%，1997年则上升为62.28%（参见表7-1-3）。四大区域板块间的差异成为区域差距的主要影响因素。从工业增加值占比的角度来看，1979年东部地区工业增加值占全国工业增加值的比重为48.29%，1997年上升为56.39%，而工业重镇东北的工业产值占全国比重则出现了显著的下降，从1979年的17.55%下降为1997年的11.19%，中部地区大体持平，1979年为17.58%，1997年为17.42%，西部地区也有所下降，1979年为16.58%，1997年下降为15%（参见表7-1-4）。东部地区工业高速增长还带动了东部地区经济总量的增长，东部地区1979年GDP占全国的比重是43.48%，1997年上升为50.83%（参见表7-1-5）。

表7-1-3　　四大板块区域不平等的演变及分解（1979~1998年）

年份	总体差异	区域间贡献率（%）	东部贡献率（%）	中部贡献率（%）	西部贡献率（%）	东北贡献率（%）
1979	0.16	35.49	27.54	3.83	24.70	9.55
1980	0.17	36.12	26.06	4.35	24.15	10.34
1981	0.16	38.06	25.78	4.34	23.96	8.54
1982	0.16	36.32	25.73	4.35	25.46	8.96
1983	0.15	35.18	26.10	4.29	26.42	9.27
1984	0.16	38.65	25.20	3.75	24.82	9.12
1985	0.16	40.72	24.50	3.73	23.46	9.39
1986	0.15	39.81	24.05	4.40	23.71	10.28
1987		44.73	24.34	4.10	20.79	7.59
1988	0.16	44.40	22.68	4.64	22.68	7.30
1989	0.16	45.74	22.69	4.15	22.18	7.11
1990	0.16	45.14	23.62	3.64	23.37	6.17

续表

年份	总体差异	区域间贡献率（%）	东部贡献率（%）	中部贡献率（%）	西部贡献率（%）	东北贡献率（%）
1991	0.17	46.34	22.81	3.69	23.55	5.44
1992	0.19	48.98	23.80	4.87	18.89	4.87
1993	0.20	52.21	22.84	4.77	16.70	4.86
1994	0.22	51.98	22.24	6.09	16.43	4.19
1995	0.23	51.35	22.50	7.04	16.32	3.39
1996	0.22	51.90	21.28	7.39	16.75	3.29
1997	0.24	62.28	19.38	6.42	8.97	3.46
1998	0.24	63.66	19.45	5.73	8.24	3.52

资料来源：根据历年《中国统计年鉴》相关数据整理。

表 7 - 1 - 4　　　四大板块工业增加值占全国工业增加值的比重

（1979～1998 年）　　　　　　　　　　　　　　　　单位：%

年份	东部	中部	西部	东北
1979	48.29	17.58	16.58	17.55
1980	48.35	17.91	15.92	17.81
1981	49.40	17.94	15.57	17.08
1982	48.76	18.08	16.14	17.02
1983	48.17	18.65	16.48	16.69
1984	48.29	19.28	15.85	16.59
1985	49.00	19.30	15.50	16.19
1986	48.52	19.87	15.84	15.77
1987	49.37	19.26	15.31	16.07
1988	49.63	19.54	15.72	15.11
1989	49.75	19.40	15.98	14.87
1990	50.27	19.16	16.48	14.09
1991	51.11	18.80	16.57	13.52
1992	52.66	18.54	15.63	13.17

续表

年份	东部	中部	西部	东北
1993	53.95	17.64	15.49	12.91
1994	55.49	16.84	15.61	12.06
1995	56.23	17.04	15.43	11.31
1996	56.11	17.31	15.33	11.24
1997	56.39	17.42	15.00	11.19
1998	56.82	17.48	14.77	10.93

资料来源：根据历年《中国统计年鉴》相关数据整理。

表7-1-5　　四大板块GDP总量占全国的比重（1979~1998年）　　单位：%

年份	东部	中部	西部	东北
1979	43.48	22.73	20.50	13.29
1980	43.75	22.34	20.24	13.67
1981	44.05	22.77	20.09	13.09
1982	44.29	22.44	20.43	12.84
1983	43.77	22.73	20.31	13.19
1984	44.34	22.67	19.94	13.05
1985	45.03	22.71	19.79	12.47
1986	44.85	22.67	19.72	12.76
1987	45.49	22.31	19.38	12.82
1988	46.41	21.71	19.45	12.42
1989	46.42	21.69	19.60	12.29
1990	46.05	21.76	20.26	11.93
1991	47.29	20.74	20.26	11.71
1992	48.63	20.32	19.55	11.51
1993	50.19	19.50	18.84	11.48
1994	51.26	19.10	18.60	11.04
1995	51.87	19.62	18.22	10.29

续表

年份	东部	中部	西部	东北
1996	50.76	21.14	18.00	10.10
1997	50.83	21.33	17.76	10.07
1998	51.26	21.00	17.76	9.99

资料来源：根据历年《中国统计年鉴》相关数据整理。

从人均工业增加值来看，各大经济板块也呈现出较大的差异，1978年东北人均工业增加值位居各大经济板块之首，但是1992年东部地区人均工业增加值超过东北，位居全国第一，1998年东部地区为4334.60元高于中部地区的1586.54元、西部地区的1337.60元与东北地区的3310.21元（参见表7-1-6）。

表7-1-6　　　　四大区域各自人均工业增加值　　　　单位：元

年份	东部	中部	西部	东北
1979	258.61	112.79	105.15	352.26
1980	287.05	127.16	111.97	396.14
1981	297.26	129.22	111.13	386.33
1982	305.86	135.96	120.09	402.06
1983	328.95	152.52	133.79	430.60
1984	389.31	185.86	152.06	507.32
1985	480.97	226.25	180.99	605.27
1986	515.84	252.77	200.26	644.70
1987	614.51	287.65	225.96	765.68
1988	760.47	359.18	285.46	888.42
1989	858.57	399.56	326.43	984.46
1990	889.18	404.86	349.53	971.30
1991	1034.63	453.45	402.01	1070.09
1992	1336.36	559.28	474.97	1307.97

续表

年份	东部	中部	西部	东北
1993	1885.61	731.41	646.99	1767.22
1994	2537.63	912.17	849.92	2161.16
1995	3150.97	1136.51	1031.34	2500.10
1996	3638.73	1335.45	1188.65	2879.70
1997	4074.54	1498.31	1289.05	3202.05
1998	4334.60	1586.54	1337.60	3310.21

资料来源：根据历年《中国统计年鉴》相关数据整理。

三、三大区域协调政策与区域工业发展（1998～2011年）

为实现区域协调发展，我国在20世纪90年代末期提出了"西部大开发"战略，对工业发展水平较低、基础设施薄弱的西部地区进行了大规模的投资，为中国工业化推进提供了较大的空间。党的十六大以后，中国共产党对区域协调发展进行了继续探索，在强调继续推进"西部大开发""东部率先发展"的同时，还陆续提出了"振兴东北老工业基地""中部崛起"等战略，中国区域发展进入了多轮驱动阶段。

（一）西部大开发战略的提出与实践

加大对经济落后的广大西部地区开发，不仅有助于实现全国区域协调发展，也有助于扩大内需。江泽民同志明确提出："加强中西部地区基础设施建设和资源开发，并加大引导外资投向中西部地区的力度。这样做，有利于扩大内需、进一步启动生产资料和消费资料市场。"[①] 1999年6月，江泽民同志明确提出"不失时机地实施西部大开发战略"。在世界现代化过程中，世界大国几乎都出现过区域发展不平衡的现象。如果能够充分挖掘落后地区发展的潜力，发挥大国独特的回旋余地，则可以为全国发展创造良好的条件。西

---

① 《江泽民文选》第二卷，人民出版社2006年版，第105页。

部地区还是少数民族聚集的地方,实现内地的发展还有助于国家边疆的稳定。1999 年 9 月 22 日,党的十五届四中全会通过的《中共中央关于国有企业改革和发展若干重大问题的决定》,正式提出"国家要实施西部大开发战略。"① 西部大开发②全面铺开,成为我国 20 世纪末期实现区域协调发展的重要战略。

为推动西部大开发,中央政府推出了一系列重大工程建设。以青藏铁路建设为例,青藏铁路北起青海省西宁市,经格尔木至西藏拉萨市,全长 1956 公里,是世界上海拔最高的铁路,也是世界上最长的高原铁路。工程建设总投资 330.9 亿元。③青藏铁路的修建不仅对钢铁、水泥有较大需求,对于工程设备也有较大需求。为推动青藏铁路的修建,青藏铁路施工设备采购投入达到 10 亿元,绝大部分都是工程机械设备的投入④。

西部大开发过程中,水利、公路、铁路、机场、能源、通信、城市基础设施等一批重大项目相继开工。2000～2002 年国家在西部地区新开工了 36 项重点工程,投资总规模 6000 多亿元,到 2002 年底已完成投资 2000 多亿元,共建设和改造大型水库 30 多座,新增公路通车里程 5.5 万公里,新建铁路新线、复线和电气化线路 4000 多公里,新建和改扩建机场 31 个,"西电东送"工程在建装机容量 2000 多万千瓦。⑤这些大规模工程建设如果单纯依靠市场,甚至依靠地方政府力量都难以完成,这些重大工程往往需要中央政府进行统筹规划,才能有效推进。

中央政府还对西部地区享受的各项税收优惠政策做了具体规定。比如,对设在西部地区国家鼓励类的内资企业,在 2001～2010 年期间,减按 15%

---

① 《十五大以来重要文献选编》中,人民出版社 2001 年版,第 1009 页。
② 西部大开发的区域,包括陕西省、甘肃省、青海省、宁夏回族自治区、新疆维吾尔自治区、四川省、重庆市、云南省、贵州省、西藏自治区、内蒙古自治区、广西壮族自治区 12 个省(自治区、直辖市)及湖南湘西、湖北恩施、吉林延边 3 个少数民族自治州,国土面积为 685 万平方公里,占全国的 71.4%。2002 年末,这些地区总人口 3.67 亿人,占全国的 28.8%。2003 年,国内生产总值 2266 万亿元,占全国的 16.8%。参见陈夕、李树泉本卷执行主编,谢文雄执行副主编:《中国共产党与西部大开发》,中共党史出版社 2014 年版,第 3 页。
③ 金世洵、马菁林、方敏:《青藏铁路经济带发展问题研究》,中国藏学出版社 2007 年版,第 2 页。
④ 李志勇:《打造工程机械的钢铁长城——走访青藏铁路建设工地纪实》,载《工程机械与维修》2002 年第 9 期。
⑤ 王洛林、魏后凯:《中国西部大开发政策》,经济管理出版社 2003 年版,第 7 页。

的税率缴纳企业所得税。对在西部地区新办交通、电力、水利、邮政、广播电视企业，内资企业自开始生产经营之日起，第一年至第二年免征企业所得税，第三年至第五年减半征收企业所得税。经省级人民政府批准，民族自治地方的内资企业可以定期减征或免征企业所得税。对为保护生态环境、退耕还林产出的农业特产收入，自取得收入年份起 10 年内免征农业特产税。① 通过税收减免，我国逐步改变了西部地区企业发展的环境，并且吸引东部沿海企业对西部进行投资。

（二）多轮驱动：党的十六大以来协调均衡发展战略的继续深化

2002 年党的十六大报告提出："加强东、中、西部经济交流和合作，实现优势互补和共同发展，形成若干各具特色的经济区和经济带。"② 2003 年党的十六届三中全会明确阐明"科学发展观"，"统筹区域发展"成为实现科学发展观的"五大统筹"之一。统筹大国区域协调发展，成为新时期我国经济发展的重要任务。党的十六大以后，中国一方面继续推进西部大开发，实现区域协调发展；另一方面提出了"振兴东北老工业基地""中部崛起"，以期加快"第二个大局"的实现。

1. 振兴东北老工业基地战略与东北工业发展。

2003 年 10 月，中共中央、国务院联合发布了《关于实施东北地区等老工业基地振兴战略的若干意见》。2004 年胡锦涛同志提出振兴东北老工业基地要在"转变思想观念""转换体制机制""转换经济结构""转换城市功能"③ 四个方面下功夫。2007 年党的十七大报告明确提出"全面振兴东北地区等老工业基地"。④ 具有代表性的政策主要有以下几个。

第一，在工业化起步阶段，我国曾集中投资东北地区，东北地区集中了一大批资本、技术密集型的重工业企业。但随着我国投资重心转移，改革开放以后东北地区发展乏力，出现了投资不足，严重阻碍了东北地区的技术升

---

① 王洛林、魏后凯：《中国西部大开发政策》，经济管理出版社 2003 年版，第 5 页。
② 《中国共产党第十六次全国代表大会文件汇编》，人民出版社 2002 年版，第 24 页。
③ 《胡锦涛文选》第二卷，人民出版社 2016 年版，第 163、165 页。
④ 魏后凯：《中国区域政策：评价与展望》，经济管理出版社 2010 年版，第 9 - 10 页。

312

级与改造。这一时期，我国加大了对东北老工业基地的投资与技术改造。2004 年，国家在 2003 年推出的振兴东北老工业基地改造国债资金第一批 100 个项目基础上，又进一步实施了国债资金第二批 197 个项目，两批项目总投资达 1089 亿元。[①]

第二，我国政府还采取了财政税收与金融优惠。截至 2004 年底，税务部门共对 4 万多户符合条件的企业进行了增值税转型试点资格认定，经审核办理抵减、退税 12.82 亿元。[②]

第三，东北地区承担了中国工业化的重要战略任务，在发展过程中存在较重的历史负担。在振兴东北老工业基地的推动下，中国政府探索采取灵活措施处置不良资产和自主减免贷款企业表外欠息。截至 2004 年底，中国银行、中国建设银行、交通银行 3 家银行在东北三省一市的分支机构在股份制改革过程中共核销损失类资产 340 亿元，剥离可疑类贷款近 500 亿元。2004 年，中国人民银行在东北地区共核销了 600 亿元不良资产。[③]

第四，国有企业是东北地区工业的重要基础，东北地区这一时期加大了国有企业改革与企业重组的力度。2004 年，国家启动了中石油、中石化、东风汽车 3 家中央直属企业分离办社会职能试点工作，涉及在职职工 70069 人，离退休教师 23717 人。[④] 东北地区的国有企业资产在这一时期也进行了优化重组。中钢集团公司重组了原吉林碳素股份有限公司；中国建材集团重组沈阳重型机械集团公司和沈阳矿山机械集团公司框架协议签署。中国铝业又兼并了东北轻合金厂，并投资 40 亿元进行改造。[⑤]

2. 中部崛起战略。

中部地区包括湘、鄂、赣、皖、豫、晋六省，陆地面积 102.79 万平方公里，占全国国土总面积的 10.4%；2004 年中部六省总人口为 3.7 亿人，占全

① 王洛林、魏后凯：《东北地区经济振兴战略与政策》，社会科学文献出版社 2005 年版，第 22－23 页。
② 王洛林、魏后凯：《东北地区经济振兴战略与政策》，社会科学文献出版社 2005 年版，第 23 页。
③ 王洛林、魏后凯：《东北地区经济振兴战略与政策》，社会科学文献出版社 2005 年版，第 23－24 页。
④ 王洛林、魏后凯：《东北地区经济振兴战略与政策》，社会科学文献出版社 2005 年版，第 24 页。
⑤ 高中理：《东北老工业基地新型工业化振兴战略对策》，辽宁人民出版社 2007 年版，第 87 页。

国总人口的 28.5%；地区生产总值 3.15 万亿元，占全国的 23.1%，是我国的人口大区和经济腹地。中部是我国最大的商品粮生产基地和重要的能源原材料供应基地，也是全国的交通要地、客货运输的集散地和中转中心。[1] 中部地区资源丰富，煤、金、银、铜、钨、铝土等近 40 种重要或稀有矿产储量居全国第一，战略位置重要，在大国工业化进程中扮演着重要角色。但改革开放以来，由于中部地区机制改革动力不足，而且过度依赖资源、能源开发，随着资源、能源耗竭，这些工业基地发展乏力。而且由于缺乏相关的政策支持，中部地区成为"政策洼地"，出现了所谓"中部凹陷"的现象。中部地区的工业经济增长乏力，不利于中国工业化的推进。

2006 年 4 月，中共中央、国务院发布了《关于促进中部地区崛起的若干意见》，提出将中部地区建设成为全国重要的粮食生产基地、能源原材料基地、现代装备制造及高技术产业基地和综合交通运输枢纽（即"三基地一枢纽"）；5 月，国务院办公厅又发布了《关于落实中共中央国务院关于促进中部地区崛起若干意见有关政策措施的通知》，提出了 56 条具体落实意见。2007 年 1 月，国务院办公厅下发了《关于中部六省比照实施振兴东北地区等老工业基地和西部大开发有关政策范围的通知》，明确中部六省中 26 个城市比照实施振兴东北地区等老工业基地有关政策，243 个县（市、区）比照实施西部大开发有关政策。同年 12 月，国家发展改革委又发文批准武汉都市圈和长株潭城市群为全国资源节约型和环境友好型社会建设综合配套改革试验区。[2]

（三）1998~2011 年工业区域发展差距的缩小

从工业差距来看，全国总体上区域之间的差距有所缩小，1998 年泰尔系数为 0.24，2011 年下降为 0.21。而且从四大板块间的情况来看，1998 年四大区域之间的差距贡献了总体差距的 63.66%，2008 年四大区域间差距贡献率下降到 60% 以下，2011 年下降到 51.68%（参见表 7-1-7）。从这个变化

① 李新安：《区域发展路径的经济系统分析：中部崛起实现机理研究》，经济日报出版社 2009 年版，第 29 页。
② 魏后凯：《中国区域政策：评价与展望》，经济管理出版社 2010 年版，第 10 页。

趋势，我们可以看到，四大区域之间工业差距在缩小。

表 7 - 1 - 7　　　　四大板块区域不平等的演变及分解（1998～2011 年）

年份	总体差异	区域间贡献率（%）	东部贡献率（%）	中部贡献率（%）	西部贡献率（%）	东北贡献率（%）
1998	0.24	63.66	19.45	5.73	8.24	3.52
1999	0.22	61.25	20.03	5.56	10.68	3.64
2000	0.24	62.11	19.09	6.75	9.38	3.54
2001	0.25	63.81	19.00	6.65	8.07	3.06
2002	0.25	64.87	19.05	6.07	7.84	2.74
2003	0.27	66.45	19.33	5.56	6.66	2.24
2004	0.28	66.81	19.77	5.46	6.13	1.84
2005	0.30	65.70	20.96	5.85	5.56	1.59
2006	0.29	63.87	21.87	6.23	6.05	1.58
2007	0.28	62.10	22.37	6.73	6.77	1.69
2008	0.26	58.81	23.18	7.73	7.90	2.20
2009	0.26	56.35	24.85	6.91	9.84	2.24
2010	0.23	53.98	25.61	6.53	11.92	2.50
2011	0.21	51.68	26.23	5.84	14.63	2.71

资料来源：根据历年《中国统计年鉴》相关数据整理。

这一时期，四大经济板块之间工业增加值占全国的比重也发生了变化，1998 年东部地区为 56.82%，2005 年曾达到最高值 59.84%，而后呈现下降趋势，2011 年下降为全国的 51.10%。西部地区与中部地区占全国工业比重都有所上升。在西部大开发战略的推动下，西部地区工业占全国比重有所上升，1998 年西部地区为 14.77%，2011 年上升为 18.59%，中部地区 1998 年为 17.48%，2011 年上升为 21.15%。东北地区 1998 年为 10.93%，2005 年下降为 8.84%，随后各年在振兴东北老工业基地的作用下，大体保持不变，2011 年为 9.15% 左右（参见表 7 - 1 - 8）。从人均工业增加值来看，东部地区持续保持较高水平（参见表 7－1－9）。

表 7－1－8　　　四大板块工业增加值占全国比重（1998～2011 年）　　　单位：%

年份	东部	中部	西部	东北
1998	56.82	17.48	14.77	10.93
1999	55.03	19.89	14.40	10.68
2000	55.71	19.15	13.91	11.23
2001	56.30	19.20	13.57	10.93
2002	56.91	19.01	13.46	10.62
2003	58.61	18.02	13.28	10.10
2004	59.10	17.86	13.45	9.59
2005	59.84	17.46	13.86	8.84
2006	59.04	17.68	14.62	8.66
2007	57.83	18.25	15.25	8.67
2008	55.94	19.02	16.08	8.96
2009	55.05	19.48	16.88	8.59
2010	52.92	20.35	17.77	8.96
2011	51.10	21.15	18.59	9.15

资料来源：根据历年《中国统计年鉴》相关数据整理。

表 7－1－9　　　四大板块各自人均工业增加值（1998～2011 年）　　　单位：元

年份	东部	中部	西部	东北
1998	4334.60	1586.54	1337.60	3310.21
1999	4562.36	1963.91	1417.62	3528.76
2000	4942.81	2148.52	1541.33	4155.27
2001	5376.10	2323.21	1631.54	4378.02
2002	5983.32	2543.05	1791.29	4714.44
2003	7278.50	2861.62	2094.02	5345.04
2004	9052.58	3518.47	2641.20	6319.92

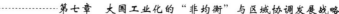

续表

年份	东部	中部	西部	东北
2005	10939.84	4236.65	3296.24	7018.55
2006	12766.75	5144.84	4162.89	8212.68
2007	14811.36	6377.32	5210.62	9857.80
2008	17059.99	7988.19	6609.76	12277.32
2009	17496.94	8618.10	7307.53	12405.34
2010	20193.48	11019.17	9523.00	15816.60
2011	23206.46	13702.84	11903.59	19347.47

资料来源：根据历年《中国统计年鉴》相关数据整理。

再从各大区域 GDP 占全国的比重来看，东部地区虽然工业比重下降，但是 GDP 总量占全国 GDP 的比重显示 2011 年的 52.04% 与 1998 年的 51.26% 相比略有上升，进一步印证了东部沿海地区逐步进入工业化的中后期，第三产业逐渐兴起。西部地区 GDP 占全国比重有所上升，1998 年为 17.76%，2011 年为 19.22%。中部地区 1998 年为 21.00%，2011 年为 20.04%，略有下降；东北地区 1998 年为 9.99%，2011 年为 8.70%，下降幅度最大（参见表 7−1−10）。

表 7−1−10　　四大板块 GDP 总量占全国的比重（1998~2011 年）　　单位：%

年份	东部	中部	西部	东北
1998	51.26	21.00	17.76	9.99
1999	51.90	20.59	17.54	9.97
2000	52.49	20.36	17.13	10.02
2001	53.96	19.07	17.26	9.71
2002	54.50	18.82	17.18	9.49
2003	55.27	18.58	17.02	9.14
2004	55.39	18.87	17.07	8.68
2005	55.48	18.78	17.11	8.62

年份	东部	中部	西部	东北
2006	55.49	18.68	17.33	8.50
2007	55.06	18.94	17.58	8.42
2008	54.13	19.21	18.14	8.52
2009	53.84	19.32	18.33	8.51
2010	53.09	19.70	18.63	8.58
2011	52.04	20.04	19.22	8.70

资料来源：根据历年《中国统计年鉴》相关数据整理。

综上所述，在三大区域政策的作用下，内地经济取得了较快发展，尤其是西部地区发展速度尤为迅速，我国区域之间经济差距有所缩小。但我们需要认识到，经过"第二个大局"的十多年的实践，我国区域之间仍然存在较大差距。各大经济区域之间当前处于不同的发展阶段，具有不同的发展特点。我国要落实区域发展的"第二个大局"，切实通过"先富带动后富"，实现"共同富裕"还有许多路要走。

四、党的十八大以来区域协调战略的新探索（2012～2019年）

随着中国经济进入新常态，中国工业化面临着要素成本不断提升，国内需求增长有限等问题，这更加要求我国发挥大国独特的空间回旋优势，为推动中国工业经济增长寻找新的空间。党的十八大以后，中国政府在原有的区域战略基础上，对区域协调发展进行了新的探索，提出了三大经济支撑带。区域工业发展出现了新的变化。

（一）京津冀协同发展战略的提出

京津冀协同发展战略是我国政府对区域协调发展做出的重要部署。京津冀协同发展战略的核心就是将京津冀三地作为整体协调发展。京津冀地区面积21.6万平方公里。2013年末，区域内总人口10861万人，占全国总人口的

7.98%，生产总值 62172.16 亿元，占全国国内生产总值的 10.93%。[1] 京津冀内部，也存在着巨大的发展差距，2005 年亚洲开发银行所做的报告《河北省经济发展战略研究》中更是指出，"河北省与京津接壤的 3798 个贫困村、32 个贫困县形成了'环京津贫困带'，贫困人口达到 272.6 万人"。[2] 京津冀三地又处于工业化发展的不同阶段，作为首都的北京已经完成工业化进入了后工业化时期，作为直辖市、华北经济重镇的天津已经进入了工业化后期，而资源大省河北处于工业化中后期，区域内部工业化水平的不同步，也为三地协同发展、相互促进带来了空间。

2015 年中央政治局会议审议通过《京津冀协同发展规划纲要》。在京津冀协同规划中，对京津冀三地功能定位进行了规划：北京市："全国政治中心、文化中心、国际交往中心、科技创新中心"。天津市："全国先进制造研发基地、北方国际航运核心区、金融创新运营示范区、改革开放先行区"。河北省："全国现代商贸物流重要基地、产业转型升级试验区、新型城镇化与城乡统筹示范区、京津冀生态环境支撑区"。并提出了京津冀协同发展将以"一核、双城、三轴、四区、多节点"[3] 为骨架进行空间布局。[4] 疏散北京非首都核心功能是京津冀协同发展的中心，发挥京津冀不同的比较优势，推进产业转移又是京津冀协同发展的重点。

（二）长江经济带与工业发展

习近平总书记在推动长江经济带发展座谈会上强调指出，推动长江经济带发展是国家一项重大区域发展战略，要努力把长江经济带建成生态更优美、交通更顺畅、经济更协调、市场更统一、机制更科学的黄金经济带。长江经

---

[1] 程恩富、王新建：《京津冀协同发展：演进、现状与对策》，载《管理学刊》2015 年第 1 期。

[2] 薄文广、陈飞：《京津冀协同发展：挑战与困境》，载《南开学报（哲学社会科学版）》2015 年第 1 期。

[3] "一核"即指北京；"双城"是指北京、天津，这是京津冀协同发展的主要引擎，要进一步强化京津联动，全方位拓展合作广度和深度，加快实现同城化发展，共同发挥高端引领和辐射带动作用；"三轴"指的是京津、京保石、京唐秦三个产业发展带和城镇聚集轴，这是支撑京津冀协同发展的主体框架；"四区"分别是中部核心功能区、东部滨海发展区、南部功能拓展区和西北部生态涵养区，每个功能区都有明确的空间范围和发展重点；"多节点"包括石家庄、唐山、保定、邯郸等区域性中心城市和张家口、承德、廊坊、秦皇岛、沧州、邢台、衡水等节点城市，重点是提高其城市综合承载能力和服务能力，有序推动产业和人口聚集。

[4] 《中国经济这十年（2012－2022）》，经济科学出版社 2022 年版，第 335 页。

济带横跨我国东、中、西三大区域，覆盖 11 个省市，面积占全国的 21%。[1]
长江经济带以长江黄金水道为纽带，覆盖我国 11 个省市。长江经济带既有我
国已经完成工业化的上海，处于工业化后期的浙江、江苏，也有处于工业化
中后期的湖南，工业化中期的云南和贵州。长江经济带既是我国经济活跃的
地区，又是生态文明建设的重点区域，长江经济带的工业发展更需要绿色发展。

　　"十三五"规划明确提出"把修复长江生态环境放在首要位置推动长江
上中下游协同发展、东中西部互动合作，建设成为我国生态文明建设的先行
示范带、创新驱动带、协调发展带。"按照《国务院关于依托黄金水道推动
长江经济带发展的指导意见》对长江经济带的定位是："具有全球影响力的
内河经济带。发挥长江黄金水道的独特作用，构建现代化综合交通运输体系，
推动沿江产业结构优化升级，打造世界级产业集群，培育具有国际竞争力的
城市群，使长江经济带成为充分体现国家综合经济实力、积极参与国际竞争
与合作的内河经济带。"长江经济带还应当"东中西互动合作的协调发展带。
立足长江上中下游地区的比较优势，统筹人口分布、经济布局与资源环境承
载能力，发挥长江三角洲地区的辐射引领作用，促进中上游地区有序承接产
业转移，提高要素配置效率，激发内生发展活力，使长江经济带成为推动我
国区域协调发展的示范带。"提出了"提升长江黄金水道功能""建设综合立
体交通走廊""创新驱动促进产业转型升级""全面推进新型城镇化""培育
全方位对外开放新优势""建设绿色生态廊道""创新区域协调发展体制机
制"等措施。[2]

（三）2012～2019 年工业区域发展的变化

　　2012～2019 年区域之间的工业差距有所上升，2012 年反映区域总体差距
的泰尔指数为 0.20，2019 年上升为 0.25，区域间贡献率 2012 年为 49.91%，
2019 年上升为 52.25%（参见表 7－1－11），四大板块工业发展之间的不均
衡仍然是工业差距的主要原因。

---

① 《中国经济这十年（2012－2022）》，经济科学出版社 2022 年版，第 335 页。
② 国务院：《国务院关于依托黄金水道推动长江经济带发展的指导意见》，载《中国水运》
2014 年第 10 期。

表 7 – 1 – 11　　　　四大板块不平等的演变及分解（2012～2019 年）

年份	总体差异	区域间贡献率（%）	东部贡献率（%）	中部贡献率（%）	西部贡献率（%）	东北贡献率（%）
2012	0.20	49.91	26.76	5.96	15.44	3.27
2013	0.20	49.07	27.14	5.86	15.64	3.80
2014	0.20	49.88	27.56	5.29	14.68	3.86
2015	0.22	51.41	27.70	5.70	12.61	3.29
2016	0.24	55.10	26.89	5.96	11.00	0.83
2017	0.25	56.11	27.18	5.08	10.32	1.14
2018	0.26	53.23	29.84	4.21	10.40	1.67
2019	0.25	52.25	30.11	4.30	11.00	1.83

资料来源：根据历年《中国统计年鉴》相关数据整理。

　　从四大板块工业增加值占全国工业增加值比重来看，2012 年东部地区为50.39%，中部为21.51%，西部为19.13%，东北为8.97%，2019 年东部、中部、西部、东北分别为53.64%、23.12%、18.55%、4.68%（参见表 7 – 1 – 12）。各大区域 GDP 占全国比重也出现新的变化，东部地区2012 年为52.63%，2019 年为51.67%，中部地区2012 年为21.46%，2019 年上升为22.05%，西部地区从2012 年为19.76%，2019 年上升到20.77%，中西部地区大体持平。而东北地区6.97%下降为5.08%（参见表 7 – 1 – 13），呈现出明显的下降态势。工业区域差距的拉大对实现区域协调发展将产生不利影响。从各区域人均工业增加值来看，与其他区域相比，东北地区仍显示出持续下降的趋势（参见表 7 – 1 – 14）。随着经济进入新常态，协调发展理念成为主要指导思想，如何实现区域工业的协调发展，仍然有待进一步探索。

表 7 – 1 – 12　　　　四大板块工业增加值总量占全国工业
增加值的比重（2012～2019 年）　　　　单位：%

年份	东部	中部	西部	东北
2012	50.39	21.51	19.13	8.97

续表

年份	东部	中部	西部	东北
2013	50.20	21.64	19.33	8.83
2014	50.72	21.39	19.28	8.61
2015	52.04	21.39	18.78	7.79
2016	53.76	21.87	18.58	5.80
2017	54.36	22.50	17.61	5.53
2018	54.16	22.71	18.37	4.76
2019	53.64	23.12	18.55	4.68

资料来源：根据历年《中国统计年鉴》相关数据整理。

表 7-1-13　　四大板块 GDP 总量占全国的比重（2012～2019 年）　　单位：%

年份	东部	中部	西部	东北
2012	52.63	21.46	19.76	6.97
2013	52.40	21.49	20.13	6.83
2014	52.25	21.60	20.34	6.55
2015	52.88	21.55	20.18	6.09
2016	53.07	21.58	20.23	5.72
2017	52.54	21.66	20.40	5.40
2018	51.82	21.86	20.58	5.18
2019	51.67	22.05	20.77	5.08

资料来源：根据历年《中国统计年鉴》相关数据整理。

表 7-1-14　　四大板块各自人均工业增加值（2012～2019 年）　　单位：元

年份	东部	中部	西部	东北
2012	24025.16	14975.71	13073.73	20772.62
2013	25303.85	16093.52	14067.13	22089.88
2014	26178.45	16444.52	14453.42	22497.73
2015	26414.08	16263.76	13876.49	20454.81

续表

年份	东部	中部	西部	东北
2016	27982.06	17164.78	14116.04	15965.55
2017	29661.46	18622.87	14050.10	16305.84
2018	29165.99	18660.20	14503.75	14138.39
2019	30248.90	19993.23	15368.04	14833.09

资料来源：根据历年《中国统计年鉴》相关数据整理。

第二节　三大区域政策对工业企业产值和利润的影响

20世纪90年代末期以来我国开始积极探索实现区域发展的"第二个大局"，推行了"西部大开发""中部崛起"与"振兴东北老工业基地"三大区域政策，三大区域政策的重要战略目标就是要推动相对落后地区的经济发展，而工业企业是经济发展的微观基础。三大区域政策对工业企业将产生什么样的影响？是否提升了企业的自身能力？还有待进一步实证检验。本节立足1998~2007年中国工业企业数据，对三大区域政策对工业企业的影响进行评估，并对影响机制进行分析。

一、文献回顾

区域政策的重要目标之一就是改善欠发达地区或者经济下滑地区的经济状况（Neumark and Simpson，2015）。21世纪初振兴东北战略正是针对当时东北地区经济增长乏力，企业经营困难的状况提出的。

当前经济理论认为国家进行区域政策干预的主要依据包括以下三种：（1）政府的区域政策有利于企业集中，形成聚集效应。区域政策通常包括对特定区域的减税、放松管制、大规模基础设施投资等措施，吸引大量企业进驻，推动了相关信息、资源的共享（Duranton and Puga，2015）。区域政策吸引了大量的劳动力流入，促进了中间品市场的发展，降低了企业搜寻成本

（Moretti，2010）。区域政策扶持特定的产业发展，而相关产业内部企业集中更容易产生聚集效应（Bartik，2003）。（2）区域政策有助于区域内技术、知识的创新与扩散。吸引人才流入，提高了区域内人力资本的存量，有利于技术创新（Matouschek and Nicoud，2005）；当前许多区域政策重点扶持高科技产业，较高技术工人的汇聚更容易带来信息与资源的共享（Glaeser and Gottlieb，2008），有助于提高低技能工人的生产率（Moretti，2012）。（3）许多区域政策基于对社会公平的考虑，推动欠发达地区从低就业、低产值的均衡跳跃至高就业、高产值的均衡（Moretti，2010）。

但是许多学者也认为区域政策也可能扭曲地方乃至全国的经济绩效。主要理由在于：（1）信息不对称始终困扰政府的区域政策制定。一方面，政府难以掌握企业在市场中形成的默会知识（Hayek，1945），其对产业、地区及技术升级的政策选择可能会出现偏差（Ikeda，2005）。另一方面，政府更倾向推动区域内高科技产业群的发展，而不是发展当地具有比较优势的产业，最终未能达到预期效果（Davies and Ellis，2000）。市场自发协调形成的企业集中更容易成功（Miller and Cote，1989）。（2）区域政策可能带来政府的"寻租"行为。一方面，政府对区域特定企业的补贴容易产生"寻租"（Wallis，2006）。另一方面，地方政府可能利用信息优势，要求中央政府提供更多的资源，为权力"寻租"创造更大的空间，抵消中央政府区域政策的初衷（Beaulier and Subrick，2006）。（3）经济绩效表现为多个维度（产值、利润、生产率、就业等），而政府的区域政策可能更加关心单一指标的最终结果。纽马克和辛普森（Neumark and Simpson，2015）指出在短期内政府的干预措施可能带来特定目标的提升，但从长期来看，其综合效果可能并不明显。（4）有的区域政策片面考虑公平，重点对欠发达地区进行补贴，可能让当地的企业或个人更多依赖政策支持，削减提高生产率的努力，最终影响了整体经济的绩效（Glaeser and Gottlieb，2008）。

对于我国具体的区域政策，近年来也有一些研究。对于西部大开发战略，姚慧琴（2004）强调西部大开发中政府要充分发挥企业的作用。周业安和高新雅（2008）认为西部大开发的综合性创新政策有效地改进了创新能力。刘生龙（2009）认为西部大开发战略推动了西部地区经济的增长，但这种推动更多是通过实物投资，而发展软环境并未有效改变。刘瑞明（2015）认为西部大开发陷入了"政策陷阱"，仅能短期促进经济增长。

自21世纪初振兴东北战略提出以来，许多学者对该战略进行了讨论。张耀辉（2004）认为集中的财政投入和高度市场化是东北经济跳出衰落循环的关键。周丰滨等（2004）指出振兴东北战略的核心在于培育具备自生竞争力的产业。林木西（2005）认为发展混合经济应当成为东北地区经济发展的微观基础。王珏（2004）指出东北老工业基地振兴要防止西部大开发中利用外资不利的问题。才国伟和舒元（2008）提出振兴东北战略需要国家给予更优惠的政策扶持。王洛林和魏后凯（2006）则认为国家对东北地区的援助政策偏重于项目投资，分类指导思想未能充分体现。聂辉华等（2009）深入企业微观数据进行了实证研究，发现东北地区增值税改革促进了固定资产投资，提高了资本劳动比和生产率。刘璟和袁诚（2012）的实证研究则表明东北地区增值税改革试点显著提高了相关企业的劳动力雇佣。增值税改革仅是振兴东北战略的重要组成部分，结合东北特殊的历史特征，对振兴东北战略的综合影响及影响机制的研究还有较大空间。洪俊杰等（2014）对21世纪以后中国各大区域政策的影响进行评估，但涉及振兴东北战略的讨论较为简略。

对于中部崛起战略，也有许多学者进行讨论。陈甬军（2006）认为中部崛起必须选择合适的主导产业，形成良性循环的工业化与城市化演进机制。孙红玲（2012）认为中部六省虽已在国家战略层面规划建设六大省域性城市群，但目前都还面临着中心城市规模不相适应、辐射带动作用力欠佳的问题。王业强（2014）认为中部崛起战略还存在如国家支持政策导向不明确、众多区域性规划和意见泛化等问题。范恒山（2013）认为中部地区过于依赖原材料输出和初级产品加工，总体未能摆脱粗放型的经济发展方式。杜鹰（2011）认为中部地区在发展过程中既要追赶，又要转型。

二、实证研究设计

（一）模型的选择

本章立足 1998~2007 年中国工业企业数据库，采用双重差分法（DID）进行估计。双重差分法（DID）是学者对政策效果评估的常用方法（Card and Krueger，1994）。

用面板数据，采用如下计量模型估计三大区域政策对企业绩效的影响，同时也作为本书的基准模型。

$$Y_{ijkt} = \beta_0 + \beta_1 north_{ijt} \times D\_north_{ijt} + \beta_2 D\_north_{ijt} + \beta_3 west_{ijt} \times D\_west_{ijt} + \beta_4 D\_west_{ijt}$$
$$+ \beta_5 middle_{ijt} \times D\_middle_{ijt} + \beta_6 D\_middle_{ijt} + \lambda Z_{ijkt} + \varepsilon_i + \mu_j + \theta_t + \pi_k + \xi_{ijt}$$

$$(7-1)$$

其中，下标 i 表示企业，t 表示年份，j 表示行业，k 表示省份。Y_{ijkt} 表示 t 年行业 j 省份 k 中企业 i 的产值或利润。north 表示振兴东北的区域政策的虚拟变量，即如果企业受到振兴东北老工业基地的区域政策影响，则为 1，否则为 0。D_north 表示振兴东北老工业基地的实施时间的虚拟变量，若时间处于 2004 年及之后取 1，否则为 0。其他区域振兴政策变量的表示类似，west 表示西部大开发政策的虚拟变量，D_west 表示西部大开发实施时间的虚拟变量，若时间处于 2004 年及之后取 1，否则为 0。middle 表示中部崛起战略政策的虚拟变量，D_middle 表示中部崛起的实施时间的虚拟变量，若时间处于 2006 年及之后取 1，否则为 0。Z 为控制变量。ε_i 为企业 i 的固定效应，μ_j 为行业 j 的固定效应，θ_t 为年份 t 的固定效应，π_k 为省份 k 的固定效应，ξ_{ijkt} 为误差扰动项。

上述基准模型设定下，振兴东北、西部大开发和中部崛起政策对企业产值或利润的影响效果分别为 β_1、β_3 和 β_5。

（二）数据来源和指标选择

本章数据来自国家统计局提供的全部国有和规模以上的其他企业的工业

企业数据库，覆盖 1998～2007 年的共 10 年时间。

指标选择。本书采用企业当年工业总产值代表企业规模（lproduct），反映企业生产总规模和总生产水平。另外，用企业利润总额（lprofit）表示该企业效益。本书关键解释变量是三大区域政策（north×D_north，west×D_west，middle×D_middle）。同时考虑了其他影响企业产值和利润的控制变量，主要包括：（1）职工人数（llabor）。用企业年平均职工人数表示。（2）税负率（ltaxrate）。用企业应交所得税和增值税之和与企业当年总产值之比表示。（3）企业负债比重（lburden）。用企业负债与企业产值之比表示。（4）资本劳动比（lcap_labor）。用固定资产净值年平均余额与企业职工人数之比表示。（5）企业中间投入比重（lmid_prod）。用企业中间投入与企业产值之比表示。

结合聂辉华等（2012）的做法，本书对数据进行了如下处理：（1）为了消除异常值的影响，对数据库中直接选取的变量（产值、利润总额、职工人数、税收、负债、固定资产净值、中间投入等）均按照双边各舍 1% 的方式进行了截断处理。（2）考虑到本书所用数据跨时 10 年，为了便于得到各年可比的实际数据，本书使用的相关变量均利用各种物价指数进行了平减。（3）本书对相关变量进行了取对数处理。

三、实证结果分析

（一）实证结果

表 7 - 2 - 1 是三大区域政策对工业企业产值影响的估计结果。从实证结果中，我们发现振兴东北老工业基地对产值有显著的促进作用，西部大开发、中部崛起也对企业产值产生了显著的正影响。从影响力度来看，中部崛起对于企业产值的影响显著高于振兴东北老工业基地和西部大开发战略，而振兴东北老工业基地对企业产值的影响大于西部大开发战略（参见表 7 - 2 - 1）。从实证结果上看，可以发现三大区域政策有效推动了现有的企业规模的扩张。这在一定程度上可以佐证前述的落后地区经济在这一时

期取得了较快增长。①

进一步我们就三大区域政策对利润的影响进行了实证分析，参见表7-2-2
结果表明振兴东北老工业基地未能显著地促进企业利润提高。西部大开发与
中部崛起战略对企业利润产生了显著的正影响，而西部大开发的影响力度大
于中部崛起战略。企业利润代表企业的经营能力，从我们实证结果发现，西
部地区经济在西部大开发战略的推动下取得了比较好的发展，西部经济活力
有所提升。笔者认为西部大开发推行较早，西部地区本身工业化水平较低，
通过政府大规模的投入，有效提升了西部地区企业的盈利水平。东北本身工
业水平已经较高，振兴东北老工业基地虽然显著地推动其产值的提高，但是
对其利润未能起到显著的推动作用，东北工业企业的自身能力还有待进一步
提高。本节对产值和利润均加入控制变量进行回归，基本结论仍然不变（参
见表7-2-3、表7-2-4）。

表7-2-1　　　　　　三大区域政策对产值的影响：基准估计

变量	lproduct	lproduct	lproduct	lproduct	lproduct
	(1)	(2)	(3)	(4)	(5)
north × D_north	0.0450 *** (10.5972)	0.0451 *** (10.6108)	0.0459 *** (11.0057)	0.0450 *** (10.5978)	0.0446 *** (10.7076)
west × D_west	0.0114 *** (3.1146)	0.0122 *** (3.3515)	0.0114 *** (3.1841)	0.0113 *** (3.1060)	0.0110 *** (3.0840)
middle × D_middle	0.1975 *** (73.8467)	0.1978 *** (73.9405)	0.2012 *** (76.6490)	0.1975 *** (73.8331)	0.2007 *** (76.4756)
D_westnorth	0.1057 *** (76.1212)	0.1051 *** (75.6001)	0.0350 *** (17.6061)	0.1057 *** (76.1341)	0.0351 *** (17.6580)
D_middle	0.3358 *** (309.9432)	0.3357 *** (309.9585)	0.3264 *** (228.0421)	0.3358 *** (309.9551)	0.3265 *** (228.1522)
D_north	0.2223 *** (192.2563)	0.2203 *** (187.5941)	0.2570 *** (138.4873)	0.2223 *** (192.2446)	0.2591 *** (137.7552)

---

① 需要指出的是，这里所使用的是规模以上的工业企业数据，而且运用的是存续一定期限内的
企业，所以企业规模不能简单和经济增长画等号。

续表

变量	lproduct	lproduct	lproduct	lproduct	lproduct
	（1）	（2）	（3）	（4）	（5）
la16_a	0.5470 *** (536.6291)	0.5469 *** (536.5899)	0.5394 *** (538.4556)	0.5470 *** (536.5867)	0.5396 *** (538.5634)
控制行业效应	否	是	否	否	是
控制时间效应	否	否	是	否	是
控制地区效应	否	否	否	是	是
_cons	6.9480 *** (1.4e+03)	6.9130 *** (273.1378)	6.9355 *** (1.4e+03)	6.9655 *** (47.2711)	6.8303 *** (46.8449)
r2_o	0.3975	0.4084	0.4023	0.3090	0.2823
r2_w	0.2890	0.2895	0.3156	0.2891	0.3160
N	2.1e+06	2.1e+06	2.1e+06	2.1e+06	2.1e+06

注：括号内是 t 统计量，＊、＊＊和＊＊＊分别表示10%、5%和1%水平上显著。

表7－2－2　　　　　三大区域政策对利润的影响：基准估计

变量	lprofit	lprofit	lprofit	lprofit	lprofit
	（1）	（2）	（3）	（4）	（5）
north × D_north	−0.0083 (−1.5672)	−0.0088 * (−1.6641)	−0.0074 (−1.3960)	−0.0082 (−1.5595)	−0.0085 (−1.6103)
west × D_west	0.0930 *** (20.4937)	0.0930 *** (20.4815)	0.0912 *** (20.1331)	0.0931 *** (20.5192)	0.0907 *** (20.0086)
middle × D_middle	0.0782 *** (23.5020)	0.0783 *** (23.5312)	0.0790 *** (23.7830)	0.0783 *** (23.5099)	0.0788 *** (23.7180)
D_westnorth	0.1322 *** (76.4682)	0.1320 *** (76.3043)	0.0813 *** (32.3182)	0.1321 *** (76.4336)	0.0812 *** (32.3079)
D_middle	0.0707 *** (52.4448)	0.0707 *** (52.4247)	0.0577 *** (31.8675)	0.0707 *** (52.4393)	0.0578 *** (31.8815)
D_north	0.0615 *** (42.7269)	0.0612 *** (41.8908)	0.0367 *** (15.6363)	0.0614 *** (42.7083)	0.0389 *** (16.3489)
la16_a	0.1153 *** (90.8740)	0.1153 *** (90.8615)	0.1106 *** (87.2208)	0.1152 *** (90.8493)	0.1107 *** (87.2712)

变量	lprofit	lprofit	lprofit	lprofit	lprofit
	（1）	（2）	（3）	（4）	（5）
控制行业效应	否	是	否	否	是
控制时间效应	否	否	是	否	是
控制地区效应	否	否	否	是	是
_cons	8.0393*** （1.3e+03）	7.9480*** （252.2987）	8.1215*** （1.3e+03）	6.9072*** （37.6714）	6.9622*** （37.7135）
r2_o	0.0112	0.0106	0.0132	0.0045	0.0039
r2_w	0.0200	0.0201	0.0237	0.0201	0.0239
N	2.1e+06	2.1e+06	2.1e+06	2.1e+06	2.1e+06

注：括号内是 t 统计量，*、** 和 *** 分别表示 10%、5% 和 1% 水平上显著。

表 7 - 2 - 3　　三大区域政策对产值的影响：加入控制变量

变量	lproduct	lproduct	lproduct	lproduct	lproduct
	（1）	（2）	（3）	（4）	（5）
ltaxrate	-0.0593*** （-1.4e+02）	-0.0591*** （-1.4e+02）	-0.0589*** （-1.5e+02）	-0.0593*** （-1.4e+02）	-0.0589*** （-1.5e+02）
lburden	-0.3768*** （-7.7e+02）	-0.3768*** （-7.7e+02）	-0.3703*** （-7.7e+02）	-0.3768*** （-7.7e+02）	-0.3703*** （-7.7e+02）
lcap_labor	0.2202*** （383.1283）	0.2200*** （382.8793）	0.2078*** （366.1527）	0.2202*** （383.1056）	0.2077*** （366.0525）
lmid_prod	-0.0832*** （-65.4017）	-0.0832*** （-65.4734）	-0.0890*** （-71.2137）	-0.0832*** （-65.3832）	-0.0891*** （-71.3522）
north × D_north	0.0183*** （5.1476）	0.0187*** （5.2606）	0.0190*** （5.4435）	0.0183*** （5.1489）	0.0185*** （5.2994）
west × D_west	0.0122*** （4.0467）	0.0130*** （4.3083）	0.0124*** （4.2021）	0.0122*** （4.0471）	0.0123*** （4.1674）
middle × D_middle	0.1003*** （45.6264）	0.1006*** （45.7689）	0.1051*** （48.7299）	0.1002*** （45.6117）	0.1049*** （48.6370）
D_westnorth	0.0901*** （77.4300）	0.0894*** （76.8261）	0.0421*** （25.3163）	0.0900*** （77.4253）	0.0421*** （25.3282）

续表

变量	lproduct	lproduct	lproduct	lproduct	lproduct
	(1)	(2)	(3)	(4)	(5)
D_middle	0.2640 *** (293.7429)	0.2639 *** (293.7757)	0.2552 *** (214.6603)	0.2640 *** (293.7647)	0.2552 *** (214.7665)
D_north	0.1696 *** (177.4579)	0.1676 *** (172.7406)	0.2127 *** (138.2043)	0.1696 *** (177.4464)	0.2135 *** (136.9917)
la16_a	0.6301 *** (680.5015)	0.6299 *** (680.2871)	0.6182 *** (677.9679)	0.6301 *** (680.4318)	0.6182 *** (677.9008)
控制行业效应	否	是	否	否	是
控制时间效应	否	否	是	否	是
控制地区效应	否	否	否	是	是
_cons	5.2582 *** (909.2527)	5.2065 *** (245.0934)	5.3097 *** (919.8140)	5.1717 *** (46.5812)	5.0602 *** (45.5382)
r2_o	0.6020	0.6089	0.5978	0.3824	0.3225
r2_w	0.5403	0.5407	0.5569	0.5404	0.5572
N	2.0e + 06	2.0e + 06	2.0e + 06	2.0e + 06	2.0e + 06

注:括号内是 t 统计量,*、** 和 *** 分别表示10%、5%和1%水平上显著。

表7-2-4　　三大区域政策对利润的影响:加入控制变量

变量	lprofit	lprofit	lprofit	lprofit	lprofit
	(1)	(2)	(3)	(4)	(5)
ltaxrate	0.0517 *** (83.9780)	0.0517 *** (84.0021)	0.0518 *** (84.3503)	0.0517 *** (83.9850)	0.0518 *** (84.3124)
lburden	− 0.1197 *** (− 1.6e + 02)	− 0.1197 *** (− 1.6e + 02)	− 0.1179 *** (− 1.6e + 02)	− 0.1197 *** (− 1.6e + 02)	− 0.1179 *** (− 1.6e + 02)
lcap_labor	0.0408 *** (47.3634)	0.0408 *** (47.3257)	0.0390 *** (45.0763)	0.0408 *** (47.3594)	0.0390 *** (45.0831)
lmid_prod	− 0.1280 *** (− 67.1241)	− 0.1280 *** (− 67.1559)	− 0.1271 *** (− 66.7305)	− 0.1279 *** (− 67.1107)	− 0.1272 *** (− 66.7660)
north × D_north	− 0.0103 * (− 1.9342)	− 0.0109 ** (− 2.0500)	− 0.0095 * (− 1.7783)	− 0.0102 * (− 1.9252)	− 0.0105 ** (− 1.9779)

续表

变量	lprofit	lprofit	lprofit	lprofit	lprofit
	（1）	（2）	（3）	（4）	（5）
west × D_west	0.1059 *** （23.4352）	0.1058 *** （23.4133）	0.1045 *** （23.1659）	0.1059 *** （23.4489）	0.1040 *** （23.0461）
middle × D_middle	0.0496 *** （15.0660）	0.0496 *** （15.0697）	0.0507 *** （15.4206）	0.0497 *** （15.0789）	0.0505 *** （15.3591）
D_westnorth	0.1126 *** （64.5660）	0.1125 *** （64.4371）	0.0682 *** （26.8608）	0.1125 *** （64.5317）	0.0681 *** （26.8368）
D_middle	0.0519 *** （38.5058）	0.0518 *** （38.4837）	0.0365 *** （20.1609）	0.0519 *** （38.4950）	0.0365 *** （20.1597）
D_north	0.0492 *** （34.3500）	0.0490 *** （33.7069）	0.0309 *** （13.1913）	0.0492 *** （34.3296）	0.0327 *** （13.7828）
la16_a	0.1207 *** （86.9790）	0.1208 *** （87.0149）	0.1160 *** （83.4320）	0.1207 *** （86.9384）	0.1161 *** （83.5115）
控制行业效应	否	是	否	否	是
控制时间效应	否	否	是	否	是
控制地区效应	否	否	否	是	是
_cons	7.9428 *** （916.2509）	7.8176 *** （245.4244）	8.0292 *** （912.4210）	6.6166 *** （39.7583）	6.4441 *** （38.0335）
r2_o	0.0860	0.0853	0.0879	0.0096	0.0076
r2_w	0.0458	0.0459	0.0488	0.0460	0.0490
N	2.0e + 06	2.0e + 06	2.0e + 06	2.0e + 06	2.0e + 06

注：括号内是 t 统计量，*、** 和 *** 分别表示 10%、5% 和 1% 水平上显著。

（二）结果的可能性解释

第一，从实证结果来看，振兴东北老工业基地战略对东北地区的产值产生了显著的正影响，但未能显著提高企业利润，甚至对利润产生了负影响。本书认为，振兴东北老工业基地通过减税，试图改善企业的经营能力。但由于内地企业发展环境仍然有待提高，税收降低难以吸引东部沿海地区企业流入，而且也未能激发东北地区创业活力。虽然东北地区自身工业基础较好，拥有一大批实力较为雄厚的工业企业。但随着税收降低加速了企业的扩张进一步带来了运营成本的上升,而且这些企业由于核心技术掌握有限,企业扩张反而导致企业之间同质竞争更为严重,利润空间被严重压缩。最终减税政策仅仅推动了企业规模的扩张,并未能促使其利润提高,甚至还产生了不利的影响。

振兴东北老工业基地的重要措施之一就是通过化解企业不良资产、剥离社会负担等措施,期望这些地区的企业能够丢掉历史包袱,轻装上阵,参与市场公平竞争。但是这些地区的企业在 20 世纪 90 年代出现了大规模亏损,固然一方面有历史负担的因素;另一方面也存在运行机制不灵活、市场竞争能力较差、盲目投资失败等问题。由于存在企业与政府的信息不对称,对于亏损原因的分辨则在实际决策过程中较为困难。而振兴东北战略化解企业债务之时,政府往往采用"一刀切"的政策。虽然企业现有的债务得到了化解,改善了企业的经营状况,但是这种方式可能会掩盖企业经营能力不强的问题。而且东北地区曾经在工业化过程中建立了大量的国有企业,国有企业在推动工业化的同时,也存在"预算软约束"问题。而化债还可能强化企业的"预算软约束",加重对政府的依赖。本书实证结果也可以印证,企业减负之后,企业倾向于进一步规模扩张,而对企业利润的提高效果有限。

对于东北地区而言,政府主导的大规模技术改造投资更多倾向于支持国有大型企业,市场反应灵敏的中小型民营企业在争取政府投资方面处于劣势地位,未能有效推动东北地区中小型企业的技术创新。由于这些投资更多地刺激了企业规模扩张而对企业利润提升有限。政府通过项目投资的形式推动技术改造可能进一步刺激企业的"投资饥渴症",使得企业更倾向于采取各种手段争取政府投资,弱化其对自身能力提高的要求。而且这种依靠外力推进、内嵌于固定资产的技术进步,由于未能形成技术创新的真正源泉,随着国家对固定投资的不断减少,很容易陷入新一轮的技术落后。

由于振兴东北老工业基地虽然扩大了企业的规模,但是未能有效提高企业的经营能力,最终这种模式未能推动东北工业形成内生增长机制。2013 年后,东北地区经济出现的"断崖式"下降,也在一定程度上可以与我们的结论相互印证。

第二，从实证结果看，西部大开发战略有利于产值的提高，同时对利润也产生了显著的影响。西部大开发推动我国西部地区实现跨越式发展，投入了大量基础设施建设（如道路、电力设施、网络）。一方面基础设施建设对当地工业尤其是工业产品产生了较为旺盛的需求，为西部地区企业扩大生产规模与盈利规模提供了较好的外部环境。另一方面基础设施对工业经济发展具有较强的外溢性，通过基础设施的改善，提高了西部地区企业的整体生产效率，对产值与利润产生了显著的正影响。

西部地区工业化水平与技术水平较低。西部大开发战略加大对企业投资的扶持力度，且西部地区企业尚处于资本边际报酬较高的阶段。通过投资推动了企业的技术进步，提升了西部地区工业企业的技术能力，从而提高了企业的生产效率。西部地区原本工业化水平较低，21世纪的前十年西部地区工业化处于加速期，外延型工业化在当时仍然有较大的空间。对于西部大开发的企业进行减税、压低资金价格鼓励企业大规模投入，促进了企业产值的扩张同时对企业利润也产生了显著的正向影响。西部地区工业化得到较快发展，在全国的工业比重得到较大提升，1998年西部工业产值占全国比重为14.7%，2012年已经上升到19.1%。[①]

第三，从实证结果来看，中部崛起战略为促进中部地区经济发展，比照实施振兴东北老工业基地和西部大开发的优惠政策，推出了一系列的措施。例如，中部崛起也加强了中部地区的投资，加大了中部地区企业的减税力度、化解中部地区的债务。本书认为，中部地区工业基础较好，而且市场化发育较完善，与东部沿海地区经济关联更为紧密。中部崛起战略在推进之初就强调"两型社会""新型工业化"，对利润产生了正向影响。但相比产值而言，中部崛起战略对企业利润的影响效果还有待进一步提高。

四、进一步分析

进一步我们将对三大区域政策对于不同行业的影响进行分析。

---

① 根据历年《中国统计年鉴》相关数据计算。

（一）对高耗能产业的影响

我们进一步考察三大区域政策对于高耗能产业的影响（参见表 7 - 2 - 5、表 7 - 2 - 6）。我们发现，振兴东北老工业基地战略有效提高了高耗能行业的产值，但对利润产生了负影响；中部崛起战略对于高耗能行业的产值与利润都产生了促进的作用，但是其对产值的影响力度显著大于利润。西部大开发战略对产值有一定的正影响，但是对利润影响不显著。高耗能产业主要对矿产资源进行初步加工，具有资本密集、能耗大、污染较高等特征，可以有效带动 GDP 的增长。从三大区域政策的影响来看，我们发现，我国的区域政策对于高耗能产业的产值都存在较为显著的影响。笔者认为，对于产值而言，（1）由于东北、中部与西部地区资源、能源丰富，而且在计划经济时期，钢铁、有色、电力、化工等高耗能产业都是其建设的重点。在"三大区域"政策的作用下，如减税、豁免债务等措施，使得高耗能企业在规模上有强劲的动力扩张。（2）三大区域政策加大了对内地企业的投资。高耗能企业有动力上马新的项目，而高耗能项目投资规模较大，其新项目的上马又可促进当地 GDP 的增长与财政收入的提高。因此高耗能企业的扩张得到了地方政府的积极支持，成为这一时期内地经济发展的重要动力。（3）三大区域政策作用下，我国进行了大规模的基础设施投资，同时 21 世纪前十年全国范围内重化工业的重启对钢铁、石化、电力、有色等高耗能产业提供了强劲的需求，高耗能产业在这一时期发展较为迅速。但三大区域战略对利润的促进作用较小，甚至为负。笔者认为，一方面，高耗能产业扩张过程中，企业更多追求量的增加，技术创新不足，高耗能产业更多地被锁定在中低端产业链，同质竞争较为严重，阻碍了企业利润的提升；另一方面，随着中国大国经济的发展，对原材料、能源的要求强劲，环境承载力也日益趋紧，原料、能源价格上升、环境标准也不断提高，这些都导致在区域政策作用下，高耗能企业的利润空间受到严重挤压。

表7－2－5　　　三大区域政策对产值的影响：基于高耗能行业

变量	lproduct	lproduct	lproduct	lproduct	lproduct
	(1)	(2)	(3)	(4)	(5)
north × D_north	0.0428 *** (4.9334)	0.0430 *** (4.9570)	0.0431 *** (5.0814)	0.0428 *** (4.9373)	0.0433 *** (5.1091)
west × D_west	0.0111 * (1.6486)	0.0114 * (1.6881)	0.0048 (0.7297)	0.0112 * (1.6546)	0.0051 (0.7760)
middle × D_middle	0.1385 *** (26.5929)	0.1386 *** (26.6164)	0.1424 *** (27.9799)	0.1385 *** (26.5944)	0.1426 *** (28.0114)
D_westnorth	0.1378 *** (44.9302)	0.1379 *** (44.9549)	0.3130 *** (70.2639)	0.1378 *** (44.9202)	0.3131 *** (70.2903)
D_middle	0.3625 *** (147.0280)	0.3625 *** (147.0432)	0.4066 *** (128.3668)	0.3625 *** (147.0267)	0.4067 *** (128.3956)
D_north	0.3054 *** (119.5185)	0.3053 *** (119.4489)	0.2914 *** (83.1837)	0.3054 *** (119.5027)	0.2911 *** (83.1118)
la16_a	0.5413 *** (225.1212)	0.5413 *** (225.1006)	0.5368 *** (227.9804)	0.5414 *** (225.1195)	0.5368 *** (227.9502)
控制行业效应	否	是	否	否	是
控制时间效应	否	否	是	否	是
控制地区效应	否	否	否	是	是
_cons	7.0413 *** (590.1615)	7.0995 *** (281.5377)	6.9989 *** (585.7945)	6.9868 *** (40.5397)	7.0231 *** (41.3538)
r2_o	0.3928	0.4159	0.3998	0.3118	0.3332
r2_w	0.2918	0.2919	0.3235	0.2918	0.3236
N	4.6e+05	4.6e+05	4.6e+05	4.6e+05	4.6e+05

注：括号内是t统计量，* 、** 和 *** 分别表示10%、5%和1%水平上显著。

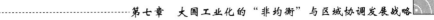

表7-2-6　　三大区域政策对利润的影响：基于高耗能行业的分析

变量	lprofit	lprofit	lprofit	lprofit	lprofit
	（1）	（2）	（3）	（4）	（5）
north × D_north	-0.0338 *** （-2.8025）	-0.0336 *** （-2.7852）	-0.0333 *** （-2.7652）	-0.0338 *** （-2.8001）	-0.0331 *** （-2.7458）
west × D_west	0.0153 （1.6306）	0.0154 （1.6361）	0.0142 （1.5160）	0.0153 （1.6249）	0.0142 （1.5163）
middle × D_middle	0.0645 *** （8.9034）	0.0644 *** （8.8862）	0.0657 *** （9.0836）	0.0645 *** （8.9005）	0.0656 *** （9.0647）
D_westnorth	0.1540 *** （36.0849）	0.1540 *** （36.0851）	0.1536 *** （24.2684）	0.1541 *** （36.1008）	0.1537 *** （24.2915）
D_middle	0.0879 *** （25.6227）	0.0879 *** （25.6277）	0.1346 *** （29.9084）	0.0879 *** （25.6306）	0.1346 *** （29.9134）
D_north	0.0654 *** （18.3907）	0.0655 *** （18.4153）	0.0090 * （1.8167）	0.0653 *** （18.3753）	0.0090 * （1.8118）
la16_a	0.1105 *** （33.0095）	0.1105 *** （33.0211）	0.1061 *** （31.7024）	0.1104 *** （33.0025）	0.1061 *** （31.7068）
控制行业效应	否	是	否	否	是
控制时间效应	否	否	是	否	是
控制地区效应	否	否	否	是	是
_cons	8.0430 *** （484.4024）	8.0444 *** （229.2124）	8.1232 *** （478.5848）	8.1048 *** （33.7934）	8.1613 *** （33.8254）
r2_o	0.0100	0.0112	0.0127	0.0000	0.0000
r2_w	0.0169	0.0169	0.0213	0.0170	0.0214
N	4.6e+05	4.6e+05	4.6e+05	4.6e+05	4.6e+05

注：括号内是t统计量，＊、＊＊和＊＊＊分别表示10%、5%和1%水平上显著。

（二）对装备制造业的影响

东北老工业基地是全国装备制造业的发源地，中部地区也是我国装备制造业的重镇，具有较好的技术基础。在振兴东北战略、"中部崛起"战略实施中，许多地区将装备制造业作为该地区发展的支柱性行业。振兴东北战略、"中部崛起"战略有效推动了装备制造业的发展，进一步改善了重化工业内部结构，有助于东北地区摆脱依靠资源开采、金属冶炼的增长模式。从实证结果来看，振兴东北战略有效地推动了装备制造业的产值，但是对其利润影响有限（参见表7-2-7、表7-2-8）。而中部崛起战略对装备制造业的产值与利润都产生了显著影响，但是对产值的影响显著大于利润。笔者认为可能有以下原因。（1）装备制造业对技术要求较高，东北地区与中部地区虽然聚集了一批实力雄厚的高校，其大型国有企业也有自身的研发部门，但由于"产、学、研"融合发展体制尚未建立起来，使得这些地区装备制造业自主创新能力不足。由于缺乏对核心技术的控制，这些地区并未形成一批占据价值链高端的装备制造业企业。所以政府扶持的区域政策更多推动了这些企业规模的扩张，但对其利润影响较为有限。（2）地方政府存在 GDP 崇拜，推动了装备制造业的规模扩张。由于地方官员具有政治与经济的双重激励（Li and Zhou，2005），在区域政策的推动下，地方政府热衷采取打造大规模的产业基地、压低要素成本等措施刺激企业的扩张。企业差异化程度较小的"扁平式增长"带来了更加激烈的市场竞争，企业利润难以有效提高。（3）东北地区装备制造业聚集效益有限，本地加工配套能力较弱。由于东北地区企业更多是从事主机设备制造，而相关配套零部件依靠东部沿海地区的生产，不仅增加了装备制造业的成本（孙韬，2011），还使得东北地区未能形成内生于市场的产业聚集。但振兴东北战略的"输血"政策又进一步强化了装备制造业企业的"投资饥渴症"，不利于企业利润的增长。这些原因导致装备制造业虽然在振兴东北战略的推动下，企业规模较快扩张，但经营效益并未提高，缺乏发展后劲。东北地区装备制造业最为发达的辽宁当前经济增长速度的急剧下降在一定程度上也可以与本结论相互印证。

西部地区装备制造业的基础较为薄弱，西部大开发战略对于基础设施的大规模投资，较好地改善了西部装备制造业的经营环境，西部大开发对于西部现有企业利润的影响显著大于东北与中部地区。但是对于其产值未能产生显著的推动作用，西部地区工业内部结构的优化升级还有待进一步完善。

表7-2-7　三大区域政策对产值的影响：基于装备制造业行业

变量	lproduct	lproduct	lproduct	lproduct	lproduct
	（1）	（2）	（3）	（4）	（5）
north × D_north	0.0646***	0.0628***	0.0627***	0.0646***	0.0570***
	(8.3015)	(8.0808)	(8.2177)	(8.3016)	(7.4736)
west × D_west	-0.0213***	-0.0209***	-0.0210***	-0.0207***	-0.0228***
	(-2.7025)	(-2.6565)	(-2.7137)	(-2.6301)	(-2.9496)
middle × D_middle	0.1844***	0.1840***	0.1861***	0.1843***	0.1837***
	(33.4410)	(33.3904)	(34.4203)	(33.4377)	(34.0134)
D_westnorth	0.1400***	0.1392***	0.3001***	0.1400***	0.3173***
	(54.7776)	(54.2840)	(79.7006)	(54.7762)	(81.4900)
D_middle	0.3258***	0.3256***	0.3672***	0.3258***	0.3671***
	(175.8741)	(175.8526)	(150.9872)	(175.8939)	(151.0674)
D_north	0.2225***	0.2197***	0.2008***	0.2225***	0.2014***
	(106.0258)	(100.2386)	(69.6253)	(106.0229)	(69.8961)
la16_a	0.5798***	0.5802***	0.5697***	0.5798***	0.5707***
	(316.2538)	(316.5431)	(316.0694)	(316.2660)	(316.7969)
控制行业效应	否	是	否	否	是
控制时间效应	否	否	是	否	是
控制地区效应	否	否	否	是	是
_cons	6.8000***	6.7686***	6.7880***	7.0240***	7.0397***
	(748.0291)	(655.6164)	(737.6542)	(34.2755)	(35.0537)
r2_o	0.4416	0.4427	0.4459	0.3643	0.3463
r2_w	0.3197	0.3205	0.3460	0.3198	0.3472
N	6.3e+05	6.3e+05	6.3e+05	6.3e+05	6.3e+05

注：括号内是t统计量，*、**和***分别表示10%、5%和1%水平上显著。

表7-2-8　三大区域政策对利润的影响：基于装备制造业行业

变量	lprofit	lprofit	lprofit	lprofit	lprofit
	（1）	（2）	（3）	（4）	（5）
north × D_north	0.0033	0.0032	0.0038	0.0036	0.0017
	(0.3257)	(0.3122)	(0.3768)	(0.3498)	(0.1671)
west × D_west	0.1893***	0.1891***	0.1856***	0.1895***	0.1841***
	(18.2928)	(18.2741)	(17.9739)	(18.3088)	(17.8222)

变量	lprofit	lprofit	lprofit	lprofit	lprofit
	(1)	(2)	(3)	(4)	(5)
middle×D_middle	0.0811 *** (11.2059)	0.0811 *** (11.2050)	0.0813 *** (11.2560)	0.0812 *** (11.2184)	0.0803 *** (11.1134)
D_westnorth	0.1497 *** (44.6126)	0.1495 *** (44.3812)	0.1359 *** (27.0009)	0.1495 *** (44.5652)	0.1466 *** (28.1630)
D_middle	0.0671 *** (27.5810)	0.0672 *** (27.6118)	0.0800 *** (24.6327)	0.0671 *** (27.6027)	0.0802 *** (24.6991)
D_north	0.0788 *** (28.6116)	0.0781 *** (27.1241)	0.0402 *** (10.4394)	0.0786 *** (28.5299)	0.0405 *** (10.5181)
la16_a	0.1469 *** (61.0482)	0.1469 *** (61.0084)	0.1411 *** (58.5931)	0.1468 *** (60.9907)	0.1412 *** (58.6293)
控制行业效应	否	是	否	否	是
控制时间效应	否	否	是	否	是
控制地区效应	否	否	否	是	是
_cons	7.8734 *** (659.7243)	7.8595 *** (579.5620)	7.9690 *** (648.1128)	5.3764 *** (19.9886)	5.4777 *** (20.4019)
r2_o	0.0103	0.0099	0.0125	0.0024	0.0025
r2_w	0.0258	0.0258	0.0299	0.0263	0.0306
N	6.3e+05	6.3e+05	6.3e+05	6.3e+05	6.3e+05

注：括号内是 t 统计量，* 、** 和 *** 分别表示10%、5% 和 1% 水平上显著。

第三节　结论与启示

通过实证分析，我们发现为实现区域协调发展的三大区域政策从整体上来看促进了工业的规模扩张，但对于利润来说，影响存在异质性。振兴东北地区等老工业基地战略未能有效提高工业企业的利润，而中部崛起战略对利润产生了正的影响，但是影响力度远小于产值；西部大开发战略对利润的影响大于产值。分行业来看，对于高耗能产业而言，振兴东北战略对产值影响显著，但对利润影响不显著，中部崛起战略对于产值的影响显著大于对利润的影响，而西部大开发战略对产值有一定的影响，但是对利润影响不显著。对于装备制造业，振兴东北战略有效地推动了装备制造业的产值，但是对其利润影响有限。而中部崛起战略对装备制造业的产值影响力度大于利润。西部大开发战略对于西部地区装备制造业利润影响显著，但对于产值却未能产生显著的推动作用。进一步结合影响机制与行业分析，我们认为以下几个方面值得注意。

一、实现内地的区域振兴离不开全面深化企业改革

中国是一个大国，在改革过程中出现了"非均衡"的特征，东部沿海地区改革进度较快，内地进程则相对缓慢。结合实证结果，笔者认为如果企业尚未克服"预算软约束"，单纯运用减税、减债措施，难以培育企业发展的内生动力。例如，经过21世纪初振兴东北战略，虽然政府对企业的历史负债进行了减免，但由于企业改革有待进一步深入，反而强化了其对政府的依赖预期。这些不利于东北地区企业提高利润。这也进一步说明不能继续通过政府输血来维持落后企业运转。未来应当加快发展混合经济，既发挥大型国有企业的规模优势，又发挥中小民营企业市场经营灵活优势，重塑全面振兴东北老工业基地的微观基础。

二、区域政策应当处理好政府与市场的关系

区域政策是政府克服市场经济"马太效应"的重要手段，但区域政策推进过程中，不是用政府来替代市场，政府作用应当建立在完善的市场基础之上。第一，中央政府在实现区域协调发展过程中，要注重克服地方政府的GDP崇拜，由于工业投资大，对地方经济有较为强劲的增长，所以在实现区域协调发展过程中要避免地方政府为追求经济增长从中央争取资源，推动企业盲目扩张。第二，企业是工业经济发展的基础。在区域政策中，政府往往扶持落后地区的大中型企业，而对小微型企业扶持的力度有待提高。未来政府应当采取普惠政策，为中小型民营企业发展提供良好的环境，逐步形成内地"大众创新、万众创业"的新局面。第三，区域政策推进的过程应当伴随着政府职能转变。未来实现区域协调发展应当建立在有效的市场基础之上发挥有为政府的作用，充分发挥企业捕捉信息的能力，为其转型升级提供充足

的空间，在避免"市场失灵"的同时防止出现"政府失灵"。

三、落后地区的区域振兴必须转变经济发展方式

落后地区经济发展需要在经济新常态的背景下持续推进。政府主导的区域政策往往有利于推动企业短期内的扩张。而中部、东北地区的区域政策对于企业经营能力的提高则有限。未来实现区域工业经济的可持续发展，尤其是在东北与中部地区应当注重积极转变经济发展方式。（1）对于工业结构乃至产业结构应当进一步进行调整。一方面发展战略性新兴产业、生产服务业，推动产业结构升级；另一方面也要积极利用新技术提升传统制造业，尤其要注重对传统高耗能产业的改造，通过发展循环经济、绿色经济促使这些地区走上集约发展的新路。（2）提升企业经营能力，形成企业技术进步的内生机制。当前中国经济已经进入新常态，通过旧有的数量型扩张已经很难在新时代中立于不败之地。企业只有通过技术进步与创新，才能在激烈的市场竞争中获取利润。未来在实现区域协调发展中的区域政策应当更加注重提升企业的盈利能力，一方面对企业重大的技术创新进行扶持；另一方面充分发挥中小企业的作用，切实为中小企业创新活动提供资金支持与税收优惠，以提升其经营能力。（3）充分挖掘内地人力资本的优势，在区域协调政策中，要避免重"物"投入而轻"人"的吸引。在计划经济时期我国在内地建立了一大批实力雄厚的高等院校、科研院所，这是内地发展宝贵的人力资本财富。但是由于中国改革开放的非均衡特征，东部沿海地区与内地的经济差距拉大，人才"孔雀东南飞"现象较为严重。这也形成了落后地区企业创新不足，盈利水平较低的重要原因。未来在区域协调过程中，应当注重对人才的保留与吸引，为内地工业实现高质量发展提供有效的智力支持。

四、西部大开发与其他区域政策不同，其对于企业利润的正影响显著大于对产值的影响

这与西部地区工业化进程较低有关。随着西部大开发的推进，西部工业

化逐步完成，原先依靠政府投资的战略也会带来类似于中部、东北地区这样对于企业利润产生不利影响的问题。所以西部地区工业发展，也应当注重加大国有企业改革的力度，调整政府与市场关系，积极推动工业发展方式转变，以期保持西部地区利润的不断上涨，形成西部地区工业的内生增长机制。

五、区域政策有效推动了装备制造业的发展，但是对企业盈利能力影响则不容乐观

受历史遗产影响，东北、中部地区装备制造业的发展更多依赖大中型国有企业，大规模标准化生产是这些企业的优势。但是从国际经验来看，装备制造业强国——德国，中小型企业是其"隐性冠军"。在新一轮工业革命的冲击下，中国应当立足自身特点，借鉴德国工业经验，一方面发挥大型装备制造业企业综合竞争优势，在标志性技术方面获得重要突破；另一方面充分发挥中小型企业经营灵活的优势，适应产品更多向个性化特征转变的新趋势，切实提高装备制造业的市场竞争能力。

六、解决高耗能行业的产能过剩是我国当前供给侧结构性改革的重点与难点

实证结果表明，三大区域政策有效推动了高耗能行业的发展。而高耗能行业又是当前"僵尸企业"聚集的产业，三大区域政策对企业利润影响不显著甚至为负。未来政府一方面应当设立环境、能源门槛，避免与我国能源禀赋不符的高耗能产业的过度发展；另一方面应当坚持推进供给侧结构性改革，倒逼高耗能企业的转型升级。

大国视角下中国工业化道路的
发展逻辑与启示

中国工业化道路既不同于先发资本主义国家英美工业化道路，也不同于后发资本主义国家德日工业化道路，与苏联的传统社会主义工业化道路也有较大差异。在中国特色的工业化道路上，中国完成了从农业大国向工业大国的转变，成为当前的"世界工厂"。回顾中华人民共和国70年工业化的历程，我们认为发展中的社会主义大国的国情让中国工业化道路有着自身的逻辑与特点，其历史经验值得总结。未来要注重发挥社会主义大国优势，实现工业大国向工业强国的升级。

一、大国视角下中国工业化道路的发展逻辑

（一）后发大国的国情要求中国建立完备的工业体系

近代中国百年落后挨打的历史一再证明，作为后发大国要屹立于世界强国之林必须建立强大的国防工业，而支撑强大国防工业的应当是以重工业为基础的完备工业体系。而且作为大国，要实现经济上的独立自主发展，也应当建立较为完备的工业体系。冷战背景下，严峻的国际形势更让中华人民共和国有迫切的动力建立完备的工业体系与强大的国防工业。即使在中华人民共和国成立前夕的《中国人民政治协商会议共同纲领》中，我们也明确提出

"应以有计划有步骤地恢复和发展重工业为重点"①。1953 年开始进行了大规模工业化建设，"一五"建设时期，苏联援建的"156 项"中，国防项目将近占了三分之一。其他绝大多数的项目也集中于能源工业、钢铁工业、机械工业等重工业部门。为保证优先重工业发展战略的顺利推进，我国还建立了单一公有制、高度集中的计划经济体制。受特殊的国情与世界局势影响，中华人民共和国在成立之初无法走先发资本主义国家"农业—轻工业—重工业"的产业升级之路，这也使得中国劳动密集的比较优势难以发挥。

重工业发展一方面资本投入大，存在较高的投资门槛，另一方面对技术要求较高。优先重工业发展战略与中国劳动力丰富、资本稀缺的要素禀赋不符。大国优先发展重工业又有自身的优势，虽然重工业存在较高的门槛，但大国人口众多，从人均的角度，门槛性的投资相对较小。对于后发国家虽然重工业的技术引进成本较高，而且自主研发投入较大，但对于后发大国来说，人均投入相对较小。大国内部的技术模仿、扩散成本往往又小于国家之间的成本。大国有发展重工业的自身优势，但是大国内部居民偏好存在异质性，这也使得大国要集中力量在重工业的薄弱环节取得突破并非易事。中华人民共和国成立之后，中国共产党运用强大的资源动员能力，充分发挥了中国特有的"大国优势"，调动全国资源在重工业领域取得重要突破，奠定了中国工业化的基础。在计划经济时期我国不仅建成了较为完备的工业体系，还实现了包括"两弹一星"在内国防工业的突破，巩固了我国的国家安全。为保证优先重工业发展建立起来的传统计划经济体制随着经济规模不断扩大、制度运行成本日益增加，经济效率也逐渐下降。优先重工业发展战略在推进 20 多年后还存在产业结构失衡、人民生活水平长期未能有效提高等问题。

在已有工业化的基础上，我国开始进行了改革开放，走产业均衡发展的工业化道路。随着我国逐步融入世界市场，我国劳动力丰富的比较优势逐渐发挥出来。改革开放后大量兴起的非国有经济，在市场机制作用下，进入效益好、投资周期短的轻工业部门，改善了我国的工业结构，人民生活水平得到显著提高。改革开放以后，我国重工业仍然取得较快发展。尤其是 20 世纪

---

① 中共中央文献研究室：《建国以来重要文献选编》第一册，中央文献出版社 1992 年版，第9 页。

90 年代中后期中国经济告别短缺之后，重化工业再次高速增长，中国的工业体系进一步完善。当前中国拥有 39 个工业大类、191 个种类、525 个小类的工业生产部门，成为当今世界唯一一个拥有联合国产业分类中全部工业门类的国家。① 改革开放以后，我国国防工业也处于世界前沿，有效巩固了中国的国家安全。

2020 年中国基本实现工业化，按照预期 2035 年中国将全面实现工业化。但随着全球化的发展，国际制造业的分工模式从旧有的产品分工向要素分工转变。当前世界工业强国为实现工业升级，凭借技术优势主动退出低附加值的产业与生产环节，而主要经营高附加值的产业与生产环节。如果说历史上大国国情要求中国建立完备的工业体系，更多体现在能够自主生产以重工业为代表的基础性产品，保证大国经济的独立自主发展；那么当前大国国情则要求中国在核心技术领域、生产的关键环节必须进行突破，不能受制于人。能否实现这种突破，也将成为中国从工业大国向工业强国迈进的关键。

（二）发展中大国特征使得中国工业化具有赶超的特点

由于中国是在落后于世界主要资本主义大国的历史条件下推进工业化的，在工业化起步阶段就有着"落后就要挨打"的压力。中华人民共和国成立之初，在严峻的国际形势下，中国政府一直希望能够实现工业化，尤其是重工业的加速发展。为克服重工业赶超与人均资源不足，技术、资本薄弱的约束，我国建立了高度集中的计划经济体系。经过 20 多年的努力，我国在许多重要的重工业产品上缩小了与世界工业强国的差距，为工业化打下基础；但是为实现重工业赶超建立的计划经济体系弊端日益凸显，工业整体上无论是数量还是质量都有较大的提升空间。而且中国重工业赶超的强烈愿望与我国经济发展水平落后的客观现实之间存在矛盾。在赶超过程中曾出现 1955 年的"冒进"、1958 年的"大跃进"、20 世纪 70 年代初的"三个突破"，出现了经济过热，导致了经济混乱。我国又不得不进行调整，工业化进程波动剧烈。

改革开放以前，虽然我国已经建立起较为完备的工业体系与较为强大的

---

① 国家发展改革委宏观经济研究院产业经济与技术经济研究所：《工业化：中国产业发展与结构变迁 40 年》，人民出版社 2018 年版，第 93 页。

国防工业，但人民生活水平不高，无论是与发达国家还是与"四小龙"为代表的迅速发展的亚洲经济体相比，都有较大差距，这给了中国政府赶超压力。从世界历史经验来看，对于大国而言，通过工业化完成农业国向工业国的转变是实现经济现代化的必由之路。改革开放以后，我国逐步形成了"发展才是硬道理"的发展观，工业化成为推动经济发展的重要路径。为了推动工业的快速发展，我国加快了改革开放的步伐。在改革开放的推动下，中国人口红利得到释放，劳动力丰富的比较优势得以凸显；中国巨大的市场规模优势也得到发挥。为推动工业化的较快发展，中央政府还向地方政府进行经济分权，充分调动了地方政府的积极性。在多种因素的作用下，工业化得到快速推进。21 世纪以来面对中国工业化中技术创新不足，环境、资源紧张等方面的问题，中国共产党提出了"科学发展观"，但发展仍然是第一要务。经过改革开放 30 多年的努力，中国 2011 年成为了世界第一大工业国，基本实现了中国工业产品在数量上的赶超。但是当前中国工业发展更多面临质量赶超的压力。在世界新一轮科技革命和产业变革加速的背景下，美国、德国、日本等发达国家围绕本国制造业升级纷纷提出了相应的发展战略。在历史上中国曾经两次因为未能抓住工业革命的机遇，落后于世界强国。中国工业经过 70 年的发展，已经从"跟跑"逐渐进入"并跑"阶段，但如何在新一轮大国工业竞争中实现从"并跑"到"领跑"，仍然任重道远。

（三）社会主义大国是工业化赶超的独特优势

中国作为发展中大国，要实现工业赶超，就难以模仿西方国家的资本主义工业化道路。从中国自身的历史来看，虽然晚清政府、北洋政府与国民政府曾尝试推动工业化，但最终都未能实现工业化的赶超。本书认为，其中一个重要原因就是这些政府相对弱势。这导致在国内难以很好地整合资源，推动工业化；对外则难以维护国家安全，为工业化提供稳定的环境。在革命战火中成长起来的中国共产党，具有强大的资源动员能力和政治动员能力，使得中国能够集中社会主义大国力量，突破"贫困性陷阱"，克服人均资源、资本不足以及技术发展水平较低的制约，在工业薄弱环节，交通运输等领域取得了突破。并且中华人民共和国成立之后，国家安全得到维护，为工业化赶超提供了较好的环境。

长期执政地位使得中国共产党可以对工业化进行长期、整体规划，并且针对不同的历史条件与环境对工业化道路进行调整。从制定优先重工业发展战略，到改革开放之后形成的产业均衡发展，再到内需不足条件下通过刺激内需、加入 WTO 推动重工业重启，再到当前的供给侧结构性改革，我们能够清楚地看到中国共产党在推动大国工业化的目标下，根据不同时期的特点，克服发展中的不利因素，推动工业发展。

对于中国这样一个大国，中国共产党始终保持强大的政治领导能力，对地方政府能够进行有效的管理。改革开放以后中国的政治集权与经济分权，使得地方官员在经济与政治双重激励下，积极推动工业发展。而中央的政治集中，不仅维护了大国的政治稳定，也维护了大国国内统一市场的形成，促进了大国内部资源的有序流动。社会主义大国因素构成了中国工业化实现"弯道超车"独特的优势。

（四）中国工业化需要发挥政府与市场的双重作用，但二者关系需要动态调整

政府主导是中国工业化的一个重要特征。改革开放前，政府主导的计划经济体系有效保证了我国工业化起步阶段在薄弱领域的突破。但是中国是一个大国，随着经济总量日益增大，经济运行日趋复杂，政府计划管理的难度日益增大。与苏联等传统社会主义国家工业化道路不同，改革开放之后，通过引入市场的力量，中国工业取得较快的发展。市场经济的兴起，在微观主体上表现为从单一公有制推动工业化转变为公有制主体、多种所有制共同推动，而非国有经济的崛起又倒逼国有企业的改革，提高了整体经济的效率；从资源配置上，市场替代计划成为决定资源流动的机制，提高了我国工业化的效率。在市场机制的作用下，各种资源向利润高的产业流动，利润高的产业往往是需求大于供给的产业，在市场的引导下，资源流动促进了产业均衡发展。

但市场本身也存在"市场失灵"，而且中国的市场化又是一个逐步完善的过程。改革开放以后政府依旧扮演了重要角色，在基础设施建设、技术引进、人力资本投资等方面都起到了重要作用，为中国工业化的快速推进打下坚实基础。20世纪90年代中期，我国告别经济短缺，工业发展面临内需不足的约束，中国政府在不断完善的社会主义市场经济体制上，一方面通过实施积极财政政策，推动城市化与房地产发展等措施刺激内需，另一方面积极进入WTO，扩大外需，推动了重化工业重启，工业进入了新一轮高速发展阶段，2011年中国跃居世界第一大工业国。

从中华人民共和国成立70年的历史经验来看，在中国工业化中政府与市场的关系又是根据不同的历史条件动态调整的。在工业化早期，我国政府发挥了更大的作用，推动了大国工业化的赶超；但随着工业化发展，市场的作用日益增强，尤其在工业化进入中后期，市场在资源配置中应当起到决定性作用。这种动态调整的特征，使得中国工业化道路既发挥了政府优势，实现了快于欧美的工业化增长速度；而且避免了资本主义工业化道路中通过海外侵略扩张实现资本积累与原料供给；又发挥了市场力量，提高了经济效率，使得中国工业化避免了苏联传统社会主义道路的弊端，最终形成了当前"世界工厂"的重要地位。

（五）大国区域差异与工业化

中国是一个大国，各地之间的要素禀赋、工业基础有较大的差距。中国又是一个多民族的大国，工业化进程中的区域经济差距拉大不仅不利于激活大国的消费潜力，也不利于民族团结与国家稳定。同时，在实现区域协调发展过程中，又要避免经济效率的下滑。

在计划经济条件下，出于平衡区域差距、开发内地丰富资源与能源、战备等因素的考虑，我国政府在区域布局上更多将投资集中在内地，内地工业化取得较快发展，但同时沿海工业发展的优势未能完全显现出来，一定程度上制约了整体经济效率的提高。改革开放以来，我国加强了东部沿海地区的发展。在经济发展水平较低的条件下，由于无法给东部沿海更多的经济支援，允许东部沿海地区率先开放，释放了巨大的"政策红利"。这些地区率先融入世界经济，中国劳动力丰富的比较优势凸显，体现出强大的生命力，而改革开放又促进了这些地区的市场化进程，有效提高了这些地区的经济效率。

而且沿海地区在改革开放时期兴起的工业化大多与市场紧密联系，集中于日用品为主的轻工业以及零部件加工业，有效改善了我国产业结构。但随着经济发展，市场经济的"马太效应"显现。中西部、东北地区的人力、资本等生产要素逐步向东部沿海地区集中，区域经济差距拉大。

在20世纪90年代之后中国政府施行了"西部大开发""振兴东北老工业基地""中部崛起"战略，以期协调区域发展。各地区差距有所减少，但是区域之间经济发展仍然有较大距离，内地工业的内生发展机制还有待进一步完善。当我国东部沿海地区逐步进入后工业化时期，未来内地工业如何实现转型升级，推动区域差距缩小，仍然是我国经济面临的重要问题。

（六）大国国际地位与工业化

中国工业化离不开世界，中国大国地位影响着国际格局，国际格局又对中国工业化有着影响。中华人民共和国成立之初，中国选择了"一边倒"的外交政策，加入社会主义阵营。中华人民共和国工业化起步得到了社会主义阵营的援助，苏联援助的"156项"，推动了中国重工业有了跨越式的发展，为建立完备的工业体系奠定了重要的基础。20世纪60年代中苏交恶，中国边境形势严峻。出于对国际局势的判断，中国开始了以战备为中心的"三线建设"，大量工厂由东部沿海、东北地区迁往中西部地区。20世纪70年代之后，中国与西方资本主义世界的关系逐步改善。中国开始向西方资本主义国家进行以"四三方案"为代表的技术引进，让中国在石油化工等方面的技术实现较大进步，为我国下一步的国内技术扩散创造了良好的条件。而且引进项目也聚焦于解决"吃穿用"等方面，为改善工业结构，缓解人民生活起到了重要的作用。

改革开放之后，中国逐步融入了全球化体系，中国劳动力优势充分凸显。廉价的劳动力使得中国产品在国际上有较强的竞争能力。大量外资的引入，有效弥补了中国工业化的资本、技术不足并提高了管理水平。进入21世纪以后，中国加入WTO更好地融入世界经济；同时，国际环境也给中国提供了难得的战略机遇期。中国对外经济交流进入了快车道，出口增长强劲成为"世界工厂"。但随着中国国力的提升，在国际上与美国为代表的发达国家之间

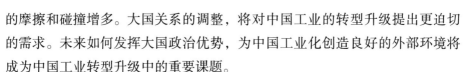

的摩擦和碰撞增多。大国关系的调整,将对中国工业的转型升级提出更迫切的需求。未来如何发挥大国政治优势,为中国工业化创造良好的外部环境将成为中国工业转型升级中的重要课题。

二、新时代中国工业转型升级的历史启示

中国虽然在 2020 年基本实现工业化,但是作为大国来说,未来工业依旧是国民经济的重要支柱。通过总结新中国成立 70 年工业发展,我们可以得出未来工业发展的一些历史启示。

(一)发挥中国共产党与中国政府的政治优势,整合大国国内资源

中华人民共和国 70 年工业化的一个重要特征就是在中国共产党的领导下发展。在中国基本实现工业化的历史背景下,要实现中国工业质量的赶超,避免"后发劣势",依旧要发挥中国共产党与中国政府的独特优势。本书认为以下几个方面值得注意:(1)发挥中国共产党总揽全局的优势,在前瞻性的领域不断取得突破。未来中国工业将在更为激烈的国际竞争中发展。目前中国核心技术尚处于"跟跑、并跑"阶段,核心技术突破任务艰巨。尤其是关键性技术领域存在短板而发达国家的企业为了实现其垄断利润,其核心技术难以通过引进的方式获得。对于关键性的领域,中国共产党与中国政府应当准确把握技术进步方向,运用强大的资源动员能力进行突破,推动中国工业的高质量发展。(2)中国要能够突破发达国家对我国工业升级的封堵,实现工业质的赶超,离不开政府对于技术与人力资本的支持。如果说过去中国技术进步更多是通过技术引进、模仿实现,随着中国的技术水平与发达国家的技术水平差距逐渐缩小,对我国的自主创新要求日益提高。前沿的技术创新又具有较大风险,具有较强的不确定性,中国政府对于技术进步的扶持不是替代市场,而应该与市场进行更好的互动。一方面对于基础性的科技发展、基础型的人力资本建设政府应当加大投入;另一方面政府还应当鼓励以企业为主导,对于技术前沿不确定的领域进行探索,分担企业创新的风险。(3)政治集权与经济分权有效地推进了中国工业的数量型赶超。大国国情使

得中国在进入高质量发展阶段，依旧要发挥中央政府与地方政府的双重作用。一方面要通过制定科学的官员考核机制，避免 GDP 崇拜下地方政府推动粗放型经济发展模式；另一方面要积极促进中央政府与地方政府形成推动高质量发展的合力，实现中国工业质量的赶超。（4）全面深化改革，推动工业升级。为推进工业高质量发展，发挥政府作用应当建立在市场机制的基础上。未来市场化改革的重点一方面要通过加快企业改革步伐，发展混合经济，实现资本、技术力量雄厚的国有企业与经营灵活的民营企业相结合，形成有活力的微观主体；另一方面要加快要素市场化改革，让资源、能源等要素价格更好反映供求关系，倒逼工业的转型升级。而经过四十多年的改革，中国已经进入了改革深水区和攻坚期。与改革开放之初中国更多依靠"摸着石头过河"不同，未来中国的改革应当强调党与政府的"顶层设计"，破除改革过程中的障碍，通过全面深化改革，推动工业升级。

（二）挖掘大国人口优势，为工业转型升级注入新的活力

中国是一个人口大国，改革开放以来中国发挥劳动力丰富的比较优势，推动了中国工业化的高速发展。当前一方面中国原有的人口优势发生变化，另一方面中国工业亟须从低端产业链向中高端产业链升级，在这个转变下，我国应当要发掘人口的新优势，推动工业转型升级。（1）充分发挥大国人力资本优势。虽然中国数量型人口红利已经逐步消失，但可以充分挖掘中国大学生人数众多的人力资本优势。一方面注重延伸我国的产业链，在制造业的中高端环节挖掘二次人口红利的优势，避免中国工业在低端环节受到印度、越南等国家的挤压；另一方面营造有利于创新的社会环境（包括完善知识产权保护制度、加强对创新活动的扶持），激活广大知识型劳动者的创新内生动力，实现未来工业的创新发展。同时还应当注重教育体系改革，让劳动力技能与工业升级相匹配，进一步挖掘人力资本的潜力。（2）挖掘第二次人口红利。中国人口结构未来也将发生深刻的变化，老龄化进程将加剧。由于中国是一个人口大国，在老龄化过程中，老年人口将形成一个数量庞大的群体。未来应当通过合理开发老年人口人力资源，挖掘"银发经济"的消费潜力，完善社会保障体系，促进资本积累等措施，推动工业发展。（3）发展生产性

服务业，提升工业效率。生产性服务业是劳动、技术密集型产业。未来我国应当立足人力资本优势，大力发展金融、软件、现代物流、工业设计及服务外包等行业，提升工业供给的效率与品质。

（三）发挥大国完备的工业体系与规模优势

中国特有的完备工业体系与规模优势为实现工业大国向工业强国转变奠定了重要基础。以下几个方面值得注意：（1）挖掘大国国防工业的优势，通过"军民融合"，提升中国工业的技术水平。大国特有的国情要求建立强大的国防工业。经过七十年的努力，我国国防工业的技术水平位居世界前列。而国防工业又是技术密集型产业，尤其在包括信息技术在内的高端技术领域存在优势，为民用工业的技术进步提供较好的基础条件。目前，"军民融合"还有待进一步加强，未来应当寻求"军民融合"的最佳契合点，积极发挥国防工业对工业升级的辐射作用。（2）实现大国工业结构的优化升级。中国当前是世界第一大工业国，拥有巨大的工业总量，但工业"大而不强"成为制约经济发展的重要障碍。未来应当抓住新一轮技术进步的历史机遇，通过推动新一代信息技术与制造技术融合发展，一方面发展先进制造业，着力发展智能装备与智能产品；另一方面推动传统制造业转型升级，促进制造业数字化、网络化、智能化，提升我国制造业的国际竞争力。（3）形成具有竞争力的世界级制造业集群。发展先进制造业，促进我国产业迈向全球价值链的中高端，这离不开打造若干世界级先进产业集群。世界级先进制造业集群离不开完备的基础设施、良好的产业链分工合作以及区域市场一体化。而大国的重要优势之一就是基础设施的人均成本相对较少，大国完备的工业体系为实现良好的产业链分工合作奠定了基础，大国区域协调发展战略又为区域市场一体化创造了良好的条件。未来应当发挥大国优势，在现有的工业基础上，根据不同区域的禀赋与特征，打破行政性区域壁垒，完善相关的配套措施，聚集创新要素，培育具有世界竞争力的企业，推动中国工业转型升级。

（四）发挥大国的空间回旋优势，实现工业的区域协调发展

随着东部地区工业成本的不断升高，中国应当发挥大国独特的空间回旋

优势，实现大国工业区域间的合理流动，一方面减缓成本上升对工业的冲击；另一方面通过内地工业升级推动大国区域的协调发展。本书认为以下几个方面应当注意：（1）推动内地市场化改革，为东部地区的产业转移营造良好的条件。改革开放的非均衡性导致了我国市场化存在区域的非均衡性。由于内地一些地区市场化进展的滞后，导致其制度运行成本提高，使得东部沿海地区企业转移激励受限。未来要实现大国区域内部的均衡发展，要全面深化改革，尤其是内地的改革，通过市场化，降低制度成本，吸引东部沿海的产业转移。（2）通过长江经济带、"一带一路"倡议、京津冀协同发展等重大区域协调战略布局，以市场为纽带，破除隐形壁垒，打破行政分割，推动区域间的工业合作。通过推动区域间基础设施建设，创新合作平台与机制，实现大区域内部的产业链分工、协作，带动整体经济的发展。（3）内地应当在产业承接中实现工业转型升级。内地承接工业不应当走"先污染、后治理"的老路。而应当通过制定合理的资源能源消耗、环境保护、安全生产等方面的产业转移门槛，推动工业的绿色发展。同时内地在产业承接过程中，还应当科学确定产业优化升级的重点和方向，对符合产业升级优化方向的企业予以补贴，推动内地工业升级。

（五）发挥大国在国际舞台中的政治优势，为工业转型升级营造良好的外部环境

从历史经验中我们可以看到，中国工业化离不开世界，随着中国成为世界第一工业大国，中国未来更应当利用好"两种资源、两个市场"，本书认为，（1）以"一带一路"倡议等开放政策为突破，通过加强与"一带一路"沿线国家的合作，形成中国为核心的区域价值链分工体系[1]。由于许多"一带一路"共建国家尚处于工业化的初期和中期，对于基础设施的要求较高，中国应当抓住历史机遇，将部分低端、过剩的产业、产能转移，推动工业的转型升级。（2）大国政府为工业走出去保驾护航。21世纪以来，我国资本加快了"走出去"的步伐，"一带一路"倡议为我国制造业"走出去"创造良

---

[1]　黄先海、余骁：《以"一带一路"建设重塑全球价值链》，载《经济学家》2017年第3期。

好的契机。但我们也要看到，当前我国"走出去"的许多项目集中在中亚、非洲等发展中国家和地区。这些地区往往有较高的政治风险，对我国工业"走出去"带来不利影响。未来应当发挥中国特有的大国优势，加强双边友好外交活动，加强高层领导人互访等政治外交活动，为中国企业海外投资创造良好的环境。（3）发挥大国优势，积极参与制定国际规则。中国参与全球化进程较晚，在改革开放以后相当长的一段时间内更多是西方主导下的国际规则的参与者。随着中国国力不断提升，中国的发展也日益受到西方主导规则的掣肘。未来中国应当发挥大国优势，在国际规则中形成更大的话语权，为提高我国工业的国际竞争力提供更好的外部环境。（4）实现更高层次的开放。虽然随着中国崛起，中国与美国等发达国家之间存在分歧与摩擦，当前中美关系进入了战略转型期，但是合作共赢仍然是主旋律。中国未来应当进一步推动高水平的开放，不断营造更加法治化、国际化、便利化的营商环境，吸引发达国家的资金与技术，推动工业高质量发展。

参 考 文 献

中文文献

[1] 安格斯·麦迪森：《中国经济的长期表现》，上海人民出版社 2008 年版。

[2] 安苑、王珺：《财政行为波动影响产业结构升级了吗？——基于产业技术复杂度的考察》，载《管理世界》2012 年第 9 期。

[3] 薄一波：《若干重大决策与事件的回顾》，中共中央党校出版社 2008 年版。

[4] 才国伟、舒元：《对"两个大局"战略思想的经济学解释》，载《经济研究》2008 年第 9 期。

[5] 蔡的贵：《反思基于廉价劳动力的"中国制造"》，载《经济问题》2006 年第 1 期。

[6] 蔡昉：《人口红利与中国经济可持续增长》，载《甘肃社会科学》2013 年第 1 期。

[7] 蔡昉：《人口转变、人口红利与刘易斯转折点》，载《经济研究》2010 年第 4 期。

[8] 蔡昉：《未来的人口红利——中国经济增长源泉的开拓》，载《中国人口科学》2009 年第 1 期。

[9] 蔡昉：《中国经济增长如何转向全要素生产率驱动型》，载《中国社会科学》2013 第 1 期。

[10] 蔡昉：《中国农村改革与变迁 30 年历程与经验分析》，上海人民出版社 2008 年版。

［11］蔡昉、林毅夫：《中国经济》，中国财政经济出版社 2003 年版。

［12］曹尔阶：《新中国投资史纲》，中国财政经济出版社 1992 年版。

［13］陈宝森、王荣军、罗振兴：《当代美国经济》修订版，社会科学文献出版社 2011 年版。

［14］陈斌开、林毅夫：《重工业优先发展战略、城市化和城乡工资差距》，载《南开经济研究》2010 年第 1 期。

［15］陈东林：《三线建设：备战时期的西部开发》，中共中央党校出版社 2003 年版。

［16］陈慧琴：《技术引进与技术进步研究》，经济管理出版社 1997 年版。

［17］陈佳贵：《中国工业化进程报告》，社会科学文献出版社 2012 年版。

［18］陈锦华：《国事忆述》，中央党史出版社 2005 年版。

［19］陈卫民、施美程：《发达国家人口老龄化过程中的产业结构转变》，载《南开学报（哲学社会科学版）》2013 年第 6 期。

［20］陈晓红：《中部崛起过程中的新型工业化研究》，经济科学出版社 2012 年版。

［21］陈沂：《当代中国的上海》，当代中国出版社 2009 年版。

［22］陈甬军、景普秋：《"中部崛起"中的产业选择与城市化发展》，载《财贸经济》2006 年第 10 期。

［23］陈瑜：《中国钢铁行业 2009 年下半年有望转暖》，载《重型机械》2009 年第 2 期。

［24］《陈云文选》第二卷，人民出版社 1995 年版。

［25］陈钊、陆铭、金煜：《中国人力资本和教育发展的区域差异：对于面板数据的估算》，载《世界经济》2004 年第 12 期。

［26］成致平：《中国物价五十年》，中国物价出版社 1998 年版。

［27］褚敏、靳涛：《为什么中国产业结构升级步履迟缓——基于地方政府行为与国有企业垄断双重影响的探究》，载《财贸经济》2013 年第 3 期。

［28］《当代中国》丛书编辑部：《当代中国的兵器工业》，当代中国出版

社 1993 年版。

［29］《当代中国》丛书编辑部：《当代中国的纺织工业》，当代中国出版社 2009 年版。

［30］《当代中国》丛书编辑委员会：《当代中国的经济体制改革》，当代中国出版社 2009 年版。

［31］《当代中国》丛书编辑委员会：《当代中国的乡镇企业》，当代中国出版社 1991 年版。

［32］当代中国的计划工作办公室：《中华人民共和国国民经济和社会发展计划大事辑要》，红旗出版社 1987 年版。

［33］邓宏图、徐宝亮、邹洋：《中国工业化的经济逻辑：从重工业优先到比较优势战略》，载《经济研究》2018 年第 11 期。

［34］《邓小平年谱》上，中央文献出版社 2009 年版。

［35］《邓小平思想年谱（1975—1997）》，中央文献出版社 1998 年版。

［36］《邓小平文选》第二卷，人民出版社 1994 年版。

［37］《邓小平文选》第三卷，人民出版社 1993 年版。

［38］董丽霞、赵文哲：《不同发展阶段的人口转变与储蓄率关系研究》，载《世界经济》2013 年第 36 卷第 3 期。

［39］董香书、肖翔：《人口红利演变如何影响中国工业化》，载《中国人口·资源与环境》2016 年第 9 期。

［40］董香书、肖翔：《"振兴东北老工业基地"有利于产值还是利润？——来自中国工业企业数据的证据》，载《管理世界》2017 年第 7 期。

［41］董志凯：《新中国工业化的路径与建树》，载《中共党史研究》2009 年第 9 期。

［42］董志凯、吴江：《新中国工业的奠基石——156 项建设研究（1950—2000）》，广东经济出版社 2004 年版。

［43］杜传忠：《转型、升级与创新 中国特色新型工业化的系统性研究》，人民出版社 2013 年版。

［44］杜鹰：《努力开创中部地区经济社会发展新局面》，载《中国经贸导刊》2008 年第 13 期。

［45］段子俊：《当代中国的航空工业》，中国社会科学出版社 1988 年版。

［46］樊亢：《苏联社会主义经济七十年》，北京出版社 1992 年版。

［47］范恒山：《大力促进中部地区崛起若干重大问题的思考》，载《宏观经济管理》2013 年第 1 期。

［48］冯飞：《迈向工业大国——30 年工业改革与发展回顾》，中国发展出版社 2008 年版。

［49］冯飞：《以开放创新打造国家制造业创新中心》，载《科学发展》2015 年第 9 期。

［50］冯雷：《关于"走出去"战略的文献综述》，载《经济研究参考》2011 年第 60 期。

［51］付保宗：《工业化中后期的中国工业发展问题研究》，世界知识出版社 2015 年版。

［52］付敏杰、张平、袁富华：《工业化和城市化进程中的财税体制演进：事实，逻辑和政策选择》，载《经济研究》2017 年第 12 期。

［53］傅勇：《中国式分权与地方政府行为》，复旦大学出版社 2010 年版。

［54］傅志寰：《生态文明建设与新型工业化研究》，科学出版社 2017 年版。

［55］傅自应：《中国对外贸易三十年》，中国财政经济出版社 2008 年版。

［56］盖军：《改革开放十四年纪事》，中共中央党校出版社 1994 年版。

［57］高伯文：《中国共产党与中国特色工业化道路》，中央编译出版社 2008 年版。

［58］高建龙、苏成：《2017—2018 年新疆经济社会形势分析与预测》，社会科学文献出版社 2018 年版。

［59］高梦滔：《西部工业化与工业园区发展研究 以云南省为例》，人民出版社 2011 年版。

［60］工业和信息化部：《加快工业转型升级 促进两化深度融合》，人民

出版社 2012 年版。

[61] 龚唯平：《珠江三角洲服务型工业化研究》，经济科学出版社 2014 年版。

[62] 谷牧：《谷牧回忆录》，中央文献出版社 2009 年版。

[63] 顾龙生：《毛泽东经济年谱》，中共中央党校出版社 1993 年版。

[64] 顾松年、徐元明、严英龙，等：《苏南模式研究》，南京出版社 1990 年版。

[65] 郭根山：《世纪跨越：改革开放以来的中国工业化》，人民出版社 2015 年版。

[66] 郭晓合：《中国（上海）自由贸易试验区建设与发展》，社会科学文献出版社 2016 年版。

[67] 洪俊杰、刘志强、黄薇：《区域振兴战略与中国工业空间结构变动——对中国工业企业调查数据的实证分析》，载《经济研究》2014 年第 8 期。

[68] 洪俊杰、商辉：《中国开放型经济的"共轭环流论"：理论与证据》，载《中国社会科学》2019 年第 1 期。

[69] 胡鞍钢：《中国政治经济史论》，清华大学出版社 2008 年版。

[70] 胡邦定：《当代中国的物价》，中国社会科学出版社 1989 年版。

[71] 胡长顺：《中国工业化战略与国家安全》，电子工业出版社 2015 年版。

[72]《胡锦涛文选》第二卷，人民出版社 2016 年版。

[73] 胡杨、陈星霓：《"一带一路"产业合作发展报告（2017~2018）》，社会科学文献出版社 2018 年版。

[74] 黄道霞：《建国以来农业合作化史料汇编》，中共党史出版社 1992 年版。

[75] 黄群慧：《工业化后期的中国工业经济》，经济管理出版社 2018 年版。

[76] 黄群慧、李芳芳：《中国工业化进程报告》，社会科学文献出版社 2017 年版。

［77］黄显林：《财税政策演进对地区产业结构发展水平的影响研究基于分权背景下的省级面板数据分析》，载《经济经纬》2013 年第 6 期。

［78］简新华：《中国工业化与新型工业化道路》，山东人民出版社 2009 年版。

［79］简新华、向琳：《新型工业化道路的特点和优越性》，载《管理世界》2003 年第 7 期。

［80］简新华、余江：《中国现阶段的重工业发展》，载《发展经济学研究》2012 年第 00 期。

［81］《建国以来毛泽东军事文稿》下卷，军事科学出版社、中央文献出版社 2010 年版。

［82］江飞涛：《中国产业竞争力报告（2012）No.2》，社会科学文献出版社 2011 年版。

［83］江胜名、江三良：《分权激励下的"攫取之手"与产业升级受阻》，载《华东经济管理》2018 年第 32 卷第 5 期。

［84］江泽民：《全面建设小康社会 开创中国特色社会主义事业新局面》，人民出版社 2002 年版。

［85］《江泽民文选》第一卷，人民出版社 2006 年版。

［86］蒋媛媛：《供给侧改革视角下的上海自贸区发展与全球城市建设》，载《上海经济》2017 年第 7 期。

［87］金碚：《大国筋骨：中国工业化 65 年历程与思考》，广东经济出版社 2015 年版。

［88］金碚：《国运制造 改天换地的中国工业化》，中国社会科学出版社 2013 年版。

［89］金碚：《中国工业化的道路 奋进与包容》，中国社会科学出版社 2017 年版。

［90］金碚，等：《资源与增长》，经济管理出版社 2009 年版。

［91］金挥、陆南泉：《后苏联经济》，时事出版社 1985 年版。

［92］金江军、沈体雁：《信息化与工业化深度融合方法与实践》，中国人民大学出版社 2012 年版。

［93］［匈］科尔奈：《短缺经济学》，张晓光译，经济科学出版社1986年版。

［94］［匈］科尔奈：《社会主义经济体制》，张晓光译，经济科学出版社2007年版。

［95］［美］库兹涅茨：《各国的经济增长第2版》，常勋等译，商务印书馆1999年版。

［96］［美］库兹涅茨：《现代经济增长》，戴睿、易诚译，北京经济学院出版社1989年版。

［97］雷秀丽、张婷、赵洋，等：《"天河一号"大规模科学与工程计算应用》，载《计算机工程与科学》2012年第8期。

［98］李定：《当代中国的物资流通》，当代中国出版社1993年版。

［99］李桂芳：《中央企业对外直接投资报告（2010）》，中国经济出版社2010年版。

［100］李国璋、刘津汝：《财政分权、市场分割与经济增长》，载《经济评论》2010年第5期。

［101］李惠茹、陈兆伟：《"一带一路"倡议对高端产业区域价值链构建的影响》，载《河北经贸大学学报》2018年第4期。

［102］李家龙：《西部欠发达地区新型工业化与政府变革及制度创新——以云南省楚雄彝族自治州为例》，云南人民出版社2015年版。

［103］李君华、欧阳峣：《大国效应、交易成本和经济结构——国家贫富的一般均衡分析》，载《经济研究》2016年第51卷第10期。

［104］《李先念年谱（1979—1992）》第一卷，中央文献出版社2011年版。

［105］李佐军：《供给侧改革》，机械工业出版社2016年版。

［106］厉无畏、杨继良、陈郁，等：《中国承包制的研究》，上海社会科学院出版社1993年版。

［107］厉以宁：《工业化和制度调整 西欧经济史研究》，商务印书馆2010年版。

［108］梁启东、魏红江：《2018年辽宁经济社会形势分析与预测》，社会

科学文献出版社 2018 年版。

[109]《列宁全集》第 42 卷，人民出版社 1987 年版。

[110] 林珏：《经济转型：国际比较的视角与国家案例》，社会科学文献出版社 2016 年版。

[111] 林琳：《生态文明观下的中国工业化与城镇化协调发展研究》，中国社会科学出版社 2017 年版。

[112] 林木西：《发展混合经济 振兴东北老工业基地》，载《经济学动态》2005 年第 2 期。

[113] 林毅夫：《潮涌现象与发展中国家宏观经济理论的重新构建》，载《经济研究》2007 年第 1 期。

[114] 林毅夫：《经济发展与转型——思潮、战略与自生能力》，北京大学出版社 2008 年版。

[115] 林毅夫、蔡昉、李周：《中国的奇迹：发展战略与经济改革》，上海人民出版社 1994 年版。

[116] 林毅夫、刘志强：《中国的财政分权与经济增长》，载《北京大学学报（哲学社会科学版）》2000 年第 4 期。

[117] 刘传江、黄伊星：《从业人口年龄结构对中国工业经济增长的贡献度研究》，载《中国人口科学》2015 年第 2 期。

[118] 刘国光：《中国经济发展战略问题研究》，上海人民出版社 1984 年版。

[119] 刘国光：《中国十个五年计划研究报告》，人民出版社 2006 年版。

[120] 刘国光、沈立人：《中国经济的两个根本性转变》，上海远东出版社 1996 年版。

[121] 刘建民、胡小梅：《财政分权、空间效应与产业结构升级基于 SDM 模型的经验研究》，载《财经理论与实践》2017 年第 1 期。

[122] 刘金涛、杨君、曲晓飞：《财政分权对经济增长的作用机制：理论探讨与实证分析》，载《大连理工大学学报》2006 年第 1 期。

[123] 刘璟、袁诚：《增值税转型改变了企业的雇佣行为吗？——对东北增值税转型试点的经验分析》，载《经济科学》2012 年第 1 期。

[124] 刘瑞明、赵仁杰：《西部大开发：增长驱动还是政策陷阱——基于 PSM - DID 方法的研究》，载《中国工业经济》2015 年第 6 期。

[125] 刘尚希、王志刚、程瑜，等：《降成本：2018 年的调查与分析》，载《财政研究》2018 年第 10 期。

[126] 刘少阳、肖翔：《中国式分权与产业结构演变实证研究》，载《开发研究》2018 年第 6 期。

[127] 刘生龙、王亚华、胡鞍钢：《西部大开发成效与中国区域经济收敛》，载《经济研究》2009 年第 9 期。

[128] 刘世锦：《传统与现代之间 增长模式转型与新型工业化道路的选择》，中国人民大学出版社 2006 年版。

[129] 刘伟：《工业化进程中的产业结构研究》，中国人民大学出版社 1995 年版。

[130] 刘霞辉、张平、张晓晶：《改革年代的经济增长与结构变迁》，上海人民出版社 2008 年版。

[131] 刘小玄：《奠定中国市场经济的微观基础——企业革命 30 年》，上海人民出版社 2008 年版。

[132] 刘寅：《当代中国的电子工业》，当代中国出版社 2009 年版。

[133] 刘玉龙、任国良、蔡宏波：《"螺旋式""双重"分权模式下的产业结构升级研究》，载《中国社会科学院研究生院学报》2014 年第 1 期。

[134] 刘志彪、吴福象：《"一带一路"倡议下全球价值链的双重嵌入》，载《中国社会科学》2018 年第 8 期。

[135] 柳随年：《六十年代国民经济调整的回顾》，中国财政经济出版社 1982 年版。

[136] 柳随年、吴敢群：《"大跃进"和调整时期的国民经济》，黑龙江人民出版社 1984 年版。

[137] 陆铭：《适宜制度、经济增长与发展平衡——中国的大国发展道路及其世界意义》，载《学术月刊》2008 年第 6 期。

[138] 陆万军、张彬斌：《中国生育政策对女性地位的影响》，载《人口研究》2016 年第 4 期。

［139］逯进、刘璐、郭志仪:《中国人口老龄化对产业结构的影响机制——基于协同效应和中介效应的实证分析》,载《中国人口科学》2018年第3期。

［140］吕政:《国际产业转移与中国制造业发展》,经济管理出版社2006年版。

［141］吕政:《新型工业化道路与推进工业结构优化升级研究》,经济管理出版社2015年版。

［142］吕政、黄速建:《中国国有企业改革30年研究》,经济管理出版社2008年版。

［143］罗平汉:《国民经济调整时期的职工精简》,载《史学月刊》2007年第7期。

［144］罗斯托:《从起飞进入持续增长的经济学》,四川人民出版社1998年版。

［145］罗斯托:《经济成长的阶段 非共产党宣言》,商务印书馆1962年版。

［146］罗文:《2014年中国信息化与工业化融合发展水平评估蓝皮书》,人民出版社2015年版。

［147］罗文、赛迪:《回眸中国特色新型工业化道路的探索与思考》,中央文献出版社2012年版。

［148］马泉山:《新中国工业经济史:1966—1978》,经济管理出版社1998年版。

［149］马泉山:《中国工业化的初战 新中国工业化回望录1949—1957》,中国社会科学出版社2015年版。

［150］马泉山:《中华民族的历史性跨越 新中国工业化回望录1949—1978年综述》,中国社会科学出版社2016年版。

［151］马晓河:《中国产业结构变动与产业政策演变》,中国计划出版社2009年版。

［152］《毛泽东文集》第六卷,人民出版社1999年版。

［153］宓红:《民营企业对外直接投资研究:基于宁波的实践》,浙江大

学出版社 2013 年版。

[154] 牟沫英、南雁冰、张耀旋：《"一带一路"建设：中国与周边地区的经贸合作研究（2016~2017）》，社会科学文献出版社 2017 年版。

[155] 聂辉华、方明月、李涛：《增值税转型对企业行为和绩效的影响——以东北地区为例》，载《管理世界》2009 年第 5 期。

[156] 欧阳峣：《大国发展道路：经验和理论》，北京大学出版社 2018 年版。

[157] 欧阳峣：《大国经济发展理论》，中国人民大学出版社 2014 年版。

[158] 欧阳峣、汤凌霄：《大国创新道路的经济学解析》，载《经济研究》2017 年第 9 期。

[159] 逄先知、金冲及：《毛泽东传》上，中央文献出版社 2003 年版。

[160] 裴长洪：《中国对外开放与流通体制改革 30 年研究》，经济管理出版社 2008 年版。

[161] 裴长洪：《中国开放型经济建立的经验分析——对外开放 30 年的总结》，载《财经问题研究》2009 年第 2 期。

[162] 裴钢、江波、（德）辜学武，等：《德国创新能力的基础与源泉（汉德对照）》，社会科学文献出版社 2016 年版。

[163] 钱诚：《中国薪酬发展报告（2017）》，社会科学文献出版社 2018 年版。

[164] [美] 钱纳里，等：《发展的格局：1950—1970》，李小青，等译，中国财政经济出版社 1989 年版。

[165] [美] 钱纳里，等：《工业化和经济增长的比较研究》，吴奇，等译，上海人民出版社 1995 年版。

[166] 秦海波：《环境治理研究 以社会—生态系统为框架》，社会科学文献出版社 2018 年版。

[167] 商务部研究院：《中国吸收外资 30 年》，中国商务出版社 2008 年版。

[168] 沈坤荣、付文林：《中国的财政分权制度与地区经济增长》，载《管理世界》2005 年第 1 期。

［169］沈志华：《毛泽东、赫鲁晓夫与一九五七年莫斯科会议》，载《历史研究》2007 年第 6 期。

［170］［美］阿瑟·刘易斯：《二元经济论》，施炜、谢兵、苏玉宏译，北京经济学院出版社 1989 年版。

［171］《十二大以来重要文献选编》中，人民出版社 1986 年版。

［172］《十三大以来重要文献选编》上，人民出版社 1991 年版。

［173］《十四大以来重要文献选编》上，人民出版社 1996 年版。

［174］《十五大以来重要文献选编》上，人民出版社 2000 年版。

［175］《十五大以来重要文献选编》中，人民出版社 2001 年版。

［176］石万鹏：《中国工业五十年（第四部）》，中国经济出版社 2000 年版。

［177］史世伟、寇蔻：《德国发展报告（2015）》，社会科学文献出版社 2015 年版。

［178］《斯大林选集》上册，人民出版社 1979 年版。

［179］宋春雷：《中国钢铁工业结构调整见成效》，载《中国经贸导刊》2000 年第 24 期。

［180］宋梅、郝旭光、朱亚旭：《我国煤炭产业供给侧结构性改革效果分析》，载《中国煤炭》2018 年第 5 期。

［181］宋正：《中国工业化历史经验研究》，东北财经大学出版社 2013 年版。

［182］苏少之：《中国经济通史（第十卷）》上册，湖南人民出版社 2002 年版。

［183］苏树军：《广东欠发达地区工业化发展研究》，华南理工大学出版社 2013 年版。

［184］苏振锋：《我国大宗商品国际定价权困境成因及其解决路径探析》，载《经济问题探索》2011 年第 4 期。

［185］孙宝瑾：《现代钢铁工业的回顾和展望》，上海人民出版社 1982 年版。

［186］孙红玲：《中心城市发育、城市群形成与中部崛起——基于长沙

都市圈与湖南崛起的研究》，载《中国工业经济》2012年第11期。

[187] 孙圣民：《工农业关系与经济发展：计划经济时代的历史计量学再考察——兼与姚洋、郑东雅商榷》，载《经济研究》2009年第8期。

[188] 孙玉琴：《中国对外开放史》第三卷，对外经济贸易大学出版社2012年版。

[189] 谭崇台：《发达国家发展初期与当今发展中国家经济发展比较研究》，武汉大学出版社2008年版。

[190] 汤鹏主：《中国乡镇企业兴衰变迁（1978—2002）》，北京理工大学出版社2013年版。

[191] 唐浩：《新中国工业化思想简论》，科学出版社2012年版。

[192] 唐任伍、马骥：《中国经济改革30年（对外开放卷）》，重庆大学出版社2008年版。

[193] 田原：《新形势下中国新型工业化发展问题研究》，国家行政学院出版社2018年版。

[194] 汪川：《工业化、城镇化与经济增长：孰为因孰为果》，载《财贸经济》2017年第9期。

[195] 汪海波：《新中国工业经济史（1949.10—1957）》，经济管理出版社1994年版。

[196] 汪海波：《新中国工业经济史（1979—2000）》，经济管理出版社2001年版。

[197] 汪海波：《新中国工业经济史》，经济管理出版社2017年版。

[198] 汪海波：《中国现代产业经济史》，山西经济出版社2010年版。

[199] 汪海波：《中华人民共和国工业经济史（1949.10—1998）》，山西经济出版社1998年版。

[200] 汪海波、董志凯：《新中国工业经济史（1958—1965）》，经济管理出版社1995年版。

[201] 汪海波、吕政：《新中国工业经济史（1979—2000）》，经济管理出版社2001年版。

[202] 汪敬虞：《中国资本主义的发展和不发展》，经济管理出版社2007

年版。

[203] 汪同三:《中国品牌战略发展报告(2016)》,社会科学文献出版社 2016 年版。

[204] 汪伟、刘玉飞、彭冬冬:《人口老龄化的产业结构升级效应研究》,载《中国工业经济》2015 年第 11 期。

[205] 王国中:《开放条件下对我国外贸与工业化关系的理论分析及实证检验》,载《财贸经济》2007 年第 11 期。

[206] 王洪庆:《中部地区新型工业化发展研究》,经济科学出版社 2016 年版。

[207] 王建国:《中部地区工业化与城镇化互动协调发展研究》,经济管理出版社 2013 年版。

[208] 王金照:《典型国家工业化历程比较与启示》,中国发展出版社 2010 年版。

[209] 王珏:《"西部大开发"实施成效对"振兴东北老工业基地"的启示——基于地区利用外资的分析》,载《管理世界》2004 年第 10 期。

[210] 王力:《中国自贸区发展报告(2017)》,社会科学文献出版社 2017 年版。

[211] 王洛林、魏后凯:《振兴东北地区经济的未来政策选择》,载《财贸经济》2006 年第 2 期。

[212] 王梦奎:《亚洲金融危机后的中国》,中国发展出版社 2007 年版。

[213] 王朋岗:《我国少数民族人口发展分析:来自"六普"数据的初步分析》,载《广西民族研究》2013 年第 1 期。

[214] 王文剑、仉建涛、覃成林:《财政分权、地方政府竞争与 FDI 的增长效应》,载《管理世界》2007 年第 3 期。

[215] 王喜文:《印度欲抓住工业 4.0 机遇》,载《进出口经理人》2015 年第 6 期。

[216] 王晓萍、胡峰:《中国代工制造业向东南亚转移的驱动机制研究》,载《对外经贸》2014 年第 4 期。

[217] 王燕梅:《中国产业竞争力报告(2014)No.4》,社会科学文献

出版社 2014 年版。

[218] 王业强、高春亮：《促进中部地区崛起的政策反思及调整方向》，载《区域经济评论》2014 年第 2 期。

[219] 王毅之：《当代中国的轻工业》，当代中国出版社 2009 年版。

[220] 王永钦、张晏、章元，等：《中国的大国发展道路——论分权式改革的得失》，载《经济研究》2007 年第 1 期。

[221] 魏枫：《模仿陷阱与经济赶超 中国等后发国家低价工业化实现赶超的理论证明》，黑龙江大学出版社 2012 年版。

[222] 魏福成、邹薇、马文涛：《税收、价格操控与产业升级的障碍》，载《经济学（季刊）》2013 年第 4 期。

[223] 魏礼群：《坚持走新型工业化道路》，载《求是》2003 年第27 期。

[224] 魏新建：《关于钢铁企业参与"一带一路"建设的思考》，载《冶金管理》2016 年第 9 期。

[225] 温娇秀：《中国的财政分权与经济增长——基于省级面板数据的实证》，载《当代经济科学》2006 年第 28 卷第 5 期。

[226] 吴承明、董志凯：《中华人民共和国经济史》第一卷，社会科学文献出版社 2010 年版。

[227] 吴澄：《信息化与工业化融合战略研究 中国工业信息化的回顾、现状及发展预见》，科学出版社 2013 年版。

[228] 吴福象、沈浩平：《新型城镇化、基础设施空间溢出与地区产业结构升级——基于长三角城市群 16 个核心城市的实证分析》，载《财经科学》2013 年第 7 期。

[229] 吴敬琏：《当代中国经济改革》，上海远东出版社 2004 年版。

[230] 吴敬琏：《中国增长模式抉择》，上海远东出版社 2008 年版。

[231] 武力：《新中国产业结构演变研究》，湖南人民出版社 2017 年版。

[232] 武力：《中国工业化路径转换的历史分析》，载《中国经济史研究》2005 年第 4 期。

[233] 武力：《中华人民共和国经济史》上卷，中国经济出版社 1999 年版。

［234］武力、郑有贵：《解决"三农"问题之路：中国共产党"三农"思想政策史》，中国经济出版社 2004 年版。

［235］习近平：《决胜全面建成小康社会 夺取新时代中国特色社会主义伟大胜利——在中国共产党第十九次全国代表大会上的报告》，人民出版社 2017 年版。

［236］《习近平谈治国理政》第二卷，外交出版社 2018 年版。

［237］《习近平谈治国理政》第一卷，外交出版社 2017 年版。

［238］项怀诚：《中国：积极的财政政策》，中国财政经济出版社 2001 年版。

［239］肖翔：《中国工业化中的政府作用研究 1949—2010》，经济科学出版社 2014 年版。

［240］肖翔、武力：《大国视角下中国产业结构与经济发展方式演变研究》，载《教学与研究》2015 年第 1 期。

［241］肖翔、武力：《略论新中国工业化起步时期的技术引进》，载《开发研究》2015 年第 1 期。

［242］肖翔、武力：《中国国情与中国经济发展道路的历史分析》，载《马克思主义研究》2015 年第 5 期。

［243］谢春：《中国特色新型工业化水平测度及模式研究》，清华大学出版社 2017 年版。

［244］谢林城：《越南国情报告（2016）》，社会科学文献出版社 2016 年版。

［245］徐斌：《中国新型工业化与新型城镇化研究 基于中部六省的视角》，复旦大学出版社 2015 年版。

［246］徐朝阳、林毅夫：《发展战略与经济增长》，载《中国社会科学》2010 年第 3 期。

［247］徐朝阳、林毅夫：《技术进步、内生人口增长与产业结构转型》，载《中国人口科学》2009 年第 1 期。

［248］徐奇渊、毛日昇、高凌云，等：《中国自贸区发展评估》，社会科学文献出版社 2018 年版。

［249］徐晓霞、郑红莉：《生态文明建设提出的时代背景及其重要意义》，载《经济研究导刊》2013年第11期。

［250］徐永胜、乔宝云：《财政分权度的衡量：理论及中国1985—2007年的经验分析》，载《经济研究》2012年第10期。

［251］许放：《中国行政改革概论》，冶金工业出版社2012年版。

［252］［英］亚当·斯密：《国富论》，王亚南、郭大力译，译林出版社2014年版。

［253］［美］亚历山大·格申克龙：《经济落后的历史透视》，张凤林译，商务印书馆2009年版。

［254］严冀、陆铭：《分权与区域经济发展：面向一个最优分权程度的理论》，载《世界经济文汇》2003年第3期。

［255］严鹏：《简明中国工业史（1815—2015）》，电子工业出版社2018年版。

［256］阳立高、龚世豪、王铂，等：《人力资本、技术进步与制造业升级》，载《中国软科学》2018年第1期。

［257］杨超：《当代中国的四川》，当代中国出版社2009年版。

［258］杨光启、陶涛：《当代中国的化学工业》，当代中国出版社2009年版。

［259］杨宏伟：《中国特色工业化理论与实践 基于马克思主义中国化的视角》，中国社会科学出版社2013年版。

［260］杨龙：《新型工业化背景下的政府职能研究》，天津人民出版社2011年版。

［261］杨清雨、武魏楠：《"四三方案"之燕山石化30万吨乙烯项目建设始末》，载《能源》2014年第7期。

［262］杨善民：《青岛："一带一路"城市行动（2017）》，社会科学文献出版社2017年版。

［263］杨世伟：《国际产业转移与中国新型工业化道路》，经济管理出版社2009年版。

［264］杨婷：《"一带一路"倡议下绿色 钢铁产能合作路径探讨》，载

《冶金管理》2018 年第 9 期。

[265] 杨云龙:《中国经济结构变化与工业化（1952—2004）》，北京大学出版社 2008 年版。

[266] 姚慧琴:《试论西部大开发中的政府促动与企业发展》，载《管理世界》2004 年第 8 期。

[267] 姚洋、郑东雅:《重工业与经济发展：计划经济时代再考察》，载《经济研究》2008 年第 4 期。

[268] 俞雄、俞光:《温州工业简史》，上海社会科学院出版社 1995 年版。

[269] 袁红辉、吕昭河:《中国环境利益的现状与成困阐释》，载《云南民族大学学报（哲学社会科学版)》2014 年第 5 期。

[270] 曾建文、孙焱婧:《工业化进程与资源、环境、节能》，机械工业出版社 2011 年版。

[271] 张彬:《当代中国的电力工业》，当代中国出版社 1994 年版。

[272] 张宏明:《非洲发展报告 No.19（2016～2017）》，社会科学文献出版社 2017 年版。

[273] 张纪刚、张金鑫:《中央企业并购重组报告（2010）》，中国经济出版社 2010 年版。

[274] 张建华:《基于新型工业化道路的工业结构优化升级研究》，中国社会科学出版社 2012 年版。

[275] 张进铭:《大国工业化过程中的政府作用 英、美、日、中四国的比较》，江西人民出版社 2017 年版。

[276] 张军、陈诗一、加里·杰斐逊:《结构改革与中国工业增长》，载《经济研究》2009 年第 7 期。

[277] 张军、高远、傅勇，等:《中国为什么拥有了良好的基础设施?》，载《经济研究》2007 年第 3 期。

[278] 张弥:《社会主义生态文明的内涵、特征及实现路径》，载《中国特色社会主义研究》2013 年第 2 期。

[279] 张明理:《当代中国的煤炭工业》，当代中国出版社 2009 年版。

［280］张培刚：《发展经济学通论》第 1 卷，湖南出版社 1991 年版。

［281］张培刚：《农业与工业化（上卷）：农业国工业化问题初探》，华中科技大学出版社 2002 年版。

［282］张培刚：《新发展经济学》，河南人民出版社 1992 年版。

［283］张平、赵志君：《中国经济增长路径、大国效应与模式转变》，载《财贸经济》2007 年第 1 期。

［284］张守广：《抗日战争与中国工业化》，人民出版社 2017 年版。

［285］张曙霄、戴永安：《异质性、财政分权与城市经济增长——基于面板分位数回归模型的研究》，载《金融研究》2012 年第 1 期。

［286］张伟：《当代中国的农业机械化》，当代中国出版社 2009 年版。

［287］张文魁、袁东明：《中国经济改革 30 年（1978～2008）（国有企业卷）》，重庆大学出版社 2008 年版。

［288］张晓明、李占芳：《转型进程中的产业发展与结构升级：辽宁工业发展研究》，经济管理出版社 2015 年版。

［289］张晓山：《中国农村改革 30 年研究》，经济管理出版社 2008 年版。

［290］张勋、王旭、万广华，等：《交通基础设施促进经济增长的一个综合框架》，载《经济研究》2018 年第 1 期。

［291］张晏、龚六堂：《分税制改革、财政分权与中国经济增长》，载《经济学（季刊）》2005 年第 5 期。

［292］张耀辉：《包含交易费用的市场绩效模型——兼论我国东北经济难以振兴的根源》，载《中国工业经济》2004 年第 1 期。

［293］张占斌：《中国优先发展重工业战略的政治经济学解析》，载《中共党史研究》2007 年第 4 期。

［294］张卓元：《中国生产资料价格改革》，经济科学出版社 1992 年版。

［295］章迪诚：《中国国有企业改革编年史 1978—2005》，中国工人出版社 2006 年版。

［296］赵昌文：《新中国产业政策研究》，中国发展出版社 2016 年版。

［297］赵国鸿：《论中国新型工业化道路》，人民出版社 2005 年版。

［298］赵娴、车卉淳：《产业经济热点问题研究（2010）》，社会科学文献出版社2012年版。

［299］赵晓雷：《中国经济思想史（修订版）》，东北财经大学出版社2010年版。

［300］赵德馨：《中国经济通史第十卷》上，湖南人民出版社2002年版。

［301］赵德馨：《中国经济通史》上，湖南人民出版社2003年版。

［302］赵志耘、吕冰洋、郭庆旺，等：《资本积累与技术进步的动态融合：中国经济增长的一个典型事实》，载《经济研究》2007年第11期。

［303］郑筱婷、陆小慧：《有兄弟对女性是好消息吗？——家庭人力资本投资中的性别歧视研究》，载《经济学（季刊）》2018年第17卷第1期。

［304］郑彦：《中国广州科技创新发展报告（2016）》，社会科学文献出版社2016年版。

［305］《中共中央关于加快农业发展若干问题的决定》，北京人民出版社1979年版。

［306］中共中央文献研究室：《改革开放三十年重要文献选编》上，中央文献出版社2008年版。

［307］中共中央文献研究室：《建国以来重要文献选编》第二十册，中央文献出版社1998年版。

［308］中共中央文献研究室：《建国以来重要文献选编》第六册，中央文献出版社1993年版。

［309］中共中央文献研究室：《建国以来重要文献选编》第十九册，中央文献出版社1998年版。

［310］中共中央文献研究室：《建国以来重要文献选编》第四册，中央文献出版社1993年版。

［311］中共中央文献研究室：《建国以来重要文献选编》第一册，中央文献出版社1992年版。

［312］中共中央文献研究室：《十四大以来党和国家领导人论国有企业改革和发展》，中央文献出版社1999年版。

［313］中共中央文献研究室：《周恩来经济文选》，中央文献出版社1993年版。

［314］中共中央整党工作指导委员会：《十一届三中全会以来重要文献简编》，人民出版社1983年版。

［315］中国电子信息产业发展研究院：《中国信息化与工业化深度融合发展水平评估蓝皮书》，中央文献出版社2013年版。

［316］中国国际经济交流中心：《中国经济分析与展望（2016～2017）》，社会科学文献出版社2017年版。

［317］中国国际经济交流中心：《中国智库经济观察（2015）》，社会科学文献出版社2016年版。

［318］中国国际经济交流中心课题组：《中国2020年基本实现工业化主要标志与战略选择》，社会科学文献出版社2014年版。

［319］中国经济增长与宏观稳定课题组：《中国可持续增长的机制：证据、理论和政策》，载《经济研究》2008年第10期。

［320］中国社会科学院经济研究所微观室：《20世纪90年代中国公有企业的民营化演变》，社会科学文献出版社2005年版。

［321］中华人民共和国国家经济贸易委员会：《中国工业五十年1—9部》，中国经济出版社2000年版。

［322］中央湖北省委党史研究室：《"大跃进"运动（湖北卷）》，中共党史出版社2004年版。

［323］《周恩来年谱（1949—1976）》上卷，中央文献出版社1997年版。

［324］《周恩来选集》下卷，人民出版社1984年版。

［325］周丰滨、刘文革、梁琦：《东北老工业基地产业自生竞争力研究》，载《中国工业经济》2004年第7期。

［326］周黎安：《中国地方官员的晋升锦标赛模式研究》，载《经济研究》2007年第7期。

［327］周黎安：《转型中的地方政府：官员激励与治理》，上海人民出版社2008年版。

［328］周生贤：《环保惠民优化发展——党的十六大以来环境保护工作

发展回顾（2002—2012）》，人民出版社 2012 年版。

[329] 周叔莲、王延中、沈志渔：《中国的工业化与城市化》，经济管理出版社 2013 年版。

[330] 周业安、高新雅：《区域综合性创新政策能够提升当地的创新能力吗——基于西部大开发的经验实证研究》，载《经济管理》2008 年第 23～24 期。

[331] 周业安、章泉：《市场化、财政分权和中国经济增长》，载《中国人民大学学报》2008 年第 1 期。

[332] 朱川、沈显惠：《当代中国的辽宁》，当代中国出版社 2009 年版。

[333] 朱继民：《新型工业化道路及其在首钢的实践》，载《管理世界》2006 年第 1 期。

[334] 祝慈寿：《中国现代工业史》，重庆出版社 1990 年版。

英文文献

[1] Acemoglu D, Robinson J A, Johnson S. The Rise of Europe: Atlantic Trade, Institutional Change and Economic Growth [J]. Social Science Electronic Publishing, 2008, 116 (3): 467 – 498.

[2] AF Ades, EL Glaeser. Evidence on Growth, Increasing Returns, and the Extent of the Market [J]. The Quarterly Journal of Economics, 1999, 114 (3): 1025 – 1045.

[3] Aghion P, Howitt P, Violante, Giovanni. General Purpose Technology and Wage Inequality [J]. Cepr Discussion Papers, 2002, 7 (4): 315 – 345.

[4] Aghion P, Howitt P. Endogenous Growth Theory [M]. Cambridge: MIT Press, 1998.

[5] Alberto Alesina, Ekaterina Zhuravskaya. Segregation and the Quality of Government in a Cross Section of Countries [J]. The American Economic Review, 2011, 101 (5): 1872 – 1911.

[6] Alesina A, Wacziarg R. Openness, Country Size and the Government [J]. Nber Working Papers, 1997, 69 (3): 305 – 321.

［7］Alesina A, Zhuravskaya E. Segregation and the Quality of Government in a Cross Section of Countries ［J］. American Economic Review, 2011, 101（5）：1872 - 1911.

［8］Baldwin, R E, Martin P, Ottaviano, GIP. Global Income Divergence, Trade and Industrialization：The Geography of Growth Take-offs ［J］. Journal of Economic Growth, 2001（6）：5 - 37.

［9］Bartik, T J. Local Economic Development Policies ［R］. Upjohn Institute Working paper, 2003.

［10］Beaulier S A, Subrick J R. Poverty Traps and the Robust Political Economy of Development Assistance ［J］. Review of Austrian Economics, 2006, 19（23）：217 - 226.

［11］Becker GS, Lewis HG. On the Interaction between the Quantity and Quality of Children ［J］. Journal of Political Economy, 1973, 81（1/2）：113.

［12］Berthold Herrendorf, Richard Roberson, Ákos Valentinyi. Growth and Structural Transformation ［R］. NBER Working Paper, 2009, w18996.

［13］BIRD, R. On Measuring Fiscal Centralization and Fiscal Balance in Federal States ［J］. Government and Policy, 1986（4）：384 - 404.

［14］Bloom DE, Canning D, Sevilla. Economic Growth and the Demographic Transition ［J］. Social Science Electronic Publishing, 2001, 6（1）：1 - 28.

［15］Bloom DE, Williamson JG. Demographic Transitions and Economic Miracles in Emerging Asia ［J］. The World Bank Economic Review, 1998, 12（3）：419 - 455.

［16］Bolton P, Roland G. The Breakup of Nations：A Political Economy Analysis ［J］. The Quarterly Journal of Economics, 1997, 112（4）：1057 - 1090.

［17］B Siliverstovs, kA Kholodilin, U Thiessen. Does Aging Influence Structural Change? Evidence from Panal Data ［J］. Economic System, 2011（35）：244 - 260.

［18］Cai Fang and Dewen Wang. Demographic Transition：implications for growth ［C］. in Garnaut and Song, eds, The China Boom and its Discontents,

Asia – Pacific Press, Canberra. 2005

[19] Canning, D. The Impact of Aging on Asian Developmet [R]. Seminar on Aging Asis, A New Challenge for the Reginon, Kyoto, Japan. 2007.

[20] Card D, Krueger A B. Minimum Wages and Employment: A Case Study of the Fast – Food Industry in New Jersey and Pennsylvania [J]. The American Economic Review, 1994, 84 (4): 772 – 793.

[21] Caselli F, Coleman Ⅱ WJ. The U. S. Structural Transformation and Regional Convergence: A Reinterpretation [J]. Journal of Political Economy, 2001, 109 (3): 584 – 616.

[22] Clark, C. The Conditions of Economic Progress [M]. London: Macmillan, 1940.

[23] Davies H, Ellis P D. Porter's Competitive Advantage of Nations: Time for a final judgment? [J]. Journal of Management Studies, 2000, 37 (8): 1189 – 1213.

[24] Davoodi H, H Zou. Fiscal Decentralization and Economic Growth: A Cross – Country Study [J]. Journal of Urban Economics, 1998 (43): 244 – 257.

[25] Duranton G, Puga D. Micro-foundations of Urban Agglomeration Economies [C]. in Henderson, J. V. , Thiess, J. F. Handbook of Regional and Urban Economics, Amsterdam: Elsevier.

[26] Dur R, Staal K. Local Public Good Provision, Municipal Consolidation, and National Transfers [J]. Regional Science and Urban Economics, 2008 (38): 160 – 173.

[27] Engle R F, Granger C W J. Co-Integration and Error Correction: Representation, Estimation, and Testing [J]. Econometrica, 1987, 55 (2): 251 – 276.

[28] Francisco Alcalá, Ciccone A. Trade, Extent of the Market and Economic Growth 1960 – 1996 [J]. Economics Working Papers, 2003, 270 (765): 346 – 358.

[29] Giovanni JD, Levchenko A. Country Size, International Trade, and

Aggregate Fluctuations in Granular Economies [J]. Journal of Political Economy, 2012, 120 (6): 1083 – 1132.

[30] Glaeser EL, Gottlieb JD. The Economics of Place-making Policies [J]. Brookings Papers on Economic Activity, 2008 (1): 155 – 239.

[31] Gordon R J. Interpreting the "One Big Wave" in U. S. Long-term Productivity Growth [R]. NBER Working Paper, 2000, w7752.

[32] Handley K. Country Size, Technology and Manufacturing Location [J]. Review of International Economics, 2012, 20 (1): 29 – 45.

[33] Hayek F A. The Use of Knowledge in Society [J]. The American Economic Review, 1945, 35 (4): 519 – 530.

[34] Hayes A F. Beyond Baron and Kenny: Statistical Mediation Analysis in the New Millennium [J]. Communication Monographs, 2009, 76 (4): 408 – 420.

[35] Ikeda S. The Dynamics of Interventionism [C]. in P. Kurrild – Klitgaard. The Dynamics of Interventionism: Regulation and Redistribution in the Mixed Economy, 2005.

[36] Janos Feidler, Klaas Staal. Centralized and Decentralized Provision of Public Goods [J]. Economics of Governance, 2011 (13): 73 – 93.

[37] Jing Jin, Hengfu Zou. Fiscal Decentralization, Revenue and Expenditure Assignments, and Growth in China [J]. Journal of Asian Economics, 2005 (16): 1047 – 1064.

[38] Joan Esteban, Laura Mayoral, Debraj Ray. Ethnicity and Conflict: An Empirical Study [J]. The American Economic Review, 2017, 102 (4): 1310 – 1342.

[39] Jones, C I. Was an Industrial Revolution Inevitable? Economic Growth Over the Very Long Run [R]. NBER Working Paper, 1999, w7375.

[40] Julio Cáceres – Delpiano. Can We Still Learn Something From the Relationship Between Fertility and Mother's Employment? Evidence from Developing Countries [J]. Demography, 2012, 49 (1): 151 – 174.

［41］ K H O'Rourke, A Rahman, AM Taylor. Trade, Knowledge, and the Industrial Revolution ［R］. NBER Working Paper, 2007, w13057.

［42］ Kiminori Matsuyama. Engel's Law in the Global Economy: Demand-Induced Patterns of Structural Change, Innovation, and Trade ［J］. Econometrica, 2019, 87 (2): 497 –528.

［43］ Kiminori Matsuyama. Increasing Returns, Industrialization, and Indeterminacy of Equilibrium ［J］. The Quarterly Journal of Economics, 1991, 106 (2): 617 –650.

［44］ Klaus Desmet, Ignacio Ortuño – Ortín, Romain Wacziarg. The political economy of linguistic cleavages ［J］. Journal of Development Economics, 2012, (97): 322 –338.

［45］ Klaus Desmet, Michel Le Breton, Ignacio Ortuño – Ortín, et al. The Stability and Breakup of Nations: AQuantitative Analysis ［J］. Economic Growth, 2011, (16): 183 –213.

［46］ Kuznets, Simon. Quantitative Aspects of the Economic Growth of Nations: Ⅱ. Industrial Distribution of National Product and Labor Force ［J］. Economic Development and Cultural Change, 1957, 5 (S4): 1 –111.

［47］ Li H, Zhou LA. Political Turnover and Economic Performance: the Incentive Role of Personnel Control in China ［J］. Journal of Public Economics, 2005 (89): 1743 –1762.

［48］ Lindh T, Malmberg B. Age Structure Effects and Growth in the OECD, 1950—1990 ［J］. Journal of Population Economics, 1999, 12 (3): 431 –449.

［49］ Linyf, Liuz. Fiscal Decentralization and Economic Growth in China ［J］. Economic Development and Cultural Change, 2000 (49): 1 –21.

［50］ Lucas RE. On the Mechanics of Economic Development ［J］. Journal of Monetary Economics, 1989, 22 (1): 3 –42.

［51］ Martinez – Vazquez J, Mcnab R M. Fiscal Decentralization and Economic Growth ［J］. World Development, 2003 (31): 1597 –1616.

［52］ Matsuyama, K. Agricultural productivity, comparative advantage, and economic growth [J]. Journal of Economic Theory, 1992 (58): 317 – 334.

[53] Matsuyama K. Structural Change in an Interdependent World: a Global View of Manufacturing Decline [J]. Journal of the European Economic Association, 2009 (7): 2 – 3.

[54] Michele Ruta. Economic Theories of Political (DIS) Integration [J]. Journal of Economic Surveys, 2005, 19 (1): 1 – 21.

[55] Miller R, Cote M. Growing the Next Silicon Valley [J]. Harvard Business Review, 1989, 63 (4): 114 – 123.

[56] MJ Crucini. Country Size and Economic Fluctuations [J]. Review of International Economics, 1997, 5 (2): 204 – 220.

[57] Moretti E. Local Labor Markets [C]. In Card, D., Ashenfelter, O. Handbook of Labor Economics, Amsterdam: Elsevier. 2010.

[58] Moretti E. The New Geography of Jobs [M]. Boston: Houghton Mifflin Harcourt, 2012.

[59] Murphy KM, Shleifer A, Vishny RW. Industrialization and the Big Push [J]. Journal of Political Economy, 1989, 97 (5): 1003 – 1026.

[60] Neumark D, Simpson H. Place – Based Policies [J]. Social Science Electronic Publishing, 2015, 5 (2): 1197 – 1287.

[61] Obstfeld M, Rogoff K. The Six Major Puzzles in International Macroeconomics: Is There a Common Cause? [J]. NBER Macroeconomics Annual, 2000 (15): 339 – 390.

[62] Pissarides NCA. Structural Change in a Multi-sector Model of Growth [J]. The American Economic Review, 2007, 97 (1): 429 – 443.

[63] Ram R. Openness, Country Size, and Government Size: Additional Evidence from a Large Cross-country Panel [J]. Journal of Public Economics, 2009, 93 (1 – 2): 213 – 218.

[64] RE. Baldwin, P Martin, GIP Ottaviano. Global Income Divergence, Trade, and Industrialization: The Geography of Growth Take – Offs [J]. Economic Growth, 2001, 6 (1): 5 – 37.

［65］ Rodrik, Dani. The Past, Present, and Future of Economic Growth ［J］. Challenge, 2014, 57 (3): 5 – 39.

［66］ Romer Paul M. Increasing Returns and Long – Run Growth ［J］. Journal of Political Economy, 1986, 94 (5): 1002 – 1037.

［67］ Spolaore E, Alesina A, Wacziarg R. Economic Integration and Political Disintegration ［J］. American Economic Review, 2000, 90 (5): 1276 – 1296.

［68］ Timo Boppart. Structural Change and The Kaldor Facts in A Growth Model With Relative Price Effects and Non – Gorman Preferences ［J］. Econometrica, 2014, 82 (6): 2167 – 2196.

［69］ T Van der Lippe, L Van Dijk. Comparative Research on Women's Employment ［J］. Annual Review of Sociology, 2002, 28 (1): 221 – 241.

［70］ Tyers R, Golley J. China's Growth to 2030: The Roles of Demographic Change and Financial Reform ［J］. China Labor Economics, 2010, 14 (3): 592 – 610.

［71］ Wacziarg SR. Borders and Growth ［J］. Journal of Economic Growth, 2005, 10 (4): 331 – 386.

［72］ Wallis J. The Concept of Systematic Corruption in American History ［R］. NBER Working Paper, 2006.

［73］ William Easterly, Ross Levine. Africa's Growth Tragedy: Policies and Ethnic Divisions ［J］. The Quarterly Journal of Economics, 2019 (4): 1203 – 1250.

［74］ Zhang T, Zou H. Fiscal Decentralization, Public Spending, and Economic Growth in China ［J］. Journal of Public Economics, 1998 (67): 221 – 240.

后　记

　　工业化一直是我重点关注的领域。本书是国家社科基金"中国工业化中大国因素研究"最终成果，也是在我的博士论文《中国工业化中的政府作用研究》和学术专著《中国工业经济研究》的基础上关于工业化方面的著作。早在 2006 年师从武力老师学习中华人民共和国经济史之时，武力老师就曾多次指出中国大国特征对工业化道路选择产生的重要影响。如何从后发大国视角揭示工业化的规律，是我长期思考的问题。2013 年得到国家社科基金立项之后，便开始了这方面的深入研究。

　　本书在写作过程中，得到了中国社会科学院当代中国研究所原副所长武力教授在理论、史料多方面的指导与启发。在课题推动中，还受到了中国社会科学院经济研究所董志凯教授、赵学军教授、隋福民教授的指教。还要感谢中国社会科学院的肜新春师兄、北京理工大学的申晓勇老师、北京中医学院的荣文丽老师、河南理工大学的李瑞芳老师，与各位老师关于国防工业、钢铁工业、煤炭工业的讨论增进了我对工业的理解。本书的写作过程中，课题主要参与者首都经济贸易大学董香书老师参与了数据收集、表格整理、文献核对等大量繁琐的工作，中北大学的常小娟老师、复旦大学的刘少阳博士、南京大学的廉昌博士、中央党校的白晋博博士、首都经济贸易大学的杜永姣博士、中央财经大学的苏煦阳同学也都不同程度地参与课题研究以及专著的撰写。在本书即将付梓之时，对以上老师与同学表示深深感谢。同时也还要感谢中央财经大学对本书出版的支持，以及经济科学出版社王娟、李艳红两位编辑在本书出版中付出的大量劳动。

肖　翔

2024 年 12 月 30 日